Revista de Direito Tributário

86

MALHEIROS
EDITORES

Revista de Direito Tributário

Publicada sob os auspícios do

Instituto Geraldo Ataliba — IDEPE — Instituto Internacional de Direito Público e Empresarial
Presidente: Prof. Aires Barreto

ISS 0102-7956

REVISTA DE DIREITO TRIBUTÁRIO
publicação trimestral de
MALHEIROS EDITORES LTDA.
Rua Paes de Araújo, 29, 17º andar - conj. 171
CEP: 04531-940 - São Paulo, SP
Tel. (0xx11) 3078-7205
Fax. (0xx11) 3168-5495
Diretor Responsável: Álvaro Malheiros
Diretora: Suzana Fleury Malheiros

Assinaturas e comercialização:
CATAVENTO DISTRIBUIDORA
DE LIVROS S.A.
Rua Conselheiro Ramalho, 928
CEP 01325-000 - São Paulo - SP
Tel. (0xx11) 289-0811 - Fax. (0xx11) 251-3756
Supervisão Gráfica: Vânia Lúcia Amato
Composição: *Scripta*
Impressão: Paym Gráfica e Editora Ltda.

Revista de Direito Tributário

CADERNOS DE DIREITO TRIBUTÁRIO

Fundador: Rubens Gomes de Souza (✝)

CADERNOS DE DIREITO TRIBUTÁRIO

SUMÁRIO

CADERNOS DE DIREITO TRIBUTÁRIO

DO CASO "SAINT-GOBAIN" AO CASO "METALLGESELLSCHAFT": O ÂMBITO DO PRINCÍPIO DA NÃO-DISCRIMINAÇÃO DO ESTABELECIMENTO ESTÁVEL NO TRATADO DA COMUNIDADE EUROPÉIA E A CLÁUSULA DA NAÇÃO MAIS FAVORECIDA

— Ana Paula Dourado 7

IL PRINCIPIO COMUNITARIO DI NON DISCRIMINAZIONE NELL'IMPOSIZIONE SUL REDDITO

— Augusto Fantozzi 27

TRANSAÇÃO, ARBITRAGEM E CONCILIAÇÃO JUDICIAL COMO MEDIDAS ALTERNATIVAS PARA RESOLUÇÃO DE CONFLITOS ENTRE ADMINISTRAÇÃO E CONTRIBUINTES — SIMPLIFICAÇÃO E EFICIÊNCIA ADMINISTRATIVA

— Heleno Taveira Torres 40

GLOBALIZACIÓN Y JUSTICIA TRIBUTARIA

— José Osvaldo Casás 65

A CONCEPÇÃO DE FRAUDE FISCAL E SUA SANÇÃO

— Aurélio Pitanga Seixas Filho 103

CLÁUSULA GENERAL ANTIELUSIÓN — EXPERIENCIA ESPAÑOLA Y EUROPEA — ULTIMAS TENDENCIAS JURISPRUDENCIALES

— Luis Manuel Alonso González 108

A CONSTITUIÇÃO BRASILEIRA E A IMPOSIÇÃO DAS ENTIDADES SEM FINALIDADES LUCRATIVAS

— Ricardo Lobo Torres 129

LOS NUEVOS INSTRUMENTOS ECONÓMICOS PARA EL FOMENTO DE ENERGÍAS RENOVABLES DESDE LA PERSPECTIVA DEL DERECHO FINANCIERO COMUNITARIO

— Yanna G. Franco e Pedro M. Herrera 136

ANÁLISE JURÍDICA DA PROGRESSIVIDADE FISCAL DO IPTU

— Valéria Furlan 146

LA REVISIÓN E IMPUGNACIÓN DE LOS ACTOS TRIBUTARIOS EN DERECHO ALEMAN
— Torsten Ehmcke e Diego Marín-Barnuevo 153

LA APLICACIÓN DEL ARBITRAJE A LAS CAUSAS TRIBUTARIAS
— Marta Villar Ezcurra 166

O IMPERATIVO CONSTITUCIONAL DA CULPABILIDADE NO DIREITO TRIBUTÁRIO SANCIONADOR
— Eduardo Fortunato Bim 178

ESTUDOS E COMENTÁRIOS

TRATADOS INTERNACIONAIS EM MATÉRIA TRIBUTÁRIA E AS ISENÇÕES DE TRIBUTOS ESTADUAIS E MUNICIPAIS
— Paulo Sérgio de Moura Franco 205

IMPOSSIBILIDADE DE USO RETROATIVO DAS INFORMAÇÕES DA CPMF PARA FISCALIZAÇÃO DE OUTROS TRIBUTOS (LEI 10.174/2001)
— Daniel Vitor Bellan 222

A CONFECÇÃO DE CARTÕES DE CRÉDITO SUJEITA-SE AO IPI?
— Daniel Barros Guazzelli 231

O SIGILO BANCÁRIO E A LEI COMPLEMENTAR 105/2001
— Fabiana Lopes Pinto 239

RESENHA

"EL ORDENAMIENTO JURÍDICO FINANCIERO"
— Heleno Taveira Torres 276

NOTICIÁRIO

XXI JORNADAS LATINO-AMERICANAS DE DERECHO TRIBUTARIO
— *Tema 1:* Medidas Fiscales para el Desarrollo Económico 279
— *Tema 2:* Aspectos Impositivos de las Empresas de Transporte Aéreo y Marítimo 281

CADERNOS DE DIREITO TRIBUTÁRIO

DO CASO "SAINT-GOBAIN" AO CASO "METALLGESELLSCHAFT": O ÂMBITO DO PRINCÍPIO DA NÃO-DISCRIMINAÇÃO DO ESTABELECIMENTO ESTÁVEL NO TRATADO DA COMUNIDADE EUROPEIA E A CLÁUSULA DA NAÇÃO MAIS FAVORECIDA

ANA PAULA DOURADO

Professora da Universidade de Lisboa
e do Centro de Estudos Fiscais do Ministério das Finanças de Portugal

1. Introdução. 2. Âmbito do princípio da não-discriminação relativamente aos estabelecimentos estáveis: o caso "Saint-Gobain": 2.1 Aplicação do art. 24º, n. 3, do Modelo da OCDE e do princípio da não-discriminação do Tratado da CE aos casos triangulares: observações introdutórias – 2.2 Os estabelecimentos estáveis devem ser tratados como residentes, ao abrigo das convenções de dupla tributação, em situações triangulares? – 2.3 Deve o Estado de residência, em situações triangulares, contribuir para eliminar a dupla tributação? 3. O caso "Metallgesellschaft": a não-discriminação e a cláusula da Nação Mais Favorecida: 3.1 A não-discriminação e a tributação de empresas associadas – 3.2 A cláusula da Nação Mais Favorecida. 4. A não-discriminação como um instrumento de livre circulação: um raciocínio de substância "versus" forma subjacente à comparação de contribuintes: 4.1. Situações substancialmente comparáveis – 4.2 O caso das empresas associadas. 5. A não-discriminação aplica-se a todos os tipos de normas das convenções de dupla tributação? 6. Livre circulação e dupla não-tributação na CE.

1. Introdução

Apesar da abundante jurisprudência do Tribunal de Justiça das Comunidades Europeias (daqui em diante, também designado por TJCE ou Tribunal) sobre não-discriminação de estabelecimentos estáveis, não está ainda claramente definido o alcance desta obrigação, nomeadamente, em situações triangulares, quanto ao Estado de residência da sociedade e ao Estado da fonte de investimento passivo, afecto a um estabelecimento estável situado noutro Estado. É certo que tem sido reafirmada a sujeição ao princípio da não-discriminação do Tratado da Comunidade Europeia, também por parte das convenções de dupla tributação, celebradas pelos Estados-membros. Mas não foi até agora esclarecido quais são os Estados contratantes que ficam vinculados pelo princípio – para além do Estado-membro onde está situado o estabelecimento estável. Por outro lado, é duvidoso se a aplicação das convenções bilaterais, de um modo compatível com o referido princípio, está vinculada a uma cláusula da Nação Mais Favorecida.[1] O acórdão que mais recentemente ateou estas dúvidas foi o do caso *Saint-Gobain*,[2] colocando a discussão na ordem-do-dia.

Este caso apresenta alguns traços novos em relação aos anteriormente julgados pelo Tribunal. Desde logo, para além de ser questionado o eventual desacato, pelas convenções bilaterais de dupla tributação, do princípio comunitário de não-discriminação (facto que em si não constituía novidade para o Tribunal), ele diz respeito a uma situação triangular. Tratava-se de uma sociedade residente em França, com um estabelecimento estável na Alemanha. Simplificando um pouco os factos, este detinha (através de duas afiliadas residentes na Alemanha) participações financeiras em dois Estados-membros da Comunidade Europeia (Áustria e Itália) e participações financeiras directas em sociedades de Estados-não-membros (Suíça e Estados Unidos da América). Colocava-se, então, a questão de saber se a Alemanha podia tratar os rendimentos provenientes desses Estados, e afectos ao estabelecimento estável, de uma forma mais gravosa (tributando-os) do que se os mesmos fossem detidos por uma sociedade com sede na Alemanha (caso em que seriam isentos ao abrigo das convenções de dupla tributação). O Tribunal entendeu que não, uma vez mais ao abrigo dos arts. 43º e 48º do Tratado da CE, que proíbem a discriminação entre os estabelecimentos estáveis (sucursais[3]) e as filiais. O Tribunal considerou também que essa proibição abrangia todos os rendimentos do estabelecimento estável, e, portanto, também os provenientes de Estados-não-membros. Mas ficou por esclarecer se a França, enquanto Estado da residência, e os Estados da fonte (Áustria e Itália) eram destinatários da proibição de não-discriminação.[4] E ficou ainda por elucidar se qualquer destes Estados-membros deveria aplicar o regime mais favorável, resultante do conjunto das suas convenções de dupla tributação, de forma a respeitar a proibição de discriminação (cláusula da Nação Mais Favorecida). Todas estas interrogações pairam nos comentários doutrinários sobre o caso *Saint-Gobain*, e aumenta na CE a pressão para uma harmonização fiscal mais eficiente. Diversas vozes proclamam a necessidade de uma convenção multilateral na CE, ou, pelo menos, argumentam a favor de uma cláusula da Nação Mais Favorecida, que decorreria do princípio de não-discriminação comunitário (de que são exemplos os autores de Viena e Áustria). É, assim, natural que, depois do caso *Saint-Gobain*, todas as atenções se tenham concentrado na posição do Tribunal sobre o caso *Metallgesellschaft*.[5]

1. V., por exemplo, o projecto de investigação do Departamento de Direito Tributário Austríaco e Internacional da Universidade de Economia e Administração Empresarial em Viena (*Department of Austrian and International Tax Law at the University of Economics and Business Administration in Vienna*) sobre a necessidade de concluir uma convenção fiscal multilateral na CE, publicado na monografia *Multilateral Tax Treaties, New Developments in International Tax Law*, London, The Hague, Boston, Kluwer Law International, e Linde Verlag Wien, 1998: alguns autores fazem aqui referência à cláusula da Nação mais favorecida.

2. Acórdão de 21.9.1997, processo C-307/1997 ("Cie. de Saint-Gobain ZN *vs.* Finanzamt Aachen-Innenstadt").

3. Nos Estados-membros da CE a "sucursal" não tem personalidade jurídica, ao contrário da "filial", que tem personalidade jurídica.

4. Não se colocava, naturalmente, o problema em relação aos terceiros Estados, pois o Tratado da CE não os vincula, nem o TJCE tem jurisdição sobre os mesmos.

5. Acórdão de 12.11.2000, processos C-397/1998 e C-410/1998 (*Metallgesellschaft* e outros).

Nesse processo questionava-se o facto de o Reino Unido exigir o pagamento antecipado do imposto sobre sociedades (ACT), às sociedades afiliadas, com sede nesse país, mas cujas sociedades-mães estivessem sediadas noutro Estado (era o caso da *Metallgesellschaft Ltd.*, sediada no Reino Unido, cuja sociedade-mãe tinha sede na Alemanha). Este pagamento não era, porém, exigido às filiais, sediadas no Reino Unido, e com sociedades-mães também aí sediadas. Além do mais, algumas convenções de dupla tributação, celebradas pelo Reino Unido, previam a atribuição de um crédito relativo ao ACT. Para além do problema da discriminação entre filiais (com sociedades-mães no Exterior ou no Reino Unido), uma das questões suscitadas perante o Tribunal era a de saber se a atribuição desse crédito, estabelecido em determinadas convenções, devia ser extensível à Alemanha – por virtude de uma cláusula da Nação Mais Favorecida.

No entanto, quer o Advogado-Geral quer o Tribunal contornaram este problema, e não teceram considerações sobre a existência de uma cláusula da Nação Mais Favorecida, o que indicia, pelo menos, uma hesitação séria em dar este passo adiante na interpretação do princípio da não-discriminação do Tratado da CE.

Ora, tomando como ponto de partida os casos *Saint-Gobain* e *Metallgesellschaft*, pretendemos, neste artigo, analisar o alcance do princípio da não-discriminação, quanto aos estabelecimentos estáveis, e as obrigações decorrentes deste princípio nas situações triangulares, para os diversos Estados em confronto. Embora, numa análise preliminar, o alcance do princípio comunitário da não-discriminação pareça ser muito vasto, a ponderação das consequências emergentes orienta-nos, afinal, como veremos, para resultados bastante diferentes.[6] A jurisprudência do Tribunal de Justiça é também o pretexto para, através de um procedimento indutivo, avançarmos com uma tipologia das normas das convenções de dupla tributação que devem ser subtraídas aos juízos do princípio de não-discriminação.

2. *Âmbito do princípio da não-discriminação relativamente aos estabelecimentos estáveis: o caso "Saint-Gobain"*

2.1 Aplicação do art. 24º, n. 3, do Modelo da OCDE e do princípio da não-discriminação do Tratado da CE aos casos triangulares: observações introdutórias

Se começarmos por determinar o alcance do princípio da não-discriminação no que diz respeito aos estabelecimentos estáveis, a jurisprudência do TJCE estabelece, de forma bastante clara, que eles não podem ser discriminados, em relação às filiais, pelo Estado-membro onde estão localizados. Esta proibição de discriminação abrange quer as normas internas, quer as normas das convenções de dupla tributação: por um lado, e desde logo, estas últimas também fazem parte do Direito interno; mas, além disso, o respeito pelo princípio da não-discriminação do Tratado da CE não podia ficar dependente da forma jurídica das normas em causa.[7]

6. Ao contrário do que possa, à primeira vista, parecer, não adoptamos, para a resolução deste caso, uma "orientação para as consequências", no sentido criticado por Niklas Luhman. Este autor analisa a interpretação através da "prossecução do escopo", o que implica, normalmente, a violação do princípio da igualdade. Pelo contrário, na nossa análise está em causa uma "análise das consequências" de um certo entendimento da própria igualdade (na vertente de não-discriminação). E, como veremos, um entendimento racional e substancial da não-discriminação fiscal, no espaço comunitário, não é assegurado pela aplicação maximalista unilateral do mesmo princípio (porque um juízo substancial de igualdade fiscal, na CE, implica, em última análise, a ponderação da carga fiscal total, e a adopção das duas perspectivas de neutralidade – de exportação e de importação): v. as distinções acolhidas por Luhman entre *input* e *output*, em que os confins do *input* determinam o horizonte do passado (em que estão presentes conexões e interdependências), e os confins do *output* determinam o horizonte do futuro do sistema jurídico (*Sistema Giuridico e Dogmatica Giuridica*, trad. da ed. alemã de 1974, Bologna, Il Mulino, 1978, pp. 82 e ss.).

7. V., por exemplo: Michael Lang, "Die Bindung der Doppelbesteuerungsabkommen an die

Ora, o facto de um Estado contratante (daqui em diante, também Estado EE) não poder discriminar rendimento de um estabelecimento estável, localizado no seu território, mas residente noutro Estado-membro, já resulta do art. 24º, n. 3, do Modelo da OCDE; por isso, o princípio de não-discriminação, do Tratado da CE, não introduz a este respeito nada de novo (para além do facto de o TJCE ter reconhecido aplicabilidade directa aos princípios de não-discriminação do Tratado da CE).

Contudo, como o regime das convenções de dupla tributação, concluídas por um Estado, só beneficia os residentes de um dos Estados contratantes, um estabelecimento estável (não-residente) com rendimento de investimento passivo num terceiro Estado, não beneficiaria, em princípio, no Estado da fonte (daqui em diante, também Estado F) do regime da convenção bilateral (isto é, da convenção bilateral entre os Estados EE e F).

Portanto, em relação a casos triangulares é necessário clarificar o alcance da não-discriminação, quer em relação ao Modelo da OCDE, quer em relação ao Tratado da CE.

Não há unanimidade entre os Estados-membros da OCDE relativamente à interpretação do princípio da não-discriminação, contido no art. 24º do Modelo da OCDE. A maior parte dos Estados-membros – embora não todos – entende que o Estado da fonte não deve tratar o estabelecimento estável como um residente do Estado onde está situado.[8] Mas, de acordo com o relatório dos casos triangulares, e sob influência da jurisprudência do TJCE, muitos deles consideram que um estabelecimento estável pode invocar o princípio da não-discriminação, ao abrigo do tratado entre o Estado da residência (daqui em diante, também Estado R) e o Estado EE, a propósito do rendimento, resultante do investimento passivo, num terceiro Estado F.[9]

Esta interpretação reflecte o facto de o TJCE considerar que as convenções de dupla tributação estão cobertas pelo princípio da não-discriminação do direito comunitário. Como consequência directa desta interpretação, a discussão do art. 24º, no âmbito da OCDE, tem tomado em consideração as obrigações do direito comunitário.

Se, em relação ao comportamento do Estado de situação do estabelecimento estável, os Estados-membros exprimiram a posição anteriormente mencionada, há muitas dúvidas em relação a outras questões.

Por exemplo, o próprio significado de "igual tratamento de estabelecimentos estáveis", em relação às filiais, não é unívoco no direito tributário internacional, nomeadamente, porque a distribuição de dividendos de um estabelecimento estável não está sujeita a retenção na fonte, enquanto a distribuição de dividendos de uma filial pode estar.[10]

Mas acrescente-se, ainda, que o âmbito da não-discriminação não é inequívoco no direito comunitário, nem foi totalmente clarificado no caso *Saint-Gobain*. Embora o TJCE tenha considerado que a Alemanha não podia tratar de modo diferenciado os dividendos obtidos num terceiro Estado (membro ou não-membro da CE), afectos a um estabelecimento estável, relativamente a dividendos também obtidos num terceiro Estado, mas afectos a uma filial (que sejam isentos nos termos de uma convenção bila-

Grundfreiheiten des EU-Rechts", in *Doppelbesteuerungsabkommen und EU-Recht, Auswirkungen auf die Abkommenspraxis*, ed. W. Gassner, M. Lang e E. Lechner, Wien, Linde Verlag, 1996, pp. 27 e ss.; Luc Hinnekens, "Compatibility of bilateral tax treaties with European Community law. The rules", in *EC Tax Review* 1994/4, pp. 146 e ss. V., também, acórdão de 28.1.1986, processo 270/1983, "Comissão Europeia *vs.* República Francesa", ponto 21.

8. *Triangular Cases, Report Adopted by the OECD Council on 23 July 1992*, R(11)-11, ponto 39. Cf. Cees Peters e Margreet Snellaars, "Non-discrimination and tax law: structure and comparison of the various non-discrimination clauses", *EC Tax Review* 2001/1, p. 14.

9. *OECD Triangular Cases Report* ..., R(11)-9,10.

10. *Convenção-Modelo da OCDE sobre o Rendimento e o Património*, comentário ao art. 24º, n. 3, abril/2000, pontos 23, 31 (19 e ss.). Cf. os argumentos do Governo Alemão no acórdão do TJCE de 21.9.1999, processo C-307/1997, §§ 47 e 50.

teral), não é claro se o princípio da não-discriminação do Tratado da CE exige que os estabelecimentos estáveis sejam considerados residentes, para efeitos de aplicação de convenções de dupla tributação.

Além disso, foi deixada em aberto a questão de saber se a decisão teria sido a mesma se os lucros do estabelecimento estável fossem tributados pelo Estado da residência (a França isenta os rendimentos de estabelecimentos estáveis situados no Exterior). Finalmente, é também duvidoso qual teria sido a posição do TJCE se o Estado EE tributasse os rendimentos do estabelecimento estável de forma privilegiada.

2.2 Os estabelecimentos estáveis devem ser tratados como residentes, ao abrigo das convenções de dupla tributação, em situações triangulares?

Em regra, o princípio da não-discriminação, do Tratado da CE, tem como destinatário o Estado da fonte, o qual não pode tratar de forma menos favorável um estabelecimento estável, em relação a uma filial (ou uma pessoa singular não-residente, em comparação com uma pessoa singular residente, se eles se encontrarem numa posição comparável). E se, na maior parte dos casos julgados pelo TJCE, envolvendo a não-discriminação de estabelecimentos estáveis, o Estado da fonte coincide com o Estado-membro do estabelecimento estável, a situação muda de figura quando um estabelecimento estável tem investimento passivo num outro Estado.

De facto, em situações triangulares, como a do caso *Saint-Gobain*, devemos considerar se o âmbito de não-discriminação assume contornos diferentes. Tal como anteriormente mencionado, a questão foi suscitada no *Relatório da OCDE sobre Casos Triangulares*, e foram dadas recomendações aos Estados-membros no sentido de clarificarem o problema nas negociações bilaterais.

Por outro lado, não há dúvida de que o art. 24º, n. 3, do Modelo da OCDE pretende que o Estado de localização do estabelecimento estável não trate de forma discriminatória os estabelecimentos estáveis, em relação às sociedades residentes.[11] E, até o momento, a jurisprudência do TJCE, reiterada no caso *Saint-Gobain*, coincide com os objectivos proclamados pelo Modelo da OCDE. Todavia, como foi referido anteriormente, devemos ainda perguntar se o Estado-membro da fonte não deve aplicar a sua convenção de dupla tributação com o Estado-membro do estabelecimento estável, e tratar o estabelecimento estável como residente no Estado EE.[12]

Ora, se alguns Estados-membros da OCDE entendem que, com base na convenção de dupla tributação EE-F, o estabelecimento estável devia ser tratado como residente do Estado onde está situado, a maior parte deles receia que esta interpretação da não-discriminação incentive condutas de elisão fiscal (*treaty shopping*), nos casos em que o Estado de residência isenta os lucros do estabelecimento estável.[13]

Ainda assim, no *Relatório da OCDE sobre Casos Triangulares* são analisadas diversas possibilidades, que incluem a aplicação dos tratados R-F, R-EE e EE-F. Isto é, nos termos do art. 24º, n. 3, do Modelo da OCDE, aceita-se que os Estados da fonte e da residência contribuam para eliminar a dupla tributação do rendimento afecto ao estabelecimento estável.

Se esta interpretação é válida sob o Modelo da OCDE, e por maioria de razão, não podemos concluir apressadamente, ao abrigo do art. 43º do Tratado da CE (em que a não-discriminação está relacionada com a livre circulação de pessoas), que as obrigações são exclusivamente destinadas ao Estado do estabelecimento estável: se considerarmos que um estabelecimento estável não deve ser tratado de forma distinta

11. *Convenção-Modelo da OCDE ...*, comentário ao art. 24º, n. 3, ponto 19.

12. V.: *OECD Triangular Cases Report ...*, R(11)-5, pontos 11-12, 37-38, 39 e 42-46; H. E. Kostense, "The *Saint-Gobain* case and the application of tax treaties. Evolution or revolution?", *EC Tax Review* 2000/4, pp. 225 e ss.

13. V. *OECD Triangular Cases Report ...*, ponto 44.

de uma filial, o passo seguinte leva-nos a concluir que não pode ser discriminado por qualquer Estado-membro (contratante).

Se, de acordo com o TJCE, o princípio da não-discriminação significa que situações "comparáveis" ou "idênticas" não devem ser tratadas diferentemente por um Estado-membro,[14] este raciocínio é aplicável em qualquer Estado-membro onde o problema ocorra, isto é, onde as situações devem ser, previamente, objecto de comparação.

É útil, a este propósito, recordar a fórmula do TJCE, de acordo com a qual é discriminatório aplicar regras diferentes a situações semelhantes, ou aplicar a mesma regra a situações diferentes.[15] Neste sentido, o tratamento fiscal semelhante não postula harmonização.

Por conseguinte, e em regra, de modo a verificarmos se o princípio de não-discriminação foi respeitado, devemos observar o tratamento fiscal de residentes e de não-residentes, em qualquer um dos Estados-membros em causa.[16]

Se conduzirmos este raciocínio até as últimas consequências, podemos então perguntar se no caso *Saint-Gobain* quer a não-discriminação quer a liberdade de estabelecimento não exigem que os Estados da fonte (Estados F) não possam tributar o rendimento de um estabelecimento estável situado em EE, resultante de investimento passivo, de forma discriminatória.

2.3 Deve o Estado de residência, em situações triangulares, contribuir para eliminar a dupla tributação?

Podemos ainda avançar um passo na argumentação.

Se a não-discriminação, no Tratado da CE é, em geral, uma obrigação do Estado da fonte, há situações em que a carga fiscal global deve ser considerada, de forma a podermos avaliar o efeito de discriminação, tal como aconteceu nos casos *Schumacker*[17] e Wielockx.[18-19] Ora, nos casos triangulares o regime de direito tributário do Estado de residência, em relação aos estabelecimentos estáveis não-residentes, também pode interferir na carga fiscal global.

Além do mais, se nos casos triangulares é usual que o Estado da fonte aplique a convenção de dupla tributação F-R, em relação aos rendimentos do estabelecimento estável, situado num outro Estado (aplicando a retenção do imposto sobre a percentagem aí estabelecida, e não sobre a totalidade dos dividendos),[20] se é também defendido que, ao abrigo da convenção R-F, o Estado da residência deve eliminar a dupla tributação, decorrente da retenção na fonte aplicada pelo Estado F,[21] então, isso significa que nos Estados-membros da CE a eliminação da dupla tributação deve ser também garantida pelo Estado de residência, mesmo que o estabelecimento estável não esteja coberto pela convenção EE-F (sendo a convenção R-F aplicável), e também no caso em que seja aplicada a convenção EE-F.

14. V., por exemplo, Josef Schuch, "Bilateral tax treaties multilateralized by the EC Treaty", in *Multilateral Tax Treaties, New Developments in International Tax Law*, London, The Hague, Boston, Kluwer Law International e Linde Verlag Wien, 1998, pp. 39-40.

15. V., entre outros: Jan Wouters, "The principle of non-discrimination in European Community law", *EC Tax Review* 1999/2, p. 102; Josef Schuch, "Bilateral tax treaties ...", in *Multilateral Tax Treaties, New Developments in International Tax Law*, pp. 36 e ss.

16. V., considerando que em caso de discriminação se pode perguntar qual dos Estados abrangidos é responsável: Franz Wassermeyer, "Does the EC Treaty force the Member-States to conclude a multilateral tax treaty?", in *Multilateral Tax Treaties, New Developments in International Tax Law*, p. 19.

17. Acórdão de 14.2.1995, processo C-279/1993 ("Finanzamt Köln-Altstadt *vs.* Roland Schumacker").

18. Acórdão de 11.8.1995, processo C-80/1994 ("Wielockx *vs.* Inspecteur der directe belastingen").

19. V.: Josef Schuch, "Bilateral tax treaties ...", in *Multilateral Tax Treaties, New Developments in International Tax Law*, pp. 47-48; Paul Farmer, "EC law and national rules on direct taxation: a phoney war?", *EC Tax Review* 1998/1, pp. e 13 ss.

20. V. *OECD Triangular Cases Report* ..., R(11)-10, ponto 37.

21. V. *OECD Triangular Cases Report* ..., R(11)- 5, pontos 13 e 14; R(11)-10, ponto 35.

É, portanto, duvidoso qual teria sido a posição do TJCE se, no caso *Saint-Gobain*, o Estado de residência aplicasse o método do crédito, e não o método da isenção.

Se o Estado da residência adoptasse o método do crédito, no que diz respeito ao rendimento do estabelecimento estável, então deveríamos novamente analisar o caso numa perspectiva conjunta de carga fiscal total.

Presumindo que o Estado da fonte aplicava a convenção R-F, no que diz respeito aos dividendos afectos ao estabelecimento estável, o Estado do estabelecimento estável teria de creditar a tributação dos dividendos na fonte (ou de acordo com a convenção EE-R, ou segundo a convenção EE-F); contudo, se este crédito fosse inferior à tributação na fonte, decorrente da aplicação da convenção R-F, então, o Estado da residência deveria compensar a dupla tributação emergente, concedendo, ele próprio, um crédito de imposto. Esta análise preliminar indica que, numa perspectiva de direito comunitário, a não-discriminação, em casos triangulares, deve ser assegurada pelos três Estados envolvidos, e pressupõe um julgamento da carga fiscal global.

No entanto, os resultados desta interpretação podem ser decepcionantes, por não corresponderem, afinal, ao desejado entendimento substancial (e não meramente formal) do princípio em estudo.

Com efeito, tal como Kostense demonstrou, uma "interpretação revolucionária" do caso *Saint-Gobain* não modifica, substancialmente, a carga tributária final do contribuinte. Tal como refere Kostense, jogando com montantes hipotéticos, se o Estado F aplicar a convenção EE-F (o que significa que F trata o estabelecimento estável como um residente de EE), a carga tributária total só é reduzida se a carga conjunta, em F e EE, diminuir, e se esta diminuição não for compensada por uma tributação extra, aplicada em R.[22] Por outras palavras, a carga fiscal total só diminui se a carga fiscal (a retenção na fonte em F e o crédito fiscal de EE), negociada ao abrigo da convenção F-EE, for inferior à carga fiscal resultante da convenção R-F e se, adicionalmente, o Estado R isentar os lucros do estabelecimento estável. Kostense ainda pergunta se, tendo em consideração os resultados da sua investigação, o método do crédito devia ser considerado incompatível com o Tratado da CE (isto é, com a não-discriminação e com a liberdade de circulação), mas conclui que o TJCE já respondeu à questão negativamente, no caso *Gilly*.[23-24]

Ora, se, de acordo com os resultados hipotéticos de Kostense, a "interpretação revolucionária", quando o Estado R aplica o método do crédito, conduz, fundamentalmente, à redistribuição de competências entre os Estados-membros envolvidos,[25] e se, tal como salientado pelo autor, a competência para a distribuição de poderes, entre a fonte e a residência, também pertence aos Estados-membros, tal como foi confirmado no caso *Gilly*, então, não parece ser muito útil um entendimento amplo do princípio da não-discriminação.[26]

Por outro lado, como foi mencionado por alguns autores[27] e pela maioria dos Es-

22. H. E. Kostense, "The *Saint-Gobain* case ...", *EC Tax Re*view 2000/4, pp. 228-229.

23. Acórdão de 12.5.1998, processo C-336/1996 ("Mr. and Mrs. Gilly *vs.* Directeur des Services Fiscaux du Bas-Rhin").

24. H. E. Kostense, "The *Saint-Gobain* case ...", *EC Tax Re*view 2000/4, pp. 229 e ss. O problema já tinha sido suscitado anteriormente: Moris Lehner, "Limitation of the national power of taxation by the fundamental freedoms and non-discrimination clauses of the EC Treaty", *EC Tax Review* 2000/1, pp. 11 e 14; v., também, Klaus Vogel, "Some observations regarding *Gilly*", *EC Tax Review* 1998/3, p. 150.

25. H. E. Kostense, "The *Saint-Gobain* case ...", *EC Tax Re*view 2000/4, pp. 226-227.

26. Idem, ibidem, pp. 228-229 e 232. Cf. Hans van der Hurk, "The European Court of Justice knows its limits (a discussion inspired by the *Gilly* and *ICI* cases)", *EC Tax Review* 1999/4, pp. 211 e ss.

27. V., por exemplo, Heinz Jirousek, "Der Fall Saint-Gobain im Lichte der österreichischen DBA-Anwendungspraxis", *Internationales Steuerrecht* 1999, n. 2, pp. 606-607.

tados da OCDE, esta interpretação encorajaria, seguramente, comportamentos de *treaty shopping*. Em casos triangulares este encorajamento significa que as empresas, residentes em Estados que isentam os lucros de estabelecimentos estáveis, localizados fora do seu território, tenderiam a afectar a sua carteira de activos a estabelecimentos estáveis situados em territórios de baixa tributação.[28]

Muitas outras questões relacionadas com o alcance da não-discriminação, e que aproveitamos para mencionar de passagem, têm sido objecto de atenção por parte da doutrina:[29] por exemplo, deverá o regime de uma convenção de dupla tributação ser também aplicado a Estados-membros com os quais nenhuma convenção foi concluída? Se, de acordo com uma convenção bilateral, o Estado de residência conceder um crédito, para atenuar a dupla tributação, de lucros de estabelecimentos estáveis não-residentes, é discriminatório não atribuir este crédito a um Estado-membro, com o qual não foi celebrada convenção alguma de dupla tributação? E se esta convenção bilateral tiver sido celebrada com um terceiro Estado?

3. *O caso "Metallgesellschaft": a não-discriminação e a cláusula da Nação Mais Favorecida*

3.1 *A não-discriminação e a tributação de empresas associadas*

Recordemos que, no caso *Metallgesellschaft*, a *Metallgesellschaft Ltd.* e a *Metal and Commodity Company Ltd.* eram residentes no Reino Unido e distribuíram lucros às respectivas sociedades-mães, residentes na Alemanha, pelo quê tiveram de pagar o então denominado *Advanced Corporation Tax* (ACT); este seria, posteriormente, creditado contra o *Main Corporation Tax* (MCT), relativamente ao qual as sociedades eram sujeitos passivos.

As sociedades-mães, no processo principal, argumentaram que tinham sofrido uma perda de *cash-flow*, que não afectava as filiais das sociedades-mães residentes no Reino Unido, uma vez que estas podiam eleger a assim designada "tributação de grupo" (*group income election*), sendo, nesse caso, isentas do ACT. Esta desvantagem conduzia a uma discriminação indirecta, em razão da nacionalidade.[30] E, de facto, o Tribunal considerou contrário ao art. 52º do Tratado da CE "que as sociedades residentes naquele Estado-membro se beneficiem de um regime de tributação que lhes permite pagar dividendos às suas sociedade-mães, sem terem de pagar o imposto adiantado sobre as sociedades (ACT), quando a sociedade-mãe é também residente nesse Estado-membro, mas sendo-lhes negada essa possibilidade quando a sociedade-mãe tenha a sua sede noutro Estado-membro" (§76).

A Administração Fiscal (*Commissioners of Inland Revenue*) e o Advogado-Geral consideraram que o ACT tinha sido introduzido com o objectivo de garantir que a empresa distribuidora dos dividendos realizasse um pagamento, que compensasse o crédito ou a isenção, de imposto sobre os dividendos, atribuídos ao accionista.[31] E, além disso, mesmo que as empresas do grupo, residentes no Reino Unido, tivessem optado pela tributação de grupo (a referida *group income election*), o pagamento do ACT seria exigido quando os pagamentos fossem destinados ao exterior do grupo.[32]

O argumento invocado, de que a extensão do regime de "tributação de grupo" às sociedades-mães não-residentes permitiria às filiais residentes evitar o imposto, já que nunca seria cobrado ACT, pode não

28. *OECD Triangular Cases Report* ..., R(11)-11, ponto 39.

29. V., por exemplo, Franz Wassermeyer, "Does the EC Treaty ...?", in *Multilateral Tax Treaties, New Developments in International Tax Law*, pp. 22-23.

30. §§ 30 e 31 (26 e ss.) do caso.

31. Acórdão de 12.11.2000, processos C-397/1998 e C-410/1998 (*Metallgesellschaft* e outros), opiniões do advogado-geral Fenelly, ponto 11.

32. Idem.

ser legítimo – nomeadamente, porque o ACT não era um imposto sobre os dividendos, mas antes um pagamento adiantado do imposto sobre as sociedades, mais tarde recuperado (através do MCT) por compensação.[33] Sem embargo, a extinção do ACT nos pagamentos às sociedades-mães não-residentes pode dificultar o controlo dos montantes pagos pela filial à sua sociedade-mãe.

Segundo o Tribunal de Justiça, proporcionar às "filiais residentes, de sociedades-mães não-residentes, a possibilidade optar pela 'tributação de grupo' não teria outra consequência senão a de lhes permitir conservar somas que seriam, de outra forma, afectas ao ACT (...). Elas se beneficiariam, por conseguinte, da mesma vantagem de *cash-flow* que as filiais de sociedades-mães residentes, não existindo qualquer outra diferença – pressupondo bases tributáveis idênticas – relativamente aos montantes do MCT, a que as duas categorias de filiais estão sujeitas, quanto ao mesmo período de tributação" (§ 54). Todavia, contrariamente a esta linha de argumentação, e contrariamente ao que é mencionado no § 57,[34] neste caso, o risco de elisão fiscal, em um ou em alguns dos Estados-membros envolvidos (aqueles com cargas fiscais mais elevadas), poderá aumentar.

Com efeito, este risco não deve ser ignorado, nem secundarizado, no que diz respeito às empresas associadas estabelecidas na Comunidade Europeia, enquanto a base tributária das sociedades não for harmonizada, nem for adoptado um "método unitário" de tributação (substituindo o método das entidades independentes – *arm's length principle*).[35] É sabido que, entre os Estados-embros da OCDE, a determinação dos lucros tributáveis obedece aos arts. 9º e 7º do Modelo da OCDE, isto é, ao princípio das entidades independentes. Recordemos que, nas convenções bilaterais, as empresas associadas (com personalidade jurídica) só são tributadas no Estado de residência, sendo os seus lucros determinados segundo as regras adequadas, do direito fiscal interno. Todavia, como limite, os Estados contratantes devem respeitar o princípio das entidades independentes: o mesmo é dizer que os lucros empresariais devem ser tributados no Estado onde eles "têm origem económica",[36] e que a residência da sociedade e a fonte dos lucros tributáveis tendem a coincidir. Além disso, o princípio das entidades independentes deve ser observado não apenas pelo Estado da fonte, mas igualmente pelo Estado da residência.[37]

No art. 9º do Modelo da OCDE o princípio é formulado como uma restrição aos ajustamentos dos lucros de empresas associadas; mas, como estes ajustamentos podem originar dupla tributação económica, o art. 9º estabelece os procedimentos adequados à sua eliminação.[38]

O princípio das entidades independentes é, por conseguinte, baseado em contabilidades separadas, pois tem como objectivo autonomizar os múltiplos ramos e filiais das empresas associadas.[39] A contabilidade separada é a condição necessária e suficiente para que os Estados contratantes determinem os lucros das empresas associadas e procedam, eventualmente, a ajustamentos, aplicando o seu Direito interno.

Se a "escolha de tributação de grupo", no Reino Unido, tivesse sido alargada às filiais residentes, com sociedades-mães no

33. Acórdão de 8.3.2001, processos C-397/1998 e C-410/1998, pontos 52 e ss.

34. Acórdão de 8.3.2000, processos C-397/1998 e C-410/1998.

35. Sobre o assunto, referindo-se ao plano de Fritz Bolkestein, Heleen Nijkamp, "Ambitious plan for EU company tax reform fails to address critical issues", *EC Tax Review* 2002/1, pp 2-3.

36. Klaus Vogel, *DBA Doppelbesteuerungsabkommen, Kommentar*, 3ª ed., München, C. H. Beck'sche Verlagsbuchhandlung, 1996, art. 9(1), pontos 7 e 10.

37. Klaus Vogel, idem, art. 9(1), ponto 16. Mas mesmo em caso de ajustamento o Direito interno constitui também a base legal para o fazer, pois sem regras de ajustamento interno o ajustamento não é possível.

38. Klaus Vogel, idem, art. 9(1), ponto 10.

39. Klaus Vogel, idem, art. 9(1), ponto 17.

Exterior, ela não seria incompatível com este princípio das entidades independentes, uma vez que ela não está relacionada com qualquer unidade tributária, ou outras regras de consolidação para efeitos fiscais. No Reino Unido os "grupos de empresas" apenas se beneficiam de algumas normas cobrindo a isenção de pagamentos de ACT,[40] a transferência de perdas, a transferência de activos e o pagamento de dividendos, juros e *royalties* no interior de um grupo.

O problema do caso *Metallgesellschaft* não é substancialmente diferente do problema analisado no caso *ICI*,[41] que dizia respeito à concessão de uma atenuação de imposto, a propósito de perdas incorridas por filiais não-residentes (filiais de uma *holding* residente, detida pela *ICI*). Em nenhum dos casos é necessário um método unitário de tributação (que permitisse aos membros das empresas associadas a tributação com base nos lucros agregados do grupo[42]), nem é necessária uma fórmula que divida os lucros totais, entre as várias parcelas da sociedade estabelecida na Comunidade Europeia.[43] Com efeito, não se verifica interferência alguma com as normas internas de apuramento das bases tributárias. Por outras palavras, nem no caso *Metallgesellschaft* nem no caso *ICI* é exigido um novo método de distribuição de lucros (e portanto de receitas fiscais) entre Estados-membros.

No entanto, se ponderarmos que, na Comunidade Europeia, à enunciada ausência de um método unitário de tributação e da respectiva fórmula de distribuição de receitas fiscais, se juntam decisões do TJCE, como as dos casos *ICI* e *Metallgesellschaft*, tornam-se legítimos os receios de efeitos indirectos (distorcivos) no cálculo doméstico das bases tributárias de imposto.

Por exemplo, no caso de atenuação do imposto, atribuída a uma empresa residente, a propósito de perdas incorridas por uma filial não-residente (cf. caso *ICI*), não é possível evitar que as *mesmas* perdas sejam deduzidas, novamente, no seu Estado de residência (de eventuais lucros, realizados pela *mesma* filial, no ano financeiro seguinte) – desde que a legislação do Estado de residência da filial preveja as mencionadas deduções. Por seu turno, no caso *Metallgesellschaft* podemos considerar que o ACT tinha um objectivo antielisivo, no contexto do princípio das entidades independentes e das regras de preços de transferência.

Se acrescentarmos a estas reflexões o que dissemos anteriormente a propósito da "perspectiva revolucionária" do caso *Saint-Gobain* e da eventual incompatibilidade do método do crédito com a não-discriminação e a liberdade de circulação, podemos concluir que nem todos os tipos de regras das convenções de dupla tributação devem ser apreciados à luz da não-discriminação – o que significa, por outro lado, que o princípio da não-discriminação não substitui o processo de harmonização. Este ponto foi especialmente salientado no caso *Gilly*.

Podemos ainda concluir que quer o princípio da não-discriminação do Tratado da CE quer o princípio constitucional da igualdade nos Estados-membros sugerem a necessidade de celebração de um tratado multilateral.[44]

3.2 A cláusula da Nação Mais Favorecida

Consideremos ainda o caso *Metallgesellschaft*. Subsidiariamente ao pedido principal (alargamento do regime de "tri-

40. Entretanto abolido.

41. Acórdão de 16.7.1998, processo C-264/1996 ("Imperial Chemical Industries plc (ICI) *vs.* Kenneth Hall Colmer (Her Majesty's Inspector of Taxes)). Cf.: J. David B. Oliver, "The impact of EU non-discrimination provisions in UK corporate law", *EC Tax Review* 1998/3, pp. 173-174; Hans van der Hurk, "The European Court of Justice ...", *EC Tax Review* 1999/4, pp. 219 e ss.

42. Klaus Vogel, *DBA* ..., 3ª ed., art. 9(1), ponto 17-a.

43. Klaus Vogel, idem, art. 7(3-4), pontos 95-96.

44. V. Franz Wassermeyer, "Does the EC Treaty ...?", in *Multilateral Tax Treaties, New Developments in International Tax Law*, p. 17.

butação de grupo" à *Metallgesellschaft*), e caso este fosse negado, os impugnantes pretendiam a concessão de um crédito de imposto à sociedade-mãe alemã, que compensasse o ACT pago sobre os dividendos recebidos, tal como acontecia ao abrigo de determinadas convenções celebradas pelo Reino Unido. Solicitava-se, neste pedido, um entendimento do princípio da não-discriminação segundo uma cláusula da Nação Mais Favorecida.

Porém, o Advogado-Geral e o Tribunal foram suficientemente cautelosos, de modo a não dar este passo adiante na interpretação do princípio da não-discriminação, proclamando uma cláusula da Nação Mais Favorecida.[45]

O direito comunitário não impõe, directamente, um tratamento de Nação Mais Favorecida,[46] que é, em geral, rejeitado no direito tributário, baseado no princípio da reciprocidade.[47]

Mas, voltando ao conceito de não-discriminação, que proíbe a aplicação de regras diferentes a situações semelhantes, uma argumentação formalmente coerente exigiria que a aplicação das regras das convenções de dupla tributação respeitasse um princípio da Nação Mais Favorecida. De outra forma, a aplicação do regime das convenções bilaterais traduz-se, frequente e inevitavelmente, numa aplicação de normas diferentes a situações semelhantes – pois as negociações são bilaterais. Repare-se que esta consequência se verifica mesmo numa concepção minimalista do princípio da não-discriminação, que apenas exige uma comparação entre residentes e não-residentes. E se, num entendimento mais próximo do do Tribunal, incluirmos no núcleo do princípio os direitos fundamentais de livre circulação no território da Comunidade Europeia, estes seriam aparentemente mais bem assegurados por uma cláusula de Nação Mais Favorecida.[48]

Há, porém, diversos argumentos contra a aplicação de uma cláusula da Nação Mais Favorecida às convenções bilaterais dos Estados-membros da CE.

Para além do facto de, no caso *Metallgesellschaft*, quer o Advogado-Geral quer o Tribunal não terem exigido a aplicação de tal cláusula, a competência para concluir tratados na CE ainda pertence aos Estados-membros, como resulta do art. 293º do Tratado da CE,[49] e tal como foi reafirmado no caso *Gilly*.

Além do mais, tal cláusula não deve ser considerada vinculativa, nem tampouco relevante, porque não se pode garantir que ela contribua, efectivamente, para diminuir a carga fiscal global do contribuinte. Por exemplo, no caso *Saint-Gobain* os Estados-membros da CE envolvidos teriam de aplicar, respectivamente, a retenção na fonte mais favorável e o crédito fiscal mais favorável. Mas se, numa situação triangular, o Estado R aplicar o método do crédito, ainda não se pode garantir uma diminuição da carga fiscal, muito dependendo da rede completa de convenções celebradas pelos Estados-membros implicados e dos montantes previstos de retenções na fonte e de créditos.[50]

45. Acórdão de 12.9.2000, processos C-397/1998 e C-410/1998, opiniões do advogado-geral Fenelly, ponto 57; acórdão de 8.3.2001, ponto 97. Durante as alegações orais do caso *Schumacker* foi levantada, indirectamente, uma questão sobre o tratamento segundo a cláusula da Nação mais favorecida, mas a resposta foi evitada: Albert J. Rädler, "Most-favoured-Nation concept in tax treaties", in *Multilateral Tax Treaties, New Developments in International Tax Law*, pp. 8-9.

46. V. Franz Wassermeyer, "Does the EC Treaty ...?", in *Multilateral Tax Treaties, New Developments in International Tax Law*, p. 21.

47. Albert J. Rädler, "Most-favoured-Nation concept ...", in *Multilateral Tax Treaties, New Developments in International Tax Law*, pp. 3 e ss.

48. Albert Rädler, "Most-favoured-Nation clause in european tax law", *EC Tax Review* 1995/2, pp. 66-67; Michael Lang, "Die Zukunft des Internationalen Steuerrechts in Europa", in *Die Zukunft des Internationalen Steuerrechts*, v. 10, *Schriftenreihe zum internationalen Steuerrecht*, 1999, Wien, Linde Verlag, pp. 83-84.

49. V. Franz Wassermeyer, "Does the EC Treaty ...?", in *Multilateral Tax Treaties, New Developments in International Tax Law*, p. 18.

50. V. outros exemplos indicados por Albert J. Rädler, "Most-favoured-Nation concept ...", in *Mul-*

Por outro lado, uma cláusula da Nação Mais Favorecida, conduzindo a um regime multilateral, não harmonizado, de convenções de dupla tributação, incentivaria o *treaty shopping* e provocaria, eventualmente, múltiplas não-tributações, como bem demonstra Klaus Vogel, no seu exemplo de um empréstimo, concedido por "A", residente em Bruxelas, a "B", em Munique, e segurado por propriedade imóvel, situada na mesma cidade.[51]

Estes argumentos revelam que, caso o Tribunal exigisse a aplicação de uma cláusula de Nação Mais Favorecida, os contornos do princípio da não-discriminação seriam ainda mais obscuros.

4. A não-discriminação como um instrumento de livre circulação: um raciocínio de substância "versus" forma subjacente à comparação de contribuintes

4.1 Situações substancialmente comparáveis

Em alguns dos casos previamente mencionados, o juízo (completo) de não-discriminação ultrapassa a comparação tradicional entre um contribuinte residente e um não-residente. Por exemplo, no caso *Saint-Gobain* a análise da não-discriminação, no Estado da fonte, postularia uma comparação entre dois não-residentes (tratando-se de uma situação triangular, a comparação entre a filial não-residente e o estabelecimento estável localizado em EE) – suscitando-se, então, o problema de saber se o princípio da não-discriminação abarca este confronto.

Noutros casos (incluindo talvez o *Saint-Gobain*) um juízo de não-discriminação implica a avaliação da carga fiscal total, o que é uma consequência da estreita relação do conceito de não-discriminação com as liberdades fundamentais.[52]

No direito comunitário o princípio da não-discriminação não é um fim em si mesmo, mas instrumental às liberdades fundamentais.[53-54]

Em princípio, o Tratado da CE reconhece e acolhe os elementos de conexão do direito tributário internacional, "residência" e "fonte" – isto é, aceita um tratamento diferenciado de residentes e não-residentes (cf. art. 58º, n. 1, "a", do Tratado da CE), desde que eles não se encontrem numa situação comparável.

Situações comparáveis ("a mesma situação") são aquelas que, por se beneficiarem de livre circulação, se tornam "substancialmente", embora não "formalmente", as mesmas: o julgamento de não-discriminação implica uma análise do tipo "substância sobre a forma", uma *wirtschaftliche Betrachungsweise* (interpretação segundo considerações económicas, tal como desenvolvida pela doutrina fiscalista alemã desde a década de 30), ou uma análise que pode ainda ser designada por *interpretação tipológica*.[55] A avaliação "substância *versus*

tilateral Tax Treaties, New Developments in International Tax Law, p. 10.

51. "Problems of a most-favoured-Nation clause in intra-EU treaty law", *EC Tax Review* 1995, pp. 264-265. V., também, Moris Lehner, "Der Einfluss des Europarechts auf die Doppelbesteuerungsabkommen", *Internationales Steuerrecht*, 2001, p. 336.

52. Sobre "a evolução das cláusulas de não-discriminação em proibições de restrições", e "como uma extensão das liberdades fundamentais": Moris Lehner, "Limitation of the national power of taxation ...", *EC Tax Review* 2000/1, pp. 7 ss.; e "Der Einfluss des Europarechts ...", *Internationales Steuerrecht*, 2001, p. 331.

53. Harald Schaumburg, *Internationales Steuerrecht, Aussensteuerrecht, Doppelbesteuerungsrecht*, 2ª ed., Köln, 1998, Dr. Otto Schmidt Verlag, p. 44.

54. Contra a ideia de que "uma carga fiscal total" pode estar subjacente ao juízo de não-discriminação: Josef Schuch, "Bilateral tax treaties ...", in *Multilateral Tax Treaties, New Developments in International Tax Law*, pp. 48-49; Michael Lang, "Die Bindung der Doppelbesteuerungsabkommen ...", in *Doppelbesteuerungsabkommen und EU-Recht, Auswirkungen auf die Abkommenspraxis*, pp. 36 e ss. (esp. p. 37). O autor também critica a referência ao MOCDE como um argumento para justificar a discriminação, com base no argumento de que o Modelo não tem efeito vinculativo (pp. 34-35).

55. V., entre outros, sobre estes conceitos: Tipke/Lang, *Steuerrecht*, 16ª ed., Köln, 1998, Dr. Otto

forma" ou resulta expressamente do Tratado da CE, quando as sucursais[56] e filiais são consideradas em pé de igualdade,[57] ou é tomada em consideração pelo intérprete na situação concreta (quando o Tribunal de Justiça considerou que o Sr. Schumacker devia ser tratado como um residente na Bélgica de forma a assegurar a livre circulação de pessoas).

Esta linha de argumentação conduz-nos à seguintes conclusões preliminares:

1. Se se torna necessário, de modo a verificar se o Sr. Schumacker ou o Sr. Wielockx foram discriminados na Bélgica (ou nos Países Baixos), examinar como é que eles são tributados no Estado de residência, já não estamos a avaliar como é que F tributa residentes e não-residentes (análise básica da não-discriminação), mas estamos a exceder um ponto de vista de não-discriminação, e a estimar os requisitos da livre circulação.

2. Se, de acordo com uma interpretação do tipo substância sobre a forma, se entende que dois contribuintes estão numa situação comparável se apresentarem uma conexão comum com o sistema fiscal de um Estado-membro,[58] então, em situações triangulares, o Estado de conexão não pode discriminar entre investimento passivo de um estabelecimento estável (localizado em EE) e de uma filial (residente em EE).

Se ponderarmos todos estes aspectos, a interpretação do princípio de não-discriminação, no Tratado da CE, significa que o Estado da fonte já não pode confiar nos elementos de conexão "fonte" e "residência", em que assentam os regimes fiscais internos e convencionais.[59]

Ora bem, se a residência e eventualmente a fonte já não são elementos automaticamente satisfatórios para diferenciar a obrigação fiscal dos contribuintes da CE, um julgamento de não-discriminação, porque afim da livre circulação, pode requerer a análise do rendimento global, bem como da carga fiscal global, quer no Estado da fonte, quer no Estado da residência (e no Estado do estabelecimento estável). Já foi adequadamente enfatizado pela doutrina que se o Sr. Schumacker tivesse sido tributado na Alemanha (o que aconteceria na ausência de uma convenção bilateral com a Bélgica) a Bélgica não teria sido obrigada a tratá-lo como um residente.[60]

No direito tributário internacional o conceito e regime dos estabelecimentos estáveis reflectem os interesses divergentes dos Estados exportadores e importadores de capital, enquanto no direito comunitário estes interesses divergentes devem ser substituídos por uma perspectiva de mercado interno comunitário.[61] É por esta razão que, nos termos do Tratado da CE, a

Schmidt Verlag, pp. 155-157; Larenz/Canaris, *Methodenlehre der Rechtswissenschaft*, 3ª ed., Berlin, Heidelberg, 1995, Springer Lehrbuch, pp. 293 e ss.

56. Sem personalidade jurídica nos Estados-membros da CE.

57. De um ponto de vista económico (substancial), os estabelecimentos estáveis não são diferentes das filiais, e o facto é que, segundo as normas de Direito interno, a sua base tributária é normalmente sujeita às mesmas regras. V. Josef Schuch, "Bilateral tax treaties ...", in *Multilateral Tax Treaties, New Developments in International Tax Law*, p. 41. Todavia, entendemos este aspecto como um resultado da "realidade semelhante subjacente".

58. Lyons, "Discrimination against individuals and enterprises on grounds of nationality: direct taxation and the European Court of Justice", *EC Tax Journal* 1995/6, p. 35; Josef Schuch, "Bilateral tax treaties ...", in *Multilateral Tax Treaties, New Developments in International Tax Law*, p. 40.

59. Considerando que a jurisprudência do TJCE não é suficientemente cautelosa, e que o "fundamento territorial do direito tributário resulta da conexão interna da obrigação tributária, tal como desenhada nas normas sobre obrigação tributária ilimitada e limitada", e que esta "conexão (...) é uma pré-condição essencial para a realização do rendimento num determinado Estado": Moris Lehner, "Limitation of the national power of taxation ...", *EC Tax Review* 2000/1, pp. 11 e ss.

60. Entre outros, v.: Moris Lehner, "Limitation of the national power of taxation ...", *EC Tax Review* 2000/1, p. 10; Franz Wassermeyer, "Does the EC Treaty ...?", in *Multilateral Tax Treaties, New Developments in International Tax Law*, pp. 24-25.

61. Em última análise, sob esta perspectiva da livre circulação comunitária, já não importa que o estabelecimento estável não tenha personalidade jurídica, e que os Estados importadores e exportadores de capital disputem as receitas fiscais.

liberdade de estabelecimento deve incluir no mesmo plano as filiais e as sucursais.

Todavia – e como salienta Moris Lehner –, se um "mercado interno, no sentido de um mercado que é homogéneo nas suas estruturas básicas, é um objectivo importante e desejável", ele "não pode ser atingido através de uma simples interpretação do Tratado da CE".[62]

4.2 *O caso das empresas associadas*

No caso das empresas associadas, um raciocínio de "substância sobre a forma" tem como alvo as regras fiscais discriminando empresas residentes associadas a entidades não-residentes (ou com estabelecimentos estáveis no Estrangeiro).

No caso *Metallgesellschaft*, e uma vez mais, o TJCE interpretou a não-discriminação e a livre circulação no sentido de reclamarem tratamentos iguais em situações comparáveis: "uma filial residente, de uma sociedade-mãe residente noutro Estado-membro, é contribuinte, no Reino Unido, do imposto principal sobre as sociedades (MCT) com referência aos lucros, da mesma forma que uma filial residente de uma sociedade-mãe residente" (§ 53). Assim, o Tribunal considerou que a legislação do Reino Unido, no que diz respeito ao direito de fazer uma opção pela "tributação de grupo", originava um tratamento diferenciado entre as filiais residentes no Reino Unido, dependendo do facto de a sociedade-mãe ter ou não ter a sua sede no Reino Unido (§§ 43 e 44).

Tal como foi referido anteriormente, o juízo de acordo com o qual é discriminatória a restrição do direito de eleger a "tributação de grupo" às sociedades afiliadas residentes no Reino Unido, com sociedades-mães também aí residentes, conduziria a uma situação muito complexa, se essa opção tivesse consequências na determinação da base tributária.

Apesar de o princípio da não-discriminação ter sido coerentemente aplicado, pelo Tribunal, no caso *Metallgesellschaft*, se porventura ele comportasse efeitos sobre a determinação das bases tributárias seria necessária a renegociação das convenções de dupla tributação, na base de uma fórmula de repartição de lucros entre os Estados contratantes.

Tudo ponderado, a interpretação da não-discriminação significa que, pelo menos, a "residência" fiscal, como um elemento basilar de conexão, no direito tributário internacional, se está a tornar obsoleta para o direito tributário dos Estados-membros da CE.

5. *A não-discriminação aplica-se a todos os tipos de normas das convenções de dupla tributação?*

As convenções de dupla tributação, firmando embora um Direito recente, já se autonomizam como sistema material, e, portanto, diferenciado dos direitos tributários internos (tendo em conta que dispõem das suas próprias regras de interpretação, âmbito pessoal, regras de distribuição de competências dos Estados contratantes da fonte e da residência, regras sobre a repartição do rendimento, tal como o princípio das entidades independentes, métodos de eliminação da dupla tributação e linguagem própria em desenvolvimento).

Isto significa que os problemas de discriminação e de livre circulação não devem ser remediados através da submissão de todas e quaisquer normas das convenções de dupla tributação a estes princípios, nem pela invocação de uma cláusula da Nação Mais Favorecida (nem numa vertente mais fraca, limitando-a às convenções de dupla tributação aplicáveis no caso concreto, nem numa vertente mais radical, de cláusula da Nação Mais Favorecida em termos absolutos).

Contrariamente ao que alguns autores têm defendido,[63] consideramos que a coe-

62. Moris Lehner, "Limitation of the national power of taxation ...", *EC Tax Review* 2000/1, p. 12.

63. Entre outros: Michael Lang, "Die Bindung der Doppelbesteuerungsabkommen ...", in *Doppelbesteuerungsabkommen und EU-Recht, Auswir-*

são dos tratados bilaterais conjuntamente com a competência reconhecida aos Estados-membros da CE em celebrá-los (art. 293º do Tratado da CE) justificam o *do, ut des* e a diferenciação.[64]

Na ausência de uma convenção multilateral, e com referência à tipologia de normas abaixo identificadas, as normas das convenções bilaterais podem diferir daquela que seria a solução ideal para a CE (por exemplo, a propósito dos métodos de repartição de lucros), e podem variar de negociação para negociação (e, portanto, de convenção para convenção).

Pesando a abundante jurisprudência sobre não-discriminação em assuntos de tributação do rendimento, e tomando como ponto de partida os exemplos bastante recentes do caso *Saint-Gobain* e do caso *Metallgesellschaft*, avançamos com uma proposta de classificação de regras convencionais bilaterais (baseadas no Modelo da OCDE) que não devem ser interpretadas à luz do princípio da não-discriminação do direito comunitário:

1. *Regras respeitantes ao âmbito das convenções de dupla tributação* – Não merece a pena defender que o princípio da não-discriminação, num caso triangular, exige que o Estado da fonte trate o estabelecimento estável como um residente do Estado EE; com efeito, a carga tributária final depende do montante de retenção de imposto, negociado entre os Estados F e EE, e do método adoptado pelo Estado R, para eliminar a dupla tributação dos lucros, de um estabelecimento estável não-residente. O TJCE julgou discriminatória a aplicação de diferentes normas a situações semelhantes, mas não considerou discriminatória a aplicação de uma norma a um contribuinte que não seja abrangido pelo âmbito de uma convenção. Se o contribuinte não é residente de qualquer dos dois Estados contratantes, a convenção de dupla tributação entre EE e F não é aplicável. Aceitando esta argumentação, numa situação triangular, só o Estado EE seria destinatário do princípio de não-discriminação, resultado que já emana do *Relatório da OCDE sobre Casos Triangulares* e dos comentários 51-54 ao art. 24º, n. 3, do Modelo OCDE.[65]

2. *Regras contendo definições* (definições gerais contidas nos arts. 3º a 5º do Modelo OCDE e definições de rendimento) – Ainda em situações triangulares, e da perspectiva (e obrigações) do Estado da fonte, não lhe é possível comparar um estabelecimento estável, localizado em EE, com uma sociedade, residente em EE, de forma a aplicar "correctamente" o regime convencional bilateral (isto é, de modo a respeitar a não-discriminação), se a definição e/ou o período mínimo de permanência exigido, para o reconhecimento de um estabelecimento estável, pelo Estado F, variam no conjunto da sua rede de convenções. Neste caso, pareceria que F deveria comparar todas as sociedades não-residentes, que investissem em F, e eventualmente considerar uma cláusula da Nação Mais Favorecida.[66] Porém, se tomarmos como exemplo duas convenções celebradas por F, uma exigindo um período mínimo de 6 meses de actividade como pressuposto da existência de um estabelecimento estável material, e outra exigindo 12 meses, como se pode escolher o prazo "correcto"? Seria legítimo a F aplicar a cláusula da Nação

kungen auf die Abkommenspraxis, pp. 32 e ss.; Franz Wassermeyer, "Does the EC Treaty ...?", in *Multilateral Tax Treaties, New Developments in International Tax Law*, pp. 23 e 27.

64. Recordemos que caso a competência pertença, simultaneamente, à CE e aos Estados-membros, tal como neste caso, o Conselho e a Comissão acordaram sobre um princípio geral de direito comunitário de acordo com o qual "a competência nacional é a regra e a competência da Comunidade a excepção": v. Maria Luísa Duarte, *A Teoria dos Poderes Implícitos e a Delimitação de Competências entre a União Europeia e os Estados-Membros*, Lisboa, Lex, 1997, p. 338.

65. Esta situação devia ser resolvida por uma convenção fiscal multilateral: v. Josef Schuch, "Bilateral tax treaties ...", in *Multilateral Tax Treaties, New Developments in International Tax Law*, p. 36.

66. Trata-se de um exemplo de Franz Wassermayer, "Does the EC Treaty ...?", in *Multilateral Tax Treaties, New Developments in International Tax Law*, p. 25.

Mais Favorecida, sabendo que os comentários da OCDE expressa (e acertadamente) recomendam que se deve analisar o caso concreto, para concluir se existe um "local fixo de negócio", ou se há actividades "habitualmente" exercidas por pessoas que actuam em nome e por conta da empresa?

3. *Regras respeitantes aos métodos para eliminar a dupla tributação internacional* – Os métodos para eliminação da dupla tributação estão ainda sob soberania dos Estados-membros, tal como foi decidido no caso *Gilly*, e, por consequência, qualquer discriminação decorrente do mecanismo do método do crédito não é entendida como violando os princípios de não-discriminação e livre circulação.[67]

4. *Regras respeitantes à repartição de lucros* – As legislações dos Estados-membros prevêem regimes diferenciados para a determinação dos lucros de empresas associadas quando residentes em território nacional e para a determinação dos lucros de empresas associadas multinacionais. Na verdade, preenchidos determinados requisitos (por exemplo, todos os elementos da empresa associada devem ser residentes), as normas tributárias internas admitem a tributação segundo contas consolidadas, o mesmo não acontecendo ao nível das convenções bilaterais; os Estados-membros da OCDE orientam-se pelo princípio das entidades independentes, e, portanto, a tributação das empresas multinacionais assenta na contabilidade separada, e a base tributária é determinada segundo normas tributárias domésticas.

Por conseguinte, podemos dizer que tanto o princípio da não-discriminação como as liberdades fundamentais devem ser observados na aplicação das normas das convenções, mas não pretendem modificar o âmbito (pessoas e impostos cobertos) das mesmas, as definições ("estabelecimento estável", por exemplo)[68] e os métodos escolhidos para a repartição de receitas entre os Estados-membros (tal como, por exemplo, o princípio das entidades independentes ou o método do crédito para a eliminação da dupla tributação). Com efeito, não é seguro que, caso contrário, o contribuinte viesse a beneficiar de uma vantagem fiscal, e, em muitos casos, haveria, tão simplesmente, uma redistribuirão de competências tributárias entre os Estados-membros.

Além do mais, não podemos esquecer que os Estados-membros em sua maior parte são sistemas de *civil law*, onde o papel da jurisprudência criativa em matérias submetidas a reserva de lei (tal como o direito tributário) é controverso e a analogia, em regra, proibida.[69]

À apreciação do TJCE têm sido sujeitas questões relacionadas com taxas de imposto,[70] deduções,[71] deduções de perdas,[72] isenções e créditos de imposto.[73] Nem o princípio da não-discriminação nem uma cláusula da Nação Mais Favorecida provocariam, em relação a estas categorias de normas, uma grande desorganização na coerência das convenções de dupla tribu-

67. E, tal como salientado por Moris Lehner, o método da isenção pode "conduzir a tratamento preferencial de uma empresa com investimento no Exterior, sobre uma empresa com investimento doméstico", o que não é neutro para o mercado interno (Moris Lehner, "Limitation of the national power of taxation ...", *EC Tax Review* 2000/1, p. 14).

68. Elas fazem parte do que Klaus Vogel designa por *Objekttatbestand* (designação do objecto em particular, ao qual a regra distributiva será aplicada), ou *Metatatbestand*, quando elas pressupõem requisitos sob os quais a regra distributiva será aplicada (*DBA* ..., 3ª ed., § 48).

69. V., por exemplo, Klaus Vogel/Christian Waldhoff, *Grundlagen des Finanzverfassungsrechts*, Heidelberg, 1999, C. F. Müller, p. 307 e ss. (esp. pp. 313-314).

70. Cf., por exemplo, acórdão de 27.6.1996, processo C-107/1994 ("p.H. Asscher *vs.* Staatssecretaris van Financiën").

71. Cf., por exemplo, acórdão de 11.8.1995, processo C-80/1994 ("G.H.E.J. Wielockx *vs.* Inspecteur der directe belastingen"); acórdão de 16.7.1998, processo C-264/1998 (*ICI*), cit.

72. Cf., por exemplo, acórdão de 14.12.2000, processo C-141/1999 ("Algemene Maatschappij voor Investering en Dienstverlening NV (*AMID*) *vs.* Belgische Staat").

73. Acórdão de 21.9.1999, processo C-307/1997 ("Saint-Gobain ZN"), cit.

tação. Por outro lado, não se coloca, a propósito dessas normas, um problema de violação de reserva de lei, tendo em conta que a não-discriminação implica, apenas, a extensão de um regime em vigor a não-residentes.

O TJCE, ao exercer as suas funções de garante de uma "interpretação unitária", desenvolveu seus próprios princípios de interpretação e conceitos autónomos, proibindo o recurso a conceitos de direito tributário internacional.[74]

Todavia, no que diz respeito às categorias de normas acima identificadas, um juízo de não-discriminação significaria uma ponderação de conceitos ou regimes alternativos, e, dessa feita, uma substituição do legislador pelo TJCE.[75]

Finalmente, e em qualquer caso, não é possível garantir que a aplicação do mencionado princípio de não-discriminação e de uma cláusula da Nação Mais Favorecida, pelo Estado da fonte, *maxime* em situações triangulares, conduza a uma carga fiscal idêntica entre residentes e não-residentes. E, de facto, é inegável que a tipologia de normas enumeradas também influencia a carga tributária final do contribuinte.

Balançando todos os argumentos expostos, podemos concluir que um processo de harmonização continua a ser necessário. Como o princípio da não-discriminação não é o bastante para garantir um tratamento idêntico de contribuintes numa situação comparável, no âmbito da Comunidade Europeia, seria recomendável um tratado multilateral, ou, pelo menos, o desenvolvimento de alguns princípios materiais.[76] Independentemente da discussão acerca do alcance da harmonização da tributação do rendimento, Franz Wassermeyer, entre outros autores, identificou os seguintes casos relevantes, em que o princípio da não-discriminação demonstra não ser totalmente eficiente:[77] dois contribuintes residentes com ou sem conexão com outro Estado (neutralidade de exportação internacional); dois residentes com conexões comparáveis a Estados diferentes; dois contribuintes não-residentes com rendimentos na fonte comparáveis.[78]

6. Livre circulação e dupla não-tributação na CE

No direito tributário internacional a dupla tributação e a dupla não-tributação são ajuizadas como duas faces da mesma medalha.[79] Os Estados contratantes, das convenções de dupla tributação, reconhecem a legitimidade de as contrapartes aplicarem as respectivas cláusulas gerais antia-

74. Harald Schaumburg, *Internationales Steuerrecht*, ..., 2ª ed., pp. 43-44 e ss.

75. O que significa que o problema não reside no papel activo do TJCE (e na "ideia de Europa" frequentemente transmitida pelo Tribunal), mas nos limites internos constitucionais, aos tribunais, em matéria de direito tributário.

76. A harmonização é também recomendável, como forma de evitar os efeitos prejudiciais da competição entre sistemas fiscais, enquanto modelo alternativo à harmonização (v., sobre o assunto, Wolfgang Schön, "Tax competition in Europe – The legal perspective", *EC Tax Review* 2000/2, pp. 92 e ss.). Propondo uma convenção fiscal multilateral: Michael Lang, "The concept of a multilateral tax treaty", in *Multilateral Tax Treaties* ..., pp. 189 e ss., e "Die Zukunft ...", in *Die Zukunft des Internationalen Steuerrechts*, v. 10, pp. 78 e ss.; Josef Schuch, "EC law requires multilateral tax treaty", *EC Tax Review* 1998/1, pp. 29 e ss.; Helmut Loukota, "Multilateral tax treaty *versus* bilateral treaty network", in *Multilateral Tax Treaties* ..., pp. 85 e ss.

77. Franz Wassermeyer, "Does the EC Treaty ...?", in *Multilateral Tax Treaties, New Developments in International Tax Law*, pp. 22 e ss. V., também, a análise de Josef Schuch a respeito do "diferente tratamento de situações comparáveis": "Bilateral tax treaties ...", in *Multilateral Tax Treaties, New Developments in International Tax Law*, pp. 39 e ss.

78. A preclusão de contribuintes não-residentes de convenções fiscais (tal como acontece nas situações triangulares) justifica a multilateralização dos tratados bilaterais (v. Josef Schuch, "Bilateral tax treaties ...", in *Multilateral Tax Treaties, New Developments in International Tax Law*, pp. 35 e ss., esp. p. 36).

79. Klaus Vogel e outros, *On Double Taxation Conventions, A Commentary to the OECD-, UN- and US Model Conventions for the Avoidance of Double Taxation of Income and Capital*, 2ª ed., Deventer, Boston, Kluwer Law and Taxation Publishers, 1991, pontos 109 e ss., esp. 116-117.

buso (de Direito interno); por outro lado, as cláusulas de limitação de benefícios estão amplamente difundidas nas convenções dos Estados-membros da OCDE.[80]

Como é sabido, o Comité dos Assuntos Fiscais da OCDE e os seus grupos de trabalho advertem os Estados-membros de soluções bilaterais que, potencialmente, conduzem a abuso fiscal, e fazem sugestões quanto a cláusulas gerais antiabuso.

Buscando, novamente, o exemplo do *Relatório da OCDE sobre Casos Triangulares*, a maior parte das delegações consultadas entendeu que os arts. 10º, 11º e 12º do Modelo, adoptados por uma convenção de dupla tributação, justificam a isenção na fonte do rendimento passivo de um estabelecimento estável, mesmo que o Estado de residência não tribute, e independentemente da localização do estabelecimento estável, que recebe aquele rendimento.[81] Como esta interpretação incentiva as empresas a colocarem os seus activos de investimento indirecto (de rendimento passivo) nos Estados de baixa tributação, a OCDE recomenda a adopção de uma cláusula antiabuso, apesar de não terem sido ainda encontradas respostas satisfatórias.[82]

Recorde-se que nos pontos 53 a 55 do *Relatório dos Casos Triangulares* uma situação em que o rendimento tem fonte no Estado F e é pago a um estabelecimento estável não-residente, localizado num paraíso fiscal, é caracterizada como problemática. Ora, os países que tenham decidido reconhecer, expressamente, a aplicação da convenção a um estabelecimento estável, não-residente em qualquer dos dois Estados contratantes, são exortados a afastar esse regime se o Estado EE não tributar "de uma forma normal".[83] Além disso, e como já referimos, a justiça de uma solução dada à tributação de rendimento de investimento passivo afecto a um estabelecimento estável depende muito dos métodos adoptados para a eliminação da dupla tributação: se o Estado de residência isentar os lucros de um estabelecimento estável, haverá um estímulo ao abuso de convenções (*treaty shopping*).

Os casos triangulares são, pois, um bom exemplo para confirmar que a análise do regime fiscal, aplicada em todos os Estados envolvidos, é imperiosa para evitar a dupla não-tributação. O caminho que percorremos neste estudo evidencia, igualmente, que as convenções fiscais bilaterais, não sendo um instrumento ideal para resolver os casos triangulares, dispõem da sua própria coesão e são, ao menos formalmente, conduzidas pelo princípio da reciprocidade.[84] Mais ainda, a tributação de casos triangulares, no âmbito da regulação das convenções, mostra quão perigosa pode ser uma perspectiva "revolucionária" da jurisprudência do TJCE – tenhamos novamente presente o caso *Saint-Gobain*.

80. Idem, pontos 116-117. Sobre o eventual conflito entre a directiva sociedades-mães/filiais (e a proposta de directiva das *royalties*) e algumas cláusulas de limitação de benefícios: Frans Vanistendael, "Impact of european tax law on tax treaties with Third Countries", *EC Tax Review* 1999/3, pp. 165-166; John F. Avery Jones, "Flows of capital between the EU and Third Countries and the consequences of disharmony in European international law", *EC Tax Review* 1998/2, pp. 103 e ss.

81. *Triangular Cases OECD Report* ..., R(11)-7, ponto 20.

82. De facto, quando os activos geradores de rendimento estão afectos a um estabelecimento estável, fundamentalmente, para tirar vantagem do n. 2 do art. 21º, numa convenção entre um Estado R e um Estado EE, os comentários da OCDE ao art. 21º recomendam que seja prevista a não-aplicação desta norma a esses casos; ou então, o Estado R não deve aplicar o art. 21º, n. 2, caso entenda que a afectação dos activos ao estabelecimento estável é fictícia. Nos casos em que exista um vasto número de transacções, como, por exemplo, no caso de entidades financeiras ou de seguro, é difícil aplicar o primeiro método. E em quaisquer dos casos não são considerados os Estados que isentam os lucros de estabelecimentos estáveis (*Triangular Cases OECD Report* ..., R(11)-7, ponto 20).

83. Idem, R(11)-15 e (11)-16.

84. Criticando a "reciprocidade" e "coerência" como justificação da discriminação: Michael Lang, "Die Bindung der Doppelbesteuerungsabkommen ...", in *Doppelbesteuerungsabkommen und EU-Recht, Auswirkungen auf die Abkommenspraxis*, pp. 36 e ss. e 38 e ss.

Quando a não-discriminação na CE é discutida, é rara e escassamente enfatizado que também as directivas comunitárias aprovadas fornecem normas antiabuso, e não proíbem a aplicação das cláusulas gerais antiabuso.[85] E quer as negociações das convenções de dupla tributação, quer as propostas de directiva comunitárias, procuram, tanto quanto possível, evitar lacunas que facilitem comportamentos de *treaty shopping* ou qualquer outra manifestação de elisão fiscal.

Acrescente-se que o art. 58º do Tratado da CE também indica que a livre circulação de capital não proíbe os Estados-membros de tomarem as medidas relevantes de forma a controlarem a elisão e fraude fiscais. A ausência de uma cláusula de salvaguarda idêntica a propósito do direito de estabelecimento pode dever-se a uma suposta maior dificuldade em adoptar tais comportamentos ou, de uma perspectiva inversa, a uma maior facilidade de controlo dos mesmos. Mas, como a livre circulação de capital é associada à livre circulação de pessoas e serviços, o art. 58º pode ser aplicado em conexão com estas liberdades. Assim, a livre circulação de todo e qualquer investimento passivo (activos, obrigações e mesmo a cedência de patentes e propriedade similar), mesmo quando afecta a um estabelecimento estável não-residente, pode ser restringida (fiscalmente) em caso de abuso fiscal – mesmo tendo presente a decisão do TJCE no caso *Leur Bloem*.

Apesar da aplicabilidade directa das regras de não-discriminação, uma interpretação correcta do Tratado da CE em assuntos de tributação do rendimento deve incluir, como elemento sistemático da mesma interpretação, o sentido da regra de unanimidade na aprovação das directivas.[86-87] A unanimidade não pode, bem entendido, afastar a aplicabilidade directa do princípio da não-discriminação. Todavia, a unanimidade na harmonização fiscal denota, em termos substanciais, que estes assuntos não devem ser tratados nem levianamente, nem apressadamente. Pelo contrário, eles exigem uma análise muito zelosa.[88] Se, previamente à harmonização dos movimentos de capital, o TJCE nunca reconheceu aplicabilidade directa à não-discriminação desse tipo de movimentos, receando prejuízos económicos graves no espaço da Comunidade, a possibilidade da elisão fiscal deve ser também percepcionada como um aspecto relevante.[89]

E, portanto, o TJCE não pode interpretar extensivamente as competências do Tratado da CE. A fronteira entre interpretação e modificação do Tratado da CE deve ser preservada, tal como o Tribunal Constitucional Federal alemão salientou a pretexto do Tratado de Maastricht.[90] Finalmen-

85. Cf. porém, o acórdão de 17.7.1997, proc. C-28/1995, caso *Leur-Bloem*, em que o TJCE considerou que a transposição da directiva pelos Países Baixos, no sentido de exigir que as fusões estivessem relacionadas com o desenvolvimento de uma actividade económica e financeira duradoura (o que deveria ser entendido como uma cláusula específica antiabuso), não respeitava a directiva.

86. V. Moris Lehner, Moris Lehner, "Limitation of the national power of taxation ...", *EC Tax Review* 2000/1, p. 13, ponto 3.4.

87. Embora a Comissão tenha proposto uma votação por maioria qualificada, para certas matérias fiscais (Frits Bolkestein, "Taxation and competition: the realization of the internal market", *EC Tax Review*, 2000/2, pp. 81-82).

88. V., neste sentido, Moris Lehner, Moris Lehner, "Limitation of the national power of taxation ...", *EC Tax Review* 2000/1, pp. 5-6 e ss.

89. Apesar de o Tribunal, até o momento, apenas ter aceitado a "coesão do sistema fiscal" como argumento para justificar o tratamento discriminatório, podemos dizer que a "coesão" do caso *Bachmann* estava muito relacionada com o controlo da elisão fiscal.

90. Neste sentido: Juliane Kokott, "Die Bedeutung der europarechtlichen Diskriminierungsverbote und Grundfreiheiten für das Steuerrecht der EU-Mitgliedstaaten", in *Grundfreiheiten im Steuerrecht der EU-Staaten*, Münchner Schriften zum Internationalen Steuerrecht, Heft 23, Moris Lehner (Hrsg.), München, 2000, Verlag C. H. Beck, pp. 5-6; Moris Lehner, "Begrenzung der nationalen Besteuerungsgewalt durch die Grundfreiheiten und Diskriminierungsverbote des EG-Vertrages", in *Europa- und verfassungsrechtliche Grenzen der Unternehmensbesteuerung*, Band 23 der Veröffentlichungen der Deutschen Steuerjuristischen Gesellschaft e.V. (Jügen

te, o mais recente pacote de propostas para harmonizar os impostos sobre o rendimento, mesmo se, uma vez mais – e até agora – não teve resultados muito produtivos, traduz preocupações com a concorrência fiscal prejudicial. Com efeito, no Conselho ECOFIN de 1.12.1997 os Estados-membros declararam indesejável o decréscimo das receitas da tributação dos rendimentos de capitais, tendo, por essa razão, avançado para a negociação da proposta de directiva da poupança, e tendo criado o grupo do Código de Conduta (que se dedicou em especial à concorrência fiscal prejudicial).[91] Ora, se o combate à elisão fiscal e a concorrência fiscal prejudicial estão na ordem de prioridades da Comunidade Europeia, nomeadamente do Conselho e da Comissão, seria contraditório e inconveniente que o Tribunal de Justiça interpretasse o princípio da não-discriminação em toda a sua latitude, designadamente, proclamando uma cláusula da Nação Mais Favorecida.

Pelka Hrsg.), Köln, 2000, Verlag Dr. Otto Schmidt, pp. 280-281.

91. Cf. Wolfgang Schön, "Tax competition in Europe – ...", *EC Tax Review* 2000/2, pp. 96 e ss.

CADERNOS DE DIREITO TRIBUTÁRIO

IL PRINCIPIO COMUNITARIO DI NON-DISCRIMINAZIONE NELL'IMPOSIZIONE SUL REDDITO

AUGUSTO FANTOZZI

1. Lo sviluppo del mercato unico e le finalità antidistorsive – Aspetti rilevanti per la fiscalità diretta. 2. Sfera di operatività e di incidenza del divieto e sua efficacia negli ordinamenti degli Stati-membri. 3. Il diverso regime tributario dei residenti e dei non-residenti quale possibile motivo di discriminazione. 4. La giurisprudenza anteriore alla sentenza "Schumacker". 5. La sentenza "Schumacker". 6. La giurisprudenza successiva alla sentenza "Schumacker". 7. L'esigenza di coerenza del sistema fiscale quale motivo di giustificazione di eventuali discriminazioni. 8. Il principio di non-discriminazione in relazione alle norme c.d. procedurali o di accertamento. 9. Conclusioni.

1. Lo sviluppo del mercato unico e le finalità antidistorsive. Aspetti rilevanti per la fiscalità diretta

La realizzazione del mercato unico europeo – compiutasi nel gennaio del 1993 – ha comportato, per gli organi comunitari, la necessità di assicurarne il corretto funzionamento, ossia di creare e garantire, nell'ambito di tale spazio economico comune, condizioni analoghe a quelle di un mercato interno, di modo che i cittadini e le imprese degli Stati-membri vengano a trovarsi in posizione di *sostanziale uguaglianza*.

A questa finalità risulta specificamente preordinata la disciplina a tutela della libertà di concorrenza, ma anche il principio di non-discriminazione ha svolto una funzione fondamentale sia per la realizzazione delle libertà comunitarie che ai fini del graduale ravvicinamento delle legislazioni nazionali aventi un'incidenza diretta sul funzionamento del mercato comune.

Tale principio, infatti, è stato utilizzato da parte della Corte di Giustizia CE (nel seguito, CGE) soprattutto nel settore tributario allo scopo di eliminare, o quantomeno ridurre, gli effetti pregiudizievoli e distorsivi scaturenti da fattori quali l'appartenenza dei soggetti passivi ad ordinamenti giuridici diversi, o la provenienza di merci da uno Stato della Comunità piuttosto che da un'altro.

Del resto, è importante ricordare che la fiscalità non rientra, se non indirettamente, nei compiti principali della Comunità indicati nell'art. 2 del Trattato (*ex* B).[1]

Le uniche importanti disposizioni a carattere fiscale sono quelle contenute negli artt. da 90 a 93 (ex artt. 95-99) – di cui alla Parte Terza del Titolo VI – *in materia di imposte indirette*, in cui si statuisce una proibizione di ordine generale ad operare discriminazioni fiscali nei confronti di prodotti importati da altri Stati-membri e si prevede, sempre limitatamente alle sole imposte indirette, l'armonizzazione delle legislazioni fiscali degli Stati UE nella misura in cui essa sia necessaria per un corretto funzionamento del mercato interno (art. 93).

La rilevata mancanza di un'analoga previsione in materia di imposte dirette ha fatto si che le iniziative in tale delicato settore facessero leva sul disposto dell'art. 94 (ex art. 100), il quale consente al Consiglio degli Stati-membri di intervenire qualora reputi che le differenze tra le disposizioni legislative, regolamentari od amministrative dei paesi aderenti abbiano un'incidenza diretta sul funzionamento del mercato comune.[2]

Tuttavia, l'azione comunitaria intrapresa in base a questa norma ha incontrato difficoltà ad affermarsi in quanto, come preciseremo in seguito, le distorsioni causate dalla semplice coesistenza di regimi fiscali differenti non costituiscono di per sé una violazione dei principi comunitari.

Ne è in grado di fornire soluzioni efficaci alla distonia tra gli ordinamenti degli Stati-membri l'art. 293 (ex art. 220), in base al quale "gli Stati-membri avvieranno fra loro, per quanto occorra, negoziati intesi a garantire l'eliminazione della doppia imposizione internazionale fiscale all'interno della Comunità"; in tale articolo, anzi, è stato ravvisato un ostacolo ad un'efficace azione comunitaria nel campo dell'imposizione diretta, dal momento che il precetto attribuisce alla competenza esclusiva degli Stati-membri le iniziative volte ad eliminare la doppia imposizione, rendendo pertanto precaria la posizione giuridica della Comunità.

La prospettiva di un'armonizzazione fiscale comunitaria nell'ambito delle imposte dirette è, dunque, complicata dall'incertezza circa la scelta dello strumento normativo più idoneo di integrazione positiva.[3]

Proprio a causa di tali difficoltà, ha assunto un ruolo in tal senso sempre più importante la giurisprudenza della CGE, che, attraverso la fondamentale collaborazione degli organi giurisdizionali nazionali, e su impulso della Commissione Europea, ha giudicato in via pregiudiziale tutta una serie di problematiche che il completamento del mercato interno ha via via posto in evidenza.

Infatti, la situazione di un'Europa unita, ma ancora divisa in quindici regimi fiscali diversi, ha fatto sì che emergessero svariate questioni di compatibilità delle disposizioni fiscali interne con i principi fondanti dell'Unione Europea, la cui risoluzione è stata rimessa al vaglio della Corte Comunitaria.

Ed in effetti, come si è anticipato, alla Corte di Giustizia delle Comunità Europee va riconosciuto l'importante merito di avere sviluppato un'interpretazione estensiva delle disposizioni del Trattato, alla luce dei

1. La mancata attribuzione alla Comunità della potestà nel settore della fiscalità diretta si è basata sulla considerazione che la leva fiscale in quanto strumento di politica sociale e di redistribuzione del reddito non poteva essere manovrata che dai singoli Stati-membri.

2. Su tale fondamento giuridico sono state adottate le Direttive concernenti l'eliminazione della doppia imposizione economica nei rapporti tra società madri e figlie (n. 435/1990), la tassazione delle operazioni straordinarie (fusioni, scissioni, ecc.) intracomunitarie (n. 434/1990), nonché l'eliminazione della doppia imposizione conseguente a rettifiche degli utili tra imprese associate (n. 436/1990).

3. È opportuno distinguere tra integrazione positiva (*positive integration*), con cui si indicano quelle misure normative direttamente tendenti verso l'armonizzazione dei sistemi fiscali, e integrazione negativa (*negative integration*), cioè una integrazione attuata proibendo ai singoli Stati misure in contrasto con i requisiti di un mercato comune.

compiti della Comunità, attribuendo un'ampia tutela giuridica, anche sul piano fiscale, al principio di non-discriminazione, e, di conseguenza, alle quattro libertà comunitarie (la libera circolazione delle merci, delle persone, dei servizi e dei capitali), che di quel principio costituiscono una esplicitazione.

La Corte ha, infatti, provveduto a garantire la progressiva rimozione degli ostacoli fiscali percorrendo la strada della integrazione negativa (*negative integration*), sottoponendo, cioè, le disposizioni tributarie nazionali e convenzionali, al vaglio dei principi fondamentali del Diritto Comunitario quali, appunto, il divieto di discriminazione (art. 12 del Trattato, ex art. 6) e le c.d. libertà comunitarie (art. 39, ex art. 48;[4] 43, ex art. 52;[5] 48, ex art. 58;[6] 56, ex art. 73-B[7]).

Per effetto di tali decisioni si sono avute, anche in materia di imposte dirette, importanti ripercussioni sulle legislazioni fiscali degli Stati-membri, rendendone necessario l'adeguamento ai principi affermati dalla Corte. E, per tale via, si è così "storicamente" sopperito alla rilevata mancanza di una specifica regolamentazione del fenomeno dell'imposizione diretta nell'ambito del Trattato di Roma.

2. *Sfera di operatività e di incidenza del divieto e sua efficacia negli ordinamenti degli Stati-membri*

Come noto, nella maggior parte degli ordinamenti giuridici, il divieto di discriminazione in materia tributaria si è affermato come corollario del principio di uguaglianza.[8]

Ed anche nel Trattato CE il divieto generale di discriminazione può dirsi espressivo del principio di eguaglianza. Anzi, può dirsi come il principio di eguaglianza sia rappresentato, in tale Trattato, proprio dal divieto di discriminazione di cui all'art. 12 (ex art. 6), comma 1, del Trattato CE, secondo cui "nel campo di applicazione del presente Trattato, e senza pregiudizio delle disposizioni particolari dallo stesso previste, è vietata ogni discriminazione effettuata in base alla nazionalità".

Al riguardo, va subito precisato che il Diritto Comunitario, anche se vieta espressamente soltanto la discriminazione in base alla cittadinanza, proibisce comunque ogni altra discriminazione che, fondandosi su altri criteri distintivi, giunge allo stesso risultato.[9]

Come affermato, inoltre, dalla stessa CGE, "secondo la costante giurisprudenza di questa Corte, il principio generale d'uguaglianza, di cui il divieto di discriminazione a motivo della cittadinanza è solo un'espressione specifica, è uno dei principi fondamentali del Diritto Comunitario. Questo principio impone di non trattare in modo diverso situazioni analoghe, salvo che la differenza di trattamento sia obiettivamente giustificata".[10]

Il principio generale di non-discriminazione in base alla nazionalità previsto dall'art. 12 – che può applicarsi, come si evince dal suo stesso tenore letterale, soltanto in assenza di altre disposizioni che in

4. Libertà di circolazione dei lavoratori.
5. Libertà di stabilimento.
6. Libertà di prestazione dei servizi.
7. Libertà di circolazione dei capitali.
8. La Corte Costituzionale Italiana ha più volte affermato che l'art. 53 della Costituzione costituisce, in materia tributaria, la specificazione dell'art. 3 (cfr. Corte Cost. 6.7.1972, n. 120, in *Giur. Cost.*, 1972, I, pp. 1.289 ss.; Corte Cost. 22.4.1980, n. 54, iv, 1980, I, pp. 375 ss.).

9. Cfr. la sentenza resa sul caso *Sotgiu*, del 12.2.1974, causa 152/73, in *Racc.*, p. 153. La CGE ha, in particolare, ivi affermato che "il principio della parità di trattamento vieta non soltanto le discriminazioni palesi in base alla cittadinanza, ma altresì qualsiasi discriminazione dissimulata che, pur fondandosi su altri criteri di riferimento, pervenga al medesimo risultato". La distinzione fra residenti e non-residenti può così, in certi casi, essere qualificata come discriminazione (dissimulata) in base alla nazionalità. Tale sentenza non verteva, tuttavia, su questioni fiscali.
10. Sentenza 8.10.1980, causa 810/79, *Uberschar/Bundesversicherungsanstalt fur Angestellte*, *Racc.*, pp. 2.747 ss.

modo specifico vietino trattamenti discriminatori[11] – impone agli Stati-membri, dunque, di non prevedere un trattamento diverso in situazioni analoghe, a meno che non sussistano delle motivazioni obiettive.

Del resto, così come quello di uguaglianza, il concetto di discriminazione presuppone ontologicamente una comparazione tra due o più rapporti, facendo però attenzione al fatto che non sempre una diversità di trattamento sulla base della nazionalità concreta una violazione del menzionato art. 12 del Trattato.

In particolare, secondo un oramai consolidato indirizzo della CGE, si ha discriminazione sostanziale "sia nel trattamento diverso di situazioni simili, sia nello stesso trattamento di situazioni diverse", mentre la disparità di trattamento fra situazioni non-comparabili si risolve, per contro, in una discriminazione "formale" che non contrasta con il dettato comunitario.[12]

Tuttavia, posto che il Trattato non definisce esplicitamente il principio di eguaglianza di trattamento fiscale tra le persone fisiche e giuridiche che svolgono attività economiche in un altro paese e quelle residenti nel paese della fonte, spetta alla Corte la delicata funzione di interpretare le norme del Trattato che garantiscono le libertà fondamentali e conseguentemente verificare il grado di compatibilità delle leggi tributarie nazionali con il principio di non-discriminazione contenuto nell'ordinamento comunitario.

11. Tra cui vanno annoverato le nome recanti la disciplina delle quattro libertà fondamentali. La Corte ha più volte affermato che le disposizioni fiscali contenute nelle legislazioni degli Stati-membri non possono comportare la violazione della norma generale di non-discriminazione recata dall'art. 12 del Trattato CE (*ex* art. 6) ovvero di una o più delle libertà fondamentali garantite dal Trattato CE che si relazionano con il principio generale di non-discriminazione in un rapporto di genere a specie (cfr., di recente, la causa C-311/97, *Royal Bank of Scotland plc* contro *Elliniko Dimosio*, in *Racc*. 1999, p. 2651).

12. Il menzionato orientamento della Corte è stato espresso per la prima volta nella sentenza del 17.7.1963, causa 13/63, *Governo Italiano* contro la *Commissione CEE*, *Racc*. 1963, pp. 33 ss.

3. Il diverso regime tributario dei residenti e dei non-residenti quale possibile motivo di discriminazione

Al riguardo, analizzando l'evoluzione giurisprudenziale della CGE in materia tributaria, un primo importante passo si è avuto con una serie di note sentenze emesse sulla conformità al menzionato principio comunitario della distinzione tra residenti e non-residenti che, ai fini dell'applicazione delle norme in materia di imposizione diretta, è generalmente effettuata dalle legislazioni nazionali.

È noto, infatti, che i sistemi tributari moderni prevedono modalità di imposizione diverse a seconda che il contribuente sia o meno residente nello Stato.

Invero, nel caso di soggetto fiscalmente residente, la tassazione avviene secondo il c.d. *worldwide principle*; ciò vale a dire che il contribuente è assoggettato ad imposta considerando tutti i redditi dallo stesso conseguiti indipendentemente dalla loro fonte.

In tal caso, pertanto, l'onere per imposte è determinato tenendo conto della posizione fiscale complessiva del contribuente.

Al contrario, nel caso di soggetti non-residenti la tassazione avviene tenendo in considerazione i soli redditi prodotti nel territorio dello Stato. In questo caso, pertanto, la tassazione avviene considerando solo parte della posizione fiscale complessiva del contribuente.

Come si può comprendere, le modalità di impostazione dei sistemi fiscali degli Stati aderenti alla Comunità è suscettibile, in linea di principio, di determinare una violazione delle norme del Trattato che dispongono le quattro libertà fondamentali.

Questa situazione si può verificare in quanto un cittadino di uno Stato-membro che svolge un'attività economica in un altro Stato-membro senza tuttavia divenire, ai fini fiscali, residente dello stesso può risultare discriminato rispetto ai cittadini dell'altro Stato che sono anche fiscalmente residenti nello stesso; ciò perché lo *status* di non-residente potrebbe determinare un onere fiscale superiore pur in presenza dei medesimi presupposti (e, in particolare, del medesimo reddito conseguito).

Ciò precisato, passiamo ad esaminare brevemente l'evoluzione della giurisprudenza della Corte distinguendo le sentenze rese prima e dopo la fondamentale pronunzia sul caso *Schumacker*.

4. La giurisprudenza anteriore alla sentenza "Schumacker"

La prima decisione che assume rilievo nella materia in questione (e che è, in assoluto, la prima decisione della Corte nella materia delle imposte *dirette*) è quella, assunta nel 1986, riguardante la causa *avoir fiscal*.

In tale controversia, la Corte si è trovata a dover stabilire se il mancato riconoscimento, da parte dello Stato Francese, del credito d'imposta sui dividendi (*avoir fiscal*) alle *stabili organizzazioni* di soggetti *non-residenti* potesse costituire violazioni dell'art. 52 del Trattato.[13]

Tale articolo prevede che ai cittadini di uno Stato-membro che si stabiliscono in un altro Stato-membro (per l'esercizio di attività non-salariate o per la costituzione o gestione di imprese o di società) debbano essere riconosciute da quest'ultimo le *medesime condizioni* applicate nei confronti dei propri cittadini.

Lo Stato Francese aveva cercato di giustificare la disparità di trattamento di cui sopra sostenendo l'esistenza di *differenze obiettive* tra l'impresa avente la propria sede in Francia e la *stabile organizzazione* in Francia di un'impresa *residente* in un altro Stato.

Questa differenza si sarebbe fondata "sulla distinzione tra persone 'residenti' e 'non-residenti', nota a tutti gli ordinamenti giuridici e accolta sul piano internazionale; essa sarebbe *indispensabile in campo fiscale*. Questa distinzione si potrebbe quindi applicare del pari nell'ambito dell'art. 52 del Trattato".

A fronte di queste osservazioni, la Corte, *pur ammettendo che in talune circostanze possa essere ammessa l'applicazione di un diverso regime fiscale ai non-residenti rispetto a quello applicabile ai* ***residenti***, ha tuttavia ritenuto che, nella fattispecie del credito d'imposta sui dividendi previsto dalle disposizioni fiscali in vigore in Francia, *non sussistessero i presupposti per tale differenziazione*, in conseguenza della circostanza che le *stabili organizzazioni* di imprese *non-residenti* erano soggette, in Francia, allo *stesso regime fiscale* al quale erano soggette le imprese *residenti* (tranne che per il riconoscimento del credito d'imposta sui dividendi).

Per questa ragione, la Corte ha quindi ritenuto che il mancato riconoscimento del credito d'imposta alle *stabili organizzazioni* di imprese *non-residenti* costituiva *violazione* dell'art. 52 del Trattato, determinando una restrizione alla libertà di stabilimento dello stesso, assicurata dal momento che produceva una penalizzazione in capo ai soggetti *non-residenti* titolari di una *stabile organizzazione* in Francia.

Come si può desumere da quanto sopra-esposto, la decisione della Corte nella sentenza in esame si è fondata, in particolare, sull'osservazione che le stesse disposizioni interne francesi, prevedendo modalità di tassazione *identiche* per le società *residenti* e per le *stabili organizzazioni* di soggetti *non-residenti* (tranne che per il credito d'imposta sui dividendi), erano manifestazione dell'esistenza di una situazione

13. Più precisamente, in questo caso, riguardante, come detto, il calcolo dell'imposta sulle società dovuta in Francia da una stabile organizzazione di una compagnia di assicurazione avente la sede principale in un altro Stato-membro, il problema verteva sulla possibilità di tenere conto, ai fini della determinazione dell'imponibile, di un credito d'imposta che la legislazione francese concede soltanto agli azionisti residenti in Francia, comprese le società francesi collegate ad una società straniera. Non veniva, infatti, riconosciuto il medesimo diritto alle stabili organizzazioni senza autonoma personalità giuridica di società estere.

del tutto similare tra le fattispecie, per cui risultava ingiustificata una disparità di trattamento limitata al credito d'imposta.

Successivamente, con la sentenza *Bihel* del 1990[14] la Corte ha affrontato nuovamente la questione delle discriminazioni connesse alle imposte *dirette*, facendo tuttavia riferimento, in tale occasione, all'art. 48 del Trattato.

In base a tale articolo gli Stati-membri devono assicurare la *libera circolazione dei lavoratori* all'interno della Comunità, con la conseguenza che deve essere eliminata qualsiasi discriminazione tra i lavoratori fondata sulla nazionalità, la *retribuzione* e le altre condizioni di lavoro.

In questa occasione la Corte ha, innanzitutto, affermato che "il principio della parità di trattamento in materia di retribuzione sarebbe privato di effetto se potesse essere violato da norme nazionali discriminatorie in materia di imposta sul reddito".

La Corte ha, peraltro, dovuto affrontare il problema connesso alla circostanza che, mentre il Trattato impone l'eliminazione della discriminazione connessa alla *cittadinanza*, la discriminazione operata dalle disposizioni fiscali in materia di imposte *dirette* si fonda sulla nozione di *residenza*, la quale prescinde dalla cittadinanza ed è invece connessa alla permanenza fisica della persona nel territorio dello Stato.

14. Causa C-175-88 dell'8.5.1990, in *Racc.*, p. 1.799. La causa verteva su un ricorso presentatao all'Amministrazione Finanziaria del Lussemburgo dal sig. *Biehl* (cittadino tedesco) che nel corso di una parte del 1983 aveva svolto attività di lavoro dipendente in Lussemburgo, per poi trasferirsi (dall'1.11.1983) in Germania. Avendo subito nel periodo di permanenza in Lussemburgo ritenute per importo superiore rispetto alle imposte dallo stesso dovute in base al reddito annuo conseguito, il sig. *Biehl* aveva chiesto all'Amministrazione Finanziaria Lussemburghese il rimborso dell'importo di ritenute effettuate in eccesso. Il rifiuto era stato rifiutato dall'amministrazione Finanziaria Lussemburghese sulla base di una norma interna che prevedeva l'acquisizione definitiva (cioè senza possibilità di rimborso) delle ritenute effettuate nei confronti di lavoratori dipendenti che erano stati residenti in Lussemburgo solo per una parte dell'anno.

Tale aspetto è stato risolto sulla base della considerazione che, per principio generale accolto dalla Corte, le norme relative alla parità di trattamento vietano non solo le discriminazioni palesi fondate sulla cittadinanza, ma anche qualsiasi *discriminazione dissimulata* che, basandosi su altri criteri di distinzione, pervenga, di fatto, al medesimo risultato.

La Corte ha così concluso che "il criterio che ricollega alla residenza nel territorio nazionale l'eventuale rimborso dell'imposta versata in eccesso, sebbene si applichi indipendentemente dalla cittadinanza del contribuente interessato, *rischia di danneggiare in particolare i contribuenti cittadini di altri Stati-membri*, giacché saranno spesso questi ultimi a lasciare il paese o a stabilirvisi durante l'anno".

Con tale giustificazione, la Corte ha pertanto affermato il principio che le discriminazioni fondate sulla *residenza* sono *assimilabili*, ai fini dell'applicazione delle disposizioni del Trattato, a quelle connesse alla *cittadinanza*.

Sulla base di quanto sopra, la Corte ha quindi ritenuto in contrasto con l'art. 48 del Trattato la normativa di uno Stato che impedisca il rimborso delle ritenute effettuate nel corso dell'anno ad un lavoratore subordinato, per la sola ragione che lo stesso abbia lasciato lo Stato stesso durante l'anno, dal momento che essa è suscettibile di *impedire* ai cittadini di altri Stati-membri di usufruire di *condizioni retributive identiche* a quelle assicurate ai cittadini del diverso Stato nel quale gli stessi svolgono la propria attività.

5. *La sentenza "Schumacker"*

La posizione assunta dalla Corte, e risultante dalle due sentenze sopra-esposte, rischiava di avere effetti dirompenti sulla stabilità dei sistemi fiscali nazionali, dal momento che a seguito della stessa (e, in particolare, dell'assimilazione, nella sostanza, della discriminazione tra *residenti* e *non-residenti* a quella tra *cittadini* e *non-cittadi-*

ni) tutte le differenziazioni operate dai sistemi fiscali nazionali sulla base del criterio della *residenza* avrebbero corso il rischio di risultare (almeno nei rapporti nei quali fossero coinvolti cittadini di altri Stati-membri) contrarie ai principi del Trattato.

Tale situazione ha tuttavia subito un'importante *modifica* a seguito della sentenza *Schumacker* del 1995.[15]

Anche in questo caso la Corte ha applicato l'art. 48 del Trattato concernente la libera circolazione dei lavoratori all'interno della Comunità.

La particolarità della sentenza in esame è connessa al fatto che, per la prima volta, la Corte, nella materia dell'imposizione *diretta*, ha affermato il principio (già tuttavia riconosciuto dalla giurisprudenza della Corte ma in altri campi del Diritto Comunitario) secondo il quale "una discriminazione può consistere solo nell'applicazione di norme *diverse* a situazioni *analoghe* ovvero nell'applicazione della *stessa* norma a situazioni *diverse*".

L'affermazione di questo principio ha posto, pertanto, la Corte di fronte alla necessità di verificare se la distinzione tra *residenti* e *non-residenti* effettuata dai sistemi fiscali nazionali potesse considerarsi legittima anche nei riguardi delle disposizioni del Trattato proprio in relazione alla circostanza che la situazione del *residente* è *diversa* rispetto a quella del *non-residente* (con l'effetto che la differenziazione ai fini della tassazione sarebbe pienamente ammissibile).

*A questo proposito, la Corte è giunta alla conclusione che, in linea di principio, la posizione del **residente** non è assimilabile a quella del **non-residente** e quindi che l'esclusione del **non-residente** da alcune disposizioni fiscali che sono concesse solo ai **residenti** non è discriminatoria.*

Questa conclusione, in particolare, è fondata sulle seguenti osservazioni:

• Il *non-residente*, di frequente, percepisce solo *una parte del reddito* nello Stato in cui non risiede; mentre percepisce ulteriori redditi nello Stato di *residenza*.

• La capacità contributiva complessiva può quindi essere *valutata più agevolmente* dallo Stato di *residenza*, cioè nel luogo nel quale la persona ha il centro dei suoi interessi personali ed economici.

• La situazione del *residente* è dunque *diversa* rispetto a quella del *non-residente*, dal momento che solo con riferimento al primo lo Stato può valutare la posizione *fiscale complessiva* del contribuente, con la conseguenza che è giustificabile l'applicazione di disposizioni fiscali rispetto a quelle applicabili nei confronti del *non-residente*.[16]

15. Causa C-279/93 del 14.12.1995, in *Racc.*, p. 225. Il sig. Schumacker, cittadino belga, residente con la sua famiglia in Belgio, aveva prestato un'attività di lavoratore dipendente frontaliero in Germania per circa un anno e mezzo e, durante questo periodo, continuava a vivere con la moglie disoccupata ed il figlio in Belgio. Il suo stipendio di fonte tedesca costituiva quasi la totalità del suo reddito familiare e, in base alla Convenzione Bilaterale Belgo-Tedesca Contro le Doppie Imposizioni, era assoggettato all'imposta tedesca mediante ritenuta alla fonte sullo stipendio, mentre, per lo stesso presupposto d'imposta, veniva applicato il metodo dell'esenzione da parte dello Stato della residenza (Belgio). Poiché ai sensi del Codice Fiscale Tedesco il sig. Schumacker non era fiscalmente residente in Germania, né lo era la sua famiglia, egli veniva sottoposto al trattamento riservato ai soggetti non-residenti e, pertanto, non gli erano applicate tutte quelle misure fiscali agevolative, riconosciute ai soli residenti. Il sig. Schumacker, ritenendo tale trattamento discriminatorio e ingiustificato, ricorreva al *Finanziamt* (Ufficio delle Imposte Tedesco) per ottenere una riliquidazione dell'imposta, e il Tribunale Amministrativo, rilevando un possibile contrasto con le disposizioni del Trattato CE, ed in particolare con l'art. 48 (attuale art. 39), rinviava il quesito all'attenzione della Corte di Giustizia CE. La Corte, riconoscendo la diretta applicabilità dell'art. 48 – disciplinante la libera circolazione dei lavoratori – anche in materia di imposte dirette, qualificava la norma interna discriminatoria ed incompatibile con le garanzie comunitarie, in quanto il sig. Schumacker, pur trovandosi nella stessa situazione sostanziale dei cittadini tedeschi, non vedeva considerate, ai fini della determinazione dell'imposta sul reddito, la sua situazione personale e la sua capacità contributiva, venendo di fatto assoggettato ad un regime fiscale più oneroso e discriminatorio.

16. Queste considerazioni sono compiutamente sviluppate nei §§ 32, 22, 34 e 35 della sentenza che

Per la Corte, quindi, l'art. 48 del Trattato non impedisce, in linea di principio, che uno Stato-membro possa *assoggettare ad un'imposta maggiore i redditi percepiti da un* ***non-residente*** *rispetto a quelli conseguiti da un* ***residente****.*

La conclusione esposta assume un ruolo *fondamentale* nella giurisprudenza della Corte di Giustizia in materia di imposizione *diretta.*

Con essa infatti si riconosce, da un punto di vista generale, la conformità delle disposizioni del Trattato della discriminazione tra ***residenti*** *e* ***non-residenti*** *effettuata dalle norme nazionali in materia di imposizione* ***diretta****.*

Questa considerazione costituisce quindi una limitazione all'applicazione del principio comunitario di non-discriminazione.

si riportano di seguito:"Il reddito percepito nel territorio di *uno Stato-membro da un* ***non-residente*** *costituisce il più delle volte solo una parte del suo reddito complessivo, concentrato nel suo luogo di residente. Peraltro, la capacità contributiva personale del non-residente, derivante dalla presa in considerazione di tutti i suoi redditi e della sua situazione personale e familiare, può essere valutata più agevolmente nel luogo in cui egli ha il centro dei suoi interessi personali ed economici. Questo luogo corrisponde in genere alla residenza abituale della persona interessata. Anche il diritto tributario internazionale, in specie il modello di Convenzione dell'Organizzazione per la Cooperazione e lo Sviluppo Economico (OCSE) in materia di doppia imposizione, ammette che in via di principio spetta allo Stato di residenza tassare il contribuente in modo globale, prendendo in considerazione gli elementi inerenti alla sua situazione personale e familiare. La situazione del residente è* ***diversa*** *in quanto nello Stato di residenza è di regola concentrata la parte essenziale dei suoi redditi. Peraltro, questo Stato dispone in genere di tutte le informazioni necessarie per valutare la capacità contributiva globale del contribuente,tenuto conto della sua situazione personale e familiare. Di conseguenza, il fatto per uno Stato-membro di non far fruire un non-residente di talune agevolazioni fiscali che concede al residente* ***non è di regola discriminatorio****, poiché queste due categorie di contribuenti non si trovano in una situazione analoga. Pertanto, l'art. 48 del Trattato* ***non osta in via di principio*** *all'applicazione di una normativa di uno Stato-membro che assoggetti ad imposta i redditi del non-residente che lavora in questo Stato in* ***misura maggiore*** *rispetto a quelli del residente che svolge lo stesso lavoro*".

Per mezzo delle conclusioni sopra-esposte, la Corte ha quindi sostanzialmente cercato di coordinare i principi di imposizione generale applicati con le disposizioni del Trattato, evitando così che l'applicazione di queste ultime potesse determinare lo sconvolgimento dei principi sui quali si fondano i sistemi fiscali degli Stati-membri.

Peraltro, la Corte ha introdotto una *deroga* al principio generale sopra-affermato.

Tale deroga trova applicazione nel caso in cui il *non-residente non consegua redditi significativi* nello Stato di *residenza*, con la conseguenza che lo Stato di *residenza* non si trova nella posizione di assicurargli i benefici derivanti dall'applicazione di una tassazione che tenga conto del complesso della sua posizione personale e familiare.

In altri termini, il *non-residente* che consegue *tutto il reddito imponibile* nello Stato nel quale svolge l'attività lavorativa, ed il cui reddito nello Stato di residenza è troppo modesto per poter assorbire i benefici fiscali che gli spettano in relazione alla sua posizione personale e familiare, si trova in una *situazione del tutto paragonabile a quella del* ***residente****.*

La Corte ha così affermato i seguenti principi:

- La tassazione delle persone fisiche deve essere effettuata considerando, complessivamente, la *posizione personale e familiare* del contribuente.
- Tale valutazione compete esclusivamente allo *Stato di* ***residenza*** della persona fisica.
- Nel caso in cui tale valutazione non possa essere effettuata dallo Stato di *residenza*, il contribuente, in applicazione dell'art. 48 del Trattato, ha diritto di beneficiare di tale valutazione *nello Stato nel quale consegue la totalità (o la parte principale) del proprio reddito*, anche nel caso in cui non sia *residente* dello stesso ai fini fiscali.

Proprio per quest'ultima ragione, nella fattispecie della causa *Schumacker, la Corte è giunta a ritenere incompatibili con le disposizioni del Trattato le norme in vigore in Germania ed oggetto della controversia*, dal momento che il sig. Schumacker, conseguendo in Germania la totalità del proprio reddito, avrebbe dovuto essere assoggettato ad un trattamento fiscale identico a quello applicabile ai *residenti.*

Per completezza si segnala che la sentenza in esame prende in considerazione anche l'ulteriore disposizione in vigore in Germania, in base alla quale non era possibile per i *non-residenti* beneficiare delle procedure di conguaglio annuale delle ritenute alla fonte applicate sulle retribuzioni.

Anche relativamente a questa disposizione, la Corte ha ritenuto non giustificata la disparità di trattamento affermando che "l'art. 48 del Trattato impone una parità di trattamento sul piano *procedurale* tra i cittadini comunitari non-residenti e i cittadini nazionali residenti. Il rifiuto di concedere ai cittadini comunitari non-residenti il beneficio delle procedure di conguaglio annuale che si applicano ai cittadini nazionali residenti costituisce una discriminazione ingiustificata".

6. La giurisprudenza successiva alla sentenza "Schumacker"

La sentenza *Schumacker* costituisce un momento importante dello sviluppo della giurisprudenza della Corte riguardante la conciliabilità dei principi a base dell'imposizione *diretta* con i principi del Trattato.

Le sentenze successive confermano le conclusioni di questa sentenza meglio precisandone tuttavia il contenuto.

Innanzitutto, le conclusioni della sentenza *Schumacker* sono state confermate nella sentenza *Wielockx,* pronunciata nel 1995.[17]

In questa sentenza si afferma che "il contribuente non-residente che (...) percepisca la totalità o la quasi-totalità dei redditi nello Stato in cui svolge la propria attività professionale, ma al quale non sia riconosciuto il diritto di costituire una riserva di vecchiaia fiscalmente detraibile alle stesse condizioni previste per il contribuente residente, subisce una discriminazione".

Analoghe conclusioni sono state raggiunte nella sentenza *Asscher*, pronunciata nel 1996.[18]

Questa sentenza, innanzitutto, conferma il principio secondo il quale al *non-residente* che *non consegua la totalità* o la quasi-totalità del reddito nello Stato nel quale egli svolge la propria attività possono essere *negati alcuni benefici* fiscali alla condizione che analoghi benefici vengano *concessi* nello Stato di *residenza.*

Nella sentenza in esame viene, tuttavia, introdotta un'ulteriore considerazione che, nella fattispecie, ha fatto ritenere discriminatoria la disposizione fiscale oggetto della controversia.

Tale considerazione consegue dalla circostanza che, nel corso del procedimento, l'Amministrazione Olandese aveva sostenuto che la disposizione oggetto della controversia era giustificabile per l'esigenza di assicurare una certa *progressività di imposta* anche in capo ai *non-residenti*, i quali, altrimenti, sotto questo aspetto, avrebbero usufruito di un beneficio, a causa del fatto che la tassazione dei redditi di lavoro dipendente era limitata ai Paesi Bassi (questa situazione conseguiva dall'applicazione dell'art. 24 del Trattato Paesi Bassi-Belgio).

Al riguardo, la Corte ha osservato che, pur essendo vero che, ai sensi della Conven-

17. Causa C-80-94 dell'11.8.1995, in *Racc.*, p. 2.493.

18. Sentenza del 27.6.1996, causa C-107/94. La causa riguardava il sig. *Asscher*, cittadino olandese, residente in Belgio, che svolgeva attività di lavoro autonomo sia nei Paesi Bassi, sia in Belgio. Secondo la legislazione olandese, un non-residente poteva beneficiare dello stesso regime fiscale di un residente, solo nel caso in cui tutto il reddito ovvero quasi-tutto il reddito (vale a dire il 90% del totale) risultasse conseguito nei Paesi Bassi. Non essendo soddisfatta questa condizione, il sig. *Asscher* risultava soggetto, nei Paesi Bassi, ad aliquote di imposta superiori rispetto a quelle applicabili ai residenti.

zione per Eliminare la Doppia Imposizione sul Reddito conclusa tra Paesi Bassi e Belgio, il reddito di lavoro dipendente percepito da un *residente* in Belgio da attività svolta nei Paesi Bassi è tassabile solo nei Paesi Bassi, la Convenzione prevede tuttavia che l'Amministrazione Belga possa tener conto del reddito conseguito nei Paesi Bassi ai fini dell'applicazione della progressività delle imposte.

Questa previsione secondo la Corte fa sì, pertanto, che, anche nella fattispecie, sia assicurata in capo al contribuente *non-residente* l'applicazione del principio di progressività dell'imposta; da ciò consegue che deve ritenersi *non giustificata* l'applicazione in capo allo stesso di *aliquote di tassazione superiori* rispetto a quelle applicate in capo ai *residenti.*

Le conclusioni sopra-illustrate sono poi state confermate, con riferimento a soggetti diversi dalle persone fisiche, dalla sentenza *Futura*, pronunciata nel 1997.

Nell'ambito di questa sentenza si è ritenuto che è conforme ai principi comunitari la differenziazione prevista dai sistemi fiscali nazionali, in base alla quale, mentre le imprese *residenti* sono assoggettate ad imposte su *tutti i loro redditi*, indipendentemente dal luogo di produzione, le imprese *non-residenti* sono tassate *solo sul reddito conseguito nello Stato*; infatti, "tale regime, conforme al principio della territorialità, non può considerarsi comportare una discriminazione, palese o dissimulata, vietata dal Trattato".

Sulla base di quanto sopra-esposto si possono trarre le seguenti conclusioni in merito alla posizione della CGE con riferimento alla differenziazione tra residenti e non-residenti – differenziazione che è utilizzata da tutti i sistemi giuridici ai fini dell'applicazione delle imposte dirette.

La Corte ritiene che tale differenziazione sia, in linea di principio, conforme alle disposizioni del Trattato (e quindi non comporti discriminazioni) dal momento che la situazione del non-residente è, generalmente, diversa rispetto a quella del residente.

Tuttavia la Corte ritiene anche che la differenziazione deve essere giustificata da condizione oggettive e che, pertanto, la stessa può risultare contraria alle disposizioni del Trattato Comunitario che prevedono la libertà di circolazione e di stabilimento, nel caso in cui (per qualsiasi ragione) la posizione del non-residente sia del tutto assimilabile a quella del non-residente.

Ai fini della verifica in discorso è necessario considerare anche le disposizioni stabilite dai trattati per evitare le doppie imposizioni sui redditi, dal momento che le disposizioni contenute negli stessi, derogando o integrando le disposizioni interne degli Stati, possono rendere similare la posizione del non-residente rispetto a quella del residente.

7. L'esigenza di coerenza del sistema fiscale quale motivo di giustificazione di eventuali discriminazioni

Illustrata nella sua evoluzione, la giurisprudenza della Corte in relazione alla verifica della conformità ai principi comunitari della differenziazione tra residenti e non-residenti effettuata dai sistemi fiscali degli Stati-membri rimangono ora da svolgere delle brevi considerazioni su un principio che la Corte, in alcune sue sentenze, ha introdotto e considerato ai fini della soluzione delle controversie alla stessa sottoposte.

Ci si riferisce al c.d. principio della *coerenza del sistema fiscale, richiamato per la prima volta nella sentenza* ***Bachmann*** *del 1992.*[19]

19. Sentenza del 28.1.1992, causa C-204/90. La causa verteva su una controversia tra il sig. Bachmann, cittadino tedesco, ma occupato in Belgio, e lo Stato Belga, a seguito del rifiuto di quest'ultimo di consentire la deduzione dal reddito professionale dei premi versati dal sig. Bachmann ad imprese tedesche per assicurazioni sulla vita e contro la malattia e l'invalidità stipulate prima del suo trasferimento in Belgio. Il rifiuto traeva origine dalla circostanza che le disposizioni in vigore in Belgio consentivano la deduzione solo nel caso in cui il versamento fosse stato effettuato ad un ente belga, con esclusione

Nel corso del giudizio, il Governo Belga, al fine di giustificare la disposizione che impediva ai contribuenti belgi la deduzione dei premi di assicurazione versati ad imprese di altri Stati, aveva affermato che la disposizione era indispensabile "vista la difficoltà, se non l'impossibilità, di controllare gli attestati dei versamenti di contributi effettuati in altri Stati-membri, e data *la necessità di preservare la coerenza del regime fiscale* nel settore delle assicurazioni contro la vecchiaia e la morte".

Le esigenze di coerenza alle quali il Governo Belga intendeva riferirsi riguardavano la circostanza che la deducibilità dei premi sarebbe stata direttamente correlata (anche per esigenze di gettito) alla tassazione delle somme percepite dai contribuenti al verificarsi degli eventi assicurati.

Tale tassazione, sempre secondo il Governo Belga, risultava difficilmente applicabile (e verificabile) nel caso in cui l'erogazione della somma fosse stata effettuata da un'impresa non-residente in Belgio (situazione che si verificava nel caso in cui i contratti di assicurazione fossero stati conclusi con imprese straniere).

La Corte, dopo aver escluso che la disposizione in vigore in Belgio potesse giustificarsi in base all'esigenza di effettuare adeguati controlli fiscali, ha, tuttavia, ritenuto che la stessa potesse giustificarsi *sull'esigenza di assicurare la coerenza del sistema fiscale*.

Al riguardo, la Corte ha osservato che nella disciplina belga esisterebbe una relazione diretta tra la deducibilità dei premi di assicurazione in discorso e l'imponibilità delle somme dovute dagli assicuratori in esecuzione dei contratti di assicurazione (tale relazione è stata desunta dalla circostanza che le disposizioni fiscali in vigore in Belgio prevedono la non-imponibilità delle somme erogate dalle assicurazioni nel caso in cui i premi versati non siano stati detratti).

Sulla base di questa considerazione, la Corte ha ritenuto che "la coerenza di siffatto regime fiscale, la cui configurazione spetta a ciascuno Stato-membro, presuppone, pertanto, che nell'ipotesi in cui sia obbligato ad ammettere la detrazione dei contributi d'assicurazione sulla vita versati in un altro Stato-membro, lo Stato in questione possa percepire l'imposta sulle somme dovute dagli assicuratori".

Peraltro, la Corte ha ritenuto necessario verificare ulteriormente se vi fosse una modalità alternativa che garantisse comunque la tassazione delle somme erogate dalle assicurazioni straniere.

Poiché nella fattispecie tale modalità non risultava verificata la Corte ha concluso che "le disposizioni come quelle della legge belga in questione sono giustificate dalla necessità di garantire la coerenza del regime fiscale cui esse fanno parte, e che non sono quindi contrarie all'art. 48 del Trattato".

È comunque interessante notare che la Corte ha raggiunto la propria conclusione solo dopo aver esaminato in via specifica le caratteristiche del sistema fiscale belga e dopo aver rilevato che, nella fattispecie, non erano disponibili modalità alternative per assicurare al coerenza del sistema.

Da ciò si desume che l'applicazione del principio in esame deve comunque essere effettuata sempre avendo riguardo alla situazione specifica oggetto di esame (esso non è quindi principio che può trovare applicazione astratta).

8. Il principio di non-discriminazione in relazione alle norme c.d. procedurali o di accertamento

I principi del Diritto Comunitario, tra cui quello di non-discriminazione, non trovano esclusiva applicazione nei confronti delle norme "impositive" nazionali con essi in contrasto, ma anche con quelle disposizioni domestiche c.d. procedurali o, in sen-

pertanto dei versamenti effettuati ad un soggetto estero. Alla Corte veniva quindi chiesto di accertare se la disposizione in discorso fosse compatibile con gli artt. 48 e 59 del Trattato.

so lato di accertamento, mirate a prevenire l'evasione.

Tali disposizioni, infatti, ben possono contrastare con le libertà comunitarie, *in primis* quella di circolazione di capitali e di stabilimento delle persone giuridiche.

Sotto tale profilo, la Corte ha fatto più volte applicazione del principio di proporzionalità, in base al quale – per usare l'espressione adottata dalla Corte nella sentenza *Bordessa* del 23.2.1995 – occorre accertare se la misura nazionale controversia sia "necessaria alla tutela degli scopi perseguiti e se detti scopi non possano essere perseguiti con criteri meno restrittivi della libera circolazione dei capitali".

In altri termini, in relazione al suddetto principio, le disposizioni antiabuso, per poter essere considerate legittime:

• devono essere idonee allo scopo che si intende perseguire;

• non devono essere eccessive rispetto a quanto strettamente necessario per il raggiungimento dello scopo che si intende perseguire.

La prima sentenza che in ordine di tempo si è occupata delle disposizioni antiabuso introdotte dagli Stati-membri in occasione del recepimento di direttive comunitarie è quella concernente la causa *Denkavit.*[20]

Il principio di proporzionalità è stato poi implicitamente richiamato dalla Corte nella sentenza *Leur Bloem* del 1997.[21]

Infine, esso ha trovato recente applicazione nella controversia relativa al divieto posto a carico delle persone fisiche residenti in Belgio, dal decreto (belga) di emissione di un prestito pubblico (esente da ritenute sugli interessi), collocato in Germania.[22]

La Corte ha, infatti, respinto, anche in base al principio di proporzionalità, le motivazioni del Governo Belga, secondo il quale il divieto trovava giustificazione nella necessità di impedire la (potenziale) evasione fiscale dei propri residenti.

9. Conclusioni

Dopo aver illustrato la giurisprudenza della CGE riguardante le disposizioni fiscali che discriminano tra residenti e non-residenti, è opportuno riassumere i principi affermati nella materia, che sono così sintetizzabili:

• Le disposizioni interne degli Stati riguardanti l'imposizione diretta sono comunque soggette alle norme del Trattato (e in particolare alle norme riguardanti la libertà di circolazione dei lavoratori, di stabilimento e di prestazione dei servizi), nonostante la materia dell'imposizione diretta non rientri nella competenza della Comunità e la stessa non sia ancora oggetto di armonizzazione.

• La necessità di rispettare le disposizioni contenute in trattati per evitare le doppie imposizioni sui redditi di cui siano parte gli Stati-membri non può costituire motivo di giustificazione per il mancato rispetto dei principi del Trattato CE.

• Nonostante le norme del Trattato che impediscono ingiustificate discriminazioni all'interno della Comunità facciano riferimento alla posizione dei cittadini di Stati-membri diversi, la Corte ritiene che le stesse siano applicabili anche nel caso in cui la discriminazione sia effettuata sulla base della distinzione tra residenti e non-residenti (operata in base ai criteri previsti dalle disposizioni fiscali); ciò in quanto è ragionevole ritenere che norme discriminatorie nei

20. Sentenza del 17.10.1996, causas C-283/94, C-291/94, C292-94. La sentenza riguarda le controversie sorte tra il Fisco Tedesco e tre società residenti nei Paesi Bassi, in relazione all'applicazione delle disposizioni introdotte nell'ordinamento fiscale tedesco ai fini del recepimento della Direttiva del 23.7.1990, n. 90/435/CEE (c.d. "madre-figlia").

21. Sentenza del 17.7.1997, causa C-28/95. Tale causa verteva sulla controversia sorta tra l'Amministrazione Finanziaria Olandese e la siga Leur Bloem in merito all'applicazione ad un'operazione di scambio di azioni delle disposizioni previste dalla Direttiva del 23.7.1990, n. 90/434/CEE.

22. Sentenza del 26.9.2000, causa C-478/98.

confronti dei non-residenti siano destinate a trovare applicazione soprattutto nei confronti dei cittadini di altri Stati-membri (e non nei confronti dei cittadini dello Stato-membro che emana tali disposizioni, dal momento che sono generalmente i cittadini di altri Stati-membri a risultare fiscalmente non-residenti in uno Stato e non i cittadini di quello stesso Stato).

• In linea di principio, sotto il profilo fiscale, la posizione del non-residente non è assimilabile a quella del residente; l'applicazione, in capo ai primi, di norme diverse rispetto a quelle applicabili ai secondi è pertanto giustificabile; tuttavia, la giustificabilità della differenziazione deve essere verificata facendo riferimento ai casi concreti.

• In particolare, tale differenziazione non è giustificata nel caso in cui il non-residente percepisca la totalità o la quasi-totalità del proprio reddito nello Stato in cui svolge la propria attività senza esserne residente; in tal caso, questo Stato deve assoggettare il contribuente non-residente allo stesso regime al quale assoggetta il contribuente residente.

• Inoltre, tale discriminazione può risultare ingiustificata nel caso in cui essa riguardi aspetti formali (come la tenuta della contabilità). Nel caso in cui gli adempimenti formali ai quali è sottoposto il non-residente non siano giustificati dalla necessità di assicurare un' adeguata attività di controllo e di accertamento del reddito conseguito dal non-residente, gli stessi risultano contrari ai principi del Trattato.

• Le discriminazioni tra residenti e non-residenti possono infine essere giustificate dall'esigenza di assicurare la coerenza del sistema fiscale. La sussistenza di tali condizioni deve tuttavia essere verificata, caso per caso, sulla base delle disposizioni complessive del sistema fiscale interessato e, in particolare, essa è da escludere quando a tale esigenza lo stesso Stato deroghi, anche a seguito delle disposizioni contenute in trattati per eliminare le doppie imposizioni sui redditi conclusi con altri Stati.

• Infine, i principi del Diritto Comunitario, tra cui quello di non-discriminazione, non trovano esclusiva applicazione nei confronti delle norme "impositive" nazionali con essi in contrasto, ma anche con quelle disposizioni domestiche c.d. procedurali o, in senso lato di accertamento, mirate a prevenire l'evasione.

CADERNOS DE DIREITO TRIBUTÁRIO

TRANSAÇÃO, ARBITRAGEM E CONCILIAÇÃO JUDICIAL COMO MEDIDAS ALTERNATIVAS PARA RESOLUÇÃO DE CONFLITOS ENTRE ADMINISTRAÇÃO E CONTRIBUINTES - SIMPLIFICAÇÃO E EFICIÊNCIA ADMINISTRATIVA

HELENO TAVEIRA TORRES

Professor de Direito Tributário da Faculdade de Direito da Universidade de São Paulo (USP) – Professor de Direito Tributário Internacional no Programa de Pós-Graduação em Direito da Pontifícia Universidade Católica de São Paulo (PUC/SP) – Advogado

1. Considerações iniciais. 2. A função certeza do ordenamento e seus efeitos sobre a simplificação fiscal. 3. Formas alternativas de resolução de conflitos em matéria tributária: 3.1 Repertório das modalidades preventivas de conflitos existentes no Direito Brasileiro. 4. Propostas de modalidades alternativas para resolução de controvérsias no âmbito tributário: 4.1 Conceitos indeterminados – 4.2 Aplicação de presunções – 4.3 Princípio da indisponibilidade do patrimônio público e formas alternativas de resolução de conflitos. 5. Transação extrajudicial como alternativa de resolução de conflitos em matéria tributária. 6. Arbitragem como alternativa de resolução preventiva de conflitos em matéria tributária. 7. Conciliação judicial de conflitos formalizados em matéria tributária. 8. Considerações finais.

1. Considerações iniciais

O princípio jurídico e técnico da praticabilidade ou praticidade da tributação, que se deve estender aos meios de resolução de controvérsias, deve ser repensado e posto como condição de eficiência administrativa, tal como o exige o art. 37 da CF. Adam Smith, já nos idos de 1776, enfatizava a importância da garantia de certeza e praticabilidade dos tributos, como meio de igualdade e segurança jurídica para os contribuintes.[1]

Todavia, que não se confunda, erroneamente, praticabilidade e eficiência da Administração Tributária com qualquer espécie de busca desenfreada por aumento de arrecadação, que certamente será alcançada como decorrência, mas não propriamente como um fim em si mesmo. A economia dos procedimentos, a justa identificação da capacidade contributiva, por meios práticos,[2] e a celeridade para viabilizar a

1. *Indagación Acerca de la Naturaleza y las Causas de la Riqueza de las Naciones*, 2ª ed., Madri, Aguilar, 1961, p. 719.

2. Como bem notou Misabel Derzi, nos seus preciosos comentários à obra maior de Aliomar Baleeiro: "A praticabilidade é princípio implícito e difuso da Constituição e tem como objetivo garantir o cumprimento e a execução das leis, da forma mais

atuação tributária, observados os direitos individuais e nos termos da legalidade, estes, sim, devem ser os instrumentos para se promover o princípio da eficiência[3] na Administração Tributária. Eficiência, esta, que se há de refletir na resolução de conflitos nesse domínio, cuja lentidão e excesso de procedimentos causam perdas inequívocas à Administração e aos contribuintes.

Nos últimos tempos, é bem verdade, foram habilitados diversos procedimentos para conferir maior participação dos administrados na gestão tributária, potencializando a execução das leis (lançamentos por homologação, recurso às presunções, pautas de valores, diferimentos, regimes de retenção na fonte e substituição tributária etc.), criação de tributos mais práticos, como o SIMPLES, uso da *Internet* para entrega de declarações, busca a processos administrativos e até para efetuar consultas, bem como redução de burocracias na área aduaneira etc.; ampliadas as possibilidades de solução extrajudicial de conflitos entre a Administração e os contribuintes (compensações, moratórias, parcelamentos, anistias etc.), dentre outros. Houve saudáveis evoluções no trato da Administração Tributária. Contudo, a necessidade de garantir ampliação de arrecadação, aliada a uma exagerada compulsão burocrática, serviu para ampliar o número de deveres formais a serem cumpridos pelos contribuintes, com a ilusão de conquistar algum controle "absoluto" sobre os atos destes, bem assim de impedir qualquer espaço de "fuga" à tributação, tornando aquelas medidas meros paliativos. Eis um círculo vicioso e perverso do qual ainda não se libertaram as partes das relações jurídicas tributárias.

O presente estudo tem por objetivo situar o problema da simplificação fiscal como critério hermenêutico para garantir os conteúdos axiológicos superiores do sistema tributário, vinculantes para os procedimentos de arrecadação, e especialmente para os fins da fiscalização e exigibilidade dos tributos, como elemento de influência sobre os procedimentos e técnicas de resolução de conflitos em matéria tributária, analisando a relação entre este e o princípio da *indisponibilidade do patrimônio público* (crédito tributário), na tentativa de garantir compatibilização entre ambos. Assim, trataremos, de início, da insuprimível segurança jurídica que se deve manter para os contribuintes, quanto ao estrito cumprimento da legalidade e da não-discriminação, com direito assegurado à fiel demonstração de capacidade contributiva; passando às formas alternativas de resolução de conflitos, avaliando-os à luz dos critérios democráticos de uma tributação justa, certa, rápida e econômica.

2. *A função certeza do ordenamento e seus efeitos sobre a simplificação fiscal*

A simplificação fiscal, como instrumento da eficiência administrativa, não pode ser considerada como meio de garantir maior arrecadação, na sua versão pura e simples. Antes, deve ser assimilada como meio de equilibrar os interesses do Estado com os limites constitucionais e direitos individuais dos cidadãos, alheando-se de complexidades inúteis e de toda espécie de exageros burocráticos, servindo como instrumento de uma legalidade democrática, justa, operativa, mas também segura e ponderada.

No percurso de positivação do direito constitucional, a "lei" sempre apareceu com o indelével caráter garantístico de uma certeza do Direito[4] e de realização de justiça; mesmo que por meio desta própria "lei",

simples e cômoda" (Aliomar Baleeiro, *Direito Tributário Brasileiro*, 11ª ed., anotada por Misabel de Abreu Machado Derzi, Rio de Janeiro, Forense, 1999, p. 136).

3. Sobre a eficiencia administrativa, cf.: Onorato Sepe, *L'Efficienza nell'Azione Amministrativa*, Milão, Giuffrè Editore, 1975, 369 pp.

4. Sobre a certeza do Direito nos atos de aplicação, v. Giulio Tremonti, *Imposizione e Definitività nel Diritto Tributario*, Milão, Giuffrè Editore, 1977, 543 pp.

por inúmeras vezes, tenham sido perpetradas as mais insolentes injustiças contra a sociedade. Nesse contexto, a segurança jurídica prestar-se-ia a conferir previsibilidade na regular positivação do Direito, o que findaria por reforçar o alcance e o conteúdo dos dispositivos constitucionais, pelo processo de positivação.[5] Essa função, a legalidade não a perdeu, pois somente quando houver certeza do Direito, isto é, exata determinação do conteúdo jurídico aplicável, e manutenção da igualdade de tratamento por parte das autoridades competentes, nos respectivos atos de aplicação do Direito, pode-se afirmar a presença inequívoca do princípio da legalidade.

Na Constituição Brasileira o princípio da *legalidade* desempenha três importantes papéis,[6] a saber: (i) como princípio da "reserva de lei" formal, quanto às matérias para as quais a Constituição exige lei específica (agregue-se a reserva de *lei complementar*); (ii) como princípio da "tipicidade",[7] ou legalidade material, quanto à tipificação exaustiva dos critérios normativos (exemplo: art. 150, I, da CF); e (iii) como princípio da "vinculatividade" – ou, como prefere Alberto Xavier,[8] princípio de preeminência, ao exigir submissão de todos os atos administrativos ao império da vontade legislativa (exemplo: art. 37 da CF); afinal, a vontade da Administração não é representação de ordem, mas cumprimento da legalidade, sob a égide do consentimento expedido pela representação da vontade do povo. Contudo, porque a legalidade formal é um problema de fontes do Direito e a vinculatividade uma decorrência da tipicidade, quanto à conduta da Administração, vamos nos fixar exclusivamente na *tipicidade*.

A legalidade substantiva condiciona o poder, põe-no dentro de limites, circunscrevendo seu campo de ação material. Todo o problema da tipicidade resolve-se numa questão de disciplina dos Poderes Públicos (ou privados). Essa é uma forma de garantia fundamental, pois quanto mais estiver disciplinado o exercício do poder, menor o espaço para o arbítrio[9] (*princípio da interdição da arbitrariedade*), ao reduzir o campo de interpretação dos conceitos, institutos e formas do Direito. A ação do aplicador queda-se vinculada à vontade coletiva expedida na lei. E essa exigência de tipici-

5. Assinala César García Novoa: "A la pretensión de definitividad de la norma hay que unir la pretensión de estabilidad de la misma, expresión formal de la confianza del ciudadano en el Derecho, lo que debe servir para reprobar los cambios normativos excesivos e injustificados. Y, finalmente, la plenitud de la norma. La regulación normativa ha de expresarse de tal manera que la definición de los supuestos de hecho comprenda un ámbito de la realidad normada lo más amplio posible, de forma que se aminoren las lagunas" (*El Principio de Seguridad Jurídica en Materia Tributaria*, Madri, Marcial Pons, 2000, p. 77). Parece difícil para um sistema conseguir alcançar estes objetivos desprovido de um Código Tributário estável e bem-estruturado.

6. Riccardo Guastini confirma essa feição trípice da legalidade, ao formular a seguinte relação: "1) 'È invalido ogni atto dei Pubblici Poteri che sia in contrasto con la legge' (...); 2) 'È invalido ogni atto dei Pubblici Poteri che non sia espressamente autorizzato dalla legge'. Si parla a questo proposito di 'principio di legalità in senso formale'; 3) 'È invalida (costituzionalmente illegittima) ogni legge che conferisca un potere senza disciplinarlo compiutamente'. Si parla a questo proposito di 'principio di legalità in senso sostanziale' ("Legalità (principio di)", *Digesto delle Discipline Pubblicistiche*, v. IX, Turim, UTET, 1987, p. 87).

7. Como lembra Fedele, a legalidade possui, em matéria tributária, "una funzione esclusivamente garantistica per i privati ed i tributi si caratterizzano come interventi autoritativi, limitativi della proprietà e della libertà dei privati medesimi, secondo la classica formula che nella coattività del prelievo individua una manifestazione della sovranità dello Stato, espressa però esclusivamente attraverso la legge impositrice, in cui il rapporto tributario trova direttamente la sua 'fonte'" (Andrea Fedele, *La Riserva di Legge*; Andrea Amatucci, Eusebio González García e Walter Schick, *Trattato di Diritto Tributario*, v. I, t. I, Pádua, CEDAM, pp. 159-160. Cf. Gerd Willi Rothmann, "O princípio da legalidade tributária", in Ruy Barbosa Nogueira, *Direito Tributário*, São Paulo, Jose Bushatsky Editor, 1973, p. 142).

8. *Os Princípios da Legalidade e da Tipicidade da Tributação*, São Paulo, Ed. RT, 1978, p. 14.

9. Nas palavras de Riccardo Guastini: "La garanzia dei diritti è massima quando la legge, nel conferire un potere, pone ad esso non solo limiti, ma anche vincoli sostanziali, predeterminando il contenuto dei suoi atti (ossia conferisce un potere vincolato)" ("Legalità (principio di)", *Digesto* ..., v. IX, p. 89).

dade amplia-se ainda mais quando a Constituição atribui *competências exclusivas* às pessoas políticas, segundo uma distribuição *tipológica* (arts. 153, 155 e 156), e, ao mesmo tempo, veda qualquer espécie de invasão de competências (art. 146, II), como forma de garantir os valores de igualdade, justiça material e propriedade.

A natureza de ato vinculado, inerente ao ato administrativo de lançamento, impõe, no processo de criação da norma individual e concreta,[10] pela autoridade administrativa competente, prevalência do conteúdo semântico do texto interpretado (lei), numa relação de "classe" (conotação) e elemento (denotação) – o ato administrativo. A aplicação do Direito exige, nos fenômenos lógicos de *subsunção*, do conceito da hipótese ao conceito do evento factual, e o de *implicação* da hipótese à tese (conseqüente), do fato jurídico à relação jurídica, plena consonância com o que na lei vigora,[11] sem que o intérprete possa interferir na significação, impondo deus desejos, a título de "fazer justiça" ou superar o "formalismo" que o Positivismo impõe. E, assim, em vista da tipicidade,[12] a ação do aplicador do Direito encontra claros limites na lei, tanto de (i) *ordem formal*, sobre os procedimentos que deve adotar, quanto de (ii) *ordem material*, sobre o conteúdo que deve incluir nas normas que venha a produzir. Quer dizer, o princípio da *reserva de lei* exige da Administração observância vinculada não apenas ao fundamento para sua ação (ocorrência da "fatispécie"[13] da norma tributária), mas também quanto ao critério de decidibilidade, no ato de aplicação. Este último corresponde ao procedimento que a autoridade deverá praticar para uma aplicação legítima da lei tributária (validade formal).

Deve o referido princípio da praticidade servir como guia de todo esse processo de positivação em matéria tributária, indo da legalidade à aplicabilidade administrativa, visando a garantir o direito a um direito tributário seguro, simples, viável e econômico aos administrados. Mormente agora, ao tempo em que ganha *status* de regra constitucional, no art. 37 da CF Brasileira, a saber: "A administração Pública direta e indireta de qualquer dos Poderes da União, dos Estados, do Distrito Federal

10. José Souto Maior Borges critica a teoria que vê o ato de lançamento como ato de aplicação, preferindo entendê-lo como ato de criação de "norma jurídica" (José Souto Maior Borges, *Lançamento Tributário*, 2ª ed., São Paulo, Malheiros Editores, 1999, pp. 111-116; cf. Mary Elbe Gomes Queiroz Maia, *Do Lançamento Tributário – Execução e Controle*, São Paulo, Dialética, 1999, 206 pp.).

11. Para Alberto Xavier "existiria discricionariedade quanto ao conteúdo se a lei autorizasse a Administração, na prática do lançamento, a exercer uma liberdade de escolha referente a qualquer dos elementos que concorrem para, em abstrato, definir a prestação tributária individual. Uma autorização dessa espécie seria, porém, inconstitucional – e isto precisamente por brigar contra o princípio da legalidade na sua expressão de reserva absoluta de lei ou de tipicidade. Ora, de harmonia com o princípio da tipicidade – *nullum tributum sine lege* –, a lei fiscal contém em si mesma uma valoração definitiva das realidades sobre que versa, a qual exclui qualquer elemento a ela estranho, especialmente a vontade da Administração" (*Conceito e Natureza do Lançamento Tributário*, São Paulo, Juriscredi, 1977, p. 162).

12. Como diz Paulo de Barros Carvalho, o princípio da tipicidade tributária define-se em duas dimensões: "(i) no plano legislativo, como a estrita necessidade de que a lei adventícia traga no seu bojo, de modo expresso e inequívoco, os elementos descritores do fato jurídico e os dados prescritores da relação obrigacional; e (ii) no plano da facticidade, como exigência da estrita subsunção do evento aos preceitos estabelecidos na regra tributária que o prevê, vinculando-se, obviamente, à adequada correspondência estabelecida entre a obrigação que adveio do fato protocolar e a previsão genérica constante da norma abstrata, conhecida como *regra-matriz de incidência*. Corolário inevitável da aplicação desse princípio é a necessidade de que os agentes da Administração, no exercício de suas funções de gestão tributária, *indiquem, pormenorizadamente, todos os elementos do tipo normativo existentes na concreção do fato que se pretende tributar e, bem assim, dos traços jurídicos que apontam uma conduta como ilícita*" ("A prova no procedimento administrativo tributário", *Revista Dialética de Direito Tributário* 34/105, São Paulo, Dialética, julho/1998).

13. O termo "fatispécie" pode ser visto como um neologismo, mas se presta muito bem para representar a idéia do fato jurídico, pois deriva do Latim *facti species*, que literalmente significa "figura do fato" ou "aparência do Direito".

e dos Municípios obedecerá aos princípios de legalidade, impessoalidade, moralidade, publicidade e *eficiência* (...)". O crescimento da arrecadação deve ser visto como decorrência de uma série de atos coordenados visando à criação de condições de efetividade da legislação e adequação administrativa à praticabilidade.

A praticabilidade da tributação é inequívoca forma de estabelecer condições factíveis de isonomia na sujeição tributária quando empregada sem comprometer a legalidade ou a tipicidade, porquanto deva, ela própria, decorrer da própria legislação. Entabulada com a finalidade de garantir harmonia no sistema e conforto para os contribuintes diante dos procedimentos vários, estimulando, com isso, um desenvolvimento saudável, cordial, justo e equilibrado das relações tributárias.

3. *Formas alternativas de resolução de conflitos em matéria tributária*

Qualquer conflito em matéria tributária decorre da existência ou possibilidade de aplicação de normas tributárias, como atos denegatórios de solicitação de restituição ou compensação de tributo, reconhecimento de benefícios, medidas exoneratórias ou de pedidos de parcelamento, respostas insuficientes expedidas ao final do procedimento de consulta e, com maior evidência, para evitar a formação dos atos administrativos de lançamento e autos de infração quando praticados com ilegalidade ou abuso de poder.

A cobrança de tributos, na atualidade, justifica-se como relação jurídica entabulada a partir de categorias do direito constitucional, estando subordinados os seus partícipes, Estado e contribuintes, à demarcação dos limites do poder e exercício dos direitos correlatos. É o retrato, pois, no moderno Estado Fiscal, da relação entre liberdade e tributo, como nos diz Ricardo Lobo Torres.[14]

Está superada, pois, a idéia que vicejava na fase do Estado Patrimonialista, quando o tributo era "imposto" como espécie de relação de poder entre "dominante" e "dominados", visando à formação do patrimônio daquele; como também de fases embrionárias do Estado Fiscal, quando a relação tributária quedava-se subjugada à idéia de poder de império do Estado, aos princípios gerais do direito privado, com a chamada *causa impositiones* (B. Griziotti), ou mesmo nos princípios de direito administrativo, calcadas nas idéias de potestade normativa e potestade impositiva (G. A. Micheli), na sua fase tardia. Em vista disso, nos tempos correntes o processo tributário corrobora o exercício da igualdade perante a "lei" e a "jurisdição", como modo de atuação do poder e resolução de conflitos, respectivamente. Eis a expressão máxima do conceito de Estado Democrático de Direito, em regime republicano de governo (cf. art. 1º da CF).

A *legalidade* racionaliza o poder, segundo as garantias ofertadas pelo Estado Democrático de Direito. Contudo, direitos e garantias fundamentais limitam o poder de tributar do Estado, prestando-se, para sua concretização, a idéia de *due process of law*. A dispersão do poder entre *competências* de *autoridades* previamente constituídas, diluindo qualquer hipótese de concentração de poder, bem como a *procedimentalização*, enquanto instrumento de controle das suas várias fases, para legitimar a atuação de qualquer autoridade, são uma conquista de suma importância (*procedural due process*) e que se projeta para a garantia dos direitos de liberdade e propriedade em matéria tributária, mormente na resolução de conflitos de interesses. Eis a substância formal da validade dos atos jurídicos, no Estado de Direito.

Tomando o conceito de *jurisdição* em sentido amplo, a cidadania fiscal resta protegida pelos processos administrativo e judicial, como meios de prestação jurisdicional, visto o processo como mecanismo de tutela a um direito material e instrumento

14. *Tratado de Direito Constitucional Financeiro e Tributário (os Direitos Humanos e Tributação)*, v. III, Rio de Janeiro, Renovar, 1999, pp. 1-35.

de solução de controvérsias, que se constitui a partir da formalização da lide, pela resistência do Fisco a alguma pretensão do contribuinte fundada em direitos garantidos.

Para atender a tais fundamentos, a Constituição garante – como lembra James Marins[15] – *princípios materiais*, que são os que se aplicam às relações de direito tributário, *princípios formais*, próprios da atuação da Administração Pública, como os que se encontram no art. 37 da CF, bem como *princípios processuais* típicos, todos aptos para à ordenação de relações tributárias legítimas e amparadas em bom espírito democrático e republicano. E como o princípio do Federalismo orienta a organização político-administrativa brasileira, esses aspectos desdobram-se pelas pessoas políticas que compõem a ordem jurídica brasileira: União, Estados, Distrito Federal e Municípios. São princípios fundamentais (Democracia, Federalismo, República e direitos e garantias fundamentais), amparados por cláusula pétrea, em decorrência da nossa rigidez constitucional (art. 60, § 4º, da CF), os vetores assinalados, que se propõem como proteções dos direitos e garantias dos contribuintes. São princípios que veiculam valores sobranceiros da ordem constitucional brasileira, como bem salienta Paulo de Barros Carvalho.[16]

Apesar desse plexo de valores e limites objetivos, os problemas decorrentes dos atos de resoluções de conflitos em matéria tributária não cessam de crescer. Surgem tanto pela complexidade das relações e regras tributárias quanto pelos próprios procedimentos adotados para alcançar essa finalidade pacificadora.

Sabe-se que o passivo tributário no Brasil é altíssimo. Somente no âmbito dos tributos federais chega a uma cifra próxima de 120 bilhões de reais. Por esse motivo, algumas alternativas são importantes para serem refletidas, como a criação de um *ombudsman* fiscal, com competência preventiva, de defesa prévia, antes da própria edição das leis tributárias, e reflexão sobre as condutas vigentes, como propõe Ricardo Lobo Torres;[17] bem como a introdução de medidas alternativas às modalidades ordinárias de decisão de conflitos, como a transação e a arbitragem em matéria tributária. Diversos países alcançaram bons êxitos na redução dos seus passivos tributários acomodando os princípios de indisponibilidade do patrimônio público e segurança jurídica dos contribuintes com aqueles da eficiência e simplificação fiscal.

3.1 Repertório das modalidades preventivas de conflitos existentes no Direito Brasileiro

O Direito Brasileiro contempla diversos mecanismos de prevenção de conflitos, postos em execução e operando com êxitos positivos, como são os institutos da denúncia espontânea, da compensação, do parcelamento, da anistia ou da consignação em pagamento, exemplos relevantes desses meios.

Dentre os regimes mais importantes de prevenção de conflitos encontramos o instituto da denúncia espontânea, no art. 138 do CTN, que assim dispõe:

"Art. 138. A responsabilidade é excluída pela denúncia espontânea da infração, acompanhada, se for o caso, do pagamento do tributo devido e dos juros de mora, ou do depósito da importância arbitrada pela autoridade administrativa, quando o montante do tributo dependa de apuração.

"Parágrafo único. Não se considera espontânea a denúncia apresentada após o início de qualquer procedimento administrativo ou medida de fiscalização, relacionados com a infração."

Assim, pela denúncia espontânea o contribuinte pode evitar a aplicação de mul-

15. *Direito Processual Tributário Brasileiro*, 2ª ed., São Paulo, Dialética, 2002, pp. 84 e ss.

16. *Curso de Direito Tributário*, 14ª ed., São Paulo, Saraiva, 2002, p. 113.

17. "Processo administrativo fiscal: caminhos para o seu desenvolvimento", *Revista Dialética de Direito Tributário* 46/78-87, São Paulo, Dialética, 1999.

tas decorrentes do descumprimento de obrigação tributária patrimonial, admitindo-se apenas incidência dos juros moratórios e atualização monetária, ambos despidos de natureza sancionatória. Além disso, evita os efeitos penais da conduta omissiva, tendo em vista o teor do art. 34 da Lei 9.249/1995, segundo o qual: "Extingue-se a punibilidade dos crimes definidos na Lei n. 8.137, de 27 de dezembro de 1990, e na Lei n. 4.729, de 14 de julho de 1965 (*crimes contra o ordem tributária e de sonegação fiscal*), quando o agente promover o pagamento do tributo ou contribuição social, inclusive acessórios, antes do recebimento da denúncia".

O regime de *denúncia espontânea*, contudo, somente aperfeiçoa-se quando praticado antes de qualquer *procedimento administrativo* ou *medida de fiscalização*. Salvo no caso dos tributos federais, lançados por homologação, declarados pelo contribuinte mas ainda não pagos – hipótese em que se aplica o regime do art. 47 da Lei 9.430/1996: "A pessoa física ou jurídica submetida a ação fiscal por parte da Secretaria da Receita Federal poderá pagar, até o vigésimo dia subseqüente à data de recebimento do termo de início de fiscalização, os tributos e contribuições já declarados, de que for sujeito passivo como contribuinte ou responsável, com os acréscimos legais aplicáveis nos casos de procedimento espontâneo".

Na seqüência, como espécie das medidas de prevenção de conflitos, encontramos também o instituto da *compensação*, que tomou grande evidência no nosso Direito com a Lei federal 8.383/1991, que autorizava o contribuinte a pedir compensação de créditos à Fazenda Pública com seus débitos tributários, vencidos ou vincendos. Essa alternativa satisfez os interesses dos contribuintes e afastou muitas pendências judiciais vinculadas ao reconhecimento do direito de crédito, ao pôr em execução regra que já constava do Código Tributário desde a sua edição original, nos arts. 156, II, e 170, como modalidade extintiva do crédito tributário: "Art. 170. A lei pode, nas condições e sob as garantias que estipular, ou cuja estipulação em cada caso atribuir à autoridade administrativa, autorizar a compensação de créditos tributários com créditos líquidos e certos, vencidos ou vincendos, do sujeito passivo contra a Fazenda Pública".

Como decorrência da prática de bom êxito dos regimes de compensação, foram introduzidas no ordenamento distintas modalidades de *parcelamento* (moratória individual, nos termos do art. 151, I, e 152, do CTN), o que culminou na edição de uma regra específica para conferir-lhe conteúdo próprio, inserida no Código Tributário pela Lei Complementar 104/2001, art. 155-A:

"Art. 155-A. O parcelamento será concedido na forma e condição estabelecidas em lei específica.

"§ 1º. Salvo disposição de lei em contrário, o parcelamento do crédito tributário não exclui a incidência de juros e multas.

"§ 2º. Aplicam-se, subsidiariamente, ao parcelamento as disposições desta Lei, relativas à moratória."

Dentre as modalidades de parcelamento que foram experimentadas, vale citar o Programa de Recuperação Fiscal – REFIS, instituído pela Lei 9.964, de 10.4.2000, aplicável exclusivamente aos tributos federais, ou seja, destinado a promover a regularização de débitos fiscais e previdenciários de pessoas jurídicas para com a Receita Federal e o Instituto Nacional do Seguro Social – INSS. Cuidava-se de um regime especial de consolidação e parcelamento de débitos fiscais e previdenciários, no qual todos os débitos da empresa, inclusive os inscritos em dívida ativa, até o mês de outubro/1999, foram consolidados, podendo o montante ser pago em parcelas mensais, determinadas segundo o percentual aplicável sobre a receita bruta do mês anterior – motivo por que não havia quantidade predeterminada de parcelas. Os créditos tributários que poderiam ser parcelados seriam aqueles constituídos ou em curso de constituição formal, inscritos ou não em dívida ativa, ajuizados ou não, com exigibilidade suspensa ou não, inclusive os retidos e não recolhidos, com vencimento até 29.2.2000, perante a Fazenda Nacional e o INSS.

Outra modalidade valiosa para a redução de conflitos é a *consignação em pagamento*, prevista no art. 164 do CTN, segundo o qual:

"Art. 164. A importância de crédito tributário pode ser consignada judicialmente pelo sujeito passivo, nos casos:

"I – de recusa de recebimento, ou subordinação deste ao pagamento de outro tributo ou de penalidade, ou ao cumprimento de obrigação acessória;

"II – de subordinação do recebimento ao cumprimento de exigências administrativas sem fundamento legal;

"III – de exigência, por mais de uma pessoa jurídica de direito público, de tributo idêntico sobre um mesmo fato gerador.

"§ 1º. A consignação só pode versar sobre o crédito que o consignante se propõe pagar.

"§ 2º. Julgada procedente a consignação, o pagamento se reputa efetuado e a importância consignada é convertida em renda; julgada improcedente a consignação no todo ou em parte, cobra-se o crédito acrescido de juros de mora, sem prejuízo das penalidades cabíveis."

Nesta hipótese, para evitar formação de conflito sobre a dívida tributária, nos casos em que menciona, confere-se permissão para consignar o valor do tributo devido, sujeito a julgamento judicial sobre seu cabimento.

Não obstante as vantagens patrocinadas por essas medidas, os resultados não são satisfatórios, na medida que não interferem sobre o conteúdo dos atos de lançamento e de aplicação da legislação tributária. Urge, pois, agregar outros meios, visando a otimizar a prestação jurisdicional, no seu sentido mais amplo, de tutela dos direitos fundamentais no ordenamento.

4. Propostas de modalidades alternativas para resolução de controvérsias no âmbito tributário

Perplexidade – essa é a sensação de todos que iniciam leituras mais atentas sobre as propostas de aplicação de mecanismos pactícios ou soluções típicas de regimes de direito privado nos campos em que se permita mediação, conciliação, transação ou, mesmo, a adoção de medidas arbitrais na composição de conflitos[18] em ma-

18. Para uma análise da experiência estrangeira, cf.: Nicola Aicardi, "La disciplina generale e i principi degli accordi amministrativi: fondamento e caratteri", *Rivista Trimestrale di Diritto Pubblico* 1/1-59, Milão, Giuffrè Editore, 1997; César Albiñana García-Quintana, "Soluciones pactadas y arbitrales en los conflictos tributarios", in *Manuel Fraga. Homenaje académico* (separata), Madri, Fundación Cánovas del Castillo, 1997, pp. 269-291; Umberto Allegretti, *L'Imparzialità Amministrativa*, Pádua, CEDAM, 1965, 414 pp.; Enrico Allorio, *Diritto Processuale Tributario*, 4ª ed., Turim, UTET, 1962; Pascal Ancel, "Arbitrage et ordre public fiscal", *Revue de l'Arbitrage – Bulletin du Comité Français de l'Arbitrage* 2/269-288, Paris, Dalloz, abril-junho/2001; John F. Avery Jones, "I poteri di controllo dell'Ammistrazione Fiscale nel Regno Unito", *Rivista di Diritto Finanziario e Scienza delle Finanze* 1-I/106-119, Ano LIV, Milão, Giuffrè Editore, 1995; Giuseppe Barone, *L'Intervento del Privato nel Procedimento Amministrativo*, Milão, Giuffrè Editore, 1969, 269 pp.; Carlo Bafile, *Il Nouvo Processo Tributario*, Pádua, CEDAM, 1994; Romano Bettini, *La Partecipazione Amministrativa. Modelli Italiani di Partecipazione del Cittadino alla Pubblica Amministrazione*, Milão, Giuffrè Editore, 1973, 352 pp.; Fernández Blanca Bosch, "Las partes en el procedimiento sancionador tributario. Especial refencia a la parte acusada", *Cronica Tributaria* 98/11-28, Madri, Instituto de Estudios Fiscales, 2001; Roberto O. Bustillo Bolado, *Convenios y Contratos Administrativos: Transacción, Arbitraje y Terminación Convencional del Procedimiento*, Pamplona, Aranzadi, 2001, 381 pp.; John Brown, "Tutela amministrativa del contribuente (Regno Unito)", *Rivista di Diritto Finanziario e Scienza delle Finanze* 1-I/166-182, Ano LIV, Milão, Giuffrè Editore, 1995; Giuseppe Caia, *Arbitratti e Modelli Arbitrali nel Diritto Administrativo: i Pressuposti e le Tendenze*, Milão, Giuffrè Editore, 1989, 225 pp.; Rafael Calvo Ortega, "Litigiosidad fiscal y arbitraje tributario", *Impuestos* II-15-16/22-34, Madri, La Ley, agosto/2001; Francesco Carnelutti, *Lezioni di Diritto Processuale Civile*, Pádua, CEDAM, 1926; Gabriel Casado Ollero, "La colaboración con la Administración

téria tributária. Na verdade, esta sensação decorre mais do modo equivocado como estes argumentos são apresentados do que propriamente das contingências que eles projetam sobre os princípios alegados como sendo afetados na sua construção axiológica, como os da isonomia, preservação da capacidade contributiva, indisponibilidade do crédito tributário e legalidade material (tipicidade) – os maiores elementos de resistência para que se possa estender aos domínios das lides tributárias os citados mecanismos.

De fato, se encarados como meios ordinários disponíveis para qualquer modalidade de conflito, seria algo deveras preocupante, tendo em vista as implicações com o princípio da legalidade estrita em matéria tributária. Cabe estabelecer, portanto, antes que uma cortina de preconceitos, os

Tributaria. Notas para un nuevo modelo de relaciones con el Fisco", *Hacienda Pública Española* 68/151-170, Madri, Instituto de Estudios Fiscales, 1981; Sabino Cassese, "L'arbitrato nel diritto amministrativo", *Rivista Trimestrale di Diritto Pubblico* 2/311-327, Milão, Giuffrè Editore, 1996; Claudio Cecchella, *L'Arbitrato*, Turim, UTET, 1991, 323 pp.; Mario Chiti, "Le forme di risoluzione delle controversie con la Pubblica Amministrazione alternative alla giurisdizione", *Rivista Italiana di Diritto Pubblico Comunitario* 1/1-23, Ano 10, Milão, Giuffrè Editore, 2000, e L'affernazione della Giustizia Amministrativa in Inghilterra. Dalla *common law* al *droit administratif*", *Diritto Processuale Amministrativo* 4-fasc. IV/541-583, Ano VII, Milão, Giuffrè Editore, dezembro/1990; Maria Laura Consolazio, "L'accertamento con adesione del contribuente", *Rassegna Tributaria* 1/64-84, Ano XL, Roma, ETI, janeiro-fevereiro/1997; Maurice Cozian, "Arbitrage et incidences fiscales des clauses de garantie de passif", *Revue de l'Arbitrage – Bulletin du Comité Français de l'Arbitrage* 2/289-297, Paris, Dalloz, abril-junho/2001; Ignacio Cruz Padial, "Es posible el arbitraje tributario?", *Impuestos* I/379-407, Madri, La Ley, 1999; Antonio M. Cubero Truyo, *La Simplificación del Ordenamiento Tributario (desde la Perspectiva Constitucional)*, Madri, Marcial Pons, 1997, 154 pp.; Ernesto Sticchi Damiani, *Attività Amministrativa Consensuale e Accordi di Programa*, Milão, Giuffrè Editore, 1992, 273 pp.; Francisco Delgado Piqueras, *La Terminación Convencional del Procedimiento Administrativo*, Pamplona, Aranzadi, 1995, 226 pp.; Vittorio Domenichelli, "Le prospettivi dell'arbitrato nei rapporti amministrativi (tra marginalità, obbligatorietà e consensualità)", *Diritto Processuale Amministrativo* 2-II/241-252, Ano XVI, Milão, Giuffrè Editore, junho/1998; Ibrahim Fadlallah, "Arbitrage international et litiges fiscaux", *Revue de l'Arbitrage – Bulletin du Comité Français de l'Arbitrage* 2/299-310, Paris, Dalloz, abril-junho/2001; Gaspare Falsitta, *Per un Fisco "Civile" – Casi, Critiche e Proposte*, Milão, Giuffrè Editore, 1996, pp. 270-313; Elio Fazzalari, *La Giurisdizione Volontaria – Profilo Sistematico*, Pádua, CEDAM, 1953, 175 pp., e *L'Arbitrato*, Turim, UTET, 1997; José Juan Ferreiro Lapatza, *Curso de Derecho Financiero Español*, 18ª ed., Madri, Marcial Pons, 1996, 693 pp., *Ensayos sobre Metodología y Técnica Jurídica en el Derecho Financiero y Tributario*, Madri, Marcial Pons, 1998, 318 pp., e *Resolución Extrajudicial de Conflictos Tributarios*, inédito; Valerio Ficari, *Autotutela e Riesame nell'Accertamento del Tributo*, Milão, Giuffrè Editore, 1999, 367 pp.; Piera Filippi, "Dalla procedura amichevole ... alla procedura arbitrale: osservazioni", *Diritto e Pratica Tributaria* LXVII-4/1.171-1.178, Pádua, CEDAM, julho-agosto/1996; Peter Fischer, "Indipendenza dei giudici tributari tedeschi e interesse fiscale", *Rivista di Diritto Finanziario e Scienza delle Finanze* 4-I/631-661, Ano LIII, Milão, Giuffrè Editore, 1994; Umberto Fragola, *Le Situazione Giuridiche nel Diritto Amministrativo*, Nápoles, Jovene, 1939, 177 pp.; Franco Gallo, "Ancora sul neoconcordato e sulla concilizione giudiziale", *Rassegna Tributaria* 10/1.483-1.492, Ano XXXVII, Roma, ETI, outubro/1994; Carlo Garbarino, "'Situazioni soggettive' e 'rapporti' fondamentali nel diritto tributario e 'tipo' di tutela giurisdizionale", *Rivista di Diritto Finanziario e Scienza delle Finanze* 3-I/368-411, Ano LX, Milão, Giuffrè Editore, 2001; Stefano Grassi e Stefano Cosimo de Bravo, *La Trasparenza Amministrativa nel Procedimento di Accertamento Tributario – I Rapporti tra Fisco e Contribuente*, Pádua, CEDAM, 1999, 429 pp.; Jean-Baptiste Geffroy, *Grands Problèmes Fiscaux Contemporains*, Paris, PUF, 1999, pp. 604-635; Giulio Ghetti, *Il Contraditorio Amministrativo*, Pádua, CEDAM, 1971, 242 pp.; María Luisa González-Cuellar Serrano, *Los Procedimientos Tributarios: su Terminación Transaccional*, Madri, Colex, 1997, pp. 400-409; Issac Ibáñez García, "La necesaria simplificación del ordenamiento jurídico. Especial referencia al sistema tributario", *Revista de Derecho Financiero y Hacienda Pública* XX/693-755, Madri, Instituto de Estudios Fiscales, 1999; Josef Isensee, "Sulla vocazione del nostro tempo per la semplificazione fiscale", *Rivista di Diritto Finanziario e Scienza delle Finanze* 2/294-323, Ano LV, Milão, Giuffrè Editore, junho/1996; Salvatore La Rosa, "Concordato, conciliazione e flessibilità dell'Amministrazione Finanziaria", *Diritto e Pratica Tributaria* LXVI-2/1.089-1.097, Pádua, CEDAM, março-abril/1995; Jean-Pierre Le Gall, "Rapport de synthèse", *Revue de l'Arbitrage – Bulletin du Comité Français de l'Arbitrage* 2/371-391, Paris, Dalloz, limites para a adoção desses regimes, como bem já o fizeram outros países de bases democráticas sólidas como França (*Conciliation; Transaction*; *Régler Autrement les Conflits*, de 1994), Alemanha, Itália (*Accertamento con Adesione* e *Conciliazione Giudiciale*), Inglaterra (*Alternative Dispute Resolution* – ADR) e Estados Unidos (*Alternative Dispute Act*, de 1990; *Closing Agreement*, Sec 7.121, IRC), empregando-os de forma prévia à utilização da via judicial ou no seu curso, como nos casos de conciliação.

Tal como houve mudanças nos mecanismos de arrecadação e cobrança dos tributos devidos, passando de um regime baseado exclusivamente em lançamentos de ofício ou por declaração para um modelo típico de tributação de massa, como é o regime de antecipação do pagamento, por autolançamento (sujeito a homologação e controle por parte da Administração), onde

abril-junho/2001; Raffaello Lupi, "Le crepe del nuovo concordato: anatomia di un'ocasione perduta", *Rassegna Tributaria* 12/1.859-1.872, Ano XXXVII, dic., Roma, ETI, 1994, e "Prime considerazione sul nuovo regime del concordato fiscale", *Rassegna Tributaria* 4/793-807, Ano XL, Roma, ETI, julho-agosto/1997; Francesco Manganaro, *Principio di Buona-Fede ed Attività delle Amministrazione Publiche* Roma, E.S.I., 1995, 237 pp.; Sébastien Manciaux, "Changement de législation fiscale et arbitrage international", *Revue de l'Arbitrage – Bulletin du Comité Français de l'Arbitrage* 2/311-342, Paris, Dalloz, abril-junho/2001; José Casalta Nabais, *Contratos Fiscais (Reflexões Acerca da sua Admissibilidade)*, Coimbra, Universidade de Coimbra, 1994, 326 pp.; Luigi Ferlazzo Natoli, Maria Vittoria Serranò e Gaetano Ruta, *Tutela Extragiudiziale del Contribuente nell'Ordinamento Tributario: "Ruling" e "Verfassungsbeschwerde"*, Turim, Giappichelli, 1998, 120 pp.; Stephen Oliver, "Il contenzioso tributario nel Regno Unito", *Rivista di Diritto Finanziario e Scienza delle Finanze* 1-I/183-203, Ano LIV, Mil!ão, Giuffrè Editore, 1995; Giovanna Petrillo, "La conciliazione giudiziale", *Diritto e Pratica Tributaria* LXXII-3/494-553, Pádua, CEDAM, maio-junho/2001; Pier Luigi Portaluri, *Potere Amministrativo e Procedimenti Consensuali. Studi sui Rapporti a Collaborazione Necessaria*, Milão, Giuffrè Editore, 1998, 315 pp.; Marco Redi, "Appunti sul principio di indisponibilità del credito tributario", *Diritto e Pratica Tributaria* LXVI-2/407-432, Pádua, CEDAM, março-abril/1995; Carlos Amigo Román, "La nueva Ley de Arbitraje de Brasil (Ley 9.307/1996)", *Revista de la Facultad de Derecho* 1998, Madri, Universidade Complutense, pp. 9-29; Tulio Rosembuj, *La Transacción Tributaria*, Barcelona, Atelier, 2000, 116 pp., e "La resolución alternativa de conflictos tributarios: notas sobre los actos de consenso", *Impuestos* I/1.441-1.474, Madri, La Ley, 2000; David H. Rosenbloom, "The David Tillinghast lecture: *International Tax Arbitrage and the International Tax System*", *Diritto e Pratica Tributaria* LXXI-4-III/161-187, Pádua, CEDAM, julho-agosto/2000; Claudio Sacchetto, "Profili fiscali dell'arbitrato", *Diritto e Pratica Tributaria* LXXI-1/29-70, Pádua, CEDAM, janeiro-fevereiro/2000, e (coord.) *Gli Obblighi Tributari nell'Arbitrato Amministrativo*, Milão, Giuffrè Editore, 1996; Miguel Sanchez Moron, *La Participación del Ciudadano en la Administración Pública*, Madri, C.E.C., 1980, 292 pp.; Aldo Sandulli, *Il Procedimento Amministrativo*, Milão, Giuffrè Editore, 1964, 438 pp.; Fernando Serrano Antón, "La terminación convencional de procedimientos tributarios en la experiencia de los Estados Unidos", *Crónica Tributaria* 78/89-102, Madri, Instituto de Estudios Fiscales, 1996; María Simón Mataix, "El arbitraje como técnica de resolución de conflictos de doble imposición consecuencia de precios de transferencia", *Impuestos* II/163-182, Madri, La Ley, 1996; Adrian J. Shipwrigth, "Attività di accertamento tributario e discrezionalità dell'Amministrazione (Regno Unito)", *Rivista di Diritto Finanziario e Scienza delle Finanze* 1-I/120-165, Ano LIV, Milão, Giuffrè Editore, 1995; Dario Stevanato, *L'Autotutela dell'Amministrazione Finanziaria. L'Annullamento d'Ufficio a Favore del Contribuiente*, Pádua, CEDAM, 1996, 324 pp.; Francesco Trimarchi, "Considerazioni in tema de partecipazione al procedimento amministrativo", *Diritto Processuale Amministrativo* 3-III/627-642, Ano XVI, Milão, Giuffrè Editore, setembro/2000; Antonio Uricchio, *L'Amministrazione nella Giustizia Tributaria*, Pádua, CEDAM, 2000; Giovanni Verde, "Arbitrato e Pubblica Amministrazione", *Diritto Processuale Amministrativo* 2-II/215-243, Ano XIV, Milão, Giuffrè Editore, junho/1996; Marta Villar Ezcurra, "Las disposiciones aclaratorias en el derecho tributario", *Crónica Tributaria* 77/91-120, Madri, Instituto de Estudios Fiscales, 1996; Fabrizio Vismara, "Profili fiscali dell'arbitrato internazionale", *Diritto Comunitario e degli Scambi Internazionali* 37-3/319-336, Milão, Giuffrè Editore, 1998; John Ward, "L'interpretazione delle norme tributarie e gli effetti su gli uffici e sui contribuenti nel Regno Unito", *Rivista di Diritto Finanziario e Scienza delle Finanze* 1-I/73-105, Ano LIV, Milão, Giuffrè Editore, 1995; Juan Zornoza Pérez, "¿Que podemos aprender de las experiencias comparadas? Admisibilidad de los convenios, acuerdos y otras técnicas transaccionales en el derecho tributario español", *Convención y Arbitraje en el Derecho Tributario*, Madri, IEF/Marcial Pons, 1996, pp. 161-177.

o contribuinte declara, qualifica o fato jurídico, quantifica e liquida a dívida; o que se quer é que tais medidas de simplificação fiscal alarguem-se em seus horizontes, como prática de justiça, nos moldes do que ocorreu com o instituto da compensação, sem que se tenha qualquer notícia de prejuízo para o Erário Público.

Esses meios propostos serão sempre úteis para resolver conflitos baseados na interpretação do texto normativo, naquilo que não for claro e determinável, quando sirvam para resolver os problemas decorrentes do uso excessivamente prolixo, casuístico e obscuro da linguagem das normas tributárias, propositalmente ambígua e imprecisa, repleta de indeterminações e vaguezas. Aplicando-se onde a Administração não tenha certeza da ocorrência do fato jurídico tributário, na interpretação dos fatos jurídicos, portanto, especialmente nos casos sujeitos a regimes de presunções, quando houver dificuldade de demarcação dos conceitos fáticos, quando não houver provas ou sejam estas insuficientes.

Temos para nós que o legislador detém, sim, liberdade constitucional para proceder à identificação de métodos alternativos para extinção do crédito tributário, mediante solução de controvérsias em matéria tributária, ao tempo em que, ao fazê-lo, deverá predispor, de modo claro, os limites que permitirão aos contribuintes e à Administração alcançarem bom êxito na resolução de conflitos que tenham como objeto matéria de fato de difícil delimitação ou cujas provas apresentadas não permitam a formação de um juízo consistente para identificar a proporção da ocorrência factual ou mesmo a correta quantificação da base de cálculo do tributo. Havendo dificuldades nesses processos lógicos de subsunção, poderia ser útil a utilização de algum desses mecanismos. Fartos são os exemplos. Ajustes de pautas de valores, definição de preços de mercado, quando não se tenham elementos convincentes para aferir sua quantificação, valor de intangíveis, hipóteses de cabimento de analogia e eqüidade, no espaço autorizado pelo ordenamento (art. 108 do CTN), dentre outros, demonstram que há espaço para decisões arbitrais, transações ou conciliações judiciais, a depender do estágio de interferência do procedimento. Em nenhum desses casos se está abandonando o espaço da legalidade. Ao contrário, com a lei criando condições para que se alcance uma posição de justiça sobre os elementos concretos da situação conflitiva, regula-se o modo adequado para solução do conflito e conseqüente extinção do crédito tributário sem demoras ou excessos de procedimentos.

Deveras, é difícil aceitar que a transação ou a arbitragem se possam prestar para discutir situações jurídicas formais ou adequadamente provadas, como bem salienta José Osvaldo Casás, em preciosa monografia, porquanto estejam em jogo questões de técnica jurídica, e não questões de fato. Seja qual for o procedimento que se adote, mister que o espaço de discricionariedade limite-se o mais que possível pelo texto legal, indicando precisamente seu campo de atuação, hipóteses de cabimento e outros elementos de mérito que mereçam demarcação prévia. E isto é também domínio de legalidade, na medida que o ordenamento promove predeterminação normativa de conduta dentro de valorações comparativas para análise de casos concretos. Nenhuma quebra de legalidade ou de isonomia, portanto.

É preciso perder o medo da liberdade (vigiada) que se possa atribuir aos agentes da Administração, sempre presente nos conteúdos de normas tributárias, especialmente aquelas destinadas a reconhecer direitos para os contribuintes, como isenções, remissões, anistias, parcelamentos ou moratórias. Como bem conclui Raffaello Lupi: "Il 'concordato' non costituisce un 'atto dispositivo' del credito tributario, ma un compromesso sugli aspetti controversi della determinazione dell'imposta".[19] Os aspectos

19. "Prime considerazione ...", *Rassegna Tributaria* 4/794.

discutíveis, para os quais seja possível encontrar uma solução de compromisso, são os que revelam o conteúdo dos atos sujeitos a alguma hipótese de solução alternativa de controvérsia.

Formas alternativas para resolução de conflitos em matéria tributária podem ser desenvolvidas e aplicadas tanto de um modo *preventivo*, para aquelas situações antecedentes a contenciosos formalmente qualificados, como para as que se encontrem já na forma de lides, servindo de objeto para processos administrativos ou judiciais em curso. No primeiro caso temos diversas modalidades de procedimentos, alguns dos quais já adotados com plena eficácia, como é o caso do parcelamento (art. 155-A do CTN), denúncia espontânea (art. 138 do CTN), consignação em pagamento (art. 164 do CTN), anistia (180 do CTN); bem como outras que poderiam merecer reconhecimento e experiência administrativa, como é o caso da arbitragem, presente no nosso ordenamento, mas limitadamente para os chamados "direitos disponíveis" (art. 1º da Lei 9.307/1996). No outro, como alternativa para a solução de conflitos em andamento, parece-nos que a conciliação judicial, a mediação e a transação (administrativa, art. 171 do CTN) e outros pactos na relação tributária seriam os instrumentos recomendáveis, dentro dos limites que a legislação possa impor.

O que importa é que, ao final, tenha-se um ato administrativo, unilateral, constitutivo de um direito de crédito para a Fazenda Pública, nos termos do acordo pactuado, segundo as previsões legais, mas que fica ainda dependente de extinção por parte dos contribuintes, nos termos da lei tributária que regula o procedimento de exigibilidade. Nada que ver com hipóteses de negócios contratuais ou coisa do gênero, até porque não há qualquer definitividade no crédito cumprido ao final, porque a disponibilidade limita-se à Administração, cabendo a revisão do ato dentro do prazo de decadência, no Brasil, previsto no parágrafo único do art. 149 do CTN.

Citemos, aqui, alguns dos aspectos mais importantes para aplicação dos mecanismos citados, visando a garantir mais espaço de legitimidade à própria ação fiscal, como é o caso dos conceitos indeterminados, da aplicação de presunções e do princípio da indisponibilidade do crédito tributário.

4.1 Conceitos indeterminados

As dificuldades de acertamento da quantificação e da situação de fato, especialmente quando estes são objetos de incidências com bases presumidas (*iuris tantum*), dependem de arbitramento para apurar aquilo que a lei predispõe segundo o critério de inversão do ônus da prova, mediante conceitos indeterminados, como "preço de mercado", "valor venal", valor da terra nua" e outros. Este método nos impõe meditar sobre a efetiva possibilidade de aplicação daquelas modalidades de solução célere de controvérsias. E ainda mais quando se considera que a legalidade material prospera unicamente quando se alcançam condições para determinar, com a maior aproximação possível, a verdade material.

A tipicidade (ou princípio da tipologia) geralmente é mencionada como se fosse espécie de concretização material de norma geral e abstrata veiculada sob a forma de lei. O homem, na sua incessante atividade intelectual de pensar sobre o geral e o abstrato, pratica uma atitude *tipológica* ou *conceitual*. São dois modos de pensar o *geral*, distintos entre si, mesmo que a fronteira existente entre ambos seja demasiado fugidia, impossível de traçar limites claros entre o que seja *conceitual* e o que seja *tipológico*; o que já não seja *conceitual* e o que já não seja *tipológico*. Trata-se de uma relação intrínseca, inseparável, pois não há como escolher entre o conceitual e o típico. Sem os tipos[20] os conceitos esvaziam-se; sem os conceitos os tipos quedam-se esfumaçados e indefinidos.

20. Para uma crítica ao raciocínio tipológico, cf.: Josef Esser, *Principio y Norma en la Elaboración Jurisprudencial del Derecho Privado*, Barcelona,

A única condição para o homem apropriar-se da realidade é seguir formando idéias, noções, conceitos, por seleção de propriedades, mediante generalidade e abstração, sobre os fatos e coisas do mundo circundante. Com isso, vai formando *classes*, dentro do todo abstrato, de tal modo que, quanto mais abstrato for o conceito (conotação), mais objetos poderão ser alcançados (denotação). Assim opera o raciocínio jurídico-normativo, por tipos e conceitos, conotando classes de condutas no plano abstrato,[21] para permitir aplicação aos casos que se possam adequar aos critérios e propriedades denotados a partir da classe. A definição legal dos tipos pode ser feita mais conceitualmente ou mais tipologicamente, conforme sejam dominantes exigências de certeza e de segurança, ou adequação ao caso e plasticidade, respectivamente. E, ainda, dentro de cada "tipologia", as noções dos tipos legais podem ser pensadas de modo o mais aberto ou o mais fechado possível, conforme estejam presentes ou ausentes as preocupações que lhes são tipicamente dominantes.[22]

Para construir normas com "tipo aberto" ou "tipo fechado", o legislador seleciona propriedades de fatos sociais, debruçando-se sobre a complexidade factual para isolar aquelas que serão juridicamente relevantes.[23] As normas de direito tributário, especialmente as de impostos, caracterizam-se pela seleção de propriedades a partir de objetos sociais com relevância econômica, sob a forma de "tipos fechados". É assim que o Direito se envolve com a realidade, por meio da linguagem que vai construindo no processo de positivação, descrevendo seus conceitos por meio de definições, isto é, de qualificações.

Contudo, pela vaguidade e ambigüidade imanentes a toda e qualquer linguagem, é difícil dizer onde começa e onde termina o "conceito classificatório" (tipo fechado) e onde começa e onde termina o "tipo" (aberto).[24] Princípios como "liberdade", "propriedade", "Estado Social de Direito", levam o legislador a decidir sobre determinações entre indeterminações difíceis de conter, pela instabilidade do discurso. Eis o domínio dos chamados "conceitos indeterminados". E nesta apreciação o modelo tipificante perde espaço para uma análise da estrutura da norma, dos critérios de cada tipo, isoladamente, como fizeram

Bosch, 1961, 498 pp., e *Precomprensione e Scelta del Metodo nel Processo di Individuazione del Diritto: Fondamenti di Razionalità nella Prassi Decisionale del Giudice*, Roma, Edizione Scientifiche Italiane, 1983, 380 pp.; Theodor Viehweg, *Topica e Giurisprudenza*, Milão, Giuffrè Editore, 1962, 127 pp.; François Gény, *Méthode d'Interpétation et Sources en Droit Privé Positif*, t. 1, Paris, LGDJ, 1919, 446 pp.

21. Neste mesmo sentido Misabel Derzi, quando afirma: "Só um conceito geral abstrato se deixa definir, pois para isso é necessário fixá-lo através de determinadas características. Se o conceito *A* possui as notas 'a, b, c', na investigação jurídica, somente se afirma o conceito *A*, se o conceito do fato contiver as mesmas características 'a, b, c'. Diz-se, então, que há subsunção. Para o conceito de classe vale a proposição lógica do terceiro excluído: 'cada *X* é *A* ou não-*A*'. *Tertium non datur*. Não tem cabida aqui o mais ou menos, mas a relação de exclusão 'ou um ... ou outro'. Porque ou o conceito do objeto corresponde integralmente às características do conceito abstrato nele se subsumindo, ou não" ("Legalidade material, modo de pensar 'tipificante' e praticidade no direito tributário", *Justiça Tributária*, São Paulo, IBET, 1998, p. 433).

22. Assim a opinião fundamentada da maioria dos autores. (cf. Pedro Pais de Vasconcelos, *Contratos Atípicos*, Coimbra, Livraria Almedina, 1995, p. 178).

23. Alberto Xavier, para justificar a tipicidade, enumera os seguintes critérios para sua definição, a saber: princípio da *seleção* (impede que o legislador use cláusulas gerais), princípio do *numerus clausus* (especifica o anterior, mediante uma tipologia taxativa, exemplificativa ou delimitativa), princípio do *exclusivismo* (ou da implicação nos efeitos) e princípio da *determinação* (*Tipicidade da Tributação, Simulação e Norma Antielisiva*, São Paulo, Dialética, 2001, p. 19).

24. No entender de Ricardo Lobo Torres: "Do princípio da tipicidade não emana, como imagina o Positivismo ingênuo, a possibilidade do total fechamento das normas tributárias e da adoção de enumerações casuísticas e exaustivas dos fatos geradores. A norma de direito tributário não pode deixar de conter alguma indeterminação e imprecisão, posto que se utiliza também das cláusulas gerais e dos tipos, que são abertos por definição. É nesse espaço de indeterminação que atua a analogia" (*Curso de Direito Financeiro e Tributário*, 7ª ed., Rio de Janeiro, Forense, 2000, p. 141).

Paulo de Barros Carvalho, Geraldo Ataliba,[25] Sacha Calmon,[26] num estudo dos critérios que compõem a norma tributária. É no *processo de positivação do Direito*, passando do mais abstrato para o mais concreto, que o Direito vai se aproximando da realidade,[27] objetivando-se em linguagem para condicionar as condutas humanas na orientação prescrita deonticamente pela norma, segundo um dos seus possíveis modais, *obrigatório (O)*, *permitido (P)* ou *proibido (V)*.

Com o objetivo de garantir ainda mais o espaço da tipologia no que concerne à aplicação dos conceitos indeterminados, protegendo ambas as partes contra imprecisões e equívocos, prestam-se os meios convencionais como importantes instrumentos de resolução prévia de conflitos.

4.2 Aplicação de presunções

No direito tributário, pela circunstância de alheamento da Administração em face de todos os fatos passíveis de serem alcançados para tributação, a exigência de demonstração de provas, por parte das autoridades administrativas, a cada ato de lançamento tributário torna-se grande obstáculo ao cumprimento dos deveres formais. Em vista disso, em favor da simplificação, ampliam-se as técnicas de colaboração dos contribuintes, bem como do uso de presunções, mediante inversão do ônus da prova, para efeitos de tributação com bases objetivas (retenções na fonte), estimativas e similares. O uso de presunções como técnica probatória tem, portanto, justificativa na seguinte constatação: (i) os fatos que originam obrigações tributárias e que devem ser objeto de prova dificilmente são de conhecimento direto da Administração; (ii) as pessoas que participaram efetivamente do ato têm melhores condições para produção das provas necessárias; (iii) os deveres instrumentais ou formais são ótimos instrumentos para vincular os contribuintes ao atendimento das exigências tributárias, mediante declarações etc.; (iv) a praticidade dos mecanismos de arrecadação e pagamento dos tributos bem como a prevenção à incidência em faltas para as quais sejam previstas medidas sancionadoras é algo desejado pelo contribuinte. Tudo considerado e valorado positivamente, surge a era da chamada "tributação de massa", onde o recurso às medidas presuntivas é cada vez mais freqüente.

Não obstante os valores que envolvem tais constatações, qualquer recurso ao uso de presunções deve satisfazer estritos requisitos de justificação, sob pena de afetar os princípios de segurança jurídica e interdição do arbítrio. Assim, a necessidade de facilitação de provas do fato constitutivo de direitos, para aqueles que eventualmente encontrem, na sua consecução, alguma dificuldade impeditiva da realização desse direito, há de vir amparada no princípio de *igualdade de armas*, cabível sempre em caráter subsidiário de outros meios objetivos de prova, em favor da idéia de justiça. É o que Diego Marín-Barnuevo Fabo chama de *finalidade aliviadora*,[28] citando Hedemann (*Erleichterung*).

As presunções têm como objetivo tutelar os procedimentos de aplicação dos tri-

25. *Hipótese de Incidência Tributária*, 6ª ed., 3ª tir., São Paulo, Malheiros Editores, 2002, 209 pp.

26. *Teoria Geral do Tributo e da Exoneração Tributária*, Belo Horizonte, Del Rey, 2000, pp. 29-139.

27. Segundo Ricardo Lobo Torres: "A norma jurídica – ou regra de Direito, como preferem outros – ocupa o lugar seguinte no processo de concretização do direito financeiro, subordinando-se sucessivamente ao subprincípio, ao princípio e ao valor. Tem grau maior de concretitude e pouca abstração e é atributiva de direitos e deveres. A norma de direito financeiro, como qualquer outra, é geral, coercitiva, bilateral e se desdobra em hipótese e conseqüência, a permitir a subsunção direta de casos específicos. O grau máximo de concretitude do direito financeiro surge quando o juiz, pela sentença, reconhece e fixa os direitos e as obrigações das partes, com o quê realiza a justiça e garante a paz" (*Curso* ..., 7ª ed., p. 79).

28. "Es, por tanto, la facilitación de la prueba de hechos, em orden a la preservación del principio de igualdad de armas *[Waffengleichheit]*, el principal fundamento jurídico de la utilización de las presunciones" (Diego Marín-Barnuevo Fabo, *Presunciones y Técnicas Presuntivas en Derecho Tributario*, Madrid, McGraw-Hill, 1996, pp. 26-27 e 74).

butos[29] ou a formação de obrigações tributárias, já que a maioria das presunções são criadas para atender aos interesses da Administração Tributária, seja no campo dos procedimentos, prestando-se como meio probatório ou motivo para a decisão (presunções simples); seja nos domínios da constituição de obrigações tributárias, onde as presunções legais são postas com o fim de qualificar elementos da regra-matriz de incidência. No primeiro caso, segundo alguns autores, o uso de presunções (legais relativas ou simples) seria justificado pelos princípios de devido processo legal e natureza inquisitória do procedimento administrativo; e no segundo pelos princípios gerais pertinentes à (i) autorização constitucional para o exercício de competências tributárias, (ii) capacidade contributiva e (iii) isonomia.

Como "meio de prova" *stricto sensu*, a presunção parece servir como modo de integração de determinado regime jurídico, relativamente aos efeitos que as normas atribuem (presunções legais relativas); ou como fator meramente demonstrativo (de prova), quanto à existência de fatos, situações ou específicas qualificações (presunção simples). E como *qualificações* são postas à disposição da Administração Tributária para que esta possa identificar atos, fatos ou negócios jurídicos, sem prévia demonstração da ocorrência do fato e dos seus efeitos jurídicos, para os fins de constituição de obrigações tributárias. Com uma ou outra espécie, cumprindo a função que a lei determinar, a Administração passa a dispor de meios para qualificar atos ou negócios sem ter necessidade de provar a efetividade destes, quando tenha elementos que permitam relacionar, pelo *nexo lógico*, um fato conhecido com aquele "presumido". O objetivo principal da presunção é este, o de *afastar a atividade probatória*, que terá como conseqüência permitir um maior controle sobre a elusão fiscal, o qual é indiretamente alcançado.[30] Contudo, não é pacífico esse entendimento,[31] e tampouco a ele nos filiamos em sua plenitude.

Em vista dessa sua função de *afastar a atividade probatória* no âmbito do direito tributário, o uso destes mecanismos recebe as mais duras críticas da doutrina,[32] mesmo quando se apresenta com o fim precípuo de combater supostas condutas elusivas, fraudulentas ou simuladas, ao criar meras demonstrações formais de fatos jurídicos.[33] E os mesmos princípios que jus-

29. Para um amplo estudo a respeito, cf. Raffaello Lupi, *Metodi Induttivi e Presunzioni nell'Accertamento Tributario*, Milão, Giuffrè Editore, 1988, 410 pp.

30. Com ampla argumentação, visando a justificar a aplicação das técnicas presuntivas, cf. Eusebio González García, "Las presunciones y ficciones como mecanismos de reacción frente al fraude de ley", *RDFHP* 179/987-1.014, Madri, Editorial de Derecho Finaciero, 1985.

31. Paulo de Barros Carvalho, "A prova ...", *Revista Dialética de Direito Tributário* 34/105.

32. "Na busca da verdade real, a Administração somente de modo excepcional pode fazer uso desse instrumento, não podendo se tornar uma regra geral. É mister que a Administração demonstre cabalmente sua impossibilidade de identificar os elementos compositivos do conceito do fato, para evitar tributação sem fato jurídico que a legitime, saindo da presunção e passando a agir por meio de ficções, prescindindo da realidade social e criando uma realidade exclusivamente normativa, para a esta atribuir efeitos jurídicos, com absoluta impossibilidade de se identificar, mediante provas, a verdade material correlata. É a lei antecipando-se aos fatos jurídicos tributários, para evitar fraudes, mediante a criação a realidades que não se encontram na realidade, por ser uma demonstração fraudulenta ou simulada" (Paulo de Barros Carvalho, "A prova ...", *Revista Dialética de Direito Tributário* 34/110).

33. Em vista destas circunstâncias, Ferreiro Lapatza tece severa crítica ao uso de ficções ou de presunções *iuris et de iure*, pois "con ellos no sólo se quebranta el principio de capacidad gravando probablemente capacidades inexistentes, sino también el de igualdad al crear dentro de los sujetos sometidos a un tributo situaciones inaceptables de discriminación. Tales normas, que siempre tratan de justificarse en aras del interés general o de la lucha contra el fraude, protegen fundamentalmente, en mi opinión, o bien la inepcia del legislador a la hora de aplicar la técnica jurídica adecuada para la delimitación, a través de una norma general y abstracta, del hecho imponible; o bien protegen la comodidad de la Administración a la que, simplemente, eximen de la necesidad de probar los hechos en virtud de los cuales se exige el pago de un tributo, debilitando así

tificam o uso dessa modalidade probatória servem para limitá-la, porquanto: o *exercício de competências tributárias* não autoriza qualquer mecanismo de *presunção absoluta*, em vista da tipicidade exigida no art. 15, I; os tipos designados para os vários tributos, o texto do art. 146, III, "a", e o próprio art. 154, I, todos da CF, a exigirem expressa identificação dos fatos jurídicos tributários. Ao não admitir prova em contrário, essa espécie de presunção cria direito substantivo "che comporta una modificazione (*rectius*: simplificazione) degli elementi della fattispecie legale (impositiva)", como bem lembra Gaspare Falsitta.[34] A impossibilidade de demonstração de prova em contrário colide frontalmente com o critério de demonstração de capacidade contributiva,[35] que não se deve superar por simples razão de controle geral sobre fraude, simulação ou elusão tributária. A *isonomia* e a *capacidade contributiva*, como já se demonstrou em outras passagens, tampouco podem servir como critérios finalísticos para efetivar o direito à cobrança de tributos, criando regimes de integração[36] sem autorização constitucional. Mesmo nos casos em que sejam usadas *presunções simples* ou *legais relativas*, que sejam adotadas unicamente para o campo dos procedimentos, ou, quando aplicadas aos fins de definição de obrigações tributárias, que reste permitido amplo direito de prova ou opção por regimes que permitam correta identificação material do fato jurídico tributário.

Sobre o tema são sobremaneira oportunas as palavras de Paulo de Barros Carvalho a respeito da utilização de presunções ou ficções no direito tributário brasileiro: "A atividade jurídico-tributária, no Brasil, há de ser desenvolvida em clima de total aderência aos textos legais, além de observância rigorosa dos grandes primados que a Lei Fundamental proclama. Tal concepção, que penetra hoje os sistemas positivos de todos os países civilizados, dista de permitir qualquer traço de arbitrariedade, afastando também, quase sempre, os atos de competência discricionária que poderiam vir a ser praticados pelos funcionários do Estado-Administração nesse campo de atividade administrativa".[37]

No âmbito das presunções, visando a promover a verdade material como valor inerente à forma de cumprimento dos atos de aplicação do direito tributário, tais instrumentos condicionam o procedimento, agregando conteúdo, pela adequada produção de meios suficientes para o convencimento, evitando a morosidade de uma ação judicial ou o custo de processos administrativos intermináveis.

4.3 Princípio da indisponibilidade do patrimônio público e formas alternativas de resolução de conflitos

O princípio jurídico e técnico da praticabilidade da tributação impõe um verdadeiro dever ao legislador de busca dos caminhos de maior economia, eficiência e celeridade para viabilizar a imposição tributária, o que pode ser alcançado com intensificação da participação dos administrados na gestão tributária e possibilidade de solução extrajudicial de conflitos entre

gravemente la posición del contribuyente, haciendo sin más inaplicable la tutela judicial" (José Juan Ferreiro Lapatza, "Poder tributario y tutela judicial efectiva", *Ensayos sobre Metodología ...*, p. 264).

34. "Le presunzioni in materia di imposte sui redditi", in Antonio Emanuele Granelli (coord.), *Le Presunzioni in Materia Tributaria*, Rimini, Maggioli, 1987, p. 59.

35. Como lembra muito bem Pedro Herrera Molina: "Una restricción del derecho a la prueba que no permita tributar con arreglo a los rendimientos reales puede infringir, en primer término, el derecho a la tutela judicial efectiva pero lesiona también el derecho a contribuir con arreglo a la capacidad económica" (*Capacidad Económica y Sistema Fiscal*, Madri, Marcial Pons, 1998, p. 176).

36. Como menciona Mario Trimeloni: "Avviene – come rilevato sopra – l'integrazione della figura tributaria attraverso il modulo della presunzione" ("Le presunzioni tributarie", in Andrea Amatucci (coord.), *Trattato di Diritto Tributario*, v. II, Pádua, CEDAM, 1994, p. I, e cap. XXIII, p. 110).

37. "A prova ...", *Revista Dialética de Direito Tributário* 34/112.

a Administração e os contribuintes. Contudo, muitos são os obstáculos teóricos e culturais a superar, tendo em vista conceitos e valores que merecem novos sopesamentos, diante do atual quadro de evolução técnica dos ordenamentos e renovação científica da doutrina. Dentre todos, é o *princípio da indisponibilidade do patrimônio público* (tributo) o que maiores problemas de análise e de afetação comporta.

O que vem a ser, precisamente, "indisponibilidade do crédito tributário"? O princípio da indisponibilidade do patrimônio público e, no caso em apreço, do crédito tributário, desde a ocorrência do fato jurídico tributário, firmou-se como dogma quase-absoluto do Direito de Estados ocidentais, indiscutível e absoluto na sua formulação, a tal ponto que sequer a própria legalidade, seu fundamento, poderia dispor em contrário. E como o conceito de tributo, até hoje não definido satisfatoriamente, acompanha também essa indeterminação conceitual da sua *indisponibilidade*, avolumam-se as dificuldades para que a doutrina encontre rumo seguro na discussão do problema.

Porquanto "tributo" e "indisponibilidade" não sejam conceitos lógicos, mas, sim, conceitos de direito positivo, variáveis segundo a cultura de cada Nação, próprios de cada ordenamento, será o direito positivo a dar os contornos do que queira denominar de "direito indisponível", inclusive suas exceções (direito inalienável *inter vivos*, direito intransmissível *mortis causa*, direito irrenunciável, direito não penhorável etc.). Tome-se como premissa a inexistência, no Direito de todos os povos, de um tal princípio universal de "indisponibilidade do tributo".

Berliri tentou responder a esta indagação fazendo a diferença entre *rapporto giuridico tributario* e "obrigação tributária", definindo como indisponível apenas o primeiro. No Brasil, onde a Constituição Federal discrimina competências prévias, prescrevendo os tributos que cada pessoa pode criar, isso permitiria vislumbrar uma indisponibilidade absoluta da competência tributária; mas não do "crédito tributário" – previsto em lei –, que pode ser disponível para a Administração, segundo os limites estabelecidos pela própria lei, atendendo a critérios de interesse coletivo, ao isolar (a lei) os melhores critérios para constituição, modificação ou extinção do crédito tributário, bem como de resolução de conflitos, guardados os princípios fundamentais, mui especialmente aqueles da igualdade, da generalidade e da definição de capacidade contributiva. Eis o que merece grande acuidade, para alcançar respostas adequadas aos temas de conciliação, transação, arbitragem e outros pactos na relação tributária, tomando como premissa a inexistência, no Direito, de um tal princípio universal de "indisponibilidade do tributo".

No campo da aplicação, nada impede que a lei possa qualificar, dentro de limites e no atendimento do interesse coletivo, os melhores critérios para constituição, modificação ou extinção do crédito tributário, inclusive os meios de resolução de conflitos, vinculativamente e com espaço para discricionariedade, no que couber, visando a atender à praticabilidade, economicidade, celeridade e eficiência da Administração Tributária.

5. *Transação extrajudicial como alternativa de resolução de conflitos em matéria tributária*

Analisando a experiência estrangeira, podemos verificar instrumentos de simplificação e resolução de controvérsias fundados em critérios convencionais, como é o caso do regime de *accertamento con adesione*, que vigora atualmente na Itália (Lei 218, de 19.6.1997), como uma espécie renovada do desastroso *concordato fiscale*, dos idos de 1958, e – por que não dizer? – do Regulamento 560, de 11.7.1907, o qual, na sua forma renovada, consente alcançar, convencionalmente, solução para créditos tributários vencidos.

Na Itália, o *accertamento con adesione* consiste numa técnica de tributação mediante a qual Fisco e contribuinte alcançam, por pacto convencional, o chamado *atto di accertamento con adesione*, contendo um critério médio de tributação, definido previamente e de modo vinculante para os próximos anos sucessivos, nos termos do acordo. Este método somente não será aplicável aos casos em que o Fisco tenha elementos seguros sobre a ocorrência fática, sobre a determinação da alíquota aplicável ou elementos essenciais do tributo, tal como previsto em lei. A principal característica deste modelo consiste, atualmente, em não se limitar a certos grupos de sujeitos passivos ou quanto às modalidades de rendimentos. Ademais, independe do tipo de lançamento ao qual esteja sujeito o contribuinte.

O procedimento contraditório entre o Fisco e o contribuinte é o meio para se alcançar o chamado *atto di accertamento con adesione*, sob condições estreitas de transparência e isonomia tributária. Por fim, aperfeiçoa-se este ato com o pagamento da quantia devida, nos termos do pactuado. Quanto aos efeitos do ato, estes são, dentre outros, a impossibilidade de impugnar o acordo tomado, considerando-o como "confissão de dívida", e redução das sanções tributárias aplicadas para o período a que se refere o acordo (até a um-quarto do mínimo previsto em lei).

Na América Latina essa possibilidade sempre foi discutida. O Modelo de Código Tributário para a América Latina (MCTAL), elaborado em 1967, a partir dos trabalhos de Ramón Valdés Costa, Rubens Gomes de Sousa e Giuliani Fonrouge, como resultado do Projeto OEA/BID, também cuida da transação como modo de extinção da obrigação tributária, mas prevendo:

"Art. 51. La transacción es admisible en cuanto a la determinación de los hechos y no en cuanto al significado de la norma aplicable.

"Art. 52. El consentimiento de la Administración Tributaria debe contar con la aprobación escrita del funcionario de mayor jerarquía."

Vê-se, pois, que para este Modelo a utilização do referido meio extintivo de relação obrigacional tributária se deveria circunscrever às questões de fato, não se lhe podendo dar aplicabilidade nos casos de qualificação e interpretação jurídica dos conceitos e termos contados nos textos normativos. Para estas matérias fica mantida a reserva do âmbito processual (administrativo ou judicial).

O CTN contempla a transação no seu art. 156, III, como meio de extinção do crédito tributário, aduzindo no art. 171, ao prescrever que:

"Art. 171. A lei pode facultar, nas condições que estabeleça, aos sujeitos ativo e passivo da obrigação tributária celebrar transação que, mediante concessões mútuas, importe em determinação de litígio e conseqüente extinção de crédito tributário.

"Parágrafo único. A lei indicará a autoridade competente para autorizar a transação em cada caso."

Como se vê, essa disposição normativa não pôs qualquer limite para o exercício da transação; aplicam-se os limites decorrentes da Constituição, que entabula as coordenadas de garantia do equilíbrio de valores supremos que podem ser eventualmente afetados pela sua aplicação, mas sem que a proíba ou a afaste do mundo jurídico.

O procedimento para a transação há de ser necessariamente conciliatório de conflito formalmente reconhecido, em curso de processo administrativo. Da decisão deverá caber também recurso oficial, além do direito de fiscalização aos representantes do Ministério Público e Procuradoria da Fazenda.

Para dar contornos de aplicação do mecanismo em apreço e guardando vistas ao quanto alega a doutrina estrangeira a respeito, nenhuma razão assiste àqueles que querem ver no ato decisional do procedimento uma espécie de "contrato" entre o contribuinte e a Administração. Nada mais descabido. O que se verifica é tão-só a ponência no sistema jurídico de uma norma individual e concreta, típico ato administrativo, por meio do qual o contribuinte chega a um entendimento prévio com a Administração, participando do procedimento. Mais não será do que espécie de ato preparatório ou de revisão de lançamento tributário previamente praticado. O modo lógico de alcançar a decisão, por aproximação consensual e bilateral, mediante concurso de vontade das partes, com mútuo sacrifício de expectativas, não desnatura o resultado, qualificando-o como espécie de ato negocial.

Como diz Paulo de Barros Carvalho: "Não creio possa existir comportamento da Administração destituído de apreciação subjetiva".[38] Sempre haverá um *quantum* de apreciação pessoal, no ato administrativo, por parte do agente da Administração. No ato decorrente da conciliação mais não seria. Daí merecer encômios a aguda conclusão a que chega Paulo de Barros Carvalho, em detida análise do problema: "*A vinculação que se predica diz respeito ao procedimento e não ao ato. O caráter de vinculado ou de discricionário mora na atividade procedimental, não no seu produto: o ato de lançamento.* Acaso nos deparássemos com dois documentos atestatórios de atos jurídicos administrativos, sendo um proveniente de atividade vinculada e outro oriundo de atividade discricionária, nenhum traço específico remanesceria para denunciar a vinculação ou discrição com que o expediente foi realizado, a não ser, é claro, que conheçamos as regras que presidiram sua celebração".[39]

Materialmente, uma transação somente pode prosperar naqueles casos em que se reconheça efetiva incerteza, geradora de litígio, nos quais a Administração, por si própria, reste impedida de alcançar, satisfatoriamente, um resultado mais compatível com o princípio inquisitório e da verdade material. Como evidencia Ignacio Cruz Padial: "Fijar de forma unilateral los elementos inciertos de la obligación tributaria no garantiza una mayor protección del interés social; al contrario, que intervenga la voluntad del particular otorgará mayor garantía, así como mayor grado de eficacia al crearse una vinculación por parte del obligado tributario".[40]

Como bem salientou José Juan Ferreiro Lapatza: "1º. No cabe transacción sobre los hechos descubiertos o comprobados por la Inspección. Los términos de una posible transacción sobre hechos para eliminar una situación de incertidumbre respecto a los mismos ha de ser sometida, si ambas partes constatan la imposibilidad de despejar por otros medios tal situación de incertidumbre, a un arbitraje. 2º. La Inspección no debe tener facultades sancionadoras (...). 3º. El contribuyente ha de tener derecho a una solución arbitral y vinculante al menos en los cuatro supuestos siguientes: a) cuando se aplique una presunción (como modo de reducir el peso de la carga de la prueba); b) cuando se aplique un concepto jurídico indeterminado tal como el de valor de mercado (por ejemplo en los supuestos de precios de transferencia); c) en los supuestos de estimación indirecta; d) en los supuestos de aplicación de los arts. 24 y 25 de la Ley General Tributaria".[41]

A transação, *per se*, não extingue o crédito; é simples mecanismo de resolução de conflitos que se presta para pôr fim ao litígio, mediante composição das partes. Nos termos do acordo a que cheguem as partes, o processo será decidido. Com base na decisão, a autoridade responsável pelo lançamento emitirá novo ato administrativo, para que o contribuinte efetue o pagamento dentro do vencimento. O pagamento, sim, extinguirá o crédito; não a transação, pura e simplesmente.

38. *Curso* ..., 14ª ed., p. 362.
39. Idem, p. 379.

40. "Es posible el arbitraje tributario?", *Impuestos* I/383-384.
41. "Arbitraje sobre relaciones tributarias", in *Convención y Arbitraje en el Derecho Tributario*, p. 263.

Aplicando-se a transação no Brasil, não se daria, pois, qualquer espécie de "renúncia" de crédito tributário; ao contrário, serviria para reforçar o princípio da verdade material, como meio para se alcançar, conjuntamente, solução célere e econômica para controvérsia que poderia ocupar lustros em pendências administrativas ou judiciais.[42]

6. *Arbitragem como alternativa de resolução preventiva de conflitos em matéria tributária*

A exemplo do que foi dito acima a respeito da transação, não se encontra em artigo algum da Constituição qualquer impedimento para a adoção de soluções pactícias em matéria tributária, cabendo à lei decidir fazê-lo, nos termos e limites que julgar satisfatórios. E a Medida Provisória 71/2002, ao que nos parece, já o fez, ao criar a *Câmara de Conciliação Administrativa*, cujo procedimento de *conciliação administrativa*, destinado a *solucionar conflitos*, inclusive por *arbitramento*, pode ser praticado sem qualquer limitação material, do que se dessume que se poderia aplicar também em matéria tributária, quando os sujeitos forem *órgãos da Administração Federal direta e as entidades da Administração Federal indireta, bem como entre estas últimas*. Como essa restrição subjetiva se nos afigura como inconstitucional, tem-se que aceitar a existência inequívoca, no Direito Brasileiro, da arbitragem em matéria tributária.

Mister que se diga: esse procedimento estará limitado apenas aos tributos federais, a não ser que as pessoas políticas sejam habilitadas a adotar mecanismos de mediação, conciliação, transação ou arbitragem em matéria tributária, por força da norma geral (art. 146, III, "b", da CF), nos termos de lei complementar que disponha sobre matéria de obrigação e crédito tributários. Após isso, tais pessoas passariam a providenciar suas leis internas de procedimentos, demarcando os limites e campos de possibilidades, outorgando competências para as respectivas Administrações, para que estas providenciem os meios necessários à sua execução. Tudo, portanto, nos termos e limites da legalidade.

O procedimento de arbitragem que se poderia adotar teria que atender a todos os ditames de exigência de legalidade: a) como *norma geral* que deve ser introduzida, por lei complementar, para defini-lo como meio de extinção de obrigações tributárias e indicar seus pressupostos gerais, limites e condições (art. 146 da CF); b) *lei formal*, para regular o procedimento e a forma de escolha dos árbitros, bem como a composição do tribunal arbitral, os efeitos da decisão e do laudo arbitral, além de outros (art. 37 da CF); e c) *lei material*, dando os contornos dos conflitos que poderiam ser levados ao conhecimento e decisão do tribunal arbitral (art. 150 da CF). Vê-se a legalidade transpassando todo o procedimento, com reduzido campo de discricionariedade, o que já é empregado em matéria tributária, basta ver os arts. 153, 155-A, 172, 179 e 181 do CTN, ao tratar da concessão de moratória individual, parcelamentos, remissão, isenção ou anistia.

No Brasil a arbitragem está prevista desde a edição da Lei 9.307, de 23.9.1996, cujo art. 3º prescreve que as partes interes-

42. Para Rafael Bielsa: "En derecho fiscal la transacción es excepcional, pues ella implica la renuncia parcial de un derecho que se cuestiona y cuyo reconocimiento sería dudoso en contienda judicial. En el derecho civil ninguna cuestión se presenta, pues las partes pueden, en caso de litigio o duda, hacerse concesiones recíprocas, como dice el Código de la materia (art. 832). Pero los créditos fiscales se fundan en la ley y se determinan por un procedimiento administrativo dirigido precisamente a establecer su certeza y legitimidad. Además, la obligación fiscal es de orden público. Sin embargo, se admite la transacción en algunos casos en que se trata de penas fiscales aplicadas en virtud de una ley de interpretación cuestionada, o cuando la imputabilidad del contribuyente no aparece clara, y éste se dispone a su defensa judicial si no se modera la pretensión de la Administración Fiscal. La transacción debe ser bien fundada" (*Compendio de Derecho Público: Constitucional, Administrativo y Fiscal*, t. III, "Derecho Fiscal", Buenos Aires, Editorial Depalma, 1952, p. 90).

sadas podem submeter a solução de seus litígios ao *juízo arbitral mediante convenção de arbitragem*,[43] assim entendidos a cláusula compromissória e o compromisso arbitral, tomando como limites para sua adoção o que se contém no art. 1º da lei, de tal modo que *somente as pessoas capazes de contratar poderão valer-se da arbitragem para dirimir litígios relativos a direitos patrimoniais disponíveis*. O *compromisso arbitral* é a convenção através da qual as partes submetem um litígio à arbitragem de uma ou mais pessoas, podendo ser judicial ou extrajudicial (art. 9º). A *cláusula compromissória* é a convenção através da qual as partes em um contrato comprometem-se a submeter à arbitragem os litígios que possam vir a surgir relativamente a tal contrato (art. 4º), podendo, igualmente, as partes estabelecer, na própria cláusula ou em outro documento, a forma convencionada para a instituição da arbitragem (art. 5º). Quanto ao *procedimento* adotado, a arbitragem poderá ser de direito ou de eqüidade, a critério das partes (art. 2º), de modo que as partes podem escolher livremente as regras de Direito que serão aplicadas na arbitragem, desde que não haja violação aos bons costumes e à ordem pública. Poderão, também, as partes convencionar que a arbitragem se realize com base nos princípios gerais de Direito, nos usos e costumes e nas regras internacionais de comércio. As partes nomearão um ou mais *árbitros*, sempre em número ímpar, podendo nomear também os respectivos suplentes. Pode ser árbitro qualquer pessoa capaz e que tenha a confiança das partes (art. 13).

Esse resumo do programa normativo da Lei 9.307/1996, evidentemente, não se compagina com a exigibilidade de tributos, por diversos motivos, mas é um elemento importante para balizar os ajustes necessários para se alcançar um instrumento típico de arbitragem em matéria tributária, necessariamente autorizada por lei complemen-

43. A respeito das características da arbitragem no Direito Brasileiro, cf.: Álvaro Villaça Azevedo, "Arbitragem", *RT* 753/11-23, São Paulo, julho/1998; Antônio Junqueira de Azevedo, "A arbitragem e o direito do consumidor", *Revista de Direito do Consumidor* 23-24/33-40, São Paulo, julho-dezembro/1997, e *Revista da Faculdade de Direito da USP* 91/265-275, São Paulo, 1996; Carlos Alberto Carmona, "Arbitragem", *RF*, v. 96, n. 350, pp. 21-29, abril-junho/2000; Paulo Borba Casella, "Procedimentos da arbitragem: a nova lei brasileira, a praxe internacional e a integração no Mercosul", *Revista do TRF da 1ª Região* 9-1/129-148, Brasília, janeiro-março/1997; Adílson Abreu Dallari, "Arbitragem na concessão de serviço público", *RTDP* 13/5-10, São Paulo, Malheiros Editores, 1996; José Augusto Delgado, "Arbitragem: direito processual da cidadania", *Revista Jurídica* 49/5-18, n. 282, Porto Alegre, abril/2001; Júlia Raquel de Q. Dinamarco, "Arbitragem e Administração Pública", *Revista do Advogado* 51/46-59, São Paulo, outubro/1997; Vera Maria Jacob de Fradera, "Arbitragem: justiça privada de tipo liberal e adequada ao Pós-Modernismo", *Revista dos Juizados Especiais: Doutrina – jurisprudência* 18/21-23, Porto Alegre, dezembro/1996; João Bosco Lee, "Le nouveau régime de l'arbitrage au Brésil", *RePro* 24/197-217, n. 93, São Paulo, janeiro-março/1999; Pedro Antônio Batista Martins, "Anotações sobre a arbitragem no Brasil e o Projeto de Lei do Senado 78/1992", *RF* 91/127-166, n. 332, Rio de Janeiro, outubro-dezembro/1995; "Apontamentos sobre a arbitragem no Brasil", *Revista do Advogado* 51/36-45, São Paulo, outubro/1997; "A arbitragem e o art. 5º, inciso XXXV, da Constituição de 1988", *RDC* 20/110-118, n. 77, São Paulo, julho-setembro/1996; *Revista de Direito Renovar* 4/65-76, Rio de Janeiro, janeiro-abril/1996; "O Poder Judiciário e a arbitragem. Quatro anos da Lei 9.307/1996", *Revista de Direito Bancário, do Mercado de Capitais e da Arbitragem* 3-9/315-336, São Paulo, julho-setembro/2000, 1ª Parte; *Revista de Direito Bancário, do Mercado de Capitais e da Arbitragem* 3-10/323-347, São Paulo, outubro-dezembro/2000; Pedro A. Batista Martins, Selma M. Ferreira Lemes e Carlos Alberto Carmona, *Aspectos Fundamentais da Lei de Arbitragem*, Rio de Janeiro, Forense, 1999, 522 pp.; José Carlos Barbosa Moreira, "Novas perspectivas para a arbitragem", *ADV: Advocacia Dinâmica – Informativo* 16/637-636, n. 50, São Paulo, 1996; Roberto Rosas, "Arbitragem: importância do seu aperfeiçoamento. O papel do advogado", *Revista da Academia Brasileira de Letras Jurídicas* 12/207-210, n. 11, Rio de Janeiro, 1º semestre/1997; José Maria Othon Sidou, "A arbitragem no Direito Comparado e a Lei 9.307, de 1996", *Revista da Academia Brasileira de Letras Jurídicas* 10/99-122, n. 10, Rio de Janeiro, 2º semestre/1996; Caio Tácito, "Arbitragem nos litígios administrativos", *RDA* 210/111-115, Rio de Janeiro, outubro-dezembro/1997; Humberto Theodoro Júnior, "A arbitragem como meio de solução de controvérsias", *RF* 97/107-116, n. 353, Rio de Janeiro, janeiro-fevereiro/2001.

tar, nas funções de norma geral, nos termos do art. 146, III, da CF.

Mais próximo, contudo, do que se espera de um procedimento como o que se reclama acima, para o âmbito das relações tributárias, encontra-se a Medida Provisória 71, de 3.10.2002, no seu art. 2º, ao alterar o art. 8º-B da Lei 9.028, de 12.4.1995, sobre o exercício das atribuições institucionais da Advocacia-Geral da União, que assim prescreve:

"É instituída na Advocacia-Geral da União a Câmara de Conciliação Administrativa, destinada a solucionar conflitos, inclusive por arbitramento, entre os órgãos da Administração Federal direta e as entidades da Administração Federal indireta, bem como entre estas últimas.

"§ 1º. As recomendações da Câmara de Conciliação Administrativa serão submetidas ao Advogado-Geral da União para decisão.

"§ 2º. O Advogado-Geral da União, à vista das recomendações da Câmara de Conciliação Administrativa, poderá homologar a conciliação, decidir por arbitramento ou determinar a emissão de parecer jurídico para solver o conflito, submetendo-o ao Presidente da República (...).

"§ 3º. Para fins de arbitramento, o Advogado-Geral da União poderá acolher parecer emitido por membros da Câmara de Conciliação Administrativa ou pela Consultoria-Geral da União.

"§ 4º. A decisão que homologar a conciliação ou que decidir pelo arbitramento é de observância obrigatória às partes em conflito.

"§ 5º. O Advogado-Geral da União poderá delegar a homologação de conciliação ocorrida na Câmara de Conciliação Administrativa.

"§ 6º. Compete ao Advogado-Geral da União designar os membros efetivos e eventuais da Câmara de Conciliação Administrativa e disciplinar o seu funcionamento."

Acompanhando a leitura do mencionado artigo, percebe-se que foi instituído procedimento de *conciliação administrativa* destinado a *solucionar conflitos*, inclusive por *arbitramento*, sem qualquer limitação material, do que se dessume que se poderia aplicar também em matéria tributária quando os sujeitos forem *órgãos da Administração Federal direta e as entidades da Administração Federal indireta, bem como entre estas últimas*. A *Câmara de Conciliação Administrativa* terá competência, desse modo, para aplicar a transação ou a arbitragem (administrativa) para compor conflitos de interesses qualificados subjetivamente, mas não materialmente.

Sendo aplicável em matéria tributária, como não deixa a menor sombra de dúvidas, caso não se projete para uma universalização dos sujeitos envolvidos, isto é, todos os contribuintes, sejam estes particulares ou entidades da Administração direta e indireta dos Estados, Distrito Federal e Municípios, em face dos órgãos da União responsáveis por atos de arrecadação de tributos, a referida Medida Provisória 71/2002 será, inexoravelmente, inconstitucional, por colidir com os princípios da generalidade e da autonomia das pessoas do Federalismo, que conclama tratamento isonômico entre as unidades do Federalismo.

Sobre seus limites materiais, em matéria tributária, a arbitragem somente poderia ser adotada para hipóteses de litígios fundados em questões materiais. Simples dúvidas sobre a aplicação da legislação tributária restariam com âmbito próprio para serem resolvidas por consultas fiscais; do mesmo modo que assuntos vinculados a matérias típicas de julgamento sobre o direito material, constitucionalidade, controle de legalidade, aplicação de sanções pecuniárias, dentre outras, continuariam sujeitas a controle exclusivo dos órgãos do processo administrativo. Em nosso entender, todas as matérias próprias de inversão do ônus da prova, por presunções e similares, garantem um espaço de disponibilidade, relativamente aos direitos patrimoniais envolvidos. É o que se vê nos casos de incidências com bases presumidas, dependentes de arbitramento ou de qualquer outra espécie de critério indeterminado, como "preço de mercado", "valor venal", valor da terra nua", pautas de valores, definição de preços de transferência, definição de mercadorias, como a qualificação de produtos, numa tabela ordenada segundo a seletividade e essencialidade, custos e valor de bens intangíveis, hipóteses de cabimento de analogia e eqüidade etc.

A principal característica da arbitragem é a atribuição do dever de sujeição das partes à decisão do árbitro ou tribunal arbitral, a quem se submetem voluntariamente. Por isso, ao se ter como parte do litígio um órgão da Administração, a vontade desta há de ser externada por órgão competente, legalmente estabelecido, preferencialmente de composição coletiva, com representantes da Fazenda Pública, da Procuradoria e eventualmente do Ministério Público, agindo com procedimento próprio, de sorte a garantir plena legitimidade da decisão, pela composição dos valores persistentes na garantia dos princípios de legalidade, indisponibilidade do crédito tributário (patrimônio público), moralidade e eficiência administrativa e isonomia tributária.

Cumpre à doutrina dar precisão a esse tema, pois não se trata, o emprego da arbitragem, tal como no caso da transação, de qualquer modalidade de negócio jurídico contratual entre contribuinte e Poder Público, quanto aos elementos e conteúdos das relações jurídico-tributárias. Segue a Administração agindo sob atos pautados em estrita legalidade, condicionada, agora, por um direito prévio a contraditório, visando a alcançar um acordo com o contribuinte sobre qualquer matéria de fato controvertida. A indisponibilidade do crédito tributário decorrente do resultado do acordo restará incólume, com todos os instrumentos de garantias que a legislação predispõe para sua segurança.

Quanto aos efeitos, o "compromisso arbitral" geraria eficácia vinculante para a Administração, que ficaria obrigada ao quanto fosse acordado e decidido no laudo arbitral, para os fins de lançamento e cobrança do crédito tributário. Para o contribuinte teríamos como único efeito aquele de afastar o direito ao processo administrativo, ao assumir o compromisso de renunciar a qualquer espécie de recurso administrativo visando a discutir o conteúdo material da resolução alcançada. A Constituição, ao garantir o monopólio da jurisdição judicial, nos termos do art. 5º, XXXV, não admitiria que tal impedimento pudesse ir além dos limites administrativos. Nenhuma espécie de auto-executoriedade tampouco poderia ser reclamada pela Administração, objetivando superar a execução judicial de créditos tributários, na medida que a arbitragem não substitui nem os atos de lançamento, nem os de cobrança ordinária do crédito tributário. Isso não impede, outrossim, que a lei defina o "laudo arbitral" como espécie de título executivo extrajudicial, para os fins de execução fiscal dos créditos ali definidos e liquidados.

7. *Conciliação judicial de conflitos formalizados em matéria tributária*

Visto que a transação e a arbitragem estão permitidas no Direito Brasileiro, como medidas de solução de conflitos em matéria tributária, no âmbito de procedimentos tipicamente administrativos, resta saber se haveria espaço para uma possível inserção de procedimento conciliatório preventivo no corpo do processo judicial, com idêntica finalidade – qual seja, resolver definitivamente o litígio de modo célere, prático, eficaz e econômico.

Um alternativa que merece encômios, praticada atualmente no Direito Italiano como solução de controvérsia em matéria tributária, é a chamada "conciliação judicial" (Lei 656, de 30.11.1994; Decreto-lei 218, de 19.6.1997), à semelhança do que ocorre nos domínios de outras matérias, como a trabalhista ou de direito de família, que pode ser provocada no início de qualquer processo judicial, no âmbito de juízo singular, visando à composição da lide mediante acordo prévio, gerando efeitos vinculantes e definitivos para as partes, contribuinte e Administração, quando assim o confirme o recurso necessário. *Materialmente*, essa conciliação prévia não encontra qualquer restrição, podendo reportar-se a provas, matéria de fato ou de direito, bastando que se trate de tributos sobre os quais a *Comissione Tributaria* tenha domínio e o juiz seja competente para julgar; e *formalmente* constitui-se como instituto eminentemente processual, ao pressupor um processo judicial em curso. Seguindo uma espécie de "incidente processual", é oportunidade que a lei confere às partes para que ponham fim ao conflito, previamente ao procedimento judicial. Tanto a Administração como o contribuinte podem propor a conciliação, inclusive solicitando audiência própria para este fim. Alcançando bom êxito, a Administração expede um "decreto de extinção do processo", com eficácia provisória de 20 dias, dentro dos quais o contribuinte poderá efetuar o pagamento e, conseqüentemente, promover a extinção da dívida tributária. Outro efeito adicional é reduzir a um-terço o montante da sanção pecuniária eventualmente imposta ao contribuinte.

No Brasil esta realidade já existe, mesmo se limitada a um campo muito restrito. Veja-se o que ocorre atualmente na Justiça do Trabalho após a EC 20, de 15.12.1998. Diz o art. 114 da CF:

"Art. 114. Compete à Justiça do Trabalho conciliar e julgar os dissídios individuais e coletivos entre trabalhadores e empregadores, (...) e, na forma da lei, outras controvérsias decorrentes da relação de trabalho, bem como os litígios que tenham origem no cumprimento de suas próprias sentenças, inclusive coletivas.

"§ 1º. Frustrada a negociação coletiva, as partes poderão eleger árbitros.

"§ 2º. Recusando-se qualquer das partes à negociação ou à arbitragem, é facultado aos respectivos sindicatos ajuizar dissídio coletivo, podendo a Justiça do Trabalho estabelecer normas e condições, respeitadas as disposições convencionais e legais mínimas de proteção ao trabalho.

"§ 3º. Compete ainda à Justiça do Trabalho executar, de ofício, as contribuições sociais previstas no art. 195, I, 'a', e II, e seus acréscimos legais, decorrentes das sentenças que proferir."

Especialmente no que diz respeito à aplicação do § 3º, o lançamento e execução, de ofício, por parte da autoridade judicial, dos créditos devidos a título de contribuições previdenciárias decorrem do próprio regime de conciliação judicial promovida sobre as verbas salariais devidas, dentre outras, compondo a base de cálculo do critério quantitativo da norma de lançamento expedida. Vê-se, aqui, nítida presença de uma transação (sob a forma de conciliação) que se transfere do âmbito trabalhista para o domínio da matéria tributária, pois ao serem definidas, por conciliação, as verbas trabalhistas devidas, ao mesmo tempo, promove-se a liquidação da base de cálculo, para os fins de determinação do *quantum debeatur*, a título das contribuições.

Nada impede que se transponha para os demais processos existentes, em matéria tributária, essa rica experiência dos processos trabalhistas, aplicando-se critérios de transação para compor litígios em audiência própria para esse fim, alcançando, com isso, agilidade na percepção definitiva dos créditos tributários e evitando o desgaste de longos e morosos processos inúteis.

8. Considerações finais

Como ficou demonstrado, no Brasil existe um constante esforço do Sistema Tributário Nacional visando a alcançar condições razoáveis de simplificação fiscal. Contudo, muito ainda há para ser feito, em face da complexidade inconteste que o ordenamento apresenta, principalmente por força da organização política do tipo federalista de Estado.

Sobre a presença de medidas alternativas aos modos ordinários de prestação de tutela jurisdicional no ordenamento, como instrumentos de pacificação fiscal, fez-se ver que estas já foram acolhidas pelo nosso Direito, mesmo que de um modo ainda muito tênue e de forma um tanto programática. Urge, pois, que sejam alargados os procedimentos administrativos de transação e arbitragem, bem como de conciliação judicial, para todas as matérias que permitam solução da controvérsia por prova inequívoca.

Evitar contenciosos generalizados, desafogar a estrutura judicial, que atualmente só serve para garantir estatísticas de juízes, pela repetição do conteúdo das decisões, em tudo e por tudo idênticas, é dever de qualquer legislador comprometido com os valores democráticos e republicanos mais elevados, dando condições ao bom funcionamento das instituições e dos mecanismos de tributação.

CADERNOS DE DIREITO TRIBUTÁRIO

GLOBALIZACIÓN Y JUSTICIA TRIBUTARIA[1]

JOSÉ OSVALDO CASÁS
Facultad de Derecho de la Universidad de Buenos Aires/Argentina

1. Bosquejo aproximado del concepto de "globalización". 2. Diversos aspectos que pueden ser motivo de tratamiento en este breve ensayo. 3. Los principios jurídicos y la Justicia: 3.1 Los principios jurídico-constitucionales con proyección o contenido tributario – 3.2 Los principios jurídico-constitucionales relativos a la justicia tributaria: 3.2.1 Igualdad – 3.2.2 Generalidad – 3.2.3 Capacidad contributiva – 3.2.4 Progresividad. 4. Derechos humanos y tributación: 4.1 Los tratados internacionales: la doctrina de la Corte Suprema de Justicia de la Nación sobre su rango en el ordenamiento jurídico – 4.2 La Reforma de 1994 y la constitucionalización de tratados internacionales sobre derechos humanos – 4.3 La doctrina tributaria sobre derechos humanos y tributación. 5. El acceso a la Justicia respecto de actos de contenido tributario: 5.1 Del derecho constitucional de defensa a la tutela judicial efectiva – 5.2 La regla del "solve et repete" y su vigencia en el Derecho Argentino – 5.3 La doctrina tributaria sobre tutela judicial efectiva. 6. Internacionalización de los fenómenos tributarios y desarrollo incipiente de nuevos principios jurídicos que propenden a tutelar la justicia tributaria en tal ámbito. 7. Breves conclusiones.

1. Bosquejo aproximado del concepto de "globalización"

La *globalización*, o *mundialización*, según la denominan los franceses, constituye un fenómeno que si bien ha adquirido características nítidamente ostensibles en nuestro tiempo, reconoce lejanos antecedentes incluso anteriores a la Modernidad.

Al respecto, un autor chileno, Ismael Llona, hace referencia a un viejo texto de 1596, donde se dejó escrito: "A fines de este siglo XVI, no más de cuatro compañías transoceánicas (...) manejaremos la industria de las comunicaciones (...). El mundo hablará en tres o cuatro idiomas, y América prácticamente en uno (...). El mercado dominará el mundo (...). La economía del Planeta se ha abierto, internacionalizado y globalizado (...). La economía se ha integrado. Las comunicaciones, globalizado. El pensamiento, uniformado. La Religión, monoteizado (...)".[2]

1. Exposição apresentada ao *Instituto Latinoamericano de Derecho Tributario*, nas *XXI Jornadas Latinoamericanas*, Seminário 4, Genova, 2002.

2. Luis Eugenio Di Marco, *Hacia un Mundo Único*, punto I, "Sobre Globalización", ensayo incorporado a la página *web*: *http://ar.geocities.com/ediciones2001/Ensayos/Varios/dmarconorsur.htm*, donde se citan al autor y a la referencia transcripta en el texto.

Así entonces, en distintas secuencias históricas, los descubrimientos y los avances tecnológicos del transporte marítimo, como del ferrocarril, el desarrollo de las carreteras, y más recientemente el tráfico aéreo de cargas y personas junto con la expansión de los medios y redes de comunicación, permitieron referirse, antes de ahora, al fenómeno de la *mundialización*.

Hoy, la proyección y alcance de dicho fenómeno son una incontrastable realidad en terrenos tan diversos como: el ideológico; el relativo al monopolio del liderazgo político e incluso militar; el de la influencia cultural, mediante las ideas transmitidas a través de libros, revistas, semanarios y periódicos, cuyo acceso se ha democratizado, como de otras expresiones artísticas, facilitadas y difundidas por las transmisiones de radio y televisión, el cine y las comunicaciones en general, realizadas, en esta fase tecnológica, por satélite o vía Internet; el conocimiento recíproco de las distintas lenguas de pueblos y regiones; las competiciones deportivas internacionales; el intercambio económico comercial, la *transnacionalización* de las empresas y de los capitales, todo ello mediante la colocación de inversiones, sucursales y filiales; la aparición de organismos internacionales en los más diversos campos; la *universalización* de ciertas formas e instituciones jurídicas características del *Estado Constitucional, Social y Democrático de Derecho*;[3] el surgimiento de *nuevos espacios comunitarios* económicos y políticos dentro del fenómeno de la *integración*, como los que nos ofrecen la Unión Europea o el Mercado Común del Sur; y, finalmente, el debilitamiento del Estado-Nación, donde se diluye la noción de *soberanía* confrontada con las nuevas realidades *supranacionales* que se expresan en la *gran aldea globalizada*.

Lo antedicho explica el porqué los medios de comunicación masiva, particularmente en las últimas dos décadas, estimulados por el debate de ideólogos, estadistas, políticos y científicos sociales (economistas, juristas, sociólogos, educadores etc.), han instalado en las más diversas latitudes interrogantes sobre la *globalización*, tales como: ¿Es beneficiosa o negativa? Y, en ambos supuestos, ¿para quiénes? ¿Es inexorable e irresistible? Y, en su caso, ¿puede ser revertida? Y, finalmente, en lo estrictamente económico, y por ende en lo fiscal, un ámbito mundial de intercambios generalizados entre Naciones y Bloques, en esencia desiguales, en que los países de América Latina representan el término débil de la relación ¿impide, como ha ocurrido hasta ahora, o facilita alcanzar a esta parte del mundo una inserción satisfactoria en el Planeta? Y a su vez ¿cristaliza inexorablemente, o permitirá corregir, la actual situación de subdesarrollo y dependencia que la afecta?

En nuestro concepto, la *globalización* está definitivamente instalada entre nosotros con un alcance mucho más amplio que el que pudo tener en el pasado la *internacionalización*, o la *mundialización* y, aceptan-

3. Para explicar el fenómeno del *Estado Constitucional, Social y Democrático de Derecho* baste referir la siguiente secuencia. Las Revoluciones Inglesa de 1688, Norteamericana de 1776 y Francesa de 1789 abrieron el camino al *Constitucionalismo*, que pasaría de lo ideológico a lo institucional al plasmarse en las Constituciones de Estados Unidos de América de 1787 y de Francia de 1791 y de 1793, las primeras en sentido estricto. Su difusión, transitoriamente demorada por la temporaria restauración monárquica absolutista, se expresó en su versión liberal decimonónica. El *Estado de Derecho*, como resultara concebido inicialmente por los juristas alemanes – Mohl, Stahl, Gneist, Bähr y Jellinek –, fue instrumento de contención de la autoridad, resaltando el principio de que el Derecho obliga y sujeta tanto a gobernantes como a gobernados. El rasgo *democrático* se consolidó recién en el siglo XX, al imponerse el sufragio universal masculino y, por supuesto, también el femenino. Por último, el compromiso del Constitucionalismo con la *cuestión social* fue la resultante del repliegue del orden económico liberal frente a la aparición de las formulaciones socialistas y, primordialmente en nuestros países, de la Doctrina Social Católica, tal cual se plasmó en la Constitución Irlandesa de 1937 – influida por la filosofía cristiana, determinante del carácter de dicho pueblo, desde hace más de 1000 años –, para convertirse, luego de la última Guerra Mundial, en nota común de los Estatutos Supremos de las diversas Naciones de Europa Occidental y de América.

do que las definiciones a las que se adscriba reconocerán un fuerte contenido ideológico-político, es saludable asumir que la misma ha llegado para quedarse y alcanzar plenitud a través de la intensificación creciente de las manifestaciones que la caracterizan. Lo que se impone, en países como los nuestros, para convertir las debilidades en fortaleza, es responder a la *globalización* con *integración regional*, demandando enérgicamente la *apertura* de los mercados foráneos a nuestros productos – particularmente en los países centrales –, para franquear, sólo bajo tal condición y sin ingenuidades, nuestras aduanas, eliminando trabas proteccionistas –excepción hecha de las imperiosamente necesarias para preservar los vitales intereses de esta parte de América – y, así, intensificar el comercio con el Mundo. A su vez, y en lo que particularmente nos incumbe, es del caso aprovechar la ocasión, por vía del Derecho, para dar respuesta no solamente a los desafíos de la hora, sino para capitalizar experiencias probadas doquier de las fronteras, de modo particular en el campo tributario, reafirmando principios y normas de valía y remozando otros que se han convertido en un verdadero obstáculo para acrecentar la seguridad jurídica, la igualdad, la generalidad, la equidad tributaria y la preeminencia del Derecho por encima de la caprichosa discrecionalidad de la Administración.

2. *Diversos aspectos que pueden ser motivo de tratamiento en este breve ensayo*

Seguidamente nos ocuparemos de los *principios jurídicos comunes* a las más diversas Naciones, entre las que, obviamente, se encuentran las que conforman el Instituto Latinoamericano de Derecho Tributario, y que tienen proyección sobre el ejercicio de la potestad normativa y aplicativa de los gravámenes, conformando los cauces naturales y los límites explícitos e implícitos dentro de los cuales deben transitar tales prerrogativas; principios que, a menudo, gozan de rango constitucional. También abordaremos el nexo esencial que hoy adquieren los derechos humanos – receptados en diversos tratados internacionales – como medio de tutelar la dignidad del Hombre y materializar, incluso, la *equidad* de la contribución común que debe satisfacerse para el sostenimiento de la comunidad a la cual pertenecen, o en donde despliegan su actividad económica, los obligados tributarios. Por su parte, pasaremos revista al derecho constitucional de defensa, convertido hoy en tutela judicial efectiva, como modo de posibilitar, de ser menester, la revisión por la *Justicia* de los actos que en el proceso de verificación y recaudación emita el Fisco. Asimismo, enunciaremos los nuevos principios jurídicos elaborados atendiendo a la *internacionalización* de los hechos y situaciones aprehendidos por la potestad tributaria de los diversos Estados Lo hasta aquí reseñado será objeto de tratamiento en el marco conceptual general que plantea la *globalización*, con los interrogantes que suscita y las respuestas que ya pueden intentarse.

3. *Los principios jurídicos y la Justicia*

Los principios en su conjunto, o el elemento nuclear de éstos – o sea, *los principios generales del Derecho* –, han merecido un rechazo decidido por las más calificadas figuras de la *concepción jurídica analítica* – que nace, en el siglo XIX, de la mano del pensador inglés John Austin (1790-1859), el que expresara las bases de su teoría en las conferencias dictadas en el Colegio Universitario de Londres en 1828-1832[4] y en el *Inner Temple* (1834).

Según las figuras más representativas del *Positivismo Jurídico*, que marcaron con su impronta los estudios del Derecho durante el siglo XX – entre los que se destacan el fundador de la Escuela de Viena, Hans

4. Alf Ross, *Sobre el Derecho y la Justicia*, trad. al Español de Genaro R. Carrió, Buenos Aires, Eudeba, 1963, Capítulo I, "Problemas de Filosofía del Derecho", Parágrafo I, "Terminología y Tradición", pp. 1 y ss.

Kelsen (1881-1973), que divulgara sus ideas, principalmente, a través de su más clásica obra, la *Teoría Pura del Derecho*,[5] o el profesor de la Universidad de Oxford, Herbert L. A. Hart (1907-1992), que hiciera otro tanto, a partir de su libro *El Concepto de Derecho*[6] –, resulta imprescindible, desde el punto de vista metodológico, concebir al *Derecho* como un *sistema de reglas positivas* efectivamente vigentes, sin atender, para preservar su *pureza*, a valores éticos o a consideraciones políticas; bastando, para admitir la validez de tales reglas, que éstas satisfagan los criterios establecidos en una regla suprema, o *regla de reconocimiento*, aceptada por la comunidad.

En un enfoque estrictamente *positivista* resulta difícil reconocer la existencia de principios o admitir la diversidad de fuentes de *normas* y *principios*. Es que, conforme a esta escuela: 1) todo Derecho es positivo – es decir, creado y abrogado por medio de actos humanos; 2) se asume una actitud de escepticismo ético o concepción no cognoscitiva de valores; y 3) se efectúa una tajante separación entre la descripción y la valoración, entre la Ciencia del Derecho y la política jurídica, entre el conocimiento y la creación del Derecho.[7]

Así entonces, para esta última concepción – *teoría jurídica dominante* durante varias décadas del siglo XX – el Derecho debe ser entendido como un *sistema de reglas* (*sistem of rules*), carente de principios, al menos en su significación *iusnaturalista*, aunque de ello se derive un palmario empobrecimiento del ordenamiento jurídico y, consiguientemente, se afecte su concreta realización. Nada que no sea una *regla* puede integrar el orden jurídico de una comunidad y, por ende, los principios jurídicos quedan al margen de tal sistema.

Las críticas más acentuadas a las escuelas positivistas en este punto, y al *modelo de reglas* en particular, provinieron del profesor de la Universidad de Oxford desde fines de los años 60, Ronald Dworkin (nacido en Estados Unidos en 1931) – sucesor en la cátedra de Herbert L. A. Hart –, cuyas ideas centrales sobre este tema pueden ser compulsadas en su obra *Los Derechos en Serio*.[8] Para este pensador el Derecho está conformado tanto por *reglas* como por *principios* y directrices políticas,[9] si bien estos últimos *standards* no exigen un comportamiento específico sino una meta a alcanzar, comprometida con la justicia, la equidad u otra dimensión de la moral positiva. Por lo demás, los principios enuncian una razón para resolver en determinado sentido, sin obligar a una decisión en particular; cada uno de ellos tiene una gravitación específica que pesará en el supuesto de que varios principios, total o parcialmente contrapuestos, deban conjugarse en un caso concreto; y, a su vez, también como las reglas, tienen aptitud para conferir derechos y crear obligaciones.[10]

5. Trad. al Español de Roberto J. Vernengo, México, Universidad Autónoma de México, 1979.

6. Trad. al Español de Genaro R. Carrió, Buenos Aires, Abeledo-Perrot, 1963.

7. Rodolfo L. Vigo, "Una teoría 'fuerte' entre normas y principios jurídicos", en obra en colaboración con Javier Delgado Barrio, titulada *Sobre los Principios Jurídicos*, Buenos Aires, Abeledo-Perrot, 1998, pp. 89 y ss., en particular Parágrafo 6, "Algunas Implicancias de una Teoría Fuerte de los Principios", Subparágrafo 6.1, "Anti-Iuspositivismo", pp. 127 y ss., en particular pp. 127-128.

8. 2ª ed. traducida al Español, Barcelona, Ariel, 1989. La obra contiene un ensayo sobre Dworkin por Albert Calsamiglia.

9. Las *directrices políticas* son una traducción del Inglés *policies* (plural de *policy*, plan o curso de acción dirigido al logro de un objetivo social, económico, cultural etc., y puesto en práctica por un gobierno).

10. Ronald Dworkin da un buen ejemplo de cómo operan máximas generales y principios por sobre las normas en la labor judicial. Así relata que: "En 1889 un Tribunal de Nueva York tuvo que decidir, en el famoso caso 'Riggs *vs*. Palmer' (NY 506, NE 188), si un heredero designado en el testamento de su abuelo podía heredar en virtud de ese testamento aunque para hacerlo hubiera asesinado al abuelo. El razonamiento del Tribunal empezaba por advertir que: 'es bien cierto que las leyes que regulan la preparación, prueba y efecto de los testamentos, y la entrega de la propiedad al heredero, si se interpretan literalmente, y si su fuerza y efecto no pueden en modo alguno ni en ninguna circunstancia ser verificados ni modificados, conceden esta propiedad

Para el pensador alemán Robert Alexy la diferenciación entre *reglas* y *principios* resulta fundamental, desde que, en su concepto, no es posible desarrollar una dogmática adecuada de los *derechos fundamentales* sin una *teoría de los principios*. Este autor introduce como criterio clasificatorio entre unos y otros las que se dan en denominar *teorías fuertes* y *teorías débiles*. Para él tanto las *reglas* como los *principios* son normas,[11] porque ambos dicen lo que debe ser, por lo cual la cuestión se plantea como una distinción entre dos tipos de normas. Agrega, finalmente, que el punto decisivo a los fines indicados es que los *principios* son normas que ordenan que algo sea realizado en la mayor medida posible, dentro de las mayores posibilidades jurídicas y reales existentes, actuando como *mandatos de optimización*. También señala que los principios tienen *forma jurídica* pero *contenido moral*, con lo cual en el plano axiológico las relaciones de prioridad entre los principios se correlacionan con el problema de la jerarquía de los valores.[12]

Con matizaciones terminológicas, para el profesor John Finnis, que responde a anclajes filosóficos de esencia *iusnaturalista*, los *principios del Derecho* y/o *principios en sentido estricto*, y/o *principios fuertes*, son llamados *valores básicos*, o *formas básicas del bien*, o *bienes humanos básicos*, reconociéndoles el carácter de incuestionables y autoevidentes.[13] Además, para este autor todos los hombres van estableciendo su propia jerarquía entre estos bienes, atendiendo a "las exigencias básicas de la razonabilidad práctica", a tenor de los dictados que expresa "el método de la ley natural".[14]

De todos modos, autores como Genaro Carrió, tomando como punto de partida el pensamiento de Herbert L. A. Hart, mediante una especial interpretación de sus ideas, llegaron a la conclusión de que la *regla de reconocimiento* puede dar cabida en el ordenamiento jurídico a *principios del derecho positivo*, por lo menos en dos acepciones que se han asignado al concepto "principios", en razón de que los *standards* en los que se expresan también son reglas en sentido amplio. En esta situación se encuentran lo que da en llamar *principios I*, refiriendo allí a pautas de segundo nivel, localizadas por encima de las *reglas*, y que se dirigen, primordialmente, a los jueces, habilitándolos a ajustar, ampliar, restringir etc.

al asesino'. Pero el Tribunal continuaba señalando que 'todas las leyes, lo mismo que todos los contratos, pueden ser controladas en su operación y efecto por máximas generales y fundamentales del derecho consuetudinario. A nadie se le permitirá aprovecharse de su propio fraude o sacar partido de su propia injusticia, o fundar demanda alguna sobre su propia iniquidad o adquirir propiedad por su propio crimen'. El asesino no recibió su herencia" (cf. *Los Derechos en Serio*, 2ª ed., Capítulo 2, Parágrafo 3, "Normas, Principios y Directrices Políticas", pp. 72 y ss., en particular p. 73).

11. Por su parte, Rodolfo L. Vigo ha preferido llamar al género "regla" y a las especies "normas" y "principios" (cf. "Una teoría 'fuerte' ...", en obra en colaboración con Javier Delgado Barrio, *Sobre los Principios Jurídicos*, Parágrafo 6, Subparágrafo 6.1, pp. 127-128).

12. Robert Alexy, *Teoría de los Derechos Fundamentales*, trad. al Español de Ernesto Garzón Valdés, Madrid, Centro de Estudios Constitucionales, 1993, Capítulo Tercero, "La Estructura de las Normas de Derecho Fundamental", Parágrafo I, "Reglas y Principios", Subparágrafo 1, "Criterios Tradicionales para la Distinción entre Reglas y Principios", y Subparágrafo 2, "Los Principios como Mandato de Optimización", pp. 81 y ss.; y Parágrafo III, "La Teoría de los Principios y la Teoría de los Valores", pp. 138 y ss.

13. *Ley Natural y Derechos Naturales*, trad. al Español por Cristóbal Orengo S., Buenos Aires, Abeledo-Perrot, 2000, Segunda Parte, Capítulo IV, "Los Otros Valores Básicos", Parágrafo IV.2, "Las Formas Básicas del Bien Humano: una Reflexión Práctica", pp. 117 y ss.

14. John Finnis, *Ley Natural* ..., Segunda Parte, Capítulo V, "Las Exigencias Básicas de la Razonabilidad Práctica", Parágrafos V.1-V.10, pp. 131 y ss. Señala Finnis que los hombres para establecer su propia jerarquía entre los bienes tomarán en cuenta las siguientes razones: 1) "Un plan de vida coherente"; 2) "Ninguna preferencia arbitraria entre los valores"; 3) "Ninguna preferencia arbitraria entre las personas"; 4) "Desprendimiento y compromiso"; 5) "La relevancia (limitada) de las consecuencias: eficiencia, dentro de lo razonable"; 6) "Respeto por todo valor básico en todo acto"; 7) "Las exigencias del bien común"; 8) "Seguir la propia conciencia"; y 9) "El producto de estas exigencias: la Moral".

éstas últimas, y que exhiben un cierto grado de neutralidad tópica o indiferencia de contenido. Otro tanto ocurre con las que designa como *principios II*, consistentes en las metas u objetivos, *policies*, exigencias de justicia, de equidad y de moral positiva. Todo ello siempre y cuando, en uno y otro caso, en cuanto *standard*, satisfagan los requisitos de la regla de reconocimiento. Así entonces, a tenor de esta concepción, quedarán al margen del derecho positivo los restantes *principios jurídicos* – fundamentalmente los que se han denominado *principios jurídicos fuertes* – en tanto no hayan alcanzado recepción normativa, si lo que se pretende es referirlos a aquél, por no ser parte integrante del mismo.[15]

Los principios generales del Derecho han generado disputas, en los más de los casos irreconciliables, cuanto menos respecto de los *principios jurídicos fuertes*, entre *iusnaturalistas* – para quienes los mismos conforman una categoría jurídica anterior a las normas positivas, las cuales deben reflejarlos necesariamente en su contenido – y los *iuspositivistas* – para los cuales no tienen entidad concluyente, más allá de su existencia extra normativa. De todos modos, *ciertos principios*, para unos y otros, tienen virtualidad indiscutida para actuar como fundamento del ordenamiento jurídico, ser criterio interpretativo u orientador de las normas, y ser fuente supletoria ante la insuficiencia de la ley.

Según la concepción a la que adscribimos, algunos de los *principios jurídicos de la tributación*, que más adelante consideraremos, se exhiben como premisas o puntos de partida para el razonamiento, en tanto axiomas que constituyen verdades éticas incuestionables, más allá de las modalidades con que se expresen a resultas de la historicidad y se encuentran, por tanto, decididamente involucrados en toda búsqueda que se intente de la *justicia tributaria*.

3.1 Los principios jurídico-constitucionales con proyección o contenido tributario

A su vez, en el *Estado Constitucional, Social y Democrático de Derecho* la inserción de los *principios generales del Derecho* en la atalaya del ordenamiento jurídico es una constante que se comprueba en sus contenidos, al menos en aquellos Estatutos Fundamentales que se ajustan al *modelo racional normativo*,[16] esto es, donde la Constitución viene conformada por un conjunto de normas fundamentales escritas, agrupadas en un cuerpo codificado, que propende a la planificación racional de la comunidad y del Estado[17] y que, además, establece procedimientos diferenciados y especiales para su reforma, al distinguir el modo de actuación de los *poderes constituidos* y del *poder constituyente*.

Así, cobra relevancia, como lo señalara con justeza el maestro uruguayo Ramón Valdés Costa en el "Prefacio" de su más celebre obra – *Instituciones de Derecho Tributario*[18] –, la afirmación de que es menester dar un tratamiento unitario a los *principios fundamentales* consagrados en las Constituciones de los *Estados de Derecho* que, desde tal cúspide, se proyectan tanto sobre el derecho tributario como sobre las restantes ramas del ordenamiento normativo, ya que son comunes a los más variados campos jurídicos, adquiriendo particu-

15. Genaro R. Carrió, *Notas sobre Derecho y Lenguaje*, 4ª ed., Buenos Aires, Abeledo-Perrot, 1994, Sección IV, "Principios Jurídicos y Positivismo Jurídico", Capítulo VIII, "Un Modelo de Reglas Específicas, *Standards* y Principios", pp. 225 y ss.

16. Manuel García Pelayo, *Derecho Constitucional Comparado*, 8ª ed., Madrid, Manuales de la Revista de Occidente, 1967, Parte Primera, "Teoría de la Constitución y del Derecho Constitucional", Capítulo II, "Tipología de los Conceptos de Constitución", Parágrafo I, "Concepto Racional Normativo", pp. 34 y ss.

17. Germán J. Bidart Campos, *Tratado Elemental de Derecho Constitucional Argentino*, Buenos Aires, Ediar, 1988, t. I, "El Derecho Constitucional de la Libertad", Capítulo II, "La Tipología de la Constitución", Parágrafo I, "Los Tipos y la Clasificación de las Constituciones", Subparágrafo "Los Tres Tipos Puros", pp. 51 y ss.

18. Buenos Aires, Depalma, 1992, pp. IX y ss.

lar significado en dicho sector en virtud de que, en este caso, el Estado asume la triple condición de instituyente de la obligación, de acreedor de ella y de juez encargado de dirimir los conflictos que se presenten.

Agrega el mismo autor que tales principios jurídicos fundamentales son comunes a todos los países democráticos – salvo contadas excepciones, como la Constitución de Hawai, que sería la única que no contiene normas explícitas en materia fiscal[19] –, y están enunciados en forma más o menos explícita en las más diversas Constituciones, más allá de que tal comunidad de principios no signifique identidad.[20] Al mismo tiempo, la valorización jurídica de los principios ha impulsado una clara tendencia a la constitucionalización como medio de asegurar su efectiva vigencia, evitando reformas apresuradas con un sesgo exclusivamente fiscalista.[21] En tal sentido, las VI Jornadas Latinoamericanas de Derecho Tributario, celebradas en Punta del Este/Uruguay en 1970, con motivo del tratamiento del tema 1, "Modelo de Código Tributario para América Latina", expresaron, por unanimidad: "(...). Las soluciones contenidas en el Modelo recogen la doctrina latinoamericana del derecho tributario elaborada a lo largo de las Jornadas de nuestro Instituto y que puede resumirse en una amplia consagración de los principios de legalidad, tutela jurisdiccional e igualdad jurídica de los sujetos de la relación tributaria"; recomendando asimismo: "Que los principios fundamentales del derecho tributario se consagren en el orden jurídico con una jerarquía superior a la de la ley ordinaria, de acuerdo con el sistema constitucional de cada país, a fin de asegurar su debida permanencia".[22]

Con referencia a la existencia de principios *comunes*, resulta imprescindible pasar revista a la obra del profesor emérito de la Universidad de Génova Victor Uckmar.[23] Aquí, el aludido jurista, siguiendo a calificada doctrina, señala que se entiende por "principios comunes" a aquellos "principios de idéntico contenido difundidos en más de un ordenamiento estatal o en la mayor parte de los mismos", haciendo referencia al fenómeno de la *trasmigración* y *difusión* del Derecho,[24] y por sobre todo a su *contagiosidad*, que permiten comprobar que en diversos ordenamientos jurídicos se encuentran normas constitucionales tributarias de análogo contenido.

A su vez, el catedrático de la Universidad de Salamanca Eusebio González García, en conceptos vertidos en la conferencia que pronunciara con motivo de su incorporación como miembro honorario extranjero de la Asociación Argentina de Estudios Fiscales, refiriéndose a la diferencia entre *principios constitucionales tributarios* y *principios tributarios constitucionalizados*, enfatizó: "Principios constitucionales tributarios: son aquellos principios de todo el ordenamiento jurídico público que son también de aplicación al ámbito tributario. Los de legalidad, igualdad, seguridad jurídica, son principios del ordenamiento jurídico público también aplicables al ámbito tributario, por eso son principios constitucionales; lo sustantivo es lo constitucional; lo

19. Victor Uckmar, *Principios Comunes del Derecho Constitucional Tributario*, trad. al Español por Antonio Ziino Colanino, Bogotá, Temis, 2002, Sección "Introducción", pp. 1 y ss., en particular p. 1. La obra ha incorporado un ensayo del cual somos autores, sobre "Cómo se han manifestado los principios comunes del derecho constitucional tributario en la República Argentina", pp. 133 y ss.

20. Ramón Valdés Costa, *Instituciones ...*, Capítulo III, "Ordenamiento Constitucional de la Tributación", Parágrafo 19, "Diferencias de Sistemas y de Soluciones", Subparágrafo 19.1, "Generalidad del Fenómeno", pp. 107 y ss.

21. Ramón Valdés Costa, *Instituciones ...*, Capítulo III, Parágrafo 20, "Jerarquización Jurídica de los Principios", Subparágrafo 20.4, "Fundamento de la Constitucionalización", p. 120.

22. Instituto Latinoamericano de Derecho Tributario, *Estatutos – Resoluciones de las Jornadas*, Montevideo, Fundación de Cultura Universitaria, 1993, p. 42.

23. *Principios Comunes ...* .

24. Emerico Amari, *Crítica di una Scienza della Legislazione Comparata*, Génova, 1857, ob. cit. por Victor Uckmar, *Principios Comunes ...*, p. 2.

adjetivo lo tributario. No sucede así con otros principios, que son principios tributarios constitucionalizados: por ejemplo el principio de capacidad contributiva. Es un principio tributario que está constitucionalizado. No es lo mismo principios constitucionales tributarios que principios tributarios constitucionalizados. En un caso se pone el acento en lo sustantivo, en otro caso se pone acento en lo adjetivo (...)".[25]

Es del caso reflexionar, en este aspecto, que las palabras del catedrático español marcan – más allá del distingo ordenador de los principios de que se vale y de dónde se ponga el acento – que en todos los casos lo sustantivo es lo constitucional, ya que, en la medida en que estén delimitadas las competencias de los poderes constituidos respecto de la propia del poder constituyente en un Estatuto Supremo escrito y rígido, la situación de particular preeminencia de las normas constitucionales, por el principio de supremacía, resalta tal rasgo sobre todo otro, a lo que debe sumarse la universalidad que cabe predicar, como regla, de los preceptos constitucionales, en tanto proyectan sus consecuencias sobre todas y cada una de las ramas del ordenamiento jurídico, incluida la tributaria.

Valiéndonos como ejemplo del ordenamiento jurídico de la República Argentina, cobran relevancia en él los preceptos contenidos en los 43 artículos ubicados en la Primera Parte de la Constitución, divididos en dos capítulos: el primero de "Declaraciones, Derechos y Garantías" y el segundo de "Nuevos Derechos y Garantías", que vienen a enunciar la forma de Estado y de gobierno adoptada por la Nación; definir y reglamentar los derechos individuales; y, finalmente, aportar precisiones ligadas con los antecedentes históricos de la Federación. Este verdadero *bill of rights* conforma lo que el académico Germán J. Bidart Campos ha dado en denominar "Derecho Constitucional de la Libertad",[26] el que se nutre, incluso, con algunas disposiciones concordantes que se ubican en la Segunda Parte, "Autoridades de la Nación", entre las cuales se destacan, a partir de la Reforma Constitucional de 1994, las incorporadas – quizás metodológicamente de forma asistemática – en el "Derecho Constitucional del Poder", dentro de las atribuciones del Congreso – art. 75, inciso 22 –, de 10 declaraciones, convenciones y pactos internacionales sobre derechos humanos.

Es que, asumida la imperiosa necesidad de recaudar tributos – ya que sin tales recursos no podría subsistir el Estado como sociedad política organizada –, ello no debe conducir a olvidar el interés particular – e incluso público – de establecer límites a la potestad estatal de instituirlos, ya que los contribuyentes, en nuestras Repúblicas o en los Estados Constitucionales, Sociales y Democráticos de Derecho, han dejado de ser súbditos para convertirse en ciudadanos.

En tales condiciones los derechos y garantías reconocidos a los habitantes de la Nación por la Ley Fundamental, en punto a la denominada *libertad civil*, vienen a representar en materia tributaria, los cauces que no pueden ser desbordados – o, si se quiere, los límites concretos que se convierten en un valladar infranqueable al ejercicio irrazonable del poder fiscal, ello así dado que los derechos constitucionales son plenamente operativos y están garantizados por los tribunales judiciales, los cuales, a requerimiento de parte interesada, deben declarar la inconstitucionalidad de toda norma que los desconozca o los vacíe, dejándolos huecos de contenido.

Concebidos tales derechos y garantías constitucionales como sistema – incluso los derechos implícitos que surgen del art. 33 de nuestra Carta Magna[27] y los provenien-

25. *Serie de Conferencias sobre Derecho Tributario*, Buenos Aires, Asociación Argentina de Estudios Fiscales, 1994, en particular la conferencia pronunciada el 18.8.1994, pp. 9 y ss., en especial p. 9.

26. *Tratado Elemental* ..., t. I, "El Derecho Constitucional de la Libertad", y t. II, "El Derecho Constitucional del Poder".

27. Tal precepto de la Constitución de la Nación Argentina dispone: "Art. 33. Las declaraciones, derechos y garantías que enumera la Constitu-

tes de los tratados internacionales sobre derechos humanos elevados a tal rango jurídico –, conforman un conjunto de principios y reglas que, en armónica amalgama, deben ser sistematizados como objeto unitario de estudio y tratamiento, ya que todos propenden a la referida *libertad fiscal*, entendida ésta como la facultad de rechazar cualquier pretensión pecuniaria del Estado a título de tributo que no satisfaga los requisitos y exigencias que dimanan del Estatuto Fundamental y que convertirían al pago que se reclame, en tales circunstancias, en exacción y despojo; conglomerado de *principios* y *reglas* que, ya en 1953, el profesor Juan Carlos Luqui definiera, lúcidamente, como el *Estatuto del Contribuyente*.[28]

En un trabajo realizado en homenaje al profesor Ramón Valdés Costa[29] consignamos, a modo de simple puntualización, los principios, derechos y garantías constitucionales con proyección en lo tributario, así como aquellos otros principios tributarios constitucionalizados que condicionaban y restringían la acción de la potestad tributaria normativa de todos los planos de gobierno en la República Argentina. Incluimos en la enunciación:

a) *restricciones a los poderes tributarios federal y locales* – 1) legalidad formal-material o reserva de ley tributaria; 2) indelegabilidad legislativa de las atribuciones del Congreso en el Poder Ejecutivo; 3) irretroactividad tributaria; 4) no-confiscatoriedad; 5) igualdad ante la ley y como base del impuesto y de las cargas públicas; 6) generalidad; 7) proporcionalidad; 8) equidad; 9) derecho de trabajar, comerciar y ejercer toda industria lícita; 10) derecho personal de entrar, permanecer y salir del territorio argentino y a la libre circulación territorial interior de los bienes; 11) prohibición de instituir contribuciones forzosas extraordinarias a los extranjeros en razón de su nacionalidad; 12) capacidad contributiva; 13) razonabilidad en la selección y clasificación de la materia imponible y en la ponderación de la carga fiscal que pesará sobre ella; 14) protección integral de la familia; 15) estabilidad de los beneficios tributarios otorgados por plazo determinado y con base sinalagmática; 16) tutela jurisdiccional efectiva; 17) inmunidad de los instrumentos de gobierno federales y locales; 18) intangibilidad de la retribución de los magistrados judiciales y de los integrantes del Ministerio Público; 19) primacía de los tratados internacionales y de las normas dictadas como consecuencia de los tratados de integración que deleguen competencias y jurisdicción a organizaciones supraestatales; 20) sometimiento a las obligaciones instituidas en los regímenes de coparticipación de contribuciones – tributos – y a las resoluciones del Organismo Fiscal Federal;

b) *restricciones al poder tributario federal* – 21) uniformidad en materia aduanera; y 22) inmunidades especiales en favor de la Provincia de Buenos Aires por el Pacto de Unión de San José de Flores, del 11.11.1859;

c) *restricciones al poder tributario local* – 23) supremacía del derecho federal sobre el derecho tributario local: provincial, de la ciudad autónoma de Buenos Aires y de los Municipios de Provincia; 24) supremacía del derecho provincial sobre el derecho tributario de los Municipios de Provincia y oponibilidad a estos últimos de los

ción no serán entendidos como negación de otros derechos y garantías no enumerados; pero que nacen del principio de la soberanía del pueblo y de la forma republicana de gobierno".

28. "La obligación tributaria en el Derecho Argentino", *Revista de Ciencias Económicas y Centro de Estudiantes de Ciencias Económicas* 41/16, Año XLI, Serie II, Buenos Aires, 1953; también del mismo autor pueden consultarse: "Las garantías constitucionales de los derechos de los contribuyentes", *Revista Jurídica Argentina La Ley* 142/891 y ss., y "Las garantías constitucionales de los derechos de los contribuyentes", en *Derecho Constitucional Tributario*, Buenos Aires, Depalma, 1993, pp. 23 y ss.

29. José Osvaldo Casás, "El principio de igualdad en el 'Estatuto del Contribuyente' (paralelo entre el pensamiento del maestro uruguayo Ramón Valdés Costa y la doctrina y jurisprudencia de la República Argentina)", *Revista Latinoamericana de Derecho Tributario* 3/57 y ss.

convenios de coordinación y harmonización tributaria concertados entre la Nación, las Provincias y la ciudad autónoma de Buenos Aires, o entre estas últimas; 25) primacía de los principios fundamentales de los códigos de fondo sobre el derecho tributario local: provincial, de la ciudad autónoma de Buenos Aires y de los Municipios de Provincia; 26) facultad privativa del Congreso para reglar el comercio con las Naciones extranjeras y de las Provincias entre sí; 27) sustento territorial de la tributación local: provincial, de la ciudad autónoma de Buenos Aires y de los Municipios de Provincia; y 28) no-interferencia de los poderes impositivos locales – provincial, de la ciudad autónoma de Buenos Aires y de los Municipios de Provincia – en el cumplimiento de los fines específicos de los establecimientos de utilidad nacional.

3.2 Los principios jurídico-constitucionales relativos a la justicia tributaria

Si bien el profesor Fritz Newmark incursiona, más allá de lo estrictamente jurídico, en sus *Principios de la Imposición*, en aquellas reglas que atienden, en su concepto, al *fin "justicia"*, las trata, según explícitamente lo reconoce, en su contenido político-social, enunciando por tales: 1) *generalidad*; 2) *igualdad*; 3) *proporcionalidad* o gravamen sobre la capacidad de pago; y 4) *redistribución*.[30]

Inspirados en las enseñanzas del profesor Ramón Valdés Costa, delimitaremos nuestro enfoque a los *principios jurídicos fundamentales* incorporados explícita o implícitamente a la Constitución, por lo que dejamos "al margen los principios y reglas económicas, técnicas y administrativas en cuanto no hayan accedido al ámbito jurídico-constitucional, lo que no implica desconocer su importancia".[31]

A partir de ello, y teniendo como norte, en este caso, el precisar la noción *principista* y *constitucional* que bosqueje las herramientas para la realización de la *justicia tributaria*, si bien nos hacemos cargo de las dificultades que plantea explorar sobre tal objetivo como lo pusieran de manifiesto las clásicas obras de Luigi Einaudi, *Mitos y Paradojas de la Justicia Tributaria*,[32] y de Luigi Vittorio Berliri, *El Impuesto Justo. Apuntes sobre un Sistema Jurídico de la Contribución Pública. Esbozo de una Reforma Orgánica de la Hacienda Ordinaria*,[33] no podemos rehuir el compromiso, en tanto nuestro Estatuto Supremo, desde su sanción en 1853, ha caracterizado las contribuciones –entendién-

30. Madrid, Instituto de Estudios Fiscales, Sección "Los Principios de una Política Fiscal Justa y Económicamente Racional", Capítulo II, "Principios de Imposición Político-Sociales y Éticos", pp. 101 y ss. Señala este autor, respecto a la naturaleza de los principios de la imposición, que: "*Principios, postulados, directrices, canons, rules, règles, maximes* de la imposición, cualquiera que sea el término empleado, siempre se trata de algo *normativo*, de *preceptos del deber ser* que se formulan en orden a la realización de determinados objetivos. Estos objetivos pueden ser de naturaleza teórica o de naturaleza práctica" (Sección "Introducción", Capítulo II, "Naturaleza de los Principios de Imposición", Parágrafo 1, "Los Principios de Imposición como Normas con Finalidad Teórica o Práctica", pp. 43 y ss.). De todos modos, más allá de adjudicar a sus principios carácter *normativo*, refiriéndolos como preceptos del *deber ser*, corresponde tener en claro que tales principios, al menos como son expuestos, no poseen naturaleza *jurídica*, evitando, de tal modo, equívocos. Es menester insistir en que el *Derecho* se vale en sus reglas de un lenguaje prescriptivo y no descriptivo, conforme al cual, conjugada la hipótesis normativa en el campo factual, *debe ser* la consecuencia también prevista en el precepto (cf. Paulo de Barros Carvalho, *Direito Tributário. Fundamentos Jurídicos da incidência*, San Pablo, Saraiva, 1998, Capítulo I, "Sobre a Norma Jurídica Tributária, Geral e Abstrata", pp. 15 y ss.).

31. Ramón Valdés Costa, *Instituciones ...*, Capítulo III, Parágrafo 18, "Delimitación y Enfoque de Este Análisis", Subparágrafo 18.1, "Los Principios Jurídicos Fundamentales", p. 105.

32. Trad. al Español de Gabriel Solé Villalonga a partir de la 3ª ed. italiana y "Prólogo" del catedrático Enrique Fuentes Quintana, Barcelona, Ariel, 1963.

33. Trad. al Español del catedrático Fernando Vicente-Arche Domingo de la reimpr. inalterada en 1975 de la 1ª ed. de 1945, con "Prólogo" de Luigi Einaudi, Madrid, Instituto de Estudios Fiscales, 1986.

dose por tales, en el lenguaje constitucional, a los tributos – con la nota de la *equidad*. Aunque en muchos casos la Corte Suprema de Justicia de la Nación haya entendido que su ausencia no sustentaba los agravios constitucionales que pretendieran articularse por su quiebra al no generar materia justiciable, la *equidad* importa un compromiso esencial con la *justicia de los gravámenes*, más aún cuando dicha noción axiológica ha tenido una especial confirmación y adquirió aún mayor trascendencia a resultas de la Reforma Constitucional de 1994, que ha vuelto sobre tal valor respecto a diversos institutos.

Así, Julio Levene, al abordar "La equidad: precepto de derecho positivo constitucional. Ahora es una estructura de justicia que debe ser aplicada imperativa y armoniosamente en sus tres expresas definiciones (arts. 4º, 75, inciso 2º, y 75, inciso 19",[34] enfatiza que la disposición ya contenida en el art. 4º – que se refiere, dentro de los fondos del Tesoro Nacional, a las "demás contribuciones que equitativa y proporcionalmente a la población imponga el Congreso (...)" – se hace nuevamente presente a partir de la Reforma de 1994: de un lado, al disponerse que la distribución de la renta federal producto de la coparticipación debe efectuarse entre la Nación, las Provincias y la ciudad de Buenos Aires, y entre éstas – según lo estipula el art. 75, inciso 2º, tercer párrafo – "en relación directa a las competencias, servicios y funciones (...)", agregando que "será equitativa, solidaria y dará prioridad al logro de un grado equivalente de desarrollo (...)"; y de otro, en tanto el mismo artículo, por el inciso 19, respecto a las leyes de organización y de base de la educación, consigna que deben garantizar "(...) los principios de gratuidad y equidad de la educación pública estatal (...)". En consecuencia, para el autor, sentadas e interpretadas sistemicamente estas premisas, la *equidad* ha pasado a ser un concepto jurídico expreso y nuclear, engarzado en el instrumento con más alto rango dentro del sistema jurídico positivo, y junto con la *solidaridad* han pasado a operar mancomunadamente para servir a la realización del *bien común*.

Siguiendo al autor precedentemente referido, claro está que, de adscribirse a su novedoso enfoque, se podría sostener que "la equidad no es una valoración discrecional confiada a la competencia y responsabilidad del legislador y como tal no susceptible de revisión. Si la Constitución establece una estructura de justicia del bien común *que debe ser* 'equitativa', ante las contribuciones, tanto de los educandos como del Estado, a la enseñanza pública, como ante los recursos tributarios mediante la imposición de esas contribuciones – o distribución de su producido , para solventar los gastos públicos, es porque la equidad ha sido consagrada expresamente como una fuente directa legal de justicia general superior a la ley que la instrumente (...) y el juez tiene el obligatorio poder, ante los casos concretos, de decidir lo que contradice *tal precepto jurídico* (...)"; para añadir a continuación: "Las legislaturas no disfrutan de ninguna presunción de que sus actos son justos y equitativos en materia de reparto de derechos y obligaciones educacionales y tributarios por el solo hecho de sancionar una norma cumpliendo con los procedimientos de reserva legal (...)";[35] normas susceptibles, en tal aspecto, de ser impugnadas, dando lugar a la revisión judicial pertinente.

Cerrado este punto, pasaremos revista, seguidamente, al significado de ciertos principios jurídicos constitucionales estrechamente ligados a la *justicia tributaria*.

3.2.1 Igualdad

La idea de garantizar la *igualdad ante la ley*, como reacción frente a los privilegios tan difundidos durante *l'ancien régime*, se

34. *Revista Jurídica Argentina La Ley* 2001-A/794 y ss.

35. Julio Levene, "La equidad: ...", *Revista Jurídica Argentina La Ley* 2001-A/796, Punto II.

convirtió en uno de los postulados fundamentales impulsados por la Revolución Francesa, a punto de ser expresamente recogida en la *Declaración de los Derechos del Hombre y del Ciudadano*[36] del 26.8.1789.

De todos modos, la igualdad no se agota en aquella postulación,[37] y más aún, la adscripción irrestricta a la misma conduciría a menudo al más injusto de los resultados si la ley no se hiciera cargo de la diversidad de situaciones y circunstancias a las que ella puede ser llamada a aplicarse. Es por ello que la igualdad, como abundaremos más adelante, ha sido objeto de consideración desde otros ángulos, tales como *la igualdad en la ley* o *la igualdad por la ley*.

La idea de la igualdad de todos ante la ley se explica como reacción frente a las características políticas y sociales propias de la dominación monárquica absolutista que condujeron a una distribución inequitativa y desproporcionada de cargas tributarias que concluían recayendo sobre las clases más pobres, quedando exoneradas de ellas, en virtud de las inmunidades y privilegios, los integrantes de la nobleza, quienes en dicha sociedad estamental también estaban al margen de prestar el servicio militar y, de ordinario, sustraídos de la jurisdicción común, en virtud de los fueros personales.

Se postuló entonces el *principio de la universalidad de la ley* a través de un sistema de normas que tuviera como destinatario al conjunto de la sociedad, reaccionando contra las diferencias y privilegios hasta entonces vigentes. El Estado, siendo que las leyes serían universales y abstractas, se abstenía de actuar en el área socioeconómica, limitándose a ordenar las relaciones de carácter civil y penal.

Esta noción de la *igualdad jurídica* será valiosa para proscribir determinadas discriminaciones fundadas en razones de *raza, lengua, sexo, religión, ideas políticas* u *origen social*; pero, de todos modos, por tratarse de una *igualdad formal*, congelará y perpetuará las profundas disparidades reales, en una sociedad no homogénea con clases marcadamente diferenciadas.

Sirva como ejemplo de las vicisitudes que atravesó el principio de la igualdad ante la ley en nuestro país en tiempos anteriores a la organización nacional, y de las prácticas discriminatorias por razones políticas, el *Reglamento Provisorio de la Provincia de San Luis*, del 7.1.1832. En dicho estatuto, en su Capítulo III, "Poder Ejecutivo", al referirse al Ramo de Propios que gestionaría el Ministro de Hacienda, se establecía para los auxilios en ganado que debían atender los vecinos en caso de invasión de indios o alguna otra circunstancia de gravedad en la Provincia (art. 24), y subsidiariamente en otros bienes (art. 25), que los mismos debían ser sacados *guardando la proporción de que cada veinticinco animales va-*

36. Christine Fauré, *Las Declaraciones de los Derechos del Hombre de 1789*, 1ª ed. en Español trad. por Diana Sánchez y José Luis Núñez Errejón, México, Fondo de Cultura Económica, 1995, pp. 11 y ss. En ella puede leerse: "Art. 1º. Los hombres nacen libres e iguales en derechos y las distinciones sociales no pueden fundarse más que en la utilidad común (...)"; "Art. 6º. La ley es la expresión de la voluntad general. Todos los ciudadanos tienen el derecho de concurrir a su formación personalmente o por representantes. Debe ser la misma para todos, sea que proteja o sea que castigue. Todos los ciudadanos siendo iguales a sus ojos, son igualmente admisibles a todas las dignidades, cargos y empleos públicos, según su capacidad, sin otra distinción que la de su virtud o su talento (...)"; "Art. 13. Para el mantenimiento de la fuerza y para los gastos de la Administración es indispensable una contribución común, que debe ser repartida entre todos los ciudadanos en razón de sus medios".

37. V., entre otros ensayos que se ocupan de la igualdad, con carácter general, a: Alberto F. Garay, *La Igualdad ante la Ley. Decisiones Administrativas Contradictorias, Decisiones Judiciales Contradictorias. Desigualdad Procesal*, Buenos Aires, Abeledo-Perrot, 1989; Oscar Rius, *La Igualdad Ante la Ley*, Córdoba, Marcos Lerner Editora, 1987; José Suay Rincón, *El Principio de Igualdad en la Justicia Constitucional*, Madrid, Instituto de Estudios de Administración Local, 1985, ps. 148 y ss. Y, en materia específicamente fiscal, a Horacio G. A. Corti, "El principio de igualdad tributaria. Una aproximación sistemática", en *Derechos Humanos y Tributación, Revista Jurídica de Buenos Aires* 2001/133 y ss., Facultad de Derecho/Universidad de Buenos Aires, Lexis Nexis/Buenos Aires, 2002.

cunos solo se saque uno, y de cada seis caballos uno, y siendo enemigo de la Causa el doble; añadiéndose en el precepto siguiente: *el individuo que no teniendo ninguna de estas especies; pero que tenga otros intereses se lo graduarán, y sacará a proporción de ellos; y siendo enemigo de la Causa con arreglo al artículo anterior*;[38] lo que le permitió sostener a Rodolfo R. Spisso: "He aquí la síntesis del régimen tributario de nuestra historia preconstitucional, reemplazado por el noble principio consagrado por el art. 16 de la Constitución Nacional".[39]

Por lo demás, la igualdad ante la ley, llevada a sus últimas consecuencias en nuestro campo, conduciría, incluso, a proponer como tributo óptimo las *capitaciones puras*, establecidas sobre las personas, sin tener en cuenta las fortunas y las rentas, sin distinción de edad – excluidos los niños –, sexo o nacionalidad, como pudieron haber existido en algunas tribus rudimentarias y primitivas,[40] y, en una postura más atenuada, llegando a admitir, exclusivamente, la imposición al consumo – partiendo del concepto de ser el tributo más general e igual, ya que incide en todos los habitantes de un país –, o los gravámenes fijos, o aquellos que operando sobre las rentas o los bienes lo hagan sólo con tipos proporcionales.

38. María Laura San Martino de Dromi, *Documentos Constitucionales Argentinos*, Madrid, Ciudad Argentina, 1994, Segunda Parte, "Cartas y Constituciones Provinciales", Título II, "Documentos Constitucionales", Parágrafo "San Luis", pp. 1.199 y ss., en particular p. 1.203.

39. *Derecho Constitucional Tributario*, Buenos Aires, Depalma, 2000, Capítulo XII, "Principio de Igualdad, Generalidad, Proporcionalidad y Progresividad", Parágrafo 77, "Las Vicisitudes del Principio de Igualdad en la Etapa Preconstitucional", pp. 338 y ss., en particular p. 339.

40. Mariano de Vedia y Mitre, *El Régimen Tributario de la Argentina*, Buenos Aires, Imprenta de la Universidad de Buenos Aires, 1925, Capítulo IV, "Las Bases de Nuestro Sistema Económico y Rentístico", Parágrafo II, "Poderes Expresos de la Nación", Punto "d", "Contribuciones Equitativas y Proporcionales", pp. 133 y ss.

Así entonces, el principio de la igualdad puramente formal, pese a haber constituido, al impulso de las ideas liberales, un avance del Estado Moderno, por su insuficiencia, debió dar paso a otro tipo de igualdad, fruto de la ideología democrática, la igualdad *en la ley* y *por la ley*. Esta evolución no ha cesado hasta el presente, a pesar de la consolidación del *Estado Constitucional, Social y Democrático de Derecho*.

Ofrece utilidad aquí, para introducir en el tema de la *igualdad en la ley*, dar razón de un temprano pronunciamiento de la Corte Suprema de Justicia de la Nación en el cual se advirtió la facultad legislativa de dictar leyes con tratamientos singulares para los distintos grupos de contribuyentes, siempre que los criterios de diferenciación se exhibieran razonables, de modo que situaciones iguales fueran consideradas igualmente, y situaciones desiguales, desigualmente. Éste recayó en la causa: "Criminal, contra D. Guillermo Olivar, por complicidad en el delito de rebelión; sobre fianza de juzgado y sentenciado y desacato",[41] sentencia del 1.5.1875, por el que se confirmó la resolución del Juez de Sección de la Provincia de Mendoza, por sus fundamentos, que hizo propios el Alto Tribunal. Allí se expresaba: "El principio de la igualdad de todas las personas ante la ley, según la ciencia y el espíritu de nuestra Constitución, no es otra cosa que el derecho a que no se establezcan excepciones o privilegios que excluyan a unos de lo que se concede a otros en iguales circunstancias, de donde se sigue forzosamente que la verdadera igualdad consiste en aplicar en los casos ocurrentes la ley según las diferencias constitutivas de ellos, y que cualquiera otra inteligencia o aceptación de este derecho es contraria a su propia naturaleza e interés social".

Como síntesis de la doctrina de la Corte Suprema de Justicia sobre el punto, cabe acotar que la misma ha dejado sentado:

• La igualdad establecida por la Constitución Nacional como base del impuesto

41. *Fallos* 16/118.

no impide la formación de categorías sujetas a tarifas diversas, siempre que en su conformación no se hagan distinciones arbitrarias y las clasificaciones de la materia imponible, de los bienes, o de los sujetos alcanzados, reposen sobre bases razonables.

• El principio de igualdad que establece el art. 16 de la Constitución Nacional sólo requiere que no se establezcan excepciones o privilegios que excluyan a unos de lo que se concede a otros en idénticas circunstancias, mas no impide que el legislador contemple en forma diferente situaciones que se consideren distintas, cuando las distinciones no sean arbitrarias ni respondan a un propósito de hostilidad contra determinados individuos o clases de personas, ni encierren indebido privilegio personal o de grupo.

• La garantía constitucional de la igualdad respecto de las cargas públicas no es óbice a la validez de leyes especiales de privilegio cuando ellas estén expresamente orientadas a la consecución de objetivos y fines expresamente contemplados en el texto constitucional.

• La relación del impuesto con el contribuyente se halla siempre regida – entre otros principios – por el que establece que a igual capacidad tributaria, con respecto a la misma especie de riqueza, el impuesto debe ser, en las mismas circunstancias, igual para todos los contribuyentes.

• El criterio de distinción en materia impositiva no debe imprescindiblemente referirse a consideraciones económicas, siendo válidas las categorías fundadas en razones de conveniencia, justicia social y bien común, ajenas a la simple medida de capacidad contributiva de los afectados.

• El sometimiento a una imposición diferencial, por vía de adicionales o recargos a los contribuyentes no residentes en el país, no es irrazonable, ni contraviene el principio de igualdad contenido en el art. 16 de la Constitución Nacional.

Los criterios doctrinales para acreditar el respeto por los tributos del *principio de igualdad en la ley* son, fundamentalmente, dos: a) en los gravámenes con fines fiscales, la *capacidad contributiva*; y b) en los gravámenes con fines extrafiscales, la regla de la *razonabilidad*.

Así entonces, se respetará en el primer caso el principio de igualdad cuando un gravamen pese en términos iguales a iguales contribuyentes, en iguales circunstancias de capacidad contributiva.

De todos modos, en opinión generalizada, la insuficiencia del parámetro de la *capacidad contributiva* para resolver la igualitaria distribución de las cargas tributarias entre los contribuyentes podrá ser suplida mediante la utilización del *principio de razonabilidad*, como lo ha sostenido, con alcance general, el destacado jurista argentino Juan Francisco Linares, para quien la igualdad ante los poderes contributivos debe apreciarse bajo la regla de la *razonabilidad en la selección* al conformarse las distintas categorías de contribuyentes o el tratamiento dispar de los hechos imponibles.[42]

En la República Argentina la manda constitucional de propender a la *igualdad por la ley* se convierte en una directiva perentoria al Poder Legislativo. Ello así, en virtud de lo consignado a texto expreso por la Reforma Constitucional de 1994, al incluir dentro de las atribuciones del Congreso Nacional las cláusulas que lo facultan y obligan, por el art. 75: a) inciso 2, en lo referente a la ley de coparticipación tributaria, tercer párrafo, a que la distribución de los recursos "(...) será equitativa, solidaria y dará prioridad al logro de un grado equivalente de desarrollo, calidad de vida e igualdad de oportunidades en todo el territorio nacional"; b) inciso 8, respecto al presupuesto general de gastos y cálculo

42. *Razonabilidad de las Leyes. El "Debido Proceso" como Garantía Innominada en la Constitución Argentina*, 2ª ed., Buenos Aires, Astrea, 1989, Tercera Parte, "El 'Debido Proceso' Sustantivo en la Constitución Argentina", Capítulo XII, "Los Poderes Contributivos y la Igualdad Ante la Ley", pp. 167 y ss.

de recursos de la Administración Nacional, a fijarlo "conforme a las pautas establecidas en el tercer párrafo del inciso 2 de éste artículo (...); c) inciso 19, a "proveer lo conducente al desarrollo humano, al progreso económico con justicia social (...)", agregando, también, que debe orientar su acción "al crecimiento armónico de la Nación y al poblamiento de su territorio; promover políticas diferenciadas que tiendan a equilibrar el desigual desarrollo relativo de Provincias y Regiones (...)", concluyendo en materia de educación que la misma debe tender a asegurar: "(...) la igualdad de oportunidades y posibilidades sin discriminación alguna (...)"; y d) inciso 23, a: "Legislar y promover medidas de acción positiva que garanticen la igualdad real de oportunidades y de trato, y el pleno goce y ejercicio de los derechos reconocidos por esta Constitución y por los tratados internacionales vigentes sobre derechos humanos (...)".

3.2.2 Generalidad

El principio de generalidad en materia tributaria puede expresarse en términos resumidos afirmando que, conforme a él, todos los integrantes de la sociedad deben contribuir al sostenimiento del Estado, de acuerdo a su capacidad contributiva.[43] En suma, esta formulación significa que todos los que tengan aptitud económica deben contribuir para afrontar los gastos de la comunidad.

Para el catedrático de la Universidad Complutense Fernando Sáinz de Bujanda, en apretada síntesis: "El principio de generalidad significa que todos los ciudadanos han de concurrir al levantamiento de las cargas públicas", para agregar: "esto no supone que todos deban efectivamente pagar tributos, sino que deben hacerlo todos los que, a la luz de los principios constitucionales y de las leyes que los desarrollan, tengan la necesaria capacidad contributiva, puesta de manifiesto en la realización de los hechos imponibles tipificados en la ley".[44]

El principio surge implícito, pero resulta manifiesto, en la Constitución de la República Italiana de 1947 cuando, en el primer párrafo del art. 53, se establece que: "Todos estarán obligados a concurrir a los gastos públicos con arreglo a su capacidad contributiva";[45] o en el art. 31.1 de la Constitución Española de 1978 en tanto consagra: "Todos contribuirán al sostenimiento de los gastos públicos de acuerdo a su capacidad económica mediante un sistema tributario justo inspirado en los principios de igualdad y progresividad que en ningún caso tendrá alcance confiscatorio".[46] Ello ni bien enfaticemos el término "todos" con que se abren camino ambos dispositivos.

La forma republicana adquiere significado en tanto si todo el pueblo participa del gobierno al ejercer sus derechos políticos y a través de sus representantes, por necesaria implicancia, todos los integrantes del pueblo deben afrontar los tributos directos conforme a su capacidad contributiva – universalidad en el pago que indiscutiblemente ocurre con los indirectos, pasibles de justificadas críticas cuando gravan consumos esenciales incidiendo, incluso, sobre los más indigentes –, dado que es difícil concebir una Democracia donde no existan obligaciones fiscales correlativas, mensuradas en relación a la aptitud económica de los sujetos pasivos.

Dentro de las declaraciones, convenciones y pactos internacionales sobre de-

43. Guillermo A. Lalanne, "Generalidad y tributación", en *Derechos Humanos y Tributación* ... 2001/ 315 y ss.

44. *Lecciones de Derecho Financiero*, 10ª ed., Madrid, Servicio de Publicaciones de la Facultad de Derecho de la Universidad Complutense, 1993, Lección 7ª, "Principios Constitucionales Financieros", Título "Principios Relativos a los Ingresos Públicos", Parágrafo III, "Los Principios Materiales de Justicia", Punto "A", "Principio de Generalidad", pp. 104 y ss., en particular p. 104.

45. María Isabel Álvarez Vélez y María Fuencisla Alcón Yustas, *Las Constituciones de los Quince Estados de la Unión Europea (Textos y Comentarios)*, Madrid, Dykinson, 1996, p. 422.

46. María Isabel Álvarez Vélez y María Fuencisla Alcón Yustas, *Las Constituciones* ..., p. 219.

rechos humanos – en el caso de la Argentina, elevados a rango constitucional por el art. 75, inciso 22, del nuevo texto de nuestro Estatuto Fundamental –, cabe detenerse en dos de ellos, en los cuales se recepta, en uno en forma explícita, y en el otro en forma implícita, el principio que nos ocupa.

Así, en la *Declaración Americana de los Derechos y Deberes del Hombre*, aprobada en la IX Conferencia Internacional Americana, celebrada en Bogotá/Colombia en el año 1948, por su Capítulo II, "Deberes", se dejó dispuesto en una de sus cláusulas: "Art. XXXVI. Toda persona tiene el deber de pagar los impuestos establecidos por la ley para el sostenimiento de los servicios públicos".

Por su parte, en la *Convención Americana sobre Derechos Humanos*, también llamada *Pacto de San José de Costa Rica*, aprobada por la Argentina mediante la Ley 23.054,[47] y hoy receptada con rango constitucional, en su Parte I, "Deberes de los Estados y Derechos Protegidos", Capítulo V, "Deberes de las Personas", con alcance general se ha establecido: "Art. 32 (**Correlación entre deberes y derechos**). 1. Toda persona tiene deberes para con la familia, la comunidad y la humanidad. 2. Los derechos de cada persona están limitados por los derechos de los demás, por la seguridad de todos y por las justas exigencias del bien común, en una sociedad democrática".

En este último supuesto, el principio de generalidad puede inferirse de la correlación entre deberes y derechos, de los deberes para con la comunidad y de la limitación de los derechos individuales (en el caso el de usar y disponer de la propiedad de los bienes económicos), todo ello en vista a las justas exigencias del bien común.

A partir del *principio de generalidad* se ha propuesto una *interpretación restrictiva* o, cuanto menos, *estricta* de las *exenciones* o *beneficios fiscales*. A pesar de ello, hoy se admite, conforme lo ha establecido nuestro Máximo Tribunal, que las normas tributarias en su conjunto, incluso las relativas a exenciones, deben ser entendidas computando la totalidad de los preceptos que las regulan, en forma tal que *el propósito de la ley se cumpla mediante una razonable interpretación*, lo que vale tanto como admitir que las exoneraciones tributarias pueden resultar de la letra de la ley, del indudable propósito de la norma o de su necesaria implicancia.

Por otra parte, también se ha tratado de resolver la tensión entre *generalidad tributaria* y *beneficios promocionales*, tratando de alcanzar un razonable equilibrio entre la necesidad de que todos participen en el sostenimiento del Estado a través de una contribución común y el otorgamiento de tratamientos de favor que, sin constituir indebidos privilegios, desde la óptica extrafiscal propendan a impulsar ciertas actividades, regiones geográficas, o para alcanzar, en definitiva, el desarrollo armónico sostenido y equilibrado del conjunto de la economía nacional.

Sobre este particular, remitimos a un ensayo del que somos autores, y en el cual el tema ha sido tratado con mayor extensión, pasando revista a las distintas familias de fallos de la Corte Suprema de Justicia de la Nación, tomando en cuenta, incluso, el criterio *favoris promotionis*.[48]

3.2.3 Capacidad contributiva

La *capacidad contributiva* es el principio por antonomasia que, elaborado primero desde la Ciencia de las Finanzas y

47. *Anales de Legislación Argentina*, t. XLIV-B, pp. 1.250 y ss., en particular p. 1.256.

48. José Osvaldo Casás, "El principio constitucional de generalidad en materia tributaria", *Revista Iberoamericana de Derecho Tributario* 1, Madrid, 1996, Parágrafo 5: "La Generalidad Tributaria en la Jurisprudencia Constitucional", Subparágrafo 5.1, "La Generalidad Tributaria y las Exenciones", Puntos 5.1.1, "La Interpretación Restrictiva", 5.1.2, "La Interpretación Estricta", y 5.1.3, "La Interpretación Extensiva"; y Subparágrafo 5.2, "Generalidad Tributaria y Beneficios Promocionales", Puntos 5.2.1, "La Interpretación Estricta", y 5.2.2, "*Favoris promotionis*", pp. 165 y ss., en particular pp. 176 y ss.

luego jurídicamente desde el campo dogmático del derecho tributario, ha alcanzado amplio reconocimiento con la recepción constitucional explícita en diversos ordenamientos contemporáneos. Su significado consiste en la aptitud económica de los obligados tributarios para afrontar prestaciones patrimoniales coactivas con las cuales brindar cobertura a los gastos públicos y satisfacer otras necesidades del Estado. Así entonces, por lo menos puede ser contemplado desde tres perspectivas: 1º) como fundamento ético-jurídico del deber de contribuir, deber indispensable para la existencia del Estado y la efectiva garantía de la libertad del ciudadano – al respecto ha sostenido Walter Schick que "con los impuestos se compra, por así decirlo, la libertad personal";[49] 2º) como base de medida, a partir de la cual habrá de fijarse la carga fiscal concreta que deberá soportar cada contribuyente; y 3º) como límite infranqueable de la potestad tributaria normativa, ya que no podrá haber gravamen donde no exista capacidad contributiva – razón y fundamento de los mínimos de sustento exentos en el impuesto a la renta –, o por encima de la misma – lo que nos aproxima a la noción de confiscatoriedad –, ya que de lo contrario se atentaría contra la propiedad privada, vaciándola de contenido.

En el caso de la Constitución de la República Argentina el *principio de capacidad contributiva* puede inferirse, como contenido implícito, a partir de diversas previsiones obrantes en la parte dogmática del Estatuto Supremo (arts. 4º, 14, 16, 17, 28 y 33) y de los tratados internacionales sobre derechos humanos elevados a igual jerarquía, mediante institutos afines o aptos para tal reconstrucción hermenéutica integradora – tales como: la equidad, el derecho de propiedad, la igualdad y la razonabilidad[50] –, como ocurriera en las elaboraciones que, sobre el punto, ha alumbrado pretorianamente la Corte Suprema de Justicia.

Tal concepto configurador de las instituciones tributarias, como principio constitucional implícito, ha sido reconocido dentro de nuestra doctrina, entre otros, por Roberto Tamagno,[51] Dino Jarach,[52] Juan Carlos Luqui,[53] Héctor B. Villegas,[54] Enrique G. Bulit Goñi,[55] Arístides H. M. Corti,[56]

49. "Aspectos de la jurisprudencia del Tribunal Constitucional Alemán en materia fiscal", *Cuadernos Iberoamericanos de Estudios Fiscales* 1/163 y ss., en particular p. 164, Madrid, enero-abril/1986, Parágrafo I, "Introducción".

50. Héctor B. Villegas, *Curso de Finanzas, Derecho Financiero y Tributario*, 8ª ed., Buenos Aires, Astrea, 2002, Título Tercero, "Derecho Tributario – Parte General", Capítulo IX, "Derecho Constitucional Tributario", Sección "A", "Consideraciones Generales", Parágrafo 127, "Límites a la Potestad Tributaria", Subparágrafo "b", "Límites Materiales. Capacidad Contributiva", Punto 4, "El Principio en la Argentina", pp. 260 y ss. Señala este autor: "Las nociones de 'igualdad', 'equidad' y 'proporcionalidad' permiten pensar lo siguiente: la igualdad a que se refiere la Constitución como base del impuesto es la contribución de todos los habitantes según su aptitud patrimonial de prestación. El concepto se complementa con el de proporcionalidad, que no se refiere al número de habitantes sino a la cantidad de riqueza gravada. A su vez, estos conceptos se refuerzan axiologicamente con el de equidad, que se opone a la arbitrariedad y que se entiende cumplido cuando la imposición es justa y razonable. Esto es, lo que para nosotros se desprende inequívocamente del espíritu de la Constitución, conforme al objetivo deseado por sus autores: que cada persona contribuya a la cobertura de los gastos estatales en 'equitativa proporción' a su aptitud económica de pago público, es decir, a su capacidad contributiva" (p. 260).

51. *El Contribuyente. Sujeto Pasivo de la Obligación Tributaria*, Buenos Aires, Emilio Perrot, 1953, Primera Parte, "Normas Fundamentales", Capítulo II, "Principios Constitucionales que Integran la Capacidad Contributiva", pp 27 y ss.

52. "En torno al principio de la capacidad contributiva en la economía financiera y en el derecho tributario", *La Información* LVI/875 y ss.

53. "Las garantías constitucionales ...", *Revista Jurídica Argentina La Ley* 142/907 y ss., Parágrafo "Garantía de los Derechos de los Contribuyentes", Punto "D", "Proporcionalidad".

54. *Curso* ..., 8ª ed., Título Tercero, Capítulo IX, Sección "A", Parágrafo 127, Subparágrafo "b", pp. 258 y ss.

55. "Las leyes tributarias retroactivas son inconstitucionales: capacidad contributiva, legalidad, equidad y razonabilidad", *La Información* LIX/907 y ss.

56. "Los principios constitucionales y el sistema fiscal argentino", *Impuestos* L-B/1.689 y ss., en particular pp. 1.696 y ss.

Rodolfo R. Spisso,[57] Alberto Tarsitano[58] y Marcos García Etchegoyen[59] – postura a la cual también adherimos.[60] De todos modos, dentro de la literatura nacional, en minoría, autores de peso se han enrolado en la tesis que niega raigambre constitucional al principio o que se opone a su constitucionalización. Tal es el caso del profesor Carlos M. Giuliani Fonrouge, quien entiende que la noción de capacidad contributiva introduce un elemento extraño a la juridicidad de la tributación, además de tratarse de una noción vaga y difícil de precisar,[61] criterio semejante al sustentado en algún momento por otros destacados tributaristas, como Susana Camila Navarrine y Rubén Oscar Asorey, que predica: "A diferencia de otros principios constitucionales consagrados implícitamente en la Constitución, cuyo reconocimiento ha sido unánime por la doctrina y cuya vigencia en el ordenamiento ha sido consagrada por la propia jurisprudencia del más alto Tribunal, en el caso del principio de la capacidad contributiva ello no ha ocurrido". Añadiendo: "Por esta circunstancia, y teniendo en cuenta la relación fundamental con el tema de las presunciones y ficciones, debemos concluir afirmando que este principio no se halla *expresamente* incorporado en la Constitución Nacional".[62]

57. *Derecho Constitucional Tributario*, Capítulo XIII, "Principio de Capacidad Contributiva", pp. 353 y ss.; y del mismo autor "El principio de capacidad contributiva. Derechos y garantías del contribuyente desde la perspectiva constitucional", *El Derecho* 182/1.138 y ss.

58. "El principio constitucional de capacidad contributiva", *Estudios de Derecho Constitucional Tributario*, obra colectiva en homenaje al profesor Juan Carlos Luqui, coord. por el académico Horacio A. García Belsunce, Buenos Aires, Depalma, 1994, pp. 301 y ss.

59. *Principio de Capacidad Contributiva*, tesis doctoral pendiente de publicación, defendida en la Facultad de Derecho de la Universidad de Salamanca el 18.4.2002 y aprobada con calificación sobresaliente *cum laude*. Dentro de sus conclusiones puede leerse:

"*Sexta*. En Argentina la falta de consagración expresa del principio de capacidad contributiva no ha impedido a la Corte Suprema de Justicia de la Nación darle operatividad como criterio específico, objetivo y constante de la igualdad en el ámbito tributario. Pero cuando el Tribunal se enfrenta con una vulneración directa del principio de capacidad contributiva – como garantía autónoma – se ve forzado a aplicarlo en forma velada a través de otras normas constitucionales expresas. Las constantes referencias a la equidad y la creación pretoriana de la doctrina de prohibición del alcance confiscatorio de los tributos – instrumentada a partir del derecho de propiedad – responden a la imperiosa necesidad de controlar constitucionalmente aquellas normas tributarias que, sin vulnerar la igualdad tributaria, se establecen al margen de la capacidad contributiva. En este contexto, la falta de consagración constitucional expresa del principio de capacidad contributiva no puede verse, precisamente, como una virtud del sistema tributario argentino.

"*Séptima*. El principio de capacidad contributiva es algo más que una especificación de la igualdad en el ámbito tributario, es un criterio de justicia autónomo que exige la adecuación de la carga a las condiciones personales y familiares del sujeto obligado. La función que el principio de capacidad contributiva está llamado a cumplir como cualidad del sujeto pasivo requiere que la riqueza puesta de manifiesto con la realización del presupuesto de hecho se ponga en contacto con su titular, y que la carga tributaria se adecue del mejor modo posible a su efectiva aptitud o idoneidad a la contribución."

60. José Osvaldo Casás, *Presión Fiscal e Inconstitucionalidad (Las Garantías Constitucionales Ante la Presión del Conjunto de Tributos que Recaen sobre el Contribuyente)*, Buenos Aires, Depalma, 1992, Capítulo VIII, "De las Propuestas del Informe Nacional", Parágrafo 68, "La Razonabilidad en el Ejercicio del Poder Tributario y la Capacidad Contributiva", pp. 174 y ss, en particular pp. 177-179.

61. *Derecho Financiero*, 6ª ed., v. I, Buenos Aires, Depalma, 1997, Título Tercero, "Doctrina de la Tributación", Capítulo I, "De los Tributos y del Poder Tributario", Parágrafo 2, "Poder Tributario", Punto 171, "Poder Tributario y Capacidad Económica", pp. 339 y ss., en particular p. 340.

62. Susana C. Navarrine y Rubén O. Asorey, *Presunciones y Ficciones en el Derecho Tributario – Doctrina, Legislación y Jurisprudencia*, Buenos Aires, Depalma, 1985, Capítulo II. "De las Disposiciones y Principios de Índole Constitucional en el Sistema Tributario Argentino", Parágrafo 20, "Principio de Capacidad Contributiva", p. 28. Estas afirmaciones son abandonadas por los autores en una 2ª edición de la obra, ampliada y actualizada, aparecida bajo el mismo sello editorial en el año 2000. Allí, literalmente, se añadió: "En la 1ª edición de esta obra se sostuvo que el principio constitucional que nos ocupa, por su incorporación implícita a la Constitución Nacional, hacía de aceptación improbable por nuestros Tribunales la declaración de inconstitucionalidad de las presunciones y ficciones. Desde aquel-

En lo que hace a la jurisprudencia de la Corte Suprema de Justicia de la Nación, referiremos sólo las decisiones a que se arribara en dos de las causas que poseen mayor trascendencia en este tema por haberse resuelto las controversias a partir del principio de capacidad contributiva.

La primera está constituida por la resolución recaída *in re* "Ana Masotti de Busso y Otros *vs.* Provincia de Buenos Aires",[63] sentencia del 7.4.1947, en la cual se declaró inconstitucional la progresividad en el impuesto inmobiliario rural sobre bienes poseídos en condominio por afectar el principio de igualdad ante el impuesto y las cargas públicas. Para ello se razonó sosteniendo que, si bien el impuesto territorial se mide por el valor de la propiedad inmobiliaria, el objeto del gravamen no es el inmueble considerado en sí mismo sino la capacidad tributaria de su dueño, que se pondera por la riqueza que su dominio representa. Así entonces, a fin de juzgar si el impuesto territorial es o no violatorio de la igualdad, debe tomarse en cuenta la condición de las personas que lo soportan en orden al carácter y a la magnitud de la riqueza tenida en vista por el gravamen. La relación de éste con el inmueble queda, así, subordinada a los principios que rigen su relación con el contribuyente, uno de los cuales es que a igual capacidad tributaria con respecto a una misma especie de riqueza el impuesto debe ser, en las mismas circunstancias, igual para todos los contribuyentes, cosa que no ocurre cuando tales bienes son poseídos en condominio.

La segunda ha venido dada por la sentencia del 19.12.1989, recaída en la causa "Marta Navarro Viola de Herrera Vegas *vs.* Nación Argentina (Dirección General Impositiva)",[64] donde, al confirmarse el decisorio de la instancia inferior, el Alto Tribunal recordó, como hecho relevante, que se había probado que la actora poseía al 31.12.1981 acciones de dos sociedades anónimas, las cuales donó a una fundación el 5.4.1982. Sancionada la ley que creaba el impuesto a los activos financieros con posterioridad a esa fecha, la accionante pagó el tributo, incluyendo en tal ingreso el importe correspondiente a las acciones donadas, a pesar de considerar improcedente el gravamen a este respecto, por lo cual, seguidamente, interpuso el pertinente reclamo de repetición.

El Tribunal enmarcó como objeto de su pronunciamiento el resolver si el impuesto a los activos financieros se tornaba inconstitucional en supuestos en los que, como en el de autos, los bienes cuya titularidad configuraba el hecho imponible no permanecían en el patrimonio del contribuyente al momento de entrar en vigor la ley del tributo. La sentencia hizo hincapié en que la procedencia del impuesto reclamaba la existencia de una manifestación de riqueza o capacidad contributiva actual, requisito indispensable en todo gravamen, la cual se verifica aún en los casos en que no se exige de aquélla que guarde una estricta proporción con la materia imponible. Sentadas dichas bases, la resolución terminó precisando que "la afectación del derecho de propiedad resulta palmaria cuando la ley toma como hecho imponible una exteriorización de riqueza agotada antes de su sanción, sin que se invoque, siquiera, la presunción de que los efectos económicos de aquella manifestación permanecen, a tal fecha, en la esfera patrimonial del sujeto obligado".

3.2.4 Progresividad

El profesor de la Universidad de Génova Victor Uckmar ha señalado que: "En

la lejana reflexión, se puede observar la evolución jurisprudencial y, contrariamente a lo oportunamente sostenido, colegir que el carácter de implícito, aún después de la Reforma Constitucional de 1994, no afecta ni la vigencia general del principio, ni su aplicación a las presunciones y ficciones" (cf. Parágrafo 21, "El Principio de Capacidad Contributiva y las Presunciones y Ficciones", pp. 28 y ss., en particular p. 29).

63. *Fallos* 207/270.

64. *Fallos* 312/2.467.

el pasado se sostuvo que de la regla de la proporcionalidad de los tributos y de las posibilidades económicas de cada ciudadano surgía la obligación para el legislador de sancionar impuestos con alícuotas proporcionales, pero nunca progresivas" – todo ello de la mano de las enseñanzas de Adam Smith, marcando el contraste que sucedería al recordar que: "Mientras a principios del siglo XIX se entendía que el impuesto al rédito proporcional era el tributo ideal, al punto de llegar a ser el paradigma de cada sistema tributario, hacia la mitad del siglo se produjo una evolución, comenzando a delinearse la afirmación de que la imposición debía alcanzar sólo el excedente del rédito mínimo indispensable para la subsistencia, lo que justificaba la teoría según la cual la capacidad de pagar los tributos debe medirse proporcionalmente al rédito 'cuya privación importe a cada uno una carga o un *sacrificio* igual a la de su vecino'; en definitiva, en razón de la capacidad contributiva". Concluyendo: "Esta última interpretación lleva a la alícuota progresiva, cuya aplicación fue reconocida como legítima – si bien con claros contrastes – no sólo en los Estados en donde las Constituciones cuantificaban los tributos respecto a la capacidad económica, sino en aquellas Constituciones que preveían la 'proporcionalidad' de los impuestos sobre los bienes o los 'ingresos' de cada contribuyente".[65]

Más allá de la exigencia fijada en la Constitución Argentina respecto de la *proporcionalidad* de las contribuciones,[66] nuestro Alto Tribunal no se vió impedido de convalidar la aplicación de tarifas o tipos *progresivos* en la causa "Don Eugenio Díaz Vélez *vs.* la Provincia de Buenos Aires, sobre inconstitucionalidad de impuesto",[67] sentencia del 20.6.1928, al sentar como hermenéutica constitucional que la *proporcionalidad* reclamada por la Ley de las Leyes no importa vedar la aplicación de un *impuesto progresivo*, ya que la manda constitucional alude a una *proporcionalidad indeterminada* a la riqueza objeto del tributo, con lo cual una progresión limitada se encuadra en el marco de la equidad.

La inexistencia de pugna entre el recaudo constitucional y la *progresividad* de la tarifa en las contribuciones también fue confirmada por el Tribunal cimero *in re* "Don Gregorio Morán *vs.* la Provincia de Entre Ríos, sobre inconstitucionalidad de impuesto territorial y devolución de pesos",[68] sentencia del 30.11.1934, donde brindó respaldo a un impuesto progresivo para los predios rurales con una alícuota creciente que alcanzaba el máximo del 10 por mil para aquellos cuya superficie excediera las 20.000 hectáreas, señalando al respecto: "Se ve claro el propósito de la legislatura de Entre Ríos al sancionar la Ley n. 2.581 de combatir el latifundio, desde el momento que no sólo se tiene en cuenta el valor de la propiedad sino también de su superficie al fijar el monto del impuesto. Pero siendo éste igual y uniforme para todos los propietarios que tienen iguales superficies, la progresión establecida no es contraria al principio de igualdad del precepto constitucional contenido en el art. 16".

La solución a que se arribó fue análoga a la acogida en otros países como en Italia, frente al art. 25 del Estatuto Albertino de 1848, que también aludía a la proporcionalidad, ya que, como lo indica el profesor Victor Uckmar: "La discusión, que inicialmente se suscitó sobre la legitimidad constitucional de los impuestos con alícuotas

65. Victor Uckmar, *Principios Comunes ...*, Capítulo II, "Principio de Igualdad", Parágrafo 5, "Constitucionalidad de los Impuestos con Alícuota Progresiva", pp. 68 y ss., en particular pp. 68-69.

66. El art. 4º de la Constitución Argentina, referente a los fondos del Tesoro Nacional, incluye dentro de la enumeración a "(...) las demás contribuciones que equitativa y proporcionalmente a la población imponga el Congreso general (...)". Por su parte, en el hoy art. 75, inciso 2º, relativo a las materias reservadas al Poder Legislativo, en la parte pertinente se dispone: "(...) Imponer contribuciones directas, por tiempo determinado, proporcionalmente iguales en todo el territorio de la Nación (...)".

67. *Fallos* 151/359.

68. *Fallos* 171/390.

progresivas en aquellos Estados cuyas Constituciones proclamaban la igualdad y uniformidad de la imposición, aparece hoy fuera de contexto"[69] – polémica conjurada tempranamente por la Corte Suprema Argentina, como se viera, ya en el año 1928.

La progresividad del sistema tributario, tal cual lo propician algunas de las modernas Constituciones, se adecua, en nuestro parecer, de forma más armónica con el principio de capacidad de pago de los contribuyentes, atendiendo, en la distribución de las cargas, a la idea de demandar las prestaciones pecuniarias conforme a la teoría del sacrificio – igual, mínimo o marginal –, desechando las críticas que a tal postura se han levantado, por ciertos autores, fundamentalmente, desde el ámbito de la economía financiera.[70]

Así, un sistema basado en un adecuado rendimiento de los impuestos directos – a la renta global y progresiva de las personas físicas; a las herencias; al patrimonio neto; o a ciertos bienes singularmente considerados, tales como: inmuebles, automotores o embarcaciones de recreo y deportivas etc. – atenderá a índices efectivos de capacidad contributiva, haciendo soportar los costes del Estado, en mayor medida, a aquellos que cuentan con manifiesta potencialidad y aptitud económica para afrontar las obligaciones fiscales. A la inversa, un sistema que concentre la recaudación en impuestos indirectos – al valor agregado; a los consumos específicos; a los combustibles líquidos derivados del petróleo y al gas natural; a los aportes sobre la retribución salarial; sobre los ingresos brutos etc. – tomará en consideración, simplemente, indicios mediatos a menudo no fidedignos de aptitud de pago, castigando, a través de la regresividad, a los sectores sociales de bajos recursos, incluidos aquellos con necesidades básicas insatisfechas que, la más de las veces, ni siquiera tienen conciencia – por los efectos analgésicos o anestésicos de este tipo de gabelas que se incorporan a los precios de bienes y servicios – de revistar en el sistema como contribuyentes incididos, acentuando las asimetrías de un modelo fiscal que, incluso muchas veces, se ve acompañado por irritativos privilegios que favorecen a contribuyentes con elevada aptitud de pago, mediante dispensas, exenciones, deducciones, desgrabaciones, amortizaciones aceleradas y prebendas de todo tipo, sin un adecuado cálculo del costo fiscal que de ellos se deriva, ni de los resultados efectivos que a través de su uso concretamente se alcanzan.

El *principio de progresividad* también puede satisfacerse a partir de tarifas diferenciales en la *imposición indirecta*, como lo dispone la Constitución de la Confederación Suiza al fijar, por el art. 29, las pautas a que debe ajustarse la legislación en materia de derechos de importación según los objetos sobre los cuales recaigan.[71]

69. *Principios Comunes ...*, Capítulo II, Parágrafo 5, p. 69. Recuerda este autor que la Corte Suprema de Justicia de los Estados Unidos de América en dos sentencias – "Magoun *vs.* Illinois Trust and Savings Bank" (1898), 170 US 283, y "Knowlton *vs.* Moore" (1900), 178 US 41 – ha examinado, resolviendo en sentido afirmativo sobre la constitucionalidad del impuesto progresivo. En ambas la controversia se centraba en la ilegitimidad de la forma de imposición por ser contraria a la regla constitucional de la *uniformity*. La primera se ocupaba del impuesto sucesorio. La Corte declaró que el derecho a heredar en sustancia es un privilegio; el Estado, confiriéndolo, tiene también el poder de someterlo a la imposición que crea oportuna. En el segundo pronunciamiento, también sobre el impuesto a la herencia, el Alto Tribunal declaró que la *uniformity* va entendida exclusivamente en sentido geográfico y la alícuota, además, debe diversificarse según la relación de parentesco con el causante, y puede ser graduada progresivamente (p. 93).

70. Fritz Newmark, *Principios ...*, Sección "Los Principios de una Política Fiscal Justa y Económicamente Racional", Capítulo II, Parágrafo "A", "Postulados de Justicia", Subparágrafo 5, "El Principio de Proporcionalidad o Principio de Imposición Según la Capacidad de Pago Personal e Individual", Punto 2, "Recusación del Principio de Equivalencia y Renuncia a los Fundamentos Teóricos del Sacrificio", pp. 161 y ss.

71. José Luis Cascajo Castro y Manuel B. García Álvarez, *Constituciones Extranjeras Contemporáneas*, 3ª ed., Madrid, Tecnos, 1994, "Constitución Federal de la Confederación Suiza", pp. 85 y ss., en particular pp. 97-98. El precepto consigna: "Art. 29.1.

El jurista argentino Carlos S. Nino ha señalado, en conceptos que compartimos plenamente, que: "Una democracia de propietarios – como suele llamarse a un sistema de propiedad equitativamente distribuida – requiere generalizar las condiciones de acceso a esa propiedad y la mejor forma de proveer tales condiciones de modo que sea compatible con la libertad individual es a través de un sistema de impuestos progresivos".[72]

4. Derechos humanos y tributación

Hay derechos inherentes a la persona que no sólo han merecido la protección por las Constituciones y leyes consiguientes de los Estados que adscriben al modelo del *Estado Social y Democrático de Derecho*, sino que también han logrado un difundido reconocimiento internacional bajo la denominación de *derechos humanos*. Asimismo, la violación de tales derechos esenciales puede originarse por la acción estatal en distintos campos, y, entre ellos, por la actividad dirigida a obtener ingresos tributarios, lo que ha hecho surgir, a menudo, una inevitable tensión, o concreta puja, entre las detracciones patrimoniales coactivas y los apuntados derechos.

4.1 Los tratados internacionales: la doctrina de la Corte Suprema de Justicia de la Nación sobre su rango en el ordenamiento jurídico

De acuerdo al Estatuto Fundamental Argentino, los tratados internacionales conforman, junto con él y con las leyes dictadas en su consecuencia – apreciados en bloque –, lo que a tenor del art. 31 de la Constitución ha dado en denominarse *Ley Suprema de la Nación*. En dicho artículo se establece que las autoridades de cada Provincia – y óbviamente las de la Nación – están obligadas a subordinarse a ella, no obstante cualquier disposición en contrario que contengan las leyes o Constituciones provinciales.

Con alcance general, la situación que suscita la incorporación y jerarquía del Derecho Internacional frente al Derecho Interno ha sido explicada por dos concepciones. Por un lado, la *dualista*, hoy en retroceso, para la que existen dos órdenes jurídicos incomunicados entre sí – el internacional y el interno –, cada uno con su respectivo sistema de fuentes, por lo qué la incorporación del primero al segundo se realiza mediante una fuente interna – la ley – de recepción y conversión. Por otro, la *monista* – cada vez con mayor inserción en las Constituciones tal como se exhiben en el Derecho Comparado –, en virtud de la cual el Derecho Internacional y el Derecho Interno conforman una unidad en el sistema de fuentes.[73]

La Constitución Argentina de 1853-1860 ya contenía numerosas disposiciones que se referían a los tratados internacionales en forma diferenciada de las leyes (arts. 27, 31, 67, inciso 19, 86, inciso 14, y 100), pero, de todos modos, sin resolver inequívocamente la situación de jerarquía en el orden interno de unos y otras, adquiriendo, consecuentemente, particular interés la interpretación que fijara al respecto la Corte Suprema de Justicia de la Nación.

La percepción de las aduanas federales será reglamentada conforme a los principios siguientes: 1) Derechos sobre la importación: a) Las materias necesarias para la industria y la agricultura serán tasadas lo más bajo posible; b) El mismo principio se aplicará a los objetos necesarios para la vida; c) Los objetos de lujo serán sometidos a tasas más elevadas. A menos que se opongan a ello grandes obstáculos, estos principios deberán también ser observados en la conclusión de tratados de comercio con el Extranjero (...)".

72. "La justificación ética de la contribución impositiva", trabajo presentado como panelista a las *XX Jornadas Tributarias*, organizadas por el Colegio de Graduados en Ciencias Económicas, en Mar del Plata, noviembre/1990.

73. Germán J. Bidart Campos, *Tratado Elemental ...*, t. I, Capítulo I, "La Estructura y el Contenido del Derecho Constitucional", Parágrafo III, "Las Fuentes del Derecho Constitucional", Subparágrafo "El Derecho Internacional Público", Punto 53, pp. 46 y ss., en particular pp. 46-47.

En general, en el pasado el Alto Tribunal Argentino se enroló en la tesis dualista, siendo una excepción a la doctrina jurisprudencial pacíficamente elaborada en sus estrados la postura monista sostenida en soledad en la causa sentenciada a fines de la década de los años 40.

Los tratados y las leyes, en el concepto muchas veces reiterado por la Corte Suprema, se encontraban en un plano jerárquico de igualdad, incorporándose los primeros al ordenamiento interno como consecuencia de su aprobación y recepción mediante ley del Congreso, con lo cual, en caso de conflicto, debía prevalecer el precepto posterior sobre el anterior o el especial sobre el general, como lo predica la Teoría General del Derecho para resolver conflictos entre normas.

El punto de inflexión al respecto vino dado por el precedente institucional sentado por el Tribunal cimero *in re* "Miguel Ángel Ekmekdjian *vs.* Gerardo Sofovich y Otros",[74] sentencia del 7.7.1992, en el cual se hizo mérito de la *Convención de Viena sobre el Derecho de los Tratados*, aprobada por la Argentina a través de la Ley 19.865,[75] en vigor desde el 27.1.1980. A tenor de la doctrina del fallo, la prioridad de rango del Derecho Internacional convencional sobre el Derecho Interno integra el ordenamiento jurídico argentino en virtud del art. 27 de la apuntada Convención, lo que lleva a la aplicación necesaria por los órganos del Estado de los tratados, aún ante un eventual conflicto de sus disposiciones con cualquier norma interna contraria o con la omisión de dictar preceptos que, en sus efectos, equivalgan al incumplimiento del tratado internacional. En tal sentido, las disposiciones de los tratados son operativas siempre que contengan regulaciones suficientemente concretas que hagan posible su aplicación inmediata, sin el auxilio de instituciones que deba sancionar el Congreso.

74. *Fallos* 315/1.492.

75. *Anales de Legislación Argentina*, t. XXXII-D, pp. 6.412 y ss.

4.2 La Reforma de 1994 y la constitucionalización de tratados internacionales sobre derechos humanos

La Reforma Constitucional de 1994 incorporó a nuestra Ley Suprema varias previsiones que se proyectan tanto sobre el *principio de jerarquía normativa* cuanto sobre el *sistema de fuentes*. Así, por el art. 75, inciso 22, se dispuso que: "Los tratados y concordatos tienen jerarquía superior a las leyes".

En el mismo inciso se consagró que: "La Declaración Americana de los Derechos y Deberes del Hombre; la Declaración Universal de Derechos Humanos; la Convención Americana sobre Derechos Humanos; el Pacto Internacional de Derechos Económicos, Sociales y Culturales; el Pacto Internacional de Derechos Civiles y Políticos y su Protocolo Facultativo; la Convención sobre la Prevención y la Sanción del Delito de Genocidio; la Convención Internacional sobre la Eliminación de Todas las Formas de Discriminación Racial; la Convención sobre la Eliminación de Todas las Formas de Discriminación Contra la Mujer; la Convención Contra la Tortura y otros Tratos o Penas Crueles, Inhumanos o Degradantes; la Convención sobre los Derechos del Niño, en las condiciones de su vigencia, tienen jerarquía constitucional, no derogan artículo alguno de la Primera Parte de esta Constitución y deben entenderse complementarios de los derechos y garantías por ella reconocidos. Sólo podrán ser denunciados, en su caso, por el Poder Ejecutivo Nacional, previa aprobación de las dos terceras partes de la totalidad de los miembros de cada Cámara. Los demás tratados y convenciones sobre derechos humanos, luego de ser aprobados por el Congreso, requerirán del voto de las dos terceras partes de la totalidad de los miembros de cada Cámara para gozar de la jerarquía constitucional".

Por el inciso 24 de dicho artículo también se defirió al Congreso la atribución de "aprobar tratados de integración que deleguen competencias y jurisdicción a organizaciones supraestatales en condiciones de reciprocidad e igualdad, y que respeten el orden democrático y los derechos humanos. Las normas dictadas en su consecuencia tienen jerarquía superior a las leyes (...)", para regular seguidamente el procedimiento y las mayorías para la aprobación y denuncia de este tipo de tratados.

En punto a la elevación a la jerarquía constitucional de una decena de tratados internacionales sobre derechos humanos a tenor de la Reforma del año 1994, corresponde remarcar que tal hecho gravita en los principios jurídico-tributarios por importar – como contracara de los derechos humanos reconocidos a las personas en tanto contribuyentes – la fijación de límites infranqueables al poder fiscal del Estado.

Por lo demás, la Corte Suprema de Justicia de la Nación ha expresado en la causa "Horacio David Giroldi y Otro",[76] sentencia del 7.4.1995, que el alcance que es dable otorgar a los tratados internacionales sobre derechos humanos es el que rige en el ámbito internacional, según la interpretación que de los mismos han dado los Tribunales de tal naturaleza llamados a aplicarlos, con particular referencia a la proveniente de la *Corte Interamericana*, en relación a la *Convención Americana sobre Derechos Humanos.*

4.3 La doctrina tributaria sobre derechos humanos y tributación

En tanto los derechos humanos reconocidos en el plano internacional por tratados y convenciones obran en convergencia con los contenidos dogmáticos de las distintas Constituciones, proyectando sus efectos sobre esta área específica del derecho público, no se pueden perder de vista las ponencias presentada y las conclusiones a las que se arribara en los siguientes ámbitos:

• el seminario sobre *Imposición y Derechos Humanos*, en el 41º Congreso, llevado a cabo por la *International Fiscal Association*, realizado en la ciudad de Bruselas/Bélgica en el año 1987;[77]

• las *III Jornadas Rioplatenses de Derecho Tributario*, celebradas en la ciudad de Buenos Aires/Argentina en 1988, y que abordaron como tema "La Protección de los Derechos del Contribuyente a Nivel Internacional";[78]

• la constitución de la *Asociación Internacional de Tributación y Derechos Humanos*, formalizada en la ciudad de Lima/Perú el 24.11.1988, y que realizara sus primeras Jornadas en la misma ciudad al año siguiente, con la participación de representantes de diversos países de América del Sur;[79]

• las *XX Jornadas Latinoamericanas de Derecho Tributario*, celebradas en la ciudad de Salvador-Bahia/Brasil en 2000, que se ocuparon como Tema I de "Derechos Humanos y Tributación".[80]

Respecto de la gravitación de los tratados internacionales sobre derechos humanos en materia tributaria, computando la Reforma Constitucional de 1994, remitimos al temprano ensayo del catedrático Arístides H. M. Corti[81] y al artículo del profesor Gustavo J. Naveira de Casanova,[82] galardo-

76. *Fallos* 318/514.

77. Barry Bracewell-Milnes, "Summary of proceedings of the seminar *Taxation and Human Rights*", en *International Fiscal Association – Yearbook 1987*, Rotterdam, Kluwer Law & Taxation Publishers, 1987, pp. 168 y ss.

78. Se puede consultar el valioso aporte del relator uruguayo a las Jornadas, profesor Ramón Valdés Costa, "Protección de los derechos del contribuyente a nivel internacional", *Derecho Fiscal* XLIV/401 y ss.

79. Asociación Internacional de Tributación y Derechos Humanos, *Anales de las Jornadas*, conteniendo los trabajos y resoluciones, Lima, 1990.

80. En *Derechos Humanos y Tributación* ... 2001/737 y ss., Sección "Documentos".

81. "Acerca de la incidencia de los tratados internacionales en materia fiscal y penal fiscal a partir de la Reforma Constitucional Santa Fé-Paraná 1994", *Doctrina Tributaria Errepar* XV/371 y ss.

82. "Los tratados incorporados a la Constitución Nacional por su art. 75, inciso 22: influencia actual en el derecho tributario" *Derecho Tributario* XIII/343 y ss.

nado en tal rubro con el premio *Asociación Argentina de Estudios Fiscales*, año 1997.

Sobre este tema también cobra relevancia el aporte realizado a través de 21 ensayos elaborados por profesores de la Facultad de Derecho de la Universidad de Buenos Aires, que nos tocó coordinar, reunidos en un número especial de la *Revista Jurídica de Buenos Aires* del año 2001.[83]

5. *El acceso a la Justicia respecto de actos de contenido tributario*

Con la consolidación del *Estado de Derecho* resulta hoy inimaginable que frente a dos partes en pugna, una jurídicamente fuerte y poderosa – el Estado –, y otra, en algunos casos, débil y desvalida en garantías – el contribuyente –, pueda negarse el acceso a los estrados judiciales con la excusa de la falta de pago previo del tributo.

Los órganos encargados de la gestión tributaria, como todas las ramas de la Administración, no pueden encontrarse inmunes al contralor judicial llamado a decidir si sus actos y procedimientos se han conformado legítimamente a Derecho.

Se trata de prevenir que a través de detracciones patrimoniales coactivas exigidas por el Poder Público – a título de tributos – puedan consumarse despojos ilegales o inconstitucionales, al supeditarse la tutela, enderezada a evitar la iniquidad, al previo pago de las respectivas contribuciones.

Es del caso tener en cuenta, como lo sostiene el tributarista uruguayo José Pedro Montero Traibel, que: "Si el ciudadano común tiene la posibilidad de recurrir a los órganos judiciales cuando quiere hacer valer su derecho o cuando éstos son conculcados, debe sostenerse también que el contribuyente tenga igual posibilidad".[84]

Téngase en cuenta que la posibilidad de revisión judicial del acto de determinación tributaria sin exigirse el pago previo de la prestación no subvierte la presunción de legitimidad del acto administrativo ni inhibe su fuerza ejecutoria, ya que no es óbice al progreso del cobro compulsivo de la deuda mediante ejecución fiscal, salvo que en el proceso impugnatorio se solicite y obtenga tutela cautelar, lo cual, de seguro, conducirá a que se reclame el afianzamiento de la eventual obligación tributaria, garantizando el pertinente pago que, de resultar legítima la pretensión del Estado, deba atenderse en su hora.

A esta altura del desenvolvimiento económico y de la multiplicidad y extensión de necesidades cuya atención ha sido puesta a cargo del Estado, con la consiguiente demanda de recursos para sufragarlas, el derecho tributario se exhibe como la rama del derecho público que genera las más significativas ingerencias en la esfera de la propiedad privada y de la libre actividad económica. Ello amerita un fortalecimiento de la función judicial para dirimir los conflictos que suscita el definir y mensurar la obligación de cada uno para contribuir al levantamiento de las cargas públicas, mitigando la tensión entre dos partes sometidas por igual a la ley: de un lado el Estado, con prerrogativas incluso exorbitantes; y de otro el contribuyente, que requiere que la autoridad del acreedor reconozca el contrapeso de una Justicia independiente y dispuesta, sin restricciones, a brindarle tutela efectiva. Lo expresado sin que tal equilibrio llegue a comprometer la normal recaudación de las rentas públicas, presupuesto indispensable para que la sociedad políticamente organizada pueda cumplir sin alteraciones ni demoras las competencias, servicios y funciones que se han puesto a cargo del Estado, en tanto gerente y promotor del bien común.

83. José Osvaldo Casás (coord.), *Derechos Humanos y Tributación* ... 2001.

84. *Derecho Tributario Moderno*, t. I, Montevideo, Fundación de Cultura Universitaria, 1977, v. Primero, "Derecho Tributario Material", Segunda Parte, "Principios Generales", Capítulo I, "Fuentes de la Imposición", Parágrafo "Enumeración de las Fuentes", Subparágrafo 3º, "La Constitución", Punto I, "Principios Constitucionales Tributarios", Subpunto "d", "Tutela Jurisdiccional", pp. 61 y ss., en particular p. 61.

5.1 Del derecho constitucional de defensa a la tutela judicial efectiva

El *due process of law*, como garantía procesal de la libertad, no es una novedad en la historia institucional de los Estados Unidos de América, que alumbra con la Constitución de Filadelfia – elaborada por la Convención reunida en dicha ciudad en 1787 y puesta en vigencia en 1788, luego de la ratificación de nueve convenciones estaduales –, y más particularmente con la V Enmienda del *Bill of Rights*, que rigiera desde diciembre/1791. En este sentido podemos retrotraernos al *common law*, tal cual lo señala Edward S. Corwin,[85] incluso con contenido implícito en la *Carta Magna* de 1215, donde se tutelaba la libertad personal contra las detenciones arbitrarias decretadas desde el Estado y, tangencialmente, se prevenían las penas pecuniarias y confiscaciones sin juicio legal por los pares. Siguiendo a Juan Francisco Linares, es en tal sentido que corresponde hablar de derecho al *debido proceso adjetivo*, apuntando a los aspectos procesales y formales a que debe ajustarse un proceso y su culminación en una sentencia válida y oponible a aquél a quien pretenda ser aplicada.[86]

A su vez, por la Enmienda XIV, Primera Sección, sancionada por el Congreso en 1866 y ratificada en 1868, se reprodujo la cláusula del *debido proceso adjetivo* para los Estados-miembros de la Unión.

Respecto al *derecho constitucional de defensa en juicio*, el art. 18 de la Constitución Argentina consagra que: "Ningún habitante de la Nación puede ser penado sin juicio previo fundado en ley anterior al hecho del proceso, ni juzgado por comisiones especiales, o sacado de los jueces designados por la ley antes del hecho de la causa. Nadie puede ser obligado a declarar contra sí mismo; ni arrestado sino en virtud de orden escrita de autoridad competente. Es inviolable la defensa en juicio de la persona y de los derechos".

Las transcripciones precedentes, primordialmente referidas al proceso penal, deben complementarse con el dispositivo del art. 17 de la Ley Fundamental, precepto convertido en una verdadera ciudadela protectora del derecho de propiedad, ya enunciado dentro de los derechos civiles en el art. 14 de igual ordenamiento. La norma, en su introducción misma, prescribe: "La propiedad es inviolable, y ningún habitante de la Nación puede ser privado de ella, sino en virtud de sentencia fundada en ley" – de lo qué se deriva la necesaria intervención de un magistrado judicial en un proceso ante sus estrados para hacer efectivo el cobro compulsivo de las pretensiones patrimoniales coactivas que puedan demandarse a título de tributos.

A la Constitución Argentina le cabe el indiscutido mérito de haber abierto surcos al institucionalizar, en forma expresa y de modo sistemático, el derecho de defensa en juicio. Sobre el particular, José Armando

85. *La Constitución de los Estados Unidos y su Significado Actual*, Buenos Aires, Fraterna, 1987, Parágrafo "La Ley de Derechos", Subparágrafo "Quinta Enmienda", Punto "Origen y Desarrollo del 'Debido Proceso de Ley'", pp. 497 y ss., en particular p. 497, quien indica: "La frase '*debido proceso* de ley' proviene del Capítulo 3 de 28 Edw. III (1335), que dice: 'Nadie, sea cual fuere su estado o condición, será retirado de sus tierras o residencia, ni llevado, ni desheredado, ni muerto, antes de que se lo obligue a responder de acuerdo con el debido proceso de ley'. A su vez, esta norma se remonta al famoso Capítulo 29 de la Magna Carta (versión de 1225), donde el Rey promete que 'ningún hombre libre *[nullus libert homo]* será tomado o encarcelado o privado de sus movimientos o sus libertades o costumbres libres, o proscrito o exiliado, o de ningún modo destruido, ni caeremos sobre él o enviaremos contra él, excepto por un juicio legal de sus pares o por la ley de la tierra *[per legem terrae]*'. No importa cuál sea la fraseología utilizada, siempre aparece en estrecha asociación con otras salvaguardias que amparan a las personas acusadas, del mismo modo que lo hace la cláusula que aquí comentamos y que corresponde a la Enmienda V".

86. *Razonabilidad de las Leyes. ...*, 2ª ed., Primera Parte, "Origen, Evolución y Lineamientos del 'Debido Proceso' Legal en los Estados Unidos", Capítulo I, "Introducción", pp. 3 y ss., y Capítulo II, "Origen y Evolución Histórica de la Garantía", pp. 15 y ss.

Seco Villalba ha destacado: "A lo largo del siglo XIX se sancionaron multitud de Constituciones en América y en Europa. En ninguna de ellas se reconoce el derecho específico de defensa y la inviolabilidad de la defensa judicial. Se advierte en todas la preocupación por dotar al individuo de seguridad contra detenciones ilegales y protegerlo contra leyes retroactivas, tribunales extraordinarios o jueces que no sean los naturales; pero el derecho de defensa, como derecho fundamental, absoluto, invulnerable y supremo, brilla por su ausencia".[87]

Es así que los preceptos de la Constitución Argentina se hallan orientados, según las propias palabras de la Corte Suprema de Justicia de la Nación, a amparar a toda persona a quien la ley le reconozca personería para actuar en juicio en defensa de sus derechos, sea que lo haga como querellante o como acusado, actor o demandado, pues no se justifica un tratamiento distinto a quien postula el reconocimiento de un derecho, así fuere el de obtener la imposición de una pena, y quien se opone a ello.[88] También la garantía de la defensa en juicio requiere la existencia de la posibilidad de ocurrir ante algún órgano jurisdiccional en procura de justicia y, por consiguiente, afirma la licitud de los actos tendientes a obtener la decisión de los jueces sobre los derechos que los interesados – inclusive el Estado – entienden les asisten.[89] A ello puede agregarse que, mientras no se resguarde la defensa de aquel contra quien se dirige la acción, o al menos en la medida necesaria para que su esencia no aparezca desconocida, no puede haber juicio constitucionalmente válido dentro del ordenamiento jurídico argentino.[90] Por último, el Tribunal cimero ha dicho que la garantía constitucional de la defensa en juicio incluye el derecho de todo imputado a obtener un pronunciamiento que, definiendo su posición frente a la ley y a la sociedad, ponga término, del modo más breve, a la situación de incertidumbre y de restricción de la libertad que comporta el enjuiciamiento penal.[91]

En Europa, frente a la traumática experiencia vivida en la época inmediata anterior y durante el conflicto bélico – II Guerra Mundial –, particularmente en los países asolados por el autoritarismo, se comprueba una vigorosa reacción que se levanta postulando el *derecho jurídico subjetivo de acceder a la jurisdicción* a fin de obtener en ella – a través del sistema contradictorio – una efectiva resolución fundada en derecho.

Al decir de Javier Barnés Vázquez: "La idea dominante que surca el Constitucionalismo occidental no es otra que la de fortalecer la *tutela judicial* de los derechos y libertades, habida cuenta de la inmediata historia precedente: procesos penales que no pasaban de ser simples simulacros y zonas de actividad administrativa inmunes o exentas del control jurisdiccional". Para agregar que: "Las nuevas Constituciones pretendieron frenar los embates del Poder Público en los dos frentes más amenazados: en materia penal y contencioso-administrativa".[92]

También tiene que ver con la nueva concepción el objetivo de alcanzar una mayor intensidad y efectividad en las técnicas de control judicial sobre la acción administrativa. Se trata de hacer frente al Poder Público en amplias zonas de la actividad de la Administración que, hasta épocas cercanas, se encontraban inmunes o exentas

87. *El Derecho de Defensa. La Garantía Constitucional de la Defensa en Juicio*, Buenos Aires, Depalma, 1947, Capítulo "El Derecho de Defensa Desde el Punto de Vista del Derecho Constitucional", pp. 11 y ss., en particular pp. 17-18.
88. *Fallos* 268/266.
89. *Fallos* 209/28.
90. *Fallos* 251/86.
91. *Fallos* 282/153.
92. Javier Barnés Vázquez, "La tutela judicial efectiva en la Constitución Alemana", ensayo publicado en "La protección jurídica del ciudadano (procedimiento administrativo y garantía jurisdiccional)", en *Estudios en Homenaje al Profesor Jesús González Pérez*, t. I, Madrid, Civitas, 1993, pp. 429 y ss., Capítulo I, "Las Raíces del Art. 24.1 CE", pp. 429 y ss., en particular p. 430.

de la revisión judicial, consagrando, a tal respecto, lo que ha dado en denominarse "derecho a la *tutela judicial en sentido estricto*".

No se intenta, simplemente, atender de manera satisfactoria los litigios jurídico-privados y los procesos penales con un sesgo garantístico, antes al reparo del principio de la inviolabilidad de la *defensa en juicio de la persona y de los derechos*, hoy subsumible, en alguna medida, en la noción de *tutela judicial general*, sino, más bien, de fortalecer al ciudadano – que ha dejado de ser vasallo o súbdito –, frente a un sobredimensionamiento de las prerrogativas y consiguiente discrecionalidad de los Poderes Públicos, que reclama, en la coronación del Estado de Derecho y en la efectiva supremacía de la Constitución, una *tutela judicial específica efectiva*, haciendo frente a la *soberanía del Ejecutivo* o a las exorbitantes plenipotencias de la ley, como pretendida *expresión rousseauniana de la voluntad general*.

Téngase también en cuenta que la apertura del proceso, o acceso a la jurisdicción, ante la acción lesiva del Poder Público en la materia que nos ocupa, esto es la tributaria – a pesar de que el Estado revista respecto a la relación patrimonial coactiva, como ya se indicara, el triple carácter de creador de la obligación, acreedor de la misma y juez de las controversias que se susciten con el contribuyente –, se ha visto históricamente restringida o dificultada por diversos obstáculos que hoy deben ser removidos.

5.2 La regla del "solve et repete" y su vigencia en el Derecho Argentino

Con carácter introductorio, cabe referir que la regla *solve et repete*, en su formulación más rígida, significa, en palabras del catedrático español Fernando Garrido Falla, que "la impugnación de cualquier acto administrativo que implique liquidación de un crédito a favor del Estado sólo es posible si el particular se aviene previamente a realizar el pago que se discute".[93]

La exigencia del pago para posibilitar el cuestionamiento judicial de los tributos tuvo, durante su apogeo, una modesta difusión en el Derecho Comparado, encontrándose hoy en franco retroceso, al tiempo que los planteos de revisión por la Justicia han estado sujetos a distintos recaudos, generando, también, efectos diversos.

En nuestro país durante casi un siglo el cuestionamiento de los tributos provinciales sólo pudo hacerse por conducto de acciones de repetición previo pago; solicitudes que, primero, debían sustanciarse como reclamos en sede administrativa agotando la vía, para así habilitar la posterior instancia judicial. Tal requisito provino de una creación pretoriana, hermanada a la exigencia de pago bajo protesto, que se remonta al precedente de la Corte Suprema de Justicia recaído en la causa "El Procurador Fiscal de la Provincia de San Juan *vs.* la Sucursal del Banco Nacional, sobre cobro de impuestos. Incidente sobre competencia",[94] sentencia del 2.3.1876. Valga agregar que nuevamente se invocaron razones de carácter institucional *in re* "Don Rómulo Herrera *vs.* los Srs. Tiseyra y Pírola, por inconstitucionalidad de impuesto; sobre incompetencia",[95] sentencia del 8.2.1887, al alegarse que la acción de la Justicia Federal no podía dificultar la recaudación de las rentas o paralizar el accionar de los Gobiernos Provinciales so pretexto de inconstitucionalidad de sus impuestos.

El Máximo Tribunal Federal, en la causa "Microómnibus Barrancas de Belgrano S/A",[96] sentencia del 21.12.1989, en-

93. *Tratado de Derecho Administrativo*, 3ª ed., v. I ("Parte General"), Madrid, Instituto de Estudios Políticos, 1964, Capítulo IV, "Efectos Jurídicos de los Actos Administrativos", Parágrafo 3, "La Ejecutividad del Acto Administrativo y la Acción de Oficio", Subparágrafo "C", "El Principio *Solve et Repete*", pp. 523 y ss., en particular p. 523.

94. *Fallos* 17/207.

95. *Fallos* 31/103.

96. *Fallos* 312/2.490.

tendió que el art. 8º, inciso 1º, de la Convención Americana sobre Derechos Humanos era operativo y no requería de una reglamentación interna ulterior para ser aplicado, pero, de todos modos, frente a normas que en materia previsional exigían el pago de lo adeudado como requisito de admisibilidad de los recursos de revisión judicial, tuvo en cuenta que el apelante ni siquiera había alegado que le fuera imposible, debido al excesivo monto del depósito, efectuar el pago previsto como recaudo para la habilitación de la instancia, de forma tal de imposibilitar real y efectivamente el ejercicio de su derecho. En síntesis, adjudicó carácter operativo a la Convención en este aspecto, sin perjuicio de requerir para excepcionar el *solve et repete* la invocación y acreditación de la efectiva imposibilidad de pago para no quedar postergado a la frustrante y teórica vía de la repetición tributaria, y acceder a la tutela judicial previa y oportuna.

Con la sanción de la Ley 15.265[97] se creó, en el año 1960, el Tribunal Fiscal de la Nación, llamado a conocer en los recursos de apelación contra las resoluciones de la Dirección General Impositiva que determinaran tributos y accesorios, ajustaran quebrantos, impusieran multas, denegaran reclamaciones por repetición de impuestos, como así también de los recursos por retardo y amparo. La aludida instancia importó la habilitación de un *tribunal no judicial* con independencia funcional de la Administración activa, recreando un ámbito en el cual el contribuyente, sin la necesidad del previo pago, pudiera discutir la procedencia de las pretensiones del Fisco.[98] Más aún, dictada sentencia por el Tribunal Fiscal de la Nación confirmatoria de la resolución del Organismo Recaudador, de interponer el contribuyente o responsable recurso de revisión y apelación limitada para ante la Cámara Nacional de Apelaciones en lo Contencioso Administrativo Federal (órgano integrante del Poder Judicial), la cancelación de los gravámenes no fue, ni es, requisito para el andamiento de dicha vía, sin perjuicio de lo cual, de no acreditarse el pago de lo adeudado al Fisco dentro de los 30 días de notificada la sentencia o de la resolución que aprueba la liquidación practicada, se expide boleta de deuda con la qué, por vía separada, ante un juez de grado del fuero federal, podrá promoverse la ejecución del crédito.[99]

El tributarista Enrique G. Bulit Goñi, a este respecto, concluye sosteniendo: "En consecuencia, el privilegio de la exigencia de pago previo como condición para discutir judicialmente la legitimidad del tributo se ha transformado en el privilegio de poder ejecutar judicialmente, mediante un procedimiento en el que, por principio, las defensas están más restringidas, un tributo cuya legitimidad está siendo efectivamente cuestionada ante un tribunal, superior, del

97. *Anales de Legislación Argentina* XIX-A/239 y ss.

98. Incluso en la causa "Establecimientos Textiles San Andrés S/A", la Sala IV de la Cámara Nacional de Apelaciones en lo Contencioso Administrativo Federal, por sentencia del 25.11.1986, sostuvo que ante la intervención del Tribunal Fiscal de la Nación el contribuyente contó con una vía para ejercer su pretensión, sin verse sometido a la compulsión del Estado, el cual sólo le exigiría el pago de la deuda una vez que dicho organismo jurisdiccional hubiere dictado pronunciamiento, cumpliéndose a través de su intervención, por la naturaleza del tribunal jurisdiccional, independiente e imparcial, el recaudo establecido al respecto por el Pacto de San José de Costa Rica (cf. *Derecho Fiscal* XLII/151 y ss.).

99. En forma aislada, algunos autores sostienen que subsiste la vigencia actual del *solve et repete* en el orden nacional con base en lo dispuesto en los arts. 82 y 93 de la Ley de Procedimientos Tributarios. Puede consultarse la opinión del profesor Roberto M. Mordeglia, "Principios tributarios y garantías de los contribuyentes: la experiencia argentina (doctrina y jurisprudencia)", en *Justicia Tributaria*, Anales del I Congreso Internacional de Derecho Tributario, actividad organizada por el Instituto Brasileño de Estudios Tributarios, Vitoria, 1998, pp. 707 y ss., Parágrafo II, "La Pretensión Mere Declarativa en Materia Fiscal", Subparágrafo 10, "Los Argumentos Contrarios a la Admisión", Punto "e", "La Presunción de Legitimidad No Puede Ser el Fundamento del *Solve et Repete*", pp. 724 y ss.

mismo fuero. No es, pues, el principio *solve et repete* atenuado; es otra cosa".[100]

En atención a las consideraciones precedentes, en el orden federal de la Argentina, la regla de *solve et repete*, en su sentido estricto, sólo rige en materia de aportes y contribuciones al Sistema Integrado de Jubilaciones y Pensiones, y no en materia impositiva. Ello así, ya que en el segundo supuesto la Ley 24.463,[101] por su art. 26, inciso "b", dispone que la Cámara Federal de la Seguridad Social sólo conocerá de los recursos contra las resoluciones que dicte la Dirección General Impositiva en materia previsional, que deniegue total o parcialmente impugnaciones de deuda determinadas por el citado Organismo siempre que en el plazo de su interposición se hubiere depositado el importe resultante de la resolución atacada.[102]

Respecto a las Provincias donde aún hoy señorea la regla *solve et repete* es dable computar modalidades diferentes respecto del modo en que opera la restricción antedicha.

5.3 La doctrina tributaria sobre tutela judicial efectiva

La doctrina nacional ha abogado, con fundamento en el *principio de tutela judicial efectiva*, por el reconocimiento de la tutela cautelar a favor del contribuyente, la liberalización de la reclamación previa y del agotamiento de la vía administrativa y, fundamentalmente, por la abrogación total de la regla del *solve et repete*.

En el último aspecto se ha hecho particular hincapié en los fundamentos brindados por la Corte Constitucional Italiana en la causa "Stroppa Franco *vs.* Intendenza di Finanza di Pavía",[103] según sentencia del 31.3.1961, al entenderse que la restricción contrariaba los derechos consagrados en los arts. 3º, 24 y 113 del Estatuto Supremo de 1947, entre ellos el compromiso asumido por la República de remover los obstáculos de orden económico y social que, limitando de hecho la libertad y la igualdad de los ciudadanos, impidieran el pleno desarrollo de la personalidad humana y la efectiva participación de todos.

Una de las exposiciones críticas, más sólida y completa, levantada en nuestro medio contra la regla del *solve et repete* fue la realizada por el maestro de todos, Carlos M. Giuliani Fonrouge,[104] para quien mantener tan írrito privilegio a favor del Fisco resultaba innecesario en tanto éste se halla-

100. "El *solve et repete* desde los principios superiores y la realidad cotidiana", *Revista Latinoamericana de Derecho Tributario* 3/47 y ss., Año 1997, Parágrafo II, "Otro Periplo (Sobre Mi Visión del *Solve et Repete*)", pp. 48 y ss., en particular p. 51.

101. *Anales de Legislación Argentina* LV-C/2.913 y ss.

102. La Cámara Nacional de Apelaciones de la Seguridad Social, hoy Cámara Federal de igual materia, ha admitido suplir el depósito por una cobertura sucedánea al pago de la deuda, como la constitución de un seguro de caución. Ello ha ocurrido, con intervención de su Sala III, en la causa "Etiene Marcel S/A *vs.* Dirección General Impositiva s/ impugnación de actas", sentencia del 26.12.1994 (*Impuestos* LIII-A/1.386, Sección "Jurisprudencia Fiscal Anotada"); y, con intervención de su Sala I, en la causa "Tronchet pour l'Homme S/A *vs.* DGI s/ Impugnación de Deuda", sentencia del 16.6.1995 (*Impuestos* LIII-B/2.414 y ss., Sección "Jurisprudencia Fiscal Anotada").

103. *Rivista di Diritto Finanziario e Scienza delle Finanze* II/101 y ss., Año XX, con nota de Luigi Napolitano y apostilla de Gian Antonio Micheli, pp. 120 y ss., Milán, Casa Editrice Dott. A. Giuffrè, 1961; *Giurisprudenza Costituzionale* Año 6º, 1961, pp. 138 y ss., con observaciones de los profesores Giussepino Treves y Carlo Esposito, pp. 139 y ss. y 142 y ss., respectivamente, Milán, Casa Editrice Dott. A. Giuffrè, 1961; y *Raccolta Ufficiale delle Sentenze e Ordinanze della Corte Costituzionale* XI/191 y ss., Roma, Istituto Poligrafico dello Stato/Librería dello Stato, Roma, 1961. La sentencia puede consultarse en el trabajo del que somos autores: José Osvaldo Casás, "Tutela jurisdiccional en materia tributaria", en *Anales de las III Jornadas Tributarias del MERCOSUR*, organizadas por la Asociación Argentina de Estudios Fiscales en agosto/1999, Buenos Aires, La Ley, 1999, pp. 479 y ss., Anexo I, que reproduce la traducción efectuada por la Dirección de la Carrera de Traductor Público de la Facultad de Derecho de la Universidad de Buenos Aires, bajo la firma de la traductora pública María del Rosario Giannandrea, pp. 516 y ss.

104. "Acerca del *solve et repete*" (nota a fallo), *Revista Jurídica Argentina La Ley* 82/616 y ss.

ba munido de otros medios, incluso más eficaces, para desarrollar su actividad y percibir sus créditos. Así, ya en 1956 sostenía: "Si 40 o 50 años atrás, con una fiscalidad incipiente, podría peligrar la recaudación normal de los ingresos por una excesiva tolerancia hacia los contribuyentes, en la actualidad la supresión del pago previo no puede afectar el funcionamiento regular de la Administración".[105]

El académico de Córdoba Héctor B. Villegas ha argumentado más recientemente que hoy, de subsistir en algún ordenamiento particular del país la apuntada regla, no sería menester articular una formal tacha de inconstitucionalidad, en tanto el Pacto de San José de Costa Rica ha removido, como limitante al acceso jurisdiccional pleno, la exigencia del pago previo del tributo.[106]

El catedrático Arístides Horacio M. Corti, compartiendo la postura precedente, en oportunidad de efectuar un comentario laudatorio a la sentencia de la Cámara Nacional de Apelaciones en lo Contencioso Administrativo Federal, Sala IV, dictada el 18.4.1985, y recaída en la causa "Telesud, S/A s/recurso de apelación",[107] sostuvo que la Convención Americana sobre Derechos Humanos había venido a suprimir del derecho tributario argentino la regla bajo comentario, pasando revista a las consecuencias que, en los distintos supuestos de controversias tributarias, se derivan de tal abrogación.[108]

Por su parte, la publicista Susana Camila Navarrine se ha ocupado de destacar cómo la acción declarativa de certeza, prevista en el art. 322 del Código Procesal Civil y Comercial de la Nación, se ha convertido en un medio idóneo para prevenir el daño tributario y sortear el valladar del *solve et repete*, en tanto éste pudiera impedir, dificultar o posponer la tutela jurisdiccional efectiva.[109]

A su vez, el profesor Rodolfo R. Spisso ha afirmado que la regla *solve et repete* resulta inconstitucional por ser inconciliable con el *principio de razonabilidad* consagrado por el art. 28 del Estatuto Fundamental,[110] por cuanto no existe adecuación entre el medio empleado por la norma (condicionar la intervención judicial) y el fin que se persigue (lograr la presta recaudación de los tributos). Este calificado autor señala: "Si el instituto se funda en la necesidad de no obstaculizar la normal y regular percepción de la renta pública, ese objetivo se puede satisfacer exigiendo caución adecuada tendiente a desalentar las acciones y recursos interpuestos con fines meramente dilatorios. En cambio, condicionar el acceso a la Justicia al previo pago del impuesto y sus accesorios o de las multas se manifiesta como una exigencia irracional, violándose la regla del equilibrio conveniente, en razón de la disconformidad de la norma con una serie de principios filosóficos, políticos, sociales y religiosos a los cuales se considera ligada la sociedad".[111]

105. Carlos M. Giuliani Fonrouge, "Acerca del *solve et repete*", *Revista Jurídica Argentina La Ley* 82/624, Parágrafo 7, "Consideraciones Finales".

106. "La regla *solve et repete* y su vigencia en el derecho tributario argentino", *Derecho Fiscal* XLIII/289 y ss., en particular pp. 293 y ss., Capítulo V, "El Pacto de San José de Costa Rica", Parágrafo 5.2, "Valor Operativo del Tratado". La Convención Americana sobre Derechos Humanos, por el art. 8º, referente a "Garantías Judiciales", numeral 1, dispone: "Toda persona tiene derecho a ser oída, con las debidas garantías y dentro de un plazo razonable, por un juez o tribunal competente, independiente e imparcial, establecido con anterioridad por la ley, en la sustanciación de cualquier acusación penal formulada contra ella, o para la determinación de sus derechos y obligaciones de orden civil, laboral, fiscal o de cualquier otro carácter".

107. *Derecho Fiscal* XL/561 y ss., en particular pp. 566 y ss., Sección "Jurisprudencia Tributaria".

108. Arístides Horacio M. Corti, "Jurisprudencia Fiscal Anotada", *Impuestos* XLIV-A/433 y ss.

109. "Acción declarativa. Prevención del daño tributario. Inexistencia de *solve et repete*", *Derecho Fiscal* XL/193 y ss.

110. En la Constitución Argentina puede leerse: "Art. 28: Los principios, garantías y derechos reconocidos en los anteriores artículos no podrán ser alterados por las leyes que reglamenten su ejercicio".

111. Rodolfo R. Spisso, *Tutela Judicial Efectiva en Materia Tributaria – Protección del Contribuyente Ante el Estado de Sitio Fiscal*, Buenos Aires, Depalma, 1996, Capítulo IV, "Suspensión de la Ejecución de los Actos Administrativos Fiscales",

Finalmente, también dentro de la doctrina argentina, con clara precisión jurídica, el destacado tributarista Enrique G. Bulit Goñi ha concluido enfatizando que es hora de suprimir el *solve et repete*, o por lo menos de reemplazarlo por un medio que tutele no tanto la oportunidad sino la seguridad de la recaudación, añadiendo: "Asegurada ella, mediante las medidas cautelares preventivas que adopte el Fisco, o las garantías que otorgue el contribuyente, que el Estado se ocupe, con su mayor diligencia, de anticipar el cobro", ya que "estaría surgiendo de los hechos que la exigencia del pago previo termina desquiciando la relación Fisco/contribuyente, instando insensiblemente al funcionario a percibir ahora, pues la total repetición deberá afrontarla el funcionario que lo suceda, y proyectando efectos nocivos sobre los principios de legalidad, igualdad, propiedad, razonabilidad y tutela jurisdiccional efectiva".[112]

6. Internacionalización de los fenómenos tributarios y desarrollo incipiente de nuevos principios jurídicos que propenden a tutelar la justicia tributaria en tal ámbito

La intensificación que en el comercio internacional se ha operado en las últimas décadas, sumada a la transnacionalización de las empresas y de los capitales, a partir de colocaciones financieras o inversiones concretas, y apertura de sucursales y filiales,[113] tiende a mundializar los fenómenos tributarios, generando problemas al momento en que las Administraciones deben aprehender los hechos generadores verificados en la *Aldea Global* y subsumirlos en las hipótesis de incidencia descriptas por la legislación fiscal positiva de cada uno de los Estados. A ello hay que agregar la desmaterialización de la riqueza y el desarrollo que han ido alcanzando las redes y carreteras del Internet, permitiendo a los operadores concluir sus negociaciones económicas desde los puntos más diversos y distantes del Planeta.

Ante tal estado de cosas, será necesario tener claramente definidos en la legislación interna de cada uno de los países, y/o resueltos por vía de normas convencionales – tratados para evitar la doble imposición internacional –, los *criterios de atribución* a los sujetos pasivos y los *momentos de vinculación* a los entes impositores.[114] Todo ello sin perjuicio de que la adopción de temperamentos no uniformes

Parágrafo 28, "El Principio *Solve et Repete*", pp. 92 y ss., en particular pp. 93-94.

112. Enrique G. Bulit Goñi, "El *solve et repete ...*", *Revista Latinoamericana de Derecho Tributario* 3/55, Parágrafo II.

113. Señala el académico Héctor B. Villegas que: "Las empresas han modificado sus planes comerciales y su estrategia de localización física, integrándose vertical u horizontalmente, con prescindencia de las fronteras geográficas de los países". Agregando más adelante que en este sentido: "La lucha es despareja porque el Estado se detiene en sus fronteras mientras que las megaempresas invaden todo tipo de espacio físico, cruzan las líneas políticas y no hay armas ni fuerzas militares que las detengan". Para concluir: "La localización de las operaciones de una empresa se transformó en una variable de elección, dependiendo de diversos factores, entre los cuales, y con grado significativo, se hallan los tributarios. Esta variable de elección pone en manos de las compañías multinacionales un poder que va más allá del deseable" (cf. *Curso* ..., 8ª ed., Título Tercero, Capítulo XV, "Derecho Internacional Tributario", Parágrafo 288, "Globalización y Fiscalidad Internacional", pp. 609 y ss., en particular p. 610; y Parágrafo 297, "Empresas Transnacionales", pp. 620 y ss., en particular p. 622).

114. Dino Jarach, *El Hecho Imponible. Teoría General del Derecho Tributario Sustantivo*, 2ª ed., Buenos Aires, Abeledo-Perrot, 1971, Capítulo Tercero, "La Atribución del Hecho Imponible a los Sujetos Pasivos y los Momentos de Vinculación con el Sujeto Activo", Parágrafo 23, "Vinculación del Hecho Imponible con el Sujeto Activo de la Obligación Tributaria: Relaciones con el Derecho Internacional y con el Problema de las Dobles Imposiciones", pp. 203 y ss. Puntualiza el autor: "La relación tributaria surge por verificarse un hecho jurídico; y (...) es lógicamente imprescindible que en la ley tributaria el hecho jurídico sea puesto en relación de un lado con el sujeto o los sujetos pasivos mediante los criterios de atribución (...), de otro lado, con el sujeto activo, mediante los titulados momentos de vinculación, para que surja la pretensión y la obligación tributaria" (p. 203).

por parte de los Estados genere serias disfuncionalidades.

La Organización Mundial del Comercio (OMC), creada en febrero/1995 como culminación de la Ronda Uruguay, ha informado que 86.000 empresas asociadas en todo el mundo efectúan el 80% de las transacciones económicas,[115] lo que confirma no solamente lo concentrado de la actividad negocial sino también cómo se intensifica, día a día, la globalización.

Ante tal realidad se han ido consolidando diversos *principios de derecho internacional tributario*, a los que, a esta altura, deben sumarse los propios del *derecho de la integración*, que se traducen, en ambos casos, la más de las veces, por un lado, en deberes para los Estados, que ven así restringida su soberanía impositiva, y, por el otro, en verdaderos derechos invocables por los contribuyentes.[116]

Resumiendo, entre los atinentes estrictamente a la *justicia tributaria* podemos enunciar, al menos, el de *no-discriminación* (eminentemente de derecho comunitario y análogo al que en el orden interno se conoce como principio de igualdad en la ley); el de *proscripción de la doble o múltiple imposición* (que cabe correlacionar con los principios de igualdad y capacidad contributiva, en tanto las actividades desplegadas en el orden internacional no deben estar gravadas con mayor intensidad que las intrajurisdiccionales); el de *colaboración y acción contra el fraude internacional* (que se sustenta en razones éticas, teniendo en vista la igualdad, la generalidad y la capacidad contributiva); el de *interdicción de la competencia fiscal lesiva* (que tiende a evitar que se afecte la progresividad contemplada por la legislación tributaria interna de los Estados); y el de *derecho a la tutela jurisdiccional internacional*, a partir de la instalación de una Justicia independiente para resolver los conflictos tributarios en tal plano, ya sea que se susciten entre los contribuyentes y los Fiscos y/o entre estos últimos (correlativo del principio de igual denominación que, como superación de los de debido proceso adjetivo y defensa en juicio, opera en el orden interno de las Naciones).

Respecto al *principio de no-discriminación*, el mismo aparece como norma comunitaria en el Tratado de la Unión Europea (art. 12), al prohibirse *toda discriminación por razón de la nacionalidad*, incluso las que puedan producirse por deberes formales, concretándose en otras normas que garantizan la libertad de circulación de capitales, trabajadores, servicios, como el derecho a la fijación de establecimiento (arts. 39, 43, 48, 49, 56 y ss.). También corresponde hacer mención que el art. 90 de igual Tratado establece: "Ningún Estado-miembro gravará directa o indirectamente los productos de los demás Estados-miembros con tributos internos, cualquiera que sea su naturaleza, superiores a los que graven directa o indirectamente los productos nacionales similares. Asimismo, ningún Estado-miembro gravará los productos de los demás Estados-miembros con tributos internos que puedan proteger indirectamente otras producciones".

En el sentido antedicho, el catedrático José Luis Pérez de Ayala y el profesor Miguel Pérez de Ayala Becerril han señalado: 1º) "(...) no sólo se prohíben las discriminaciones directas en función de la nacionalidad, sino aquellas basadas en otros criterios – por ejemplo, la no-residencia en el Estado impositor – que habitualmente perjudica a los no nacionales"; y 2º) "este principio no excluye la llamada 'discriminación inversa', es decir, la discriminación de personas o productos nacionales".[117]

115. José Levy Hara, "Globalización de la economía y su incidencia en el impuesto sobre los ingresos netos", trabajo presentado al IV Congreso Tributario Argentino, organizado por el Consejo Profesional de Ciencias Económicas de la Capital Federal, abril/1996, *Anales*, pp. 281 y ss., en particular p. 282.

116. Victor Uckmar (coord.), *Corso di Diritto Tributario Internazionale*, Padova, Casa Editrice Dott. Antonio Milani (CEDAM), 1999, Capítulo I, "Introduzione", pp. 1 y ss.

117. José Luis Pérez de Ayala y Miguel Pérez de Ayala Becerril, *Fundamentos de Derecho Tri-*

En esta parte del Continente Americano, el Tratado de Asunción, suscripto el 26.3.1991 por la República Argentina, la República Federativa de Brasil, la República del Paraguay y la República Oriental del Uruguay, dió por constituido un Mercado Común que debía estar conformado el 31.12.1994, denominándolo *Mercado Común del Sur* (MERCOSUR).[118]

En el instrumento referido en el párrafo precedente se dispuso por el art. 7: "En materia de impuestos, tasas y otros gravámenes internos, los productos originarios del territorio de un Estado-Parte gozarán, en los otros Estados-Partes, del mismo tratamiento que se aplique al producto nacional". La cláusula transcripta importa, con alcance específico, consagrar expresamente el *principio de no-discriminación*, pudiendo consultarse al respecto la obra de la profesora de Derecho Financiero de la Universidad de la República Oriental del Uruguay, Addy Mazz,[119] como los aportes que con alcance general han efectuado sobre el tema el profesor de la Universidad Católica de Córdoba, Antonio Ziino Colanino, y los abogados Juan Osvaldo Zanotti Aichino y Cristian J. Billardi.[120]

En orden al *principio de proscripción de la doble o múltiple imposición*, la Sociedad de las Naciones y luego las Naciones Unidas propiciaron la adopción de tratados internacionales orientados a tal finalidad. En tal cometido también se involucraron la *International Fiscal Association*, el Instituto Latinoamericano de Derecho Tributario y la Organización para la Cooperación y Desarrollo Económicos.

Sobre el particular señala el académico Héctor B. Villegas que: "La preocupación por solucionar los problemas de la doble imposición internacional es antigua, ya que este fenómeno encierra una injusticia intrínseca y una falta de racionalidad. En determinado momento se observó que la imposición duplicada trababa la actividad mercantil, obstaculizaba la inversión internacional y las vinculaciones entre los pueblos. Los esfuerzos por solucionar el problema se encaminaron entonces a facilitar el intercambio y la inversión internacional".[121]

La República Argentina ha adherido a la tendencia generalizada de suscripción de convenios para evitar la doble imposición internacional, registrando a la fecha 16 tratados, a saber: Suecia (*BO* 5.12.1962), Alemania (*BO* 23.7.1979), Bolivia (*BO* 25.4.1978), Francia (*BO* 30.12.1980), Brasil (*BO* 17.11.1982), Austria (*BO* 20.5.1982), Italia (*BO* 24.2.1983), Chile (*BO* 1.10.1985), España (*BO* 19.11.1993), Canadá (*BO* 13.12.1994), Finlandia (*BO* 10.7.1996), Reino Unido de Gran Bretaña e Irlanda del Norte (*BO* 4.12.1996), Bélgica (*BO* 22.7. 1997), Dinamarca (*BO* 24.7.1997), Países Bajos (*BO* 15.1.1998).[122]

En lo referente al *principio de colaboración internacional y acción contra el fraude internacional*, es útil referir los conceptos vertidos por el profesor español Carlos M. López Espadafor, para quién: "La cooperación internacional para la aplicación de los tributos se da principalmente

butario, 4ª ed., Madrid, Edersa, 2000, Parte Especial, Capítulo XXIV, "La Incidencia del Derecho Comunitario en el Sistema Tributario Español", Parágrafo II, "Los Principios Comunitarios con Incidencia Tributaria", Subparágrafo "B", "El Principio de No-Discriminación", pp. 389 y ss., en particular p. 390.

118. Roberto Pedro Lopresti, *Constituciones del MERCOSUR*, Buenos Aires, Unilat, 1997, Libro 2, Segunda Parte, Capítulo IX, Parágrafo "Tratado de Asunción", pp. 397 y ss.

119. *La Integración Económica y la Tributación*, Montevideo, Fundación de Cultura Universitaria, 2001, Capítulo I, "La Integración Económica", Parágrafo 8, "El Tratado de Asunción y el Mercado Común del Sur", Subparágrafo 8.3, "Principios que Inspiran el Tratado".

120. Antonio Ziino Colanino, Juan Osvaldo Zanotti Aichino y Cristian J. Billardi, "Mercosur: Aspectos Institucionales y Tributarios", Capítulo XXV de la obra colectiva *Corso di Diritto Tributario Internazionale*, coord. por Victor Uckmar, pp. 749 y ss.

121. *Curso* ..., 8ª ed., Título Tercero, Capítulo XV, Parágrafo 291, "Doble Imposición Internacional", pp. 612 y ss., en particular p. 612.

122. Héctor B. Villegas, *Curso* ..., 8ª ed., Título Tercero, Capítulo XV, Parágrafo 296, "La Argentina y los Tratados para Evitar la Doble Imposición", pp. 618 y ss., en particular p. 620.

en materia de intercambio de información tributaria. En menor medida se da en materia de recaudación, o sea, en materia de actos de recaudación en favor de otro Estado, en cuanto dirigidos a hacer efectivos los créditos tributarios de este otro Estado. Los mecanismos de intercambio de información tributaria en el fondo buscan la correcta y eficaz aplicación y recaudación de los tributos, pero se limitan a facilitar a otro Estado datos con relevancia tributaria relativos a ciertos sujetos y manifestaciones de riqueza. Siempre, en el fondo, lo que quiere un Estado a través de los mecanismos de cooperación en análisis es recaudar sus tributos, pero normalmente entre dos Estados existen instrumentos convencionales de cooperación en materia de comprobación e intercambio de información tributaria sin que exista una previsión de cooperación en materia de recaudación. No debemos olvidar que la información tributaria que un Estado pasa a otro puede servir a este último no solamente para liquidar y recaudar sus créditos tributarios, sino también, si fuese el caso, para imponer las correspondientes sanciones tributarias si la información demuestra que ha existido una infracción".[123]

Los convenios bilaterales para evitar la doble imposición internacional regularmente contienen disposiciones relativas a este tema enderezadas a evitar la evasión fiscal, tomando como base lo previsto en el art. 26 del Modelo OCDE de Convenio respecto a los impuestos a la renta y al patrimonio de 1997, que hoy se mantiene, con igual alcance, en el Modelo de 1992.[124]

Como convenio multilateral se destaca el elaborado por el Comité sobre Asuntos Fiscales de la OCDE, relativo a la *Administrative Assistance in the Recovery of Tax Claims*, cuya ratificación lideraron desde enero/1998 tal organismo y el Consejo de Europa. El mismo contiene normas sobre intercambio de información, la asistencia en la regulación de los tributos y la previsión de un servicio de documentación para fines tributarios.[125]

En cuanto a la *interdicción de la competencia fiscal lesiva*, mucho se ha escrito sobre el particular, reconociéndose hoy a tal enunciado el carácter de principio general. A modo de síntesis valga transcribir los conceptos que al respecto ha desarrollado el catedrático de la Universidad de Barcelona Tulio Rosembuj: "La elusión de Estado se manifiesta en el establecimiento de regímenes fiscales preferentes, especiales o excepcionales, para favorecer el desplazamiento de inversiones entre Estados motivado por consideraciones exclusivamente fiscales, lo cual no sólo falsifica la asignación de recursos económicos, sino, y más destacado, compromete el interés fiscal de los Estados que la padecen. La elusión objetiva de Estado es uno de los soportes, junto con el de evasión, de la competencia fiscal lesiva o dañosa entre Estados. La definición del principio general de elusión de Estado se concentra en el presupuesto de creación de regímenes preferentes motivada exclusivamente por finalidades fiscales, en perjuicio del interés fiscal de otro Estado. La fiscalidad privilegiada aplicable a no-residentes, manteniendo

123. *Fiscalidad Internacional y Territorialidad del Tributo*, Madrid, McGraw Hill, 1995, Capítulo IV, "La Territorialidad en Sentido Formal del Tributo", Parágrafo 2, "Cooperación Internacional en la Aplicación de los Tributos", Subparágrafo 2.2, "Diversidad de los Ámbitos y Medios de la Cooperación Internacional Relativa a la Aplicación de los Tributos", pp. 205 y ss., en particular pp. 205-206.

124. Pietro Adonnino, "Lo Scambio di Información fra Amministrazioni Finanziarie", Capítulo XXX de la obra colectiva *Corso di Diritto Tributario Internazionale*, coord. por Victor Uckmar, pp. 891 y ss.

125. Victor Uckmar, "Tratados Internacionales en Materia Tributaria", Capítulo XIX del *Tratado de Derecho Tributario*, trad. al Español de la 2ª ed. en Italiano, obra dirigida por Andrea Amatucci, Bogotá, Temis, Bogotá, 2001, t. Primero, "El Derecho Tributario y sus Fuentes", Parte Tercera, "Los Tratados Internacionales y el Ordenamiento Tributario Interno", Parágrafo 5, "Estructura y Operatividad del Modelo OCDE", Punto "d", "Normas Aptas para Combatir la Evasión Fiscal. *Transfer Pricing*: el Problema de Rectificación de las Utilidades de las Empresas Asociadas y el *Correlative Adjustment*", pp. 735 y ss., en particular p. 752.

en un segundo plano su implicación extrafiscal en el movimiento o desplazamiento geográfico, puede interpretarse como elusión de Estado". Añade más adelante el mismo autor: "El principio de elusión de Estado, como signo de competencia fiscal lesiva, no exige cooperación con la ocultación de renta o de riqueza, sino, solamente, la predisposición de un régimen jurídico laxo por su nulo nivel de exigencia tributaria que, por ello, alienta o estimula el desvío de la renta o riqueza no-residente, o promueve impropiamente a la reciente". Culmina el profesor Rosembuj sosteniendo: "La evasión de Estado define el encubrimiento institucional de renta ajena a través de la no-tributación y/o el secreto bancario y mercantil con propósitos fiscales y fines de opacidad. La evasión de Estado se halla presente, por definición, en el concepto de *paraíso fiscal*. Pero, asimismo, puede producirse en Estado de fiscalidad ordinaria".[126]

Esta tendencia hacia la indeseable competencia fiscal ha llevado a los países a desplegar actitudes muy firmes para retener las actividades económicas que se desarrollan en su territorio, evitando que emigren las inversiones o los establecimientos bajo la seducción de razones puramente fiscales, que distorsionan el flujo de capitales y la localización de los emprendimientos. Sobre el punto, un *Informe* de la OCDE titulado *Competencia Fiscal Nociva: un Tema Global Emergente*, presentado en Paris en abril/1998, estuvo acompañado de diversas recomendaciones contra las prácticas fiscales desleales, documento al que no adhirieron Luxemburgo ni Suiza, quizás por las ataduras singulares de aquellos países con *paraísos fiscales*.[127]

126. Tulio Rosembuj, *Derecho Fiscal Internacional*, Barcelona, El Fisco, 2001, Capítulo "La Competencia Fiscal Lesiva", Parágrafo "La Elusión de Estado", pp. 210 y ss., en particular pp. 212-213; y "Conclusiones", pp. 262 y ss., en particular pp. 263-264.

127. Héctor B. Villegas, *Curso* ..., 8ª ed., Título Tercero, Capítulo XV, Parágrafo 305, "Competencia Fiscal Nociva", pp. 649 y ss., en particular p. 649.

En lo que atañe al *principio de tutela jurisdiccional internacional*, la misma puede alcanzarse a través de comisiones o tribunales con competencia para conocer de la denuncia por violación de tratados internacionales de derechos humanos, como la Convención Americana sobre Derechos Humanos, también conocida como *Pacto de San José de Costa Rica* por haberse suscripto en dicha ciudad el 22.11.1969, y elevada en la República Argentina a rango constitucional por la Reforma de 1994. En ella se contempla por el Capítulo 7 la intervención de la "Comisión Interamericana de Derechos Humanos" para entender de las peticiones que contengan denuncias o quejas por trasgresión a dicho instrumento y, en su caso, la actuación de la Corte Interamericana de Derechos Humanos, con competencia para resolver sobre la interpretación o aplicación de las disposiciones de la Convención que le sean sometidas, ora para la declaración especial de quebrantamiento de un derecho o libertad protegidos, o en casos de extrema gravedad o urgencia.

También en el campo del derecho internacional tributario adquiere particular gravitación el *principio de tutela jurisdiccional internacional* en materia comunitaria. Así, el Tratado Constitutivo de la Comunidad Europea, firmado en Roma el 25.3.1957, con sus modificaciones, contempla, dentro de los órganos de la Comunidad, el Parlamento, el Consejo, la Comisión y el Tribunal de Justicia. Este último, instalado en la ciudad de Luxemburgo, tiene habilitada su competencia, entre otras materias, para anular los actos que resulten incompatibles con los tratados constitutivos y descalificar, por igual motivo, los actos propios de los Estados-miembros que, de forma semejante, contraríen dichos tratados o el derecho comunitario derivado.

En el caso del MERCOSUR no se ha instituido un tribunal llamado a resolver las controversias que pudieran plantearse entre los Estados o con motivo de las articulaciones de los nacionales de los paísesmiembros. De todos modos, el Protocolo de Brasilia, suscripto el 17.12.1991, contempló un mecanismo que se ocupa de las negociaciones directas, de la actuación del grupo MERCOSUR y el procedimiento arbitral.

El Anexo al Protocolo de Ouro Preto, de fecha 17.12.1994, también estructuró un "Procedimiento General para Reclamaciones de Comercio del MERCOSUR" que, más allá de algunos laudos arbitrales emitidos, hasta la fecha se ha mostrado insuficiente para dar solución a los conflictos que suscita el derecho de la integración económica en estas latitudes.

Sintetizando, en este punto, bien puede afirmarse la existencia de un nuevo principio, esto es, el *principio de la tutela jurisdiccional internacional*, sin perjuicio del estadio embrionario de desenvolvimiento que ha alcanzado.

7. Breves conclusiones

Diremos a modo de conclusión que luego de precisar someramente el concepto de *globalización* – a fin de vincularlo con la noción de *justicia tributaria* –, hemos pasado revista a diversos tópicos. Así sostuvimos que:

7.1 Los principios generales del Derecho, desde una visión comprometidamente *iusnaturalista*, deben actuar como fundamento y soporte de todo ordenamiento jurídico positivo.

7.2 Los principios jurídicos constitucionales con proyección y/o contenido tributario han adquirido, como lo señalara tempranamente el catedrático Victor Uckmar, el carácter de *principios comunes* de los Estados Constitucionales de Derecho, conformando, igualmente, lo que definió en nuestro país el profesor Juan Carlos Luqui, en 1953, como el *Estatuto del Contribuyente*.

7.3 Los principios jurídicos constitucionales relativos a la Justicia, partiendo de la nota de *equidad*, con que la Carta Magna de la Argentina caracteriza los tributos, se resumen en las nociones de *igualdad*, *generalidad*, *capacidad contributiva* y *progresividad*.

7.4 Hemos tomado en cuenta que un rasgo significativo de la globalización a nivel jurídico-político ha sido el reconocimiento en el plano internacional de los *derechos humanos* mediante tratados internacionales, que los receptan, pudiendo marcarse a partir de ellos las vinculaciones que cabe comprobar entre éstos y la tributación, ya que como contracara actúan, en conjunto con los principios, derechos y garantías constitucionales, como cauce y valladar frente al ejercicio de la potestad tributaria normativa y aplicativa.

7.5 Brindamos un tratamiento singular al acceso a los estrados judiciales como instancia de revisión de los actos administrativos de contenido tributario, en el convencimiento de que tal poder tiene como cometido esencial velar por garantizar la realización efectiva del *Derecho en la Justicia*. Esta inquietud, prácticamente universal, nos ha permitido ocuparnos del *debido proceso legal*, del *derecho constitucional de defensa en juicio* y de la más reciente concepción de *tutela judicial efectiva*. Así entonces, al afirmar el derecho jurídico subjetivo de acceso a la jurisdicción, hemos renegado de la regla del *solve et repete*, afortunadamente, en franco retroceso en los Estados contemporáneos.

7.6 Ante la internacionalización de los fenómenos tributarios nos hemos ocupado del desarrollo incipiente de nuevos principios jurídicos que propenden a tutelar la justicia tributaria en tal ámbito, como son los de *no-discriminación*, *proscripción de la doble o múltiple imposición*, *colaboración y acción contra el fraude fiscal internacional*, *interdicción de la competencia fiscal lesiva* y *derecho a la tutela jurisdiccional internacional*.

Si bien no hemos querido reafirmar categóricamente aquí el *principio de territorialidad o de la fuente* en materia de impuesto a la renta, como un postulado de la justicia internacional, tal cual lo han defendido desde antiguo los países latinoamericanos como modo de preservar la gravabilidad de la riqueza generada dentro de sus fronteras, entendemos que la *justicia distributiva* reclama también en el plano de las Naciones atender el deber de solidaridad en este punto, como en muchos otros – *v.g.* subsidios y *dumping* o medidas proteccionistas o para-arancelarias discriminatorias para la producción primaria de los países en vía de desarrollo –, para evitar que la *Aldea Global* profundice las injusticias económicas. Así entonces, en este tópico, y como cierre del trabajo, sentimos la necesidad de recordar las enseñanzas de Su Santidad Pablo VI, expresadas a través de la Encíclica *Populorum Progressio* – sobre la necesidad de promover el desarrollo de los pueblos –, dada en Roma el 26.3.1967. Allí se dijo: "El desarrollo integral del Hombre no puede darse sin el desarrollo solidario de la Humanidad (...)"; para ello es menester "la búsqueda de medios concretos y prácticos de organización y cooperación para poner en común los recursos disponibles y realizar así una verdadera comunión entre todas las Naciones. Este deber concierne en primer lugar a los más favorecidos. Sus obligaciones tienen sus raíces en la fraternidad humana y sobrenatural y se presentan bajo un triple aspecto: deber de solidaridad, en la ayuda que las Naciones ricas deben aportar a los países en vía de desarrollo; deber de justicia social, enderezando las relaciones comerciales defectuosas entre los pueblos fuertes y débiles; deber de caridad universal, por la promoción de un mundo más humano para todos, en donde todos tengan que dar y recibir, sin que el progreso de los unos sea un obstáculo para el desarrollo de los otros (...). El deber de solidaridad de las personas es también el de los pueblos: 'Los pueblos ya desarrollados tienen la obligación gravísima de ayudar a los países en vía de desarrollo'. Se debe poner en práctica esta enseñanza conciliar. Si es normal que una población sea el primer beneficiario de los dones otorgados por la Providencia como fruto de su trabajo, no puede ningún pueblo, sin embargo, pretender reservar sus riquezas para su uso exclusivo (...). Ante la creciente indigencia de los países subdesarrollados, se debe considerar como normal el que un país desarrollado consagre una parte de su producción a satisfacer las necesidades de aquellos (...). Hay que decirlo una vez más: lo superfluo de los países ricos debe servir a los países pobres. La regla que antiguamente valía en favor de los más cercanos debe aplicarse hoy a la totalidad de las necesidades del mundo. Los ricos, por otra parte, serán los primeros beneficiarios de ello. Si no, su prolongada avaricia no hará más que suscitar el juicio de Dios y la cólera de los pobres, con imprevisibles consecuencias. Replegadas en su egoísmo, las civilizaciones actualmente florecientes atentarían a sus valores más altos, sacrificando la voluntad de ser más el deseo de poseer en mayor abundancia. Y se aplicaría a ellos la parábola del hombre rico, cuyas tierras habían producido mucho y que no sabía donde almacenar la cosecha: *Dios le dice: 'Insensato, esta misma noche te pediré el alma'*".[128]

Buenos Aires, agosto de 2002.

128. *Once Grandes Mensajes*, 15ª ed., Madrid, Biblioteca de Autores Cristianos, 1993, Encíclica *Populorum Progressio*, Segunda Parte, "Hacia el Desarrollo Solidario de la Humanidad", Parágrafos 43, "Introducción", y 44, "Fraternidad de los Pueblos"; Sección I, "Asistencia a los Débiles", Parágrafos 48, "Deber de Solidaridad", y 49, "Lo Superfluo", pp. 317 y ss., en particular pp. 348 y 350-351.

CADERNOS DE DIREITO TRIBUTÁRIO

A CONCEPÇÃO DE FRAUDE FISCAL E SUA SANÇÃO

AURÉLIO PITANGA SEIXAS FILHO
Professor Titular de Direito Financeiro e Tributário
da Universidade Federal Fluminense e de Direito Administrativo
da Economia da Universidade Gama Filho

O imposto, por definição, é um dever, imposto por lei, a toda pessoa que possua um patrimônio ou pratique um fato indicativo de sua capacidade econômica, de contribuir, em regra geral, em dinheiro, para cobrir as despesas governamentais.

Assim, o legislador escolhe um indício da capacidade econômica do contribuinte para que, em determinado momento, surja o dever de pagar o imposto respectivo.

Praticamente, todos os fatos ou atos jurídicos indicativos de capacidade econômica e escolhidos pelo legislador como causa de pagamento de um imposto – isto é, o fato gerador ou hipótese de incidência do imposto –, após sua ocorrência, devem ser representados em um documento e, posteriormente, confessados à autoridade fiscal competente.

O documento representativo do fato gerador deve espelhar a realidade que foi praticada, podendo ocorrer, entretanto, um erro na sua representação ou uma conformação falsa da realidade.

O pagamento insuficiente do imposto – seja por erro da representação do fato gerador, seja por falsidade material ou ideológica da documentação – configura um ilícito tributário, punível proporcionalmente à gravidade da falta cometida.

A fraude fiscal pode ser conceituada, conseqüentemente, como a formalização de um documento com uma falsa (simulada) representação do fato gerador, com a intenção de reduzir, total ou parcialmente, o imposto devido.

Também configura uma fraude fiscal o ato consciente de esconder o fato gerador (ato comissivo por omissão), deixando de documentá-lo oportuna e tempestivamente.

Falsificar a documentação representativa do fato gerador tributário nada mais significa do que a utilização de artifício ou ardil para a obtenção de uma vantagem ilícita em detrimento de um bem comum à sociedade, juridicamente proegido.

A fraude fiscal nada mais é do que um crime comum – o de estelionato – praticado em detrimento da sociedade, não configurando uma tipificação extravagante, como pertinentemente lecionou o saudoso professor de direito penal da UERJ, João Marcello de Araújo Jr.: "A essência do crime de sonegação fiscal está na fraude, destinada ao não-pagamento ou ao pagamento parcial do tributo, empréstimo compulsório ou contribuição social. Tanto isso é verdade, que a proposta italiana se refere a *frode fiscale* e o Código Penal Espanhol a *defraudación tributaria*. O expediente manifesta-se por uma, de quatro formas: (a) a omissão, (b) a falsidade, (c) o conluio ou (d) pelo emprego de artifício, ardil ou qualquer outro meio. Diante disso, fomos buscar inspiração para a fórmula geral proposta, no crime de estelionato. Aliás, sonegação fiscal nada mais é senão um estelionato tributário" (*Dos Crimes contra a Ordem Econômica*, São Paulo, Ed. RT, 1995, p. 157).

Utilizando-se o contribuinte, para representar o fato gerador do imposto, de uma forma jurídica ardilosa, artificiosa ou falsa para camuflar o verdadeiro negócio jurídico realizado, cabe à autoridade fiscal, no exercício de sua função legal de aplicar a lei, desenvolver esforços para investigar e descobrir o verdadeiro fato gerador praticado, coletando indícios fortes o suficiente para provar a falsidade praticada.

Todo e qualquer ato jurídico – e também o ato administrativo – goza da presunção de haver sido concretizado dentro do regime jurídico aplicável. Assim, para a invalidação de um ato jurídico, ou sua desconsideração pela autoridade fiscal, é necessário um esforço probatório forte e convincente demonstrativo da forma ardilosa ou falsa empregada.

O lançamento tributário efetivado por desconsideração do ato jurídico praticado pelo contribuinte é um fenômeno estatístico raro no Brasil. Caso o planejamento tributário dos contribuintes atinja um ponto difícil de distinguir entre uma elisão e uma sonegação, aumentando o número de controvérsias – e, conseqüentemente, de procedimentos fiscais –, cabe, *de lege ferenda*, ser fixado um fato gerador alternativo ou substitutivo para eliminar as pendências.

O planejamento tributário audacioso inegavelmente proporciona uma elevada quantidade de discussão sobre a licitude do artifício utilizado pelo contribuinte, possibilitando várias alternativas de interpretação e de aplicação da lei tributária ao caso concreto, podendo ser, então, a causa de arbitrariedades e corrupção.

Não é, portanto, a desconsideração pela autoridade fiscal do ato jurídico praticado pelo contribuinte a real causa de corrupção ou arbitrariedade, e sim o artifício lícito, ou ardiloso, resultante do planejamento tributário, provocador da atividade fiscalizadora.

Utilizando-se ou não o planejamento tributário, o certo é que o documento representativo do negócio jurídico praticado pelo contribuinte deverá ser sempre, e em princípio, *presumido* como a representação fiel e correta da verdadeira e real operação praticada.

Como "quem conta um conto aumenta um ponto" – ou reduz um ponto, ou desfigura a história conforme a sua visão da realidade ou o seu interesse na sua reprodução –, o que está escrito será sempre um indício dos fatos que verdadeiramente ocorreram no mundo real.

Poucas fraudes fiscais não precisam ser presumidas, como no denominado *crime das notas fiscais calçadas*, em que há indícios concretos do delito praticado, pois a primeira via da fatura-nota fiscal representa uma operação diferente da operação descrita nas demais vias, sendo desnecessário maior esforço para a comprovação da ação dolosa praticada pelo contribuinte.

Noutros casos, entretanto, para se configurar uma ação criminosa, ou para se transformar um mero erro no pagamento do tributo, sujeito a uma sanção exclusivamente tributária, em um crime, é imprescindível ser provada a prática de uma ação artificiosa ou ardilosa com subjetividade indiscutível para escamotear o pagamento do imposto.

Não é difícil se *presumir* que, provada a falta de registro na contabilidade da empresa de compra efetivada pela mesma, este fato é um indício concreto de omissão ou sonegação de receita tributável.

Portanto, a *presunção* é ato de percepção de uma realidade através do conhecimento concreto de um fato ou ato que seja um indício forte de produzir o ato ou fato presumido.

Quem não está presente ou participa diretamente de um determinado ato só tomará conhecimento dele através de sua representação, presumindo que este indício seja a demonstração verdadeira do que realmente ocorreu.

Conseqüentemente, a autoridade fiscal, ordinariamente, tem que *presumir* que as declarações do contribuinte representam correta e verdadeiramente o fato gerador, somente podendo desconsiderar os documentos representativos produzidos quando possuir indícios suficientes para desmerecer a verdade representada nos documentos fiscalizados.

A sanção na fraude fiscal

Sobre a punição mais apropriada para os praticantes de fraudes fiscais nada melhor que a opinião de um especialista em Criminologia:

"Se não todos, pelo menos a grande maioria dos crimes econômicos são praticados por indivíduos que, em razão de seus negócios, possuem uma especial habilidade no trato da sempre crescente complexidade da vida econômica. Os autores de delitos econômicos são homens que, em geral, pertencem às classes sociais mais poderosas, que desfrutam de boa estima pública, que exercem atividades reputadas importantes, e, como lembra Fernandez Albor, quase sempre não consideram suas condutas como criminosas, mas, sim, como 'simples negócios'. São pessoas socialmente ajustadas, que possuem aquela '(...) especial destreza para os negócios (...)' a que se referiu Lampe e, por isso, aproveitam-se das disfunções do sistema econômico para obter lucros extraordinários, pondo em risco a confiança e a segurança da ordem econômica.

"As condutas criminosas praticadas no contexto das atividades da vida dos negócios revelam em seus autores um profundo desprezo pela ordem jurídica. O delinqüente econômico não é um marginalizado social, um desvalido da sorte, que precisa buscar no crime a satisfação de necessidades primárias. Por isso sua conduta revela, como dissemos, um extraordinário desdém pela ordem jurídica.

"A essa atitude interior do agente contrapõe-se intensa reprovação social, que exige e justifica severidade na resposta penal. (...). A severidade da resposta social ao delito econômico, entretanto, não deve se expressar através de penas privativas de longa duração, pois a experiência da lei atual revelou que elas não funcionam.

"Para homens socialmente ajustados que desprezam arrogantemente a ordem jurídica, o rigor da pena não deve se caracterizar pela quantidade de anos de privação de liberdade, mas sim pela forma de sua execução. O criminoso econômico, por ser um indivíduo ajustado à sociedade em que vive, tanto assim que se aproveita das disfunções de seu sistema para delinqüir, não necessita de especial tratamento ressocializador, por isso as penas longas não lhe são adequadas. Para ele a pena privativa de liberdade deverá ser de curta duração, porém inexorável. A reação social em relação a essas pessoas, portanto, há de ter caráter marcadamente retributivo e não de 'tratamento'. (...).

"Aos crimes econômicos deverão ser impostas penas privativas de liberdade de curta duração, porém inexoráveis. Em relação a elas não será admitida a substituição pela multa ou pelas penas restritivas de direitos, bem como não será tolerado o benefício da suspensão condicional. Nos casos graves a execução será em regime fechado sem direito a remição e o livramento condicional somente poderá ser concedido depois de cumpridas duas terças-partes da pena. Paralelamente a isso, deverão ser cominadas pesadas penas pecuniárias, além de um rigoroso sistema de interdição de direitos e outras medidas de natureza limitativa, dentre as quais: perdimento de bens; caução; proibição de participação em concursos; suspensão de atividade; interdição de uso de cheque, do direito de participar de licitações ou de receber subsídios e subvenções. E outras do mesmo gênero" (João Marcello de Araújo Jr., *Dos Crimes contra a Ordem Econômica*, pp. 57-59).

Com respeito à pessoalidade da pena nos crimes de *colarinho branco*, pertinente, também, em matéria fiscal, João Marcello desenhou um *Sistema de Penas*, cujos seguintes aspectos devem ser reproduzidos:

"Responsabilidade penal por fato de outrem

"Art. ... Nos crimes definidos neste Título, quem agir voluntariamente, como órgão, membro ou representante de uma pessoa jurídica, ainda que irregular ou em representação legal ou voluntária de outrem, responderá pelo tipo legal de crime, mesmo que determinadas circunstâncias de caráter pessoal só se verifiquem na pessoa do representado, ou que o agente pratique o fato no seu próprio interesse e não no do representado.

"Responsabilidade pela omissão

"Art. ... Nos crimes definidos neste Título é considerado responsável o empresário, controlador, administrador, membro do conselho e órgão técnico, auditor, acionista, sócio ou procurador extrajudicial que, sabendo ou devendo saber da conduta criminosa de outrem, deixar de impedir a sua prática quando podia agir para evitá-la.

"Parágrafo único. O dever de agir decorre da condição de empresário, controlador, administrador, membro de conselho ou órgão técnico, auditor, acionista, sócio ou procurador extrajudicial da empresa.

"Responsabilidade penal da pessoa jurídica

"Art. ... Nos crimes definidos neste Título, as pessoas jurídicas são penalmente responsáveis quando cometidos em seu nome, por sua conta ou no seu interesse pelos seus órgãos ou representantes.

"§ 1º. A responsabilidade é excluída quando o agente tiver atuado contra ordem ou instrução expressa de quem de direito.

"§ 2º. A responsabilidade penal da pessoa jurídica não exclui a responsabilidade individual dos respectivos agentes.

"§ 3º. A pessoa jurídica em nome, por conta ou no interesse da qual o crime foi praticado, se constituída com o fim de permitir, facilitar ou ocultar a prática do crime, terá decretada sua liquidação forçada, seu patrimônio será considerado instrumento do crime, e, como tal, perdido em favor da União.'

"Responsabilidade exclusiva da pessoa jurídica

"Art. ... Nos crimes definidos neste Título, cometidos em nome, por conta, ou no interesse de pessoa jurídica, esta responderá exclusivamente por eles, quando não for possível determinar a autoria.

"Penas aplicáveis às pessoas jurídicas

"a) Perda de bens;

"b) Caução;

"c) Suspensão de atividade;

"d) Interdição temporária;

"e) Proibição de participar de licitações;

"f) Proibição de obter subsídios ou subvenções;

"g) Proibição de participar de feiras ou mercados;

"h) Fechamento de estabelecimento;

"i) Multa;

"j) Liquidação forçada.

"Inabilitação

"Art. ... A pena de inabilitação para o exercício de atividade, quando imposta cumulativamente com a pena privativa de liberdade, torna-se efetiva após o cumprimento ou extinção desta.

"Termo inicial da prescrição

"Art. ... Nos crimes definidos neste Título, a prescrição somente começa a correr da data em que o fato se tornou conhecido da autoridade.

"Limite da multa

"Art. ... Nos crimes definidos neste Título, a multa poderá ser fixada em até 3 (três) vezes o valor da vantagem econômica auferida pelo condenado ou pela pessoa jurídica se, em virtude de sua situação econômica, o máximo cominado segundo os critérios da Parte Geral deste Código for ineficaz" (*Dos Crimes contra a Ordem Econômica*, pp. 185-187).

A arrogância dos criminosos de *colarinho branco* e seu desprezo pelo ordenamento jurídico se fazem presentes com a desculpa de ser a tributação excessiva ou confiscatória, como relatado por Nuno Sá Gomes nas *XIX Jornadas Latino-Americanas de Direito Tributário*: "E a este respeito procuraremos demonstrar que, em Portugal, a partir da revolução liberal de 1820, salvo curto período em época antiliberal (nos sistemas penais fiscais da grande maioria dos países), os crimes fiscais são especialmente criminalizados enquanto crimes privilegiados, a que correspondem molduras penais e regimes punitivos mais favoráveis aos réus do que os correspondentes crimes comuns, porque, ao contrário do que sucede nos crimes comuns, previstos no Código Penal, os agentes activos das infracções essencialmente fiscais não procuram um lucro mas desejam apenas evitar um prejuízo, decorrente da amputação tributária do patrimônio tributado" (*A Criminalização das Infrações Fiscais*, Livro 1, Lisboa, Associação Fiscal Portuguesa, 1998, p. 277).

Realmente, os crimes fiscais não se distinguem, substancialmente, dos crimes comuns, como, também, sua penalização não pode ser a mesma dos crimes comuns, pois, enquanto estes prejudicam as pessoas privadas, aqueles são praticados em detrimento da sociedade, do bem comum, merecendo uma pena mais gravosa, porém diferente das penas relativas aos crimes que atentam contra a segurança física das pessoas.

Não é justificável num Estado Democrático de Direito insurgir-se o contribuinte contra o normal e ordinário pagamento de tributos, por considerá-los extorsivos ou confiscatórios, sonegando receitas ou falsificando a documentação representativa dos seus deveres tributários.

Um Estado Democrático de Direito precisa de permanente aperfeiçoamento de suas instituições, sendo imprescindível a permanente participação dos cidadãos-contribuintes neste esforço para a correção das distorções e desvios no seu funcionamento.

Não se pode equiparar a sonegação fiscal, um crime, por qualquer ângulo em que se examine a questão, a um comportamento de *desobediência civil*, válido e útil contra governos arbitrários ou ditatoriais, a que não se podem identificar governos democráticos que, ao gosto do contribuinte, não funcionem como do seu desejo ou pretensão.

Com respeito à penalização dos crimes fiscais, se a restrição da liberdade individual do sonegador só tem o efeito intimidatório, e punitivo, pois não há necessidade de ressocializá-lo, nem proteger a sociedade, na medida em que esta punição deve ser aplicada inexoravelmente e no tempo adequado para a pessoa física do delinqüente, não é possível deixar de restringir, também, o funcionamento da empresa que serviu de instrumento para a fraude.

Procedimentos fiscalizatórios especiais devem ser autorizados para cercear a liberdade de infringir as normas tributárias; e, até mesmo, em último caso, cancelar o registro autorizativo da empresa, em caso de reiteração de condutas fraudulentas.

Não é *razoável* que uma empresa que exerce atividades econômicas tributáveis possa passar muito tempo sem pagar os respectivos impostos através dos mais variados ardis, inclusive a título de usar e abusar do seu direito natural de se defender de pretensas arbitrariedades do legislador ou da fiscalização, sem uma *proporcional* garantia de instância.

Rio de Janeiro, 18 de fevereiro de 2002.

CADERNOS DE DIREITO TRIBUTÁRIO

CLÁUSULA GENERAL ANTIELUSIÓN – EXPERIENCIA ESPAÑOLA Y EUROPEA – ULTIMAS TENDENCIAS JURISPRUDENCIALES

LUIS MANUEL ALONSO GONZÁLEZ
Profesor Catedrático de la Universidad de Barcelona, España

1. Introducción. 2. Aproximación a una separación conceptual entre fraude de ley, economía de opción y simulación: 2.1 Fraude de ley – 2.2 Economía de opción y simulación. 3. Medidas y cláusulas antielusión: 3.1 Cláusula general antielusión – 3.2 Cláusulas específicas antielusión. 4. El debate en torno a la figura del fraude de ley tributaria en la actualidad.

1. Introducción

Quiero empezar señalando que con mi exposición únicamente pretendo ponerles al corriente del debate que en mi país se ha suscitado en los últimos años en torno a la figura del *fraude de ley tributario*, que es el modelo de cláusula general antielusión que acoge el ordenamiento tributario español. Me voy a adherir a las aportaciones doctrinales más relevantes al respecto. Me oirán citar a los profesores Ferreiro y Falcón y Tella y también referirme a un trabajo todavía inédito del profesor García Novoa. A ellos y al resto de autores consultados corresponde atribuirles el interés que pueda suscitar mi intervención.

Voy a centrar ahora mi exposición.

Primeramente, procederé a separar conceptualmente el fraude de ley de la economía de opción y de la simulación.

A continuación, abordaré las vías mediante las que usualmente se combate el fraude de ley por parte de legisladores y administraciones gestoras, diferenciando las cláusulas generales antielusión de las cláusulas específicas.

Finalmente, y a la vista de lo anterior, introduciré las más recientes teorías que en la doctrina española se están abriendo paso para una mejor comprensión del problema, aportando nuevas soluciones que empiezan a ser tomadas en consideración por la jurisprudencia.

2. Aproximación a una separación conceptual entre fraude de ley, economía de opción y simulación

2.1 Fraude de ley

El término "fraude de ley tributario" que utiliza la normativa española viene a ser equivalente en otros ordenamientos, como sucede en muchos de Latinoamérica, a la elusión fiscal o, en los ordenamientos anglosajones, al *tax avoidance*. Por el contrario, cuando nos referimos al fraude tributario, en todos los casos, lo hacemos a la evasión fiscal que se produce con la infracción clara y directa de las normas que regulan la ordenación de los tributos.

En la doctrina brasileña, Sampaio Dória alude a la diferencia entre *elisão* u *evasão* en los siguientes términos: en la *elisão* los medios empleados son lícitos, en tanto que en la *evasão* concurre una deformación de la realidad.[1] No obstante, no perdamos de vista que el recurso a medios lícitos lo único que excluye es la calificación del acto como sancionable. No determina, en ningún caso, su admisibilidad por parte del legislador pues en fase aplicativa deberá determinarse si la utilización de medios lícitos se ha efectuado en el contexto de una economía de opción o de un fraude de ley.

Hecha esta necesaria precisión conceptual, intentaré dibujar con extrema brevedad las líneas esenciales que comúnmente se aceptan como distintivas del fraude de ley o elusión fiscal.

El instituto del fraude de ley tiene su antecedente en el ámbito del derecho privado. En el art. 6.4 del CC Español se dice que "los actos realizados al amparo del texto de una norma que persigan un resultado prohibido por el ordenamiento jurídico, o contrario a él, se considerarán ejecutados en fraude de ley y no impedirán la debida aplicación de la norma que se hubiere tratado de eludir".

La traslación del fraude de ley al ámbito tributario es obra de la Ley General Tributaria. En su redacción vigente dispone que para evitar el fraude de ley se entenderá que no existe extensión del hecho imponible cuando se graven hechos, actos o negocios jurídicos realizados con el propósito de eludir el pago del tributo, amparándose en el texto de normas dictadas con distinta finalidad, siempre que produzcan un resultado equivalente al derivado del hecho imponible (art. 24 LGT). El núcleo esencial de esta cláusula general antielusiva, que tanto tiene en común con otras que veremos a lo largo de esta exposición, reside en la autorización expresa del legislador para que se utilice la analogía como medio de neutralizar las maniobras en fraude de ley. El recurso a la analogía para superar las maniobras en fraude de ley testimonia que nos hallamos en el terreno de la interpretación y la aplicación de las normas y no en el de su directa infracción, aspecto que tiene como sede natural el derecho sancionador tributario. Volveremos sobre la aplicación analógica de la norma como vía de neutralización del fraude de ley. Lo que interesa resaltar ahora es que un sistema normativo como es el tributario, tan escasamente claro y caracterizado también por una hipertrofia normativa, forzosamente será caldo de cultivo de todo tipo de operativas tendentes a esquivar la aplicación de unas normas en favor de otras más llevaderas en términos de coste fiscal.[2] De hecho, es este mismo abultado y complicado conjunto normativo quien proporciona las vías alternativas a la hora de plantearse cualquier operación económica.[3] Dicho en la nomenclatura propia del fraude de ley, nuestro derecho tributario es rico en "normas de cobertura" bajo las cuales se desarrollan

1. Cit. en la nota 34 del trabajo de César García Novoa, *El Fraude de Ley en el Derecho Tributario*, inédito, en prensa.

2. Existe un supuesto ciertamente curioso en el cual la operación en fraude de ley la desarrolló un Municipio al intentar convertir el escudo municipal en marca comercial y poder así exigir una tasa por su utilización. El Tribunal Supremo, en sentencia de 7.6.1997 (*Aranzadi* 6.672/1997), anulará las liquidaciones tributarias y determinará la existencia de fraude de ley.

3. Es relativamente frecuente montar operativas de todo tipo para beneficiarse de los numerosos incentivos fiscales que proveen las leyes. Así, en la sentencia del Tribunal Superior de Justicia de Murcia de 14.2.1996 se rechaza la aplicación a una empresa formalmente de nueva creación de la deducción por creación de empleo pues, pese al cumplimiento formal de los requisitos exigidos, el Tribunal considera que, en fraude de ley, lo que se ha producido es una sucesión de empresa que no ha generado la creación de empleo que justifica la deducción establecida.

actos, hechos o negocios intentando evitar la aplicación forzosa de la que – siempre según esta terminología – termina siendo la "norma defraudada".

2.2 *Economía de opción y simulación*

El fenómeno del fraude de ley tributario linda por un lado con las denominadas "economías de opción" y por el otro con los negocios simulados.

Las economías de opción se aceptan como lícitas mientras que los negocios simulados se estigmatizan y pueden encontrarse en la base de infracciones tributarias cuando no de delitos. Esto es así, siempre en un plano superficial, porque, se dice, en la economía de opción el contribuyente únicamente elige de entre diversas opciones que le presenta el ordenamiento aquella que menos gravosa le resulta. El Tribunal Constitucional Español ha deslizado una definición que simplifica el fenómeno de la economía de opción: consiste en la posibilidad de elegir entre varias alternativas legalmente válidas dirigidas a la consecución de un mismo fin, pero generadoras de alguna ventaja adicional respecto de las otras (Sentencia 46/2000, de 17 de febrero). Por descontado, lo que no aclara esta definición es qué se entiende por "alternativas legalmente válidas". ¿Se refiere a las que ya están previstas de modo expreso por el ordenamiento? De ser así, ¿perjudica en algo que el sujeto adopte medidas tendentes a modular la realidad para que su conducta se subsuma en esas "alternativas legalmente válidas"? Planteo estos interrogantes porque las distinciones entre los supuestos más puros de economía de opción y el fraude de ley o la simulación no ofrecen problema. O no debieran hacerlo. Nadie puede discutir que soy libre para retrasar la venta de un inmueble el tiempo suficiente (un año, en España) para que la ganancia que se obtenga tribute en el impuesto sobre la renta a un tipo proporcional fijo en lugar de la tarifa progresiva que corresponde aplicar cuando no ha transcurrido un año entre su adquisición y su venta. Los problemas pueden aparecer si con carácter previo a la venta ha habido otras operaciones. Imaginemos el siguiente supuesto: un matrimonio adquiere vigente el régimen económico matrimonial de sociedad de gananciales un determinado inmueble y años después deciden poner fin a ese régimen económico matrimonial liquidando la sociedad de gananciales con la consiguiente adjudicación de bienes a cada cónyuge; aquel de ellos que resulta adjudicatario del inmueble procede a su venta antes de que transcurra un año de haberlo adquirido. De esta manera se consigue en relación con el impuesto municipal que grava las plusvalías, primero, la exención de la adjudicación de los bienes a los cónyuges, entre los cuales figura el indicado inmueble; y, segundo, la no-tributación por la segunda transmisión dado que la Ley Reguladora de las Haciendas Locales (Ley 39/1988, de 28 de diciembre) no contempla generación de plusvalía tributable cuando ha transcurrido un plazo inferior al año, como es el caso, entre la adquisición del bien inmueble y su ulterior transmisión. Pues bien, el supuesto planteado se ha tomado de la vida real y lo que hizo la Administración gestora fue deshacer esta operación entendiendo que de un supuesto de fraude de ley se trataba. Por fortuna, finalmente el Tribunal Supremo reconoció la plena licitud de las operaciones al apreciar una simple economía de opción en la que se combina la libertad que los cónyuges tienen en el plano civil para cambiar su régimen económico-matrimonial cuando les convenga con la exención que la ley fiscal concede en la adjudicación de los bienes gananciales al disolverse la sociedad de gananciales. Nada dice esta sentencia de 30.3.1999 acerca del tercer pilar de la operativa, la venta del inmueble antes de que haya transcurrido un año desde su adquisición, posiblemente porque no es admisible que se pongan límites a la decisión de vender un bien en uno u otro momento.

En cambio, cuando se simula un negocio – ya sea en todo o en parte – se pone de manifiesto una clara discordancia entre la voluntad última del sujeto que lo lleva a cabo y la naturaleza propia del negocio. Los términos "engaño" o "artificio" son frecuentes en la valoración que se hace de los negocios simulados donde, desde luego, por parte del sujeto que los ejecuta hay algo más que la elección entre una u otra alternativa legalmente prevista.

No es fácil que economía de opción y simulación puedan confundirse. Sobre todo porque, como he dicho, en la simulación se evidenciará discordancia entre la voluntad última de los sujetos intervinientes y los hechos jurídicos exteriorizados, mientras que semejante discordancia no se dará en la economía de opción. Más aun si, como sucede en muchas ocasiones, para ejercitar la opción no se requiere la realización de actos materiales de mínima entidad como para que quepa apreciarse discordancia entre lo querido verdaderamente al realizarlos y lo finalmente manifestado. Así, cuando un empresario individual opta por la medición de su base imponible mediante estimación objetiva, abandonando la estimación directa de sus ingresos y sus gastos porque sabe que los cálculos aproximativos de aquellos, identificadores de la estimación objetiva, le permitirán gozar de una imposición más suave, lo hará a través de la simple presentación de una declaración ante la Administración Tributaria. Y es que, tal y como anota Sampaio Dória,[4] el agente está actuando sobre la realidad antes de que esta se exteriorice, revistiéndola de una forma alternativa que, en determinados casos, la ley puede no describir como hecho imponible. El agente, en mi opinión, apenas ejecuta actos materiales (hechos con o sin relevancia jurídica, negocios, contratos etc.) pues son actos internos, en se decidir si opta por una u otra vía de entre las legalmente previstas, los que le permitirán alcanzar esa "economía" o ahorro.

La opción, en fin, como el fraude de ley, puede consistir en realizar un hecho imponible u otro, en medir la base imponible de uno u otro modo, en buscar la aplicación de un tipo de gravamen en detrimento de otro, en mantenerse en la no-sujeción etc.

Sin embargo, y no descubro nada nuevo, las fronteras entre economía de opción y fraude de ley, por un lado, y fraude de ley y simulación, por otro, son más difíciles de trazar, puesto que lo que para unos es fraude para otros puede ser, perfectamente, simulación. La distinción tiene, desde luego, trascendencia material pues, mientras que la neutralización del fraude se efectúa aplicando la norma eludida, en los supuestos de simulación se puede entender cometida una infracción con lo qué al margen de que se mude la norma aplicable puede imponerse una sanción al sujeto autor o, incluso, imputársele la comisión de un delito contra la Hacienda Pública.

Se ha intentado trazar líneas distintivas entre una y otra figura examinando la causa del negocio jurídico realizado. Con decisiva sencillez expone mi maestro, el profesor Juan José Ferreiro Lapatza,[5] que cada negocio tiene su causa, típica, general, abstracta y suficiente. Si concurre en el negocio éste existe y, en su caso, se subsume en el hecho imponible tributario. Si por el contrario, no existe causa, no existe negocio y tampoco hecho imponible. No puede haber ni negocio realizado en fraude de ley ni negocio simulado, entonces. Si no existe tal negocio deberá examinarse si los hechos realizados se corresponden no obstante con otro negocio, debiendo tributar de acuerdo con este último. Y si se prueba la concurrencia de dolo o culpa, nunca error, en la realización aparente de aquel negocio sin causa entonces podrá apreciarse la consiguiente infracción y aplicarse la sanción que esté legalmente prevista.

Lo que sucede es que, al margen de la causa, en cada negocio puede concurrir un motivo específico que impulse al sujeto a su realización. Y ese motivo puede ser fis-

4. Cit. en la nota 34 del trabajo de César García Novoa, *El Fraude de Ley* ... .

5. "Economía de opción, fraude de ley, sanciones y delito fiscal", *Quincena Fiscal* 8/18, abril/2001.

cal, sin que ello, *per se*, sea merecedor de reproche, pues perseguir el ahorro fiscal no contraviene ninguna norma sino que es afín al sentido común.[6]

Parece que el instituto del fraude de ley perturba, más que otra cosa, un panorama en el que puede estar claro lo que es plenamente lícito, la economía de opción, y también lo que es contrario a derecho, la infracción de la norma vía simulación. Pero sigue sin hallarse el modo adecuado de explicar las zonas grises que se extienden entre uno y otro polo pues el instituto del fraude de ley aparece como contradictorio e inseguro.

La confusión que en la práctica se produce de estas instituciones pone en evidencia una regulación desacertada. El hecho de que en la mayoría de países en los que se lucha contra la elusión fiscal las medidas adoptadas en sus respectivas legislaciones sean objeto de discusión y crítica permite suponer que, más allá de las obvias peculiaridades que distinguen cada ordenamiento nacional, nos hallamos ante un problema de alcance general. En cualquier caso sí hay una coincidencia clara por parte de todos los países: hay que poner coto a las operaciones que sin infringir directamente la norma la eluden en busca o de normas favorables o de zonas todavía libres de tributación. Cuando la búsqueda de estos objetivos se efectúa más allá de las fronteras de la economía de opción se activarán medidas y cláusulas antielusión.

Veamos una breve tipología de las mismas.

3. *Medidas y cláusulas antielusión*

Las medidas antielusión son aquellas que la legislación de cada Estado dispone a fin y efecto de neutralizar las actuaciones en fraude de ley tributaria. Entiendo que en nada se oponen a la economía de opción ni tampoco están pensadas para combatir los casos de simulación negocial. Ahora bien, habida cuenta la dificultad de separar unas figuras de otras, será normal que la cláusula antielusión se oponga indistintamente a fraude de ley y simulación, e incluso a economías de opción.

Las medidas legislativas antielusión pueden clasificarse principalmente en cláusula general y cláusulas específicas.

3.1 Cláusula general antielusión

La previsión de una cláusula general antielusión es compartida por un buen número de legislaciones. Se considera una aportación germánica que se contrapone a criterios hermeneúticos (calificación, interpretación) o el recurso a la aplicación jurisprudencial de principios (*susbtance over forms*). La aplicación jurisprudencial de principios se da más propiamente en el seno de ordenamientos del *Common Law* (Estados Unidos, Reino Unido o Canadá, pero también en los Países Bajos o Noruega). Sin embargo, a la hora de la verdad, la de su puesta en práctica, no está tan lejos ni de unos ni de otros puesto que cuando la Administración actúe frente al hipotético fraude de ley o bien calificará de nuevo el supuesto o bien se encontrará bajo el influjo de criterios hermenéuticos predeterminados, como durante años ha sucedido con el principio de interpretación económica.

Las cláusulas generales antifraude consisten en negar desde la ley fiscal la

6. "El derecho a la planificación fiscal no es nada más que la consecuencia del ejercicio de la libertad económica por parte del ciudadano. El ciudadano tiene derecho a ejercer esa libertad por medio de la libertad de contratación, y de acudir a los negocios que estime oportunos sin que la motivación fiscal deba considerarse relevante". Y añade: "En un ordenamiento configurado por obligaciones tasadas de dar como es el tributario la regla debe ser la economía de opción, pues el contribuyente a la hora de planificar su actividad económica debe tener derecho a situarse en zonas donde la tributación no ha llegado" (César García Novoa, "El derecho del contribuyente a la tipicidad", *XX Jornadas del ILADT*, Bahía, 2000). Otro profesor español ha situado el fundamento de la economía de opción en el respeto a los derechos constitucionales de la personalidad, de la propiedad privada y de la libertad constitucionalmente reconocidos (arts. 10, 33 y 38 de la Constitución Española) (Javier Martín Fernández, "El negocio en fraude de ley tributaria", *BICAM*, septiembre/2000).

ventaja buscada y asegurar que el ordenamiento no resultará dañado con la operación elusiva garantizando para ello la aplicación de la norma que se supone esquivada. Llevar a la práctica este esquema significa identificar primero el hecho imponible que se cree correspondía realizarse para, sobre esa base, desmantelar la operativa dispuesta por el sujeto pasivo. Por su carácter general,[7] estas cláusulas son aplicables a cualquier tributo del sistema siempre y cuando se dé el presupuesto de hecho elusorio que las activa y cuya descripción puede girar en torno a la finalidad elusiva, elemento subjetivo de la conducta cuya identificación y verificación es muy dificultosa. Por ello, como ha terminado haciendo la ley española, se presta más atención al resultado alcanzado: un resultado equivalente al del hecho imponible cuya realización, según parece, era lo que cabía esperar dentro de un comportamiento fiscalmente ortodoxo.

Cada ordenamiento configura la cláusula antielusión de una forma determinada.

Siguiendo principalmente a García Novoa,[8] repasaremos algunos ordenamientos de países de nuestro entorno.

• En Alemania, el parágrafo 42 de la Ordenanza Tributaria de 1977 se pronuncia en estos términos: "La ley tributaria no podrá ser eludida mediante el abuso de las posibilidades de configuración jurídica que ofrece el Derecho. En caso de abuso nacerá el crédito tributario tal como hubiera nacido con arreglo a la configuración jurídica adecuada a los hechos económicos". Los críticos hacia esta disposición sostienen que mediante un presupuesto de hecho en extremo indeterminado cual es el abuso de las formas jurídicas se impulsa una interpretación correctiva de los hechos realizados, con lo qué se contraría la libertad de forma que caracteriza el derecho privado y, en definitiva, se pone coto a la planificación fiscal (Kirchhof). En suma, se está al efecto económico conseguido a partir del cual parece que se desliza un tipo de analogía correctiva.[9]

• En Francia, del art. 64 del *Livre des Procedures Fiscales* resulta una cláusula general, la *repression de abus de droit*, que en realidad se extiende a todo abuso de derecho, tanto si se produce vía fraude de ley como si se encuentra ligado a la simulación.

• En Portugal – el art. 38.2 de la *Lei Geral Tributária* del año 2000 acoge al modelo de cláusula de inoponibilidad al disponer que serán ineficaces los actos y negocios jurídicos realizados exclusivamente con fines fiscales. Lo cierto es que en España también se está propagando el modelo de la inoponibilidad si bien en cláusulas específicas. Un supuesto que está provocando un sinfín de comentarios en mi país es condicionar la aplicación del régimen especial de fusiones, escisiones y otras operaciones empresariales a la no-concurrencia de un motivo económico válido, categoría de la cual se excluye de modo explícito "la mera finalidad de conseguir una ventaja fiscal" (art. 110.2 de la Ley 45/1995, del Impuesto sobre Sociedades). Esta disposición tiene su antecedente directo en la Directiva Comunitaria 90/434/CEE del Consejo, de 23.7.1990. En ella su art. 11 habilita a los Estados-miembros a dejar de aplicar el beneficioso régimen pensado para las operaciones de fusión y escisión, entre otras operaciones societarias, cuando el principal objetivo o uno de los principales objetivos de la operación sea el fraude o la evasión fiscal. La sentencia del Tribunal Superior de Justicia de las Comunidades Europeas de 17.7.1997, asunto C-28/95, Rec. I-4161 ("A. Leur-Bloem") ha puntua-

7. En palabras de Pistone, *fattiespecie aperta* (*Abuso del Diritto de Elusione Fiscale*, Padova, CEDAM, 1995, p. 21 – cit. por García Novoa).

8. *El Fraude de Ley* ..., Apartado 5º del Capítulo III.

9. Hemos utilizado también el trabajo inédito realizado por la profesora María Luisa Esteve Pardo en el seno del *Proyecto I+D* que dirige en estos momentos el profesor Ferreiro Lapatza en la Universidad de Barcelona sobre la resolución de conflictos entre Administración y contribuyentes, presentado el 29.10.2001.

lizado el texto de la Directiva. Así, aunque admite que una operación que persiguiera únicamente una ventaja fiscal no podría acogerse al régimen fiscal previsto en la norma por no constituir un motivo económico válido, advierte que, en cualquier caso, y por respeto al principio de proporcionalidad, la respuesta no debe residir en articular una norma general de negación automática del régimen fiscal sino el estudio global de cada operación en concreto. Si bien disentimos de la postura restrictiva que consolida el Tribunal,[10] no es menos cierto que, resaltando su aspecto más positivo, cierra el paso a la automaticidad en las cláusulas de "inoponibilidad".

• En Inglaterra se reconoce al contribuyente el derecho a pagar *only the amount of tax properly according to the law*, lo cual significa un abierto reconocimiento de su derecho a planificar sus negocios del modo que fiscalmente le resulten menos gravosos, sin que quepa considerársele como un defraudador. Nos moveríamos en el terreno del *tax avoidance*, antes aludida, en cuanto lícita ordenación de las operaciones o negocios de una persona para reducir su deuda tributaria, por contraposición al *tax evasion*, o fraude fiscal, que presupone un comportamiento ilícito y fraudulento por parte del contribuyente. No obstante, no es infrecuente el litigio en relación con el *tax avoidance* pues, como es lugar-común en la materia, las fronteras que lo separan del *tax evasion* son ténues. En cualquier caso, el legislador inglés provee de numerosas cláusulas específicas insertadas en los textos reguladores de los distintos tributos.[11]

• En Argentina también encontramos un cláusula general antielusión. La Ley 11.683, en la redacción que recibe de los Decretos 821/1998 y 1.334/1998, se refiere a la posibilidad de que los particulares sometan sus actos, situaciones o relaciones "a formas o estructuras jurídicas que no sean manifiestamente las que el derecho privado ofrezca o autorice para configurar adecuadamente la cabal intención económica y efectiva de los contribuyentes (...)", en cuyo caso "se prescindirá, en la consideración del hecho imponible real, de las formas y estructuras jurídicas inadecuadas, y se considerará la situación económica real como encuadrada en las formas o estructuras que el derecho privado les aplicaría con independencia de las escogidas por los contribuyentes (...)" (art. 12). Si en esta farragosa disposición se atisba una remisión a los negocios jurídicos anómalos y al tema de la causa entre otros muchos, hay que advertir que el art. 11 del mismo texto admite ya explícitamente la interpretación económica.[12]

• En Brasil el art. 116 del *Código Tributario Nacional*, modificado por la *Lei Complementar 104*, de 10.1.2001, la *Lei Antielisiva*, establece que "a autoridade administrativa poderá desconsiderar atos ou negócios jurídicos praticados com a finalidade de dissimular a ocorrência do fato gerador do tributo ou a natureza dos elementos constitutivos da obrigação tributária, observados os procedimentos estabelecidos em lei".[13] Posiblemente se trate, como dice García Novoa, de introducir una regla de prevalência de la sustancia económica so-

10. En su caso aceptable únicamente desde el punto de vista de que el principal objetivo de la Directiva era eliminar los obstáculos fiscales a las operaciones contempladas (fusiones, escisiones, aportaciones de activos y canjes de acciones) y no preparar el terreno para simples estrategias de planificación fiscal (cf. Miguel Angel Caamaño Anido, José Manuel Calderón Carrero y Adolfo J. Martín Jiménez, *Jurisprudencia Tributaria del Tribunal de Justicia de las Comunidades Europeas*, t. II, 1996-1999, Madrid, La Ley, 2000. p. 420).

11. Hemos seguido en este punto el trabajo que con el título "Modelo de justicia tributaria en Inglaterra" han presentado este año 2002 las profesoras de la Universidad de Barcelona Montserrat Casanellas Chuecos y María Olay de Paz en el seno del proyecto de investigación que el profesor Ferreiro dirige sobre las relaciones entre Administración y contribuyentes.

12. En la interpretación de las disposiciones de esta ley "(...) se atenderá al fin de las mismas y a su significación económica". Tomamos la cita de García Novoa, *El Fraude de Ley* ..., nota 969.

13. Tomamos la cita de García Novoa, *El Fraude de Ley* ..., nota 968.

bre la forma jurídica, si bien para otros, como Navarro Coêlho,[14] de lo que se trata es de un supuesto de analogía contrario al principio de legalidad y al de tipicidad, aspectos sobre los que será inevitable volver.

• Hemos dejado a Italia para el final dada su peculiar situación. Este país carece de una cláusula general antielusión, articulando, por el contrario, preceptos específicos con finalidad antielusiva. Según señalan los profesores Bosch y Quintana, a pesar de que desde 1997 existe una cláusula de este tenor lo cierto es que no es de aplicación general pues se limita a los impuestos sobre la renta y limitada a supuestos muy concretos (operaciones de transformación de sociedades, transferencias de titularidad o de disfrute de inmuebles a través de sociedades, cesiones de créditos).[15] El debate en torno a la conveniencia o no de que el ordenamiento italiano se dote de la prototípica cláusula antielusión ha generado todo tipo de opiniones. A favor de su implantación, Franco Gallo subraya la situación de indefensión en la que se encuentra el Fisco Italiano ante maniobras efectuadas en fraude de ley. En el polo opuesto, Victor Uckmar,[16] por ejemplo, es partidario de su no-introducción fiando a los presupuestos de hecho subrogatorios, presunciones y ficciones las medidas de reacción por parte del ordenamiento. Trivoli,[17] en fin, en esta misma línea, advierte del peligro de generar desigualdad y arbitrariedad que se corre si se dicta una cláusula general.

Estas últimas consideraciones nos sirven para llegar a una primera conclusión: a la hora de la verdad, todas las cláusulas generales antielusivas terminan brindando a la Administración poderes especiales para atajar las vías de fraude. Poderes especiales en el sentido de que se le permite aplicar la analogía, de uso tan restringido en derecho tributario, o se la habilita a reinterpretar la realidad, recalificar los hechos en presencia, "reescribiendo" esa realidad en función de criterios económicos hasta alcanzar un incremento de la deuda tributaria. Por tanto, tal y como ha advertido García Novoa, junto a la eficacia disuasoria que de por sí emana de la misma cláusula general antielusiva en razón de su mera existencia hay que añadir la actuación que *a posteriori* puede efectuar la Administración para comprobar que no se ha producido la elusión o, si se ha llegado a realizar, para rehacer la realidad conforme a sus propios parámetros.

Cuando la Administración actúe para, al amparo de una cláusula general antifraude, atajar las vías de fraude generalmente lo hará o bien calificando de nuevo el hecho, acto o negocio realizado, o bien acudiendo a criterios de interpretación económica para poder descubrir el hecho imponible eludido.

Empezaré por referirme a la interpretación económica.

Acostumbra a situarse el origen de la interpretación económica como medio de reacción contra el fraude fiscal en la Ordenanza Tributaria Alemana de 1919. La propia Constitución de Weimar de 1919 impone en su art. 134 tributar con arreglo a la capacidad económica, si bien, como apunta García Novoa siguiendo a Tipke, de ahí se desprende la idea de que los hechos imponibles gravables provienen del mundo económico aunque se vean revestidos de un ropaje jurídico: "Para los primeros teóricos de la interpretación económica, en los hechos imponibles las formas jurídico-civi-

14. *Apreciação Crítica do Projeto de Lei Complementar de Iniciativa do Poder Executivo Federal que Procura Introduzir no Brasil a Interpretação Econômica do Direito Tributário, ou, o que dá no mesmo, a Chamada Norma Geral Antielisiva*, Belo Horizonte, Del Rey, 2000, p. 30. Tomamos la cita de García Novoa, *El Fraude de Ley ...*, nota 983.

15. En su trabajo "Modelo de justicia tributaria en Italia", presentado en el año 2002 en el seno del proyecto de investigación del profesor Ferreiro en la Universidad de Barcelona sobre la justicia tributaria y las relaciones Administración/administrado.

16. "Tax avoidance/Tax evasion – General", XXXVII Congreso de IFA, sobre Tax Avoidance and Evasion, publicado en *Cahiers de Droit Fiscal Internacional* LXVIII/29, Deventer, 1983, cit. por García Novoa.

17. "Contra l'introduzione di una clausula generale antielusiva nell'ordinamento tributario vigente", *Diritto e Pratica Tributaria*, 1992, I, p. 1.345, cit. por García Novoa.

les son irrelevantes (...), pues lo fundamental es la realidad económica que subyace a las mismas". Por tanto, será a partir del resultado económico como se va a determinar por parte de la Administración cuál es el hecho imponible que le corresponde, resultando, en este proceso, poco relevante que las partes se hayan decantado por una forma jurídica negocial o por otra.

La Ordenanza Tributaria de 1977 prescindirá de la interpretación económica y optará por el criterio del abuso de las formas jurídicas. Sin embargo – nos dice García Novoa –, en Alemania persiste el criterio de la interpretación económica aunque entendido en la actualidad como un supuesto de interpretación teleológica: "se trata, simplemente, de tener en cuenta, en el proceso exegético de la norma fiscal, la finalidad perseguida por el legislador a la hora de dotar a determinados conceptos de un concreto significado en el ámbito tributario". "El criterio de la realidad económica se reduce a una interpretación de las leyes tributarias – anota Tulio Rosembuj – atenta a la *ratio* della norma y a la naturaleza de los fenómenos que disciplina",[18] lo cual puede ayudar a valorar la finalidad de la norma en un supuesto de fraude de ley en el seno de un ordenamiento como el alemán en el que la causa del negocio carece de la relevancia que sí tiene en otros como el español.

La interpretación económica pugna con el principio de legalidad tributaria, según ha destacado Sacha Calmon Navarro Coêlho.[19] Hace muchos años ya, en uno de sus trabajos clásicos, el maestro Sainz de Bujanda formulaba una dura crítica del principio de realidad económica: "Las imposiciones arbitrarias y abusivas no se resuelven mediante la aplicación del principio de la realidad económica; es decir, dando la espalda a la configuración jurídica de los hechos imponibles, sino, por el contrario, depurando la técnica jurídica para enmarcar en ella la aplicación del principio de la capacidad económica, en conexión con el de legalidad tributaria".[20]

En España la interpretación económica desapareció con la reforma de la Ley General Tributaria de 1995. A cambio se abrazó la analogía como vía de neutralización del fraude de ley sin reparar en una serie de problemas que ello comporta. Así, la analogía, el procedimiento analógico, responde a la necesidad de llenar las lagunas jurídicas mediante la aplicación al supuesto no contemplado directamente por la norma el mandato establecido en relación a un supuesto distinto, pero que guarda con el primero una relación de semejanza.[21] En palabras de García Novoa que suscribimos en su totalidad, "habida cuenta de que esta norma se va a aplicar a tal *hecho alternativo*, no resulta descabellado afirmar que se está pensando que la finalidad de la norma reguladora del hecho imponible evitado sería gravar todos los actos o hechos que provoquen un resultado económico equivalente al contemplado como hecho imponible. Lo cual, como resultado, no dista mucho del que se consigue con la 'interpretación económica'". Por ello decía antes que las cláusulas generales antielusión en realidad implican ensanchar hasta extremos difíciles de acotar el poder de la Administración en la búsqueda de hechos imponibles que se tienen por eludidos, tanto si el arma que utiliza para ello es la interpretación económica como si actúa al amparo del procedimiento analógico.

En España, como decía, el art. 24.1 de la Ley General Tributaria, surgido de la Reforma operada por la Ley 25/1995, de 20 de julio, se da por satisfecho sustituyendo la interpretación económica por el método analógico. Cuando la Administración revi-

18. *El Fraude de Ley y el Abuso de las Formas en el Derecho Tributario*, Madrid, Marcial Pons, 1994, p. 314.

19. *Manual de Direito Tributário*, Rio de Janeiro, Forense, 2000, p. 106.

20. "Análisis jurídico del hecho imponible", *Revista de Derecho Financiero y Hacienda Pública* 69/379, 1965.

21. Fernando Perez Royo, *Derecho Financiero y Tributario – Parte General*, 11ª ed., Madrid, Civitas, p. 93.

se se encontrará con que, con carácter previo, el hecho controvertido ya ha sido calificado por el sujeto pasivo de una manera determinada. En un contexto en el que predomina exageradamente el sistema de autoliquidación de los tributos lo normal es que sea el propio contribuyente quien califique el hecho, acto o negocio por él realizado.[22] Así pues, el hecho calificado por el administrado será más tarde recalificado por la Administración cuando, al analizarlo, llegue a la conclusión de que la primera calificación es incorrecta y no era otra cosa que un acto dirigido a consumar la operación elusiva antes y no a poner de manifiesto ante las autoridades tributarias la verdadera naturaleza del hecho, acto o negocio realizado. La recalificación que efectúa la Administración en fase de aplicación del tributo no deja de ser un ejercicio legalmente previsto de su privilegio de autotutela pues le permite la determinación de la existencia y cuantía de su crédito.[23]

La función calificadora se reconoce en el art. 28.2 de la Ley General Tributaria con esta fórmula: "El tributo se exigirá con arreglo a la naturaleza jurídica del presupuesto de hecho definido por la ley para configurar cada tributo y cuya realización origina el nacimiento de la obligación tributaria". En relación con la simulación se dice en otro precepto, el 25, que: "El hecho imponible gravado será el efectivamente realizado por las partes, con independencia de las formas o denominaciones jurídicas utilizadas por los interesados". Pienso que estos preceptos sientan las bases de la vía más adecuada para afrontar la problemática del fraude de ley: ir a la auténtica naturaleza jurídica del presupuesto de hecho con independencia de la forma y denominaciones jurídicas que utilicen los particulares siempre y cuando se demuestre la inadecuación de éstas a la hora de identificar el hecho, acto o negocio verdaderamente realizado.

Examinadas las cláusulas generales vamos a ver ahora las medidas específicas antielusión.

3.2 Cláusulas específicas antielusión

Una de las principales características de las cláusulas específicas antielusión es su carácter sectorial, esto es, se prevén en un tributo concreto y, generalmente, para un tipo de operaciones determinadas. Por el contrario, según se ha visto, las cláusulas generales rigen para todo el ordenamiento y, por ello mismo, tanto pueden ser aplicadas en un tributo como en otro.

Sin embargo, entiendo que el punto-clave que diferencia cláusulas generales de cláusulas específicas es que la configuración de estas últimas hace innecesaria la mayoría de las veces una llamada especial a la Administración Tributaria en orden a combatir las maniobras en fraude de ley. Intentaré explicarme.

Las cláusulas generales antifraude se caracterizan por su enorme elasticidad: únicamente dejan bien claro que se oponen a determinados actos, hechos o negocios que identifican en función del resultado al que conducen que se estima equivalente al de la norma que se ha eludido. Las formas concretas de articular cada cláusula variarán. En función del examen antes efectuado podría decirse que usualmente una cláusula general antielusión pondrá a disposición de la Administración gestora o bien la

22. Dos cosas quiero subrayar en este punto: primero, el contribuyente se encuentra ante la nada fácil tarea de calificar en el plano jurídico tributario actos o negocios cuya complejidad puede ser a veces importante; segundo, los problemas de calificación surgirán especialmente en relación a los negocios jurídicos, siendo más raro que se produzcan en relación con conceptos de raigambre económica como puede ser la renta. Por su parte, la Administración, tal y como ha puesto de relieve el profesor Gabriel Casado Ollero, "tiene encomendada la aplicación (...) de un sistema tributario que demanda el cabal conocimiento de unos hechos que, en su mayor parte, ignora" ("Legalidad tributaria y función calificadora de la Administración Fiscal", en "Los negocios anómalos ante el derecho tributario español", *Boletín del Ilustre Colegio de Abogados de Madrid* 16/41, septiembre/2000).

23. García Novoa, *El Fraude de Ley ...*, Apartado 4.2 del Capítulo III.

interpretación económica o bien la analogía, porque es a partir de las actuaciones calificadoras que en definitiva ambas entrañan como va a poder determinarse el fraude de ley para, seguidamente, poner remedio procurando la aplicación de la norma defraudada.

En las cláusulas específicas antifraude se puede operar de otro modo. Son varias las fórmulas que puede adoptar una cláusula específica en función de la técnica o del instrumento elegido por el legislador para su configuración: hechos imponibles complementarios, presunciones y ficciones o cláusulas de inoponibilidad. Dejando a un lado estas últimas, por haberlas visto al tratar las cláusulas generales antielusión y por no variar esencialmente su comportamiento cuando se trata de una cláusula específica, veamos las otras dos técnicas.

Los hechos imponibles complementarios, también denominados subrogatorios o suplementarios, vienen a completar el hecho imponible originalmente previsto, el hecho imponible principal. Es como si el legislador, consciente de la insuficiencia del presupuesto de hecho del tributo para subsumir todas las conductas que quiere gravar, procediera a completarlo o ampliarlo, ya sea en la misma ley[24] o en otra posterior. Este último es el caso en España de la Ley del Mercado de Valores.[25] En su art. 108.2 se adoptan medidas tendentes a evitar la elusión fiscal del impuesto sobre transmisiones patrimoniales, que recae sobre la transmisión de inmuebles, mediante la interposición de sociedades a fuerza de hacer pasar la operación como una transacción de acciones o valores, representativos, sin embargo, de entidades compuestas mayoritariamente por inmuebles. Concretamente lo que se estipula es que sí tributarán por el indicado impuesto las adquisiciones de valores que representen partes alícuotas de entidades cuyo activo esté constituido principalmente por inmuebles siempre y cuando de la mencionada adquisición derive tomar el control de la entidad alcanzando una participación directa o indirecta en el capital social superior al 50 por 100.

Los rasgos del hecho imponible subrogatorio son generalmente claros y precisos. Ahí reside su virtud pero también su insuficiencia, porque siempre que acaezca un hecho en la vida real que no coincida exactamente con el presupuesto que describe el hecho imponible subrogatorio ese hecho de la vida real escapará a tributación. Así, si el control del capital social de la entidad tenedora de inmuebles, que se cifra por la norma en un porcentaje superior al 50 por 100, se consigue concurriendo varios sujetos, y no sólo uno, se puede considerar superada la barrera legalmente impuesta. La propia Dirección General de Tributos lo reconoce en contestación de 11.12.1998 a la Consulta 1.913/1998, donde se rechaza someter a gravamen la transmisión de acciones representativas del capital social de una sociedad inmobiliaria española cuando la parte compradora se desglosa en dos sociedades que adquieren cada una el 45% y una persona física que compra el 10% restante. Nada impide, además, porque no lo dice la ley, que los titulares de las sociedades y la persona física guarden relación paternofilial.

El caso expuesto sirve para poner de relieve las limitaciones de este tipo de presupuestos de hecho. Cuanto más cerrado sea el supuesto descrito mayores posibilidades hay de burlarlo evitando que se den todos los rasgos del mismo. Pero me interesan más las virtudes que puede aportar a la lucha contra la elusión fiscal.

24. Tal y como sucede en la tasa española sobra el juego en la que hay que distinguir un hecho imponible principal, la autorización administrativa para realizar el juego, y otros dos hechos imponibles complementarios, la celebración y organización del juego, establecidos con la finalidad de evitar que eludiera el gravamen quien sin autorización administrativa sí procediera a celebrar el juego (cf. Luis Manuel Alonso González, "Los recargos autonómicos sobre el juego mediante máquinas y aparatos automáticos", *Revista de Hacienda Autonómica y Local* septiembre-diciembre/1993, p. 418).

25. V., por todos, López Aldea, "Criterios de aplicación del art. 108 de la Ley del Mercado de Valores", *Estudios Financieros* 217, abril/2001.

En la medida en que un hecho imponible complementario o subrogatorio no es sino un hecho imponible más se está reconociendo implícitamente que la insuficiencia del hecho imponible principal puede, y debe, corregirse mejorando la técnica legislativa, lo cual puede suponer que el legislador vuelva sobre sus pasos y regule de nuevo el supuesto o bien que opte por completarlo con un hecho imponible suplementario. A partir de ahí lo que juega son los criterios de sujeción al tributo examinando si en el hecho de la vida real concurren las circunstancias recogidas con detalle en el presupuesto de hecho complementario (como en el ejemplo es el porcentaje de control). Pero si no concurren nada puede hacer la Administración pues, a diferencia de cómo funcionan las cláusulas generales antielusión, no se hace una llamada especial a sus órganos para que desentrañen el fraude y repongan la normalidad tributaria. Por el contrario, ha sido el propio legislador quien ha detectado el fallo y quien lo ha corregido por ley[26] sin que resulte de aplicación, ni siquiera subsidiariamente, la cláusula general antielusión que pueda existir en el ordenamiento en cuestión. En los presupuestos subrogatorios la consecuencia no es otra que la específicamente prevista en la cláusula especial. La propia Administración se ha manifestado en este sentido. Así en la Resolución del Tribunal Económico Administrativo Central de 26.4.1989 se afirma la no-procedencia del expediente de fraude de ley puesto que ello "requiere que la operación con la que se intenta el pretendido fraude no esté contemplada, regulada y corregida por la ley fiscal como sucede en el presente caso en que ya la Ley 50/1977, con el ánimo de evitar la elusión fiscal mediante sociedades, dispuso (...)".[27] En definitiva, y por simple aplicación del principio de especialidad, como dice Checa González, "cuando el legislador haya previsto una vía específica para combatir el fraude de ley tributaria mediante la formulación de estos citados presupuestos de hecho subrogatorios o complementarios, no cabe incoar el expediente de fraude de ley, y ello por estar ya regulada la respuesta contra el fraude en el ordenamiento jurídico".[28]

Existen otras técnicas asiduamente utilizadas para prevenir el fraude de un modo específico: las presunciones y las ficciones.

En las presunciones, tal y como distingue Rozas Valdés,[29] ciertamente se recorre un camino dirigido a adquirir la certeza moral en relación a un hecho cuya evidencia es difícil cuando no imposible de alcanzar. Las presunciones se construyen, entonces, a partir de un hecho conocido o hecho-base y llevan a un hecho presunto o hecho-consecuencia, debiéndose establecer un enlace lógico entre uno y otro que vendrá dado por las reglas de la experiencia. La técnica presuntiva sirve para relevar a la

26. Se ha escrito por Lozano Serrano que en estos casos "el abuso del derecho que llevó al levantamiento del velo es apreciado y decidido por la propia normativa, y sin posibilidad de razonar si concurre o no en el caso concreto, pues se trata de una consecuencia legal asociada a una hipótesis legal". O como han dicho Clavijo, Falcón, Martín, Palao y Perez Royo en un trabajo conjunto: "En aquellos casos en que el legislador ha previsto alguno de estos presupuestos de hecho subrogatorios, es necesario estar a lo que disponen los mismos: si la situación concreta que está examinando encaja dentro de los límites previstos en el presupuesto de hecho en cuestión, será procedente aplicar a la misma el mandato previsto en la propia norma que instituye el presupuesto de hecho; si, por el contrario, la situación, aun siendo del tipo de las previstas en el presupuesto de hecho subrogatorio, excede de los límites del mismo, le será aplicable la norma tributaria que corresponda a su calificación, sin que ésta pueda ser rectificada mediante el recurso a la cláusula de fraude de ley o cualquier otra técnica de rectificación, como sería la derivada de la declaración de simulación" ("El tratamiento jurídico-tributario aplicable a los pagos que un club de fútbol satisface a las sociedades titulares de la explotación comercial de derechos de imagen de deportistas", *Impuestos* I/533, 1996).

27. A continuación se reproduce el precepto correspondiente, antecedente directo del art. 108 de la Ley del Mercado de Valores.

28. *Interpretación y Aplicación de las Normas Tributarias: Análisis Jurisprudencial*, Valladolid, Lex Nova, 1998, p. 288.

29. *Presunciones y Figuras Afines en el Impuesto sobre Sucesiones*, Madri, Marcial Pons/Instituto de Estudios Fiscales, 1993, pp. 20-23.

Administración de la prueba de hechos desconocidos, con lo qué se la habilita para construir una verdad formal de la cual partir para imponer el tributo. Si, además, la presunción es *iuris et de iure*, es decir, no admite prueba en contrario como sí sucede con las presunciones *iuris tantum*, fácilmente se comprenderá la extraordinaria utilidad del mecanismo presuntivo en la lucha contra el elusión fiscal.

Por mi parte sólo quiero reiterar lo que ya dije en otro lugar refiriéndome concretamente a uno de los impuestos en los que más abundan las presunciones, el impuesto sobre sucesiones y donaciones: "El recurso desaforado a las presunciones evidencia así un doble temor: primero, un temor arraigado a la ocultación de hechos o cuantías en el momento de tributar, y segundo, un temor todavía mayor a que el derecho positivo y la propia Administración resulten incapaces de detectar y cortar las vías de fraude. El legislador adopta entonces una actitud defensiva que deriva en la previsión de medidas y cautelas que, como vemos, atañen a elementos del tributo sumamente relevantes, tales como el hecho imponible o la base imponible, elementos cuya configuración legal ha de permitir reflejar, con las menores dudas posibles, la realidad que se somete a tributación. En consecuencia, y desde el mismo principio, las medidas basadas en presunciones resultan aborrecibles en la medida en que tienden a apartarse de la realidad y, de tal modo, pueden conducir a una tributación ilegítima si se hace incidir el tributo sobre una riqueza inexistente o indefinida, gravando entonces una capacidad económica irreal".[30]

Por añadidura, con frecuencia las presunciones *iuris et de iure* no son otra cosa que ficciones. En la Ley del Impuesto sobre la Renta de las Personas Físicas (Ley 40/1998) hallamos un ejemplo cuando se dispone que no perderá la condición de contribuyente aquel español que acredite su nueva residencia en un *paraíso fiscal* ni en el período impositivo en el que tenga lugar el cambio de residencia ni en los tres siguientes (art. 9.3). Es evidente que el legislador se despreocupa de las razones que pueden haber movido al sujeto a realizar el cambio de residencia y niega la misma evidencia, el cambio de residencia, por el mero hecho de sospechar la posible concurrencia de fines fraudulentos en la mudanza del lugar de residencia.[31]

Después de estas apreciaciones a ninguno le cabrá duda alguna de que considero reprobable en general legislar abusando del recurso a las presunciones y más aun a las ficciones.

Llegados a este punto de mi exposición, quisiera entrar en la recta final poniéndoles al corriente de las últimas tendencias doctrinales que en España cuestionan ya abiertamente el mecanismo del fraude de ley, ahora que se está gestando una Reforma de la Ley General Tributaria. Asimismo, les informaré sobre los cambios ya perceptibles en el enfoque de la reciente jurisprudencia.

4. *El debate en torno a la figura del fraude de ley tributaria en la actualidad*

En España la cláusula general antielusión adopta la figura del fraude de ley tributaria y remite al procedimiento analógico para la neutralización del fraude. Este mecanismo adolece, a mi modo de ver y según los argumentos que tomaré de la más autorizada doctrina, de incongruencias insalvables, hasta el extremo de que no es ocioso plantearse, *de lege ferenda*, la sustitución del fraude de ley tributario por otra solución jurídica.

De acuerdo con el examen que García Novoa ha efectuado en un valiosísimo tra-

30. *La Inconstitucionalidad del Impuesto sobre Sucesiones y Donaciones*, Madrid, Instituto de Estudios Económicos, 2001, pp. 56-57.

31. V., por todos, Miguel Perez de Ayala Becerril, "La obligación personal en el cambio de residencia a un *paraíso fiscal*: una proposición mal construida en la lucha contra el fraude", *Estudios Financieros* 185, agosto/1998.

bajo que verá la luz en los próximos meses,[32] no es correcto afirmar que el fraude de ley civil es, sin más, extrapolable al ámbito tributario.

El fraude a la ley es un instituto procedente del derecho privado cuya definición en el Código Civil ya revela una serie de características que, como veremos, no se encuentran en el ordenamiento tributario.

• Primero, en el fraude de ley civil el sujeto recurre a una norma de cobertura que toma del conjunto de normas de carácter dispositivo que constituyen el núcleo más amplio en derecho civil.

• Segundo, el fraude a la ley civil sale al paso de la utilización de una norma de cobertura para lograr un resultado prohibido. Ese resultado prohibido proviene de una norma de injerencia, imperativa, que impone o prohíbe una determinada conducta. En estas normas – dice García Novoa[33] – "es posible localizar un 'resultado prohibido', que será el resultado típico o 'institucional' que se derive de las conductas excluidas, y las ventajas que de las mismas puedan desprenderse a favor del particular".

• Tercero, ese mandato o esa prohibición nacen de una norma preexistente a la misma conducta. No nacen del hecho o del comportamiento del sujeto, "o lo que es lo mismo, el obligado por el mandato de la norma imperativa o prohibitiva debe serlo ya en el momento de intentar, por medio de la realización de un acto o negocio en fraude, eludir el mandato. No cuando su situación de obligado dependa de una incidencia que se determinará a partir del acto o negocio, en tanto que ese acto o negocio sea presupuesto de la obligación".

• Cuarto, la consecuencia de apreciar el fraude de ley es el reestablecimiento de la observancia de la norma defraudada declarando como inexistente el acto fraudulento. Luego, no es precisa ninguna especulación analógica dado que se conoce cuál es la norma eludida.

Pues bien, desde el derecho tributario tenemos que oponer las siguientes consideraciones a las características destacadas del fraude de ley civil.

• Primero, en derecho tributario no es admisible decir que en el fraude de ley se busca un resultado prohibido. Ningún hecho imponible está prohibido y la conducta que determina su realización no puede considerarse ilícita. Parafraseando a García Novoa, "si no se prohíbe realizar el presupuesto o comportamiento alternativo, no puede haberse perseguido un resultado contrario al ordenamiento, porque la opción por realizar un presupuesto u otro es lícita, y 'escapar' de la incidencia de la norma no puede ser 'contrario al ordenamiento' sino, como señala Lois Estevez, sólo significa 'hacer valer el axioma de libertad o plantear un mero problema interpretativo'. Lo único contrario al ordenamiento – termina diciendo – es incumplir el mandato u obligación una vez que ha surgido tras la realización del presupuesto, esto es, desde el momento en que existe la obligación jurídica de cumplirlo".[34] Resumiendo, en derecho tributario no cabe atribuir al fraude de ley la misión de conjurar un "resultado prohibido" puesto que, de acuerdo con Falcón y Tella, "en materia tributaria sustantiva no hay un núcleo de principios básicos de orden público que sea necesario proteger a través del fraude de ley en el sentido civil, pues manifiestamente no existe ninguna predeterminación sobre el nivel mínimo de tributación que corresponde a una determinada persona o actividad, el cual estará sólo en función de los hechos imponibles realizados".[35] La actual regulación del fraude de ley tributaria, en suma, lo que hace es anticipar una trascendencia ina-

32. El ya citado *El Fraude de Ley en el Derecho Tributario*, en particular el Capítulo I.

33. *El Fraude de Ley* ..., Apartado 3.2.2.1 del Capítulo I.

34. *El Fraude de Ley* ..., Apartado 3.2.2.4 del Capítulo I. La cita de Lois Estevez proviene de su obra *Fraude Contra Derecho*.

35. "El fraude a la ley tributaria como mecanismo para gravar determinadas economías de opción", *Revista Técnica Tributaria* 31/62, 1995.

ceptable en términos jurídicos a lo que el profesor Paulo de Barros Carvalho denomina "hechos generadores futuros".[36]

• Segundo, y por lo dicho, no es correcto decir que en derecho tributario las operaciones en fraude de ley infringen una norma preexistente. Si lo que se quiere decir es que dejan de realizarse unos hechos imponibles en favor de otros o de ninguno tenemos que recordar el papel trascendental que juega en el ordenamiento tributario el mecanismo del presupuesto de hecho. Ya lo dijo Geraldo Ataliba en su "Hipótesis de incidencia tributaria (hecho imponible)":[37] "Sabemos que no estamos obligados a obedecer todos los miles de disposiciones jurídicas en vigor. En realidad cada uno de nosotros solamente está obligado a obedecer las disposiciones cuyas hipótesis nos afecten inequívocamente. Sólo cuando una hipótesis legal afecta a una persona está ésta obligada a obedecer el respectivo mandado". "En cuanto no concurra con la hipótesis, el mandato queda en suspenso, no incidiendo. La incidencia está condicionada a la concurrencia de la hipótesis." "La obligación solamente nace con la realización de este hecho, esto es: solamente surge cuando este hecho concreto, localizado en el tiempo y en el espacio, se realiza (*pressuposto*, *fattispecie*, hecho imponible, hecho generador, *tatbestand*, presupuesto de hecho, *fait generateur*)." Queda claro así el valor que cabe conceder a la tipicidad en derecho tributario. Y queda también muy claro que en tanto no se realiza el hecho imponible, en tanto no se devenga la obligación tributaria,[38] no surge ningún mandato sustantivo que respetar, por lo qué es materialmente imposible desobedecer un mandato que no preexiste al acto o negocio que se pretende sujetar al mismo.

• Tercero, dado que en derecho tributario no se puede conocer a ciencia cierta cual es la norma que podría considerarse defraudada a fin de obligar a su cumplimiento, las cláusulas generales antifraude, ya sea mediante la inoponibilidad de los actos o negocios efectuados, ya sea admitiendo la interpretación económica, o bien mediante la remisión a la integración analógica, encomiendan a la Administración que determine cual es el hecho imponible que se hubiera debido realizar. Ciertamente, ciñéndonos al caso de la analogía, parece claro que se ha forzado la naturaleza de las cosas. Tal y como advierte García Novoa, una cosa es que la analogía se admita sólo a los efectos de cubrir excepcionalmente "lagunas inconscientes" o que puedan ocasionar resultados contrarios a los fines propios del ordenamiento, y otra bien distinta sostener que hay laguna por el mero hecho de que la norma de tipificación no haya incluido un determinado acto, hecho o negocio.[39] En palabras de Ferreiro Lapatza, "la ley defraudada delimita su campo de aplicación al delimitar un hecho imponible. La ley de cobertura delimita su campo de acción al delimitar otro hecho imponible. De tal modo que la aplicación del art. 24 LGT significa la aplicación de una ley a un hecho distinto al tipificado por ella y tipificado por otra norma de idéntico carácter imperativo".[40] El fraude de ley tributaria se contrarresta, entonces, aplicando la ley tributaria a supuestos en los que no se ha producido el hecho imponible.[41]

Pues bien, si negamos que el fraude de ley del ordenamiento civil sea extrapolable al ámbito tributario[42] y además disentimos de la utilización de la analogía como

36. *Curso de Direito Tributário*, 2ª ed., São Paulo, Saraiva, 1986, pp. 51-52.

37. *Revista de Derecho Financiero y Hacienda Pública* 104, 1973.

38. Me remito a mi trabajo *Devengo del Tributo y Período Impositivo*, Madrid, Marcial Pons, 1997.

39. *El Fraude de Ley* ..., Capítulo I, Apartado 4.1.

40. "Economía de opción, ...", *Quincena Fiscal* 8/17.

41. V. también Falcón y Tella, "El fraude a la ley tributaria ...", *Revista Técnica Tributaria* 31/69.

42. Postura magníficamente defendida por Ramón Falcón y Tella en su trabajo "El fraude a la ley ...", *Revista Técnica Tributaria* 31.

vía para atajar la elusión fiscal, ¿qué proponemos a título de alternativa?

Creo que la respuesta requiere delimitar previamente un determinado contexto.

La problemática del fraude de ley, al igual que la de la economía de opción y la de la simulación, se enmarca en el territorio de la interpretación de las normas jurídico-tributarias. De hecho, surge a partir del momento en el que el cumplimiento normal y ordinario de la legalidad tributaria parece que se pone en jaque cuando el sujeto juega a cambiar el tipo que parece corresponder a una operación por otro distinto que le reporta más réditos en términos de fiscalidad. Para ejecutar ese juego habrá más o menos abuso de formas jurídicas (simulación, fraude de ley), o acaso ningún artificio (economía de opción), pero en esencia el juego es el mismo y encuentra su respuesta adecuada en la reposición de la situación soslayada, siendo posible imponer castigos cuando la conducta ejecutada manifiesta una determinada peligrosidad (simulación).

Más allá de estos trazos elementales poco más queda claro. Tampoco ayuda la simple importación de términos y teorías de otros ordenamientos. Por ejemplo, mientras que en el ordenamiento español tiene sentido plantearse el valor que cabe atribuir a la causa en el negocio que se estima efectuado en fraude de ley, en Alemania, en tanto que sistema anticausalista,[43] habrá que fijarse en si se ha producido un abuso de las formas jurídicas. Pero tanto un ordenamiento como el otro lo que buscan es articular mecanismos de interpretación válidos para desentrañar cuándo la operación sospechosa es o no admisible de conformidad con los fines que gobiernan cada ordenamiento tributario. Por tanto, creo que es en el campo de la interpretación donde deben resolverse estas cuestiones.[44] Y, más concretamente, mediante una adecuada calificación o si se prefiere recalificación que sitúe el hecho realizado en la categoría que realmente le corresponde a fin de derivar de ahí el hecho imponible consiguiente. Sin embargo, una simple llamada a la facultad de recalificar de la Administración Tributaria es una solución incompleta cuando no ingenua. Al fin y al cabo, ya lo hemos visto antes, la puesta en práctica de cualquier cláusula general antielusiva implica dotar a la Administración de un amplio abanico de poderes que conducen a examinar la calificación que del acto o negocio hiciera el sujeto para, en su caso, calificarlo de nuevo. Luego, es esencial fijar unos cauces o límites dentro de los cuales debe discurrir la labor recalificadora sin poner en peligro la elemental seguridad jurídica y la previsibilidad que debe impregnar todo ordenamiento tributario[45] así como preservar al contribuyente de cualquier trato arbitrario o desigual en el que pueda incurrir la Administración al pretender enmendar los presuntos olvidos del legislador. Son la seguridad jurídica, la legalidad, la previsibilidad, y también la tipicidad, límites que no puede traspasar la Administración cuando califica o recalifica, ni siquiera aunque, en su opinión, la ley se haya quedado corta o incompleta porque no hay que olvidar, con Ferreiro, que "es el legislador el máximo responsable de una buena legislación".[46]

En los sistemas causalistas pienso que es el examen de la causa del negocio la cla-

43. En profundidad el Capítulo I, Apartado 3.2.5, del trabajo de García Novoa.

44. Falcón y Tella, "El fraude a la ley tributaria ...", *Revista Técnica Tributaria* 31/67.

45. "El principio de seguridad jurídica constituye un principio fundamental de derecho comunitario (v., en este sentido, la sentencia de 21.9.1983, 'Deutsche Milchkontor', Asuntos acumulados 205/82 a 215/82, *Rec.* p. 2.633) que exige, particularmente, que una normativa que establezca gravámenes para el contribuyente sea clara y precisa, con el fin de que éste pueda conocer, sin ambigüedad, sus derechos y obligaciones y adoptar las medidas oportunas en consecuencia" (Punto 27 de la sentencia del Tribunal Superior de Justicia de las Comunidades Europeas de 13.2.1996, "Gebroeders van Es Douane Agenten BV *vs.* Inspecteur der Invoerrechten en Accijnzen", Asunto C-143/93, *Rec.* 1996, p. I-431).

46. Economía de opción, ...", *Quincena Fiscal* 8/20.

ve para determinar si éste es válido en la esfera jurídica en la que se ha concluido y, por extensión, si puede extender tal validez al campo de las normas tributarias.[47] A cada negocio jurídico corresponde una causa que podemos denominar típica, que puede ser incluso genérica cuando el negocio sea, por infrecuente, atípico. Sea como sea, un negocio válido por responder a la causa típica o genérica que el ordenamiento le atribuye tiene que poder hacer valer esa validez en el ordenamiento tributario. Porque, como señala García Novoa, "frente a un problema de técnica jurídica, que propicia un defecto del ordenamiento y que es responsabilidad exclusiva del legislador, no cabe atacar los negocios válidos que los particulares hayan efectuado".[48]

El principal problema surgirá al intentar diferenciar la causa del negocio del motivo o fin último que lo alienta. Los motivos están ligados al fuero interno de cada sujeto cuando realiza un negocio jurídico, con lo qué empecinarse en tomarlos como punto de referencia a la hora de calificar el negocio equivale a introducirse en el irresoluble problema de la intencionalidad de los actos y en el inseguro examen del elemento subjetivo de las conductas.

Además, los motivos para llevar adelante un negocio pueden ser infinitos, inclusive la pretensión, siempre legítima, del máximo ahorro fiscal. En palabras del profesor Heleno Tôrres, que sirven para Brasil y para cualquier otro ordenamiento, "en ningún momento nuestro ordenamiento exige del contribuyente la búsqueda de la vía negocial más costosa en términos tributarios".[49] Sostener lo contrario iría en detrimento del mismo derecho a la propiedad y el derecho al pleno ejercicio de la autonomía de la voluntad.

Por el contrario, la causa negocial es única y es esa causa la que debe examinarse para determinar la validez del negocio, con independencia del fin concreto que se persiga en cada caso. Lo contrario, atender al motivo y no a la causa, es pasar del análisis jurídico al juicio de intenciones. No se pretende, desde luego, dejar indefenso al ordenamiento ante las maniobras de los desaprensivos que pretenden expoliar, por omisión, las Haciendas de nuestros Estados. Del riguroso análisis que implican la interpretación y la calificación jurídica de un hecho o negocio resultará si concurre causa lícita. No la habrá si hay falsedades, si hay simulaciones absolutas, si se han interpuesto los típicos testaferros.[50] En todos estos casos será fácil apreciar la inexistencia de efectos para el acto negocial al concurrir causa ilícita o ausencia de causa.[51] Pero, por el contrario, es bien posible que en negocios atípicos, incluso un tanto retorcidos, incluso negocios anómalos o negocios indirectos,[52] la causa típica esté presente y, en consecuencia, no quepa calificarlos sino como economías de opción.

Me cabe la satisfacción de poder aportar algunos recientes testimonios jurisprudenciales que caminan en esta dirección.

47. Destaca en este sentido la sentencia de la Audiencia Nacional de 21.6.1994 en la cual el Tribunal conoce de un supuesto que cabe estimar de simulación en tanto en cuanto acude al art. 25 LGT pero que no resulta finalmente sancionado: la empresa *El Corte Inglés* entregaba dinero a sus empleados a cambio de intereses pero elude calificar la operación como préstamo a fin de evitar quedar sujeta al impuesto sobre transmisiones patrimoniales. El Tribunal atiende a "la naturaleza jurídica de la operación" para sentenciar que de un préstamo se trata. Tomamos la sentencia de Eusebio González García, "El fraude a la ley tributaria en la jurisprudencia", *Cuaderno de Jurisprudencia Tributaria* 21, Pamplona, Editorial Aranzadi, 2001.

48. *El Fraude de Ley* ..., Capítulo II, Apartado 4.2.

49. *Direito Tributário Internacional. Planejamento Tributário e Operações Transnacionais*, São Paulo, Ed. RT, 2001, p. 49.

50. Bartolomé Riera Ribas, "La figura del testaferro a la luz de la jurisprudencia tributaria española", *Estudios Financieros* 225/57 y ss., diciembre/ 2001.

51. Cf. art. 1.275 CC.

52. En uno y otro caso habrá que atender a si el negocio tiene un resultado claramente ilícito, cual puede ser una operación de soborno o un pacto con sicario, con lo qué se superara la posible licitud inicial de la causa (nota 134 del trabajo de García Novoa).

• La sentencia del Tribunal Superior de Justicia de Navarra de 16.4.2001 asume el carácter de economía de opción que cabe atribuir a una extendida práctica inversora relativa a los bonos austriacos.[53] En pocas palabras, la operación consiste en adquirir los bonos austriacos poco tiempo antes de su vencimiento (el precio incluye el cupón corrido); se cobra el cupón y a continuación se vende ahora por un precio inferior al de adquisición (el cupón ya se ha cobrado), con lo qué se genera una minusvalía fiscal. Además, el Convenio de Doble Imposición suscrito entre España y Austria exime de la tributación en España a los intereses cobrados pues sólo tributarán en el país que contrata el título de deuda, en este caso Austria, si bien la legislación interna de ese país ni sujeta a retención ni a tributación definitiva los intereses abonados a no-residentes. La Administración Española se ha resistido a aplicar el indicado Convenio argumentando la existencia de un negocio en fraude de ley. Pues bien, la sentencia afirma, por el contrario, que se trata de un "supuesto de lícita economía de opción o economía fiscal, en la medida en que se ha limitado a optar legítimamente, de entre las diversas posibilidades que le ofrecía la legislación fiscal vigente en el momento en que realizó las inversiones, por una que le resultaba menos gravosa, realizando para ello actos o negocios completamente normales y típicos, y sin abuso ninguno del Derecho". Para añadir que, "si el legislador sólo estableció normas singulares de carácter especial para algunos supuestos determinados de cupón corrido, es evidente que la Administración no puede ampararse en el concepto de fraude de ley para extender esa regulación a casos no contemplados por ella, máxime si se tiene en cuenta la eficacia que despliegan en esta materia los principios de legalidad (tipicidad) y seguridad jurídica. Admitir lo contrario supondría, además de un gravísimo atentado contra estos principios, reconocerle a la Administración la facultad de corregir, en vía aplicativa, el contenido de las normas tributarias en todos aquellos casos en los que ella entienda que se trata de un error o deficiencia de la legislación. En otras palabras, atribuirle una potestad de creación del Derecho que constitucionalmente no le corresponde" (Fundamento de Derecho 5º).[54]

• Las sentencias del Tribunal Superior de Justicia de La Rioja de 9.2 y 13.7.2000 destacan por convalidar la legalidad de la siguiente operación: unas personas venden sus acciones a una sociedad patrimonial de ellos mismos estipulando que se les pagará su precio de forma aplazada satisfaciendo los correspondientes intereses; acto seguido la patrimonial vende a una sociedad extranjera las mismas acciones pero con pago al contado. De esta manera los socios ven suavizada su tributación en IRPF por efecto de la regla de imputación temporal para operaciones a plazo, que permite imputar cada ejercicio el importe que se va cobrando. Ante la acusación de simulación relativa que formula la Inspección de los Tributos tras calificar los negocios en presencia, la Sala afirma la voluntad negocial cierta por parte de los socios y niega que la Administración haya conseguido probar lo contrario. "La economía de opción del sujeto, en cuanto que no supone el abuso de formas jurídicas, y que la Inspección no pone de manifiesto incumplimientos legales, es válida y hace cierto el brocárdico latino sobre la simulación y fraude *non praesumitur fraus et simulatio ubi inter eosdem, alia aperta via, idem fieri potuit*. La Administración no puede pretender evitar que el contribuyente, conocedor del estado de las actuaciones del legislador, diseñe en el tiempo operaciones previendo un tratamien-

53. V. sobre este tema el libro de José Ignacio Ruiz Toledano, *El Fraude de Ley y Otros Supuestos de Elusión Fiscal*, Monografías Fiscales 24, Valencia, CISS, 1998.

54. Otras sentencias que rechazan también la calificación de fraude de ley para estas operaciones son las de 13.11.1999 y 27.10 y 15.11.2001, del Tribunal Superior de Justicia de La Rioja. Algún tribunal económico-administrativo también ha sido de la misma opinión: resolución del Tribunal Económico-Administrativo Regional de Madrid de 3.12.1997.

to más beneficioso a sus intereses, siempre que se sirva de la normativa vigente aplicada e interpretada en función de la verdadera naturaleza jurídica del hecho imponible, con respeto a los principios constitucionales".

Estos problemas de discernimiento pueden adquirir tintes dramáticos cuando llega ante los tribunales penales un supuesto controvertido en el que la Administración ha creído ver un delito fiscal.[55] En derecho penal no está admitido el fraude de ley a modo de figura intermedia entre lo que es legal y lo que es ilegal y debe castigarse con el Código Penal. En España el Tribunal Constitucional se mostró tajante en su Sentencia 75/1984, de 27 de junio, rechazando el uso del fraude de ley en el plano penal al tratarse de un supuesto de analogía *in peius*.[56]

La jurisprudencia penal reciente, desgraciadamente, demuestra que los tribunales penales son escasamente proclives a examinar en profundidad, una por una, si las operaciones empresariales que acostumbran a estar en la base de los delitos contra la Hacienda Pública son válidas según los parámetros que hemos trazado. Es cierto que frecuentemente han de pronunciarse acerca de complicadísimas operaciones concatenadas protagonizadas la mayoría de las veces por sociedades-pantalla, personas interpuestas, alteraciones interesadas de períodos impositivos o modificaciones repentinas en la titularidad de entidades, elementos que junto con otros que no vamos a mencionar propician un retorcimiento a veces inaudito de operativas negociales que en su esencia pueden ser muy sencillas.[57] Aun así se echa de menos un análisis más pormenorizado de los negocios ejecutados para identificar cuál o cuales carecen de causa válida y que trascendencia puede tener esta apreciación para el conjunto de los hechos, para el elemento objetivo de la infracción penal.[58] No es mucho pedir cuan-

55. Cumpliéndose como requisito previo objetivo que la cuota defraudada supere los 15 millones de pesetas (cf. art. 305.1 CP).

56. Aseveró: "Sólo se puede anudar la sanción prevista a conductas que reúnen todos los elementos del tipo descrito y sean objetivamente perseguibles. Esta exigencia se vería soslayada, no obstante, si a través de la figura del fraude de ley se extendiese a supuestos no explícitamente contemplados en ellas la aplicación de normas que determinan el tipo o fijan condiciones objetivas para la perseguibilidad de las conductas, pues esta extensión es, pura y simplemente, un aplicación analógica" (Fundamento Jurídico 5º).

57. En la Sentencia del Juzgado de lo Penal 14 de Madrid, de 6.4.2000, valorando los hechos declarados probados, se dice: "De lo actuado en el juicio oral, de la documentación obrante en las actuaciones y reproducida en el acto del juicio oral es obvio que existe tal engaño, tal fraude, tal simulación. El diseño de la operación es en su génesis sencillo, y en su desarrollo complicado" (Fundamento de Derecho 3º).

58. "No estamos ante un supuesto de economía de opción, sino ante la creación de una trama de empresas concatenadas, que prácticamente se cierran en círculo, para hacer figurar, fictíciamente, una situación que permita la elusión del impuesto. No puede argumentarse que las operaciones llevadas a cabo no sean simuladas, es que son una simulación desde el principio hasta el final y es evidente que la existencia de escrituras públicas que documenten las sucesivas operaciones no quiere decir que se ajusten a la legalidad. En todo contrato ha de haber una causa y dicha causa ha de ser lícita, siendo la existencia de la causa un requisito esencial del contrato. La mera apariencia de formalidad no hace al contrato ajustado a Derecho y tampoco la mera apariencia de formalidad quiere decir que el contrato tenga causa." Y se añade que "es indiferente que durante la tramitación del expediente administrativo determinados responsables del mismo hayan barajado la posibilidad de aplicar la figura tributaria del fraude de ley del art. 24.2 de la Ley General Tributaria (LGT). Dicha figura tiene la finalidad práctica de tratar de solucionar en sede administrativa, y en aras del interés recaudatorio, situaciones que no han podido ser previstas por el legislador tributario. No es incompatible que la Administración Tributaria haya valorado la posibilidad de aplicación del citado art. 24.2 de la LGT (finalmente no lo hizo) con la comisión de un hecho delictivo" (Sentencia del Juzgado de lo Penal 14 de Madrid, de 6.4.2000).

Mayor detalle en el análisis se encuentra en la sentencia de la Audiencia Provincial de Barcelona, Sección 6ª, de 31.7.2000, en la medida en que se analiza operación por operación si bien no se explica en todas ellas donde reside la ausencia de causa. Por el contrario, con mayor ligereza se desprende de la cuestión la sentencia de la Audiencia Provincial de Barcelona, Sección 8ª, de 30.6.2001,cuando resume: "El acusado desarrolló un conjunto de operaciones jurídicas, transmisión de acciones a una sociedad transparente, ampliación de su capital, posterior do, por un lado, estamos hablando de penas de cárcel, y, por otro, paradójicamente, si la Administración no hubiera derivado hacia los tribunales penales el supuesto controvertido es posible que en la jurisdicción contencioso-administrativa ni siquiera hubiera merecido sanción. En efecto, si un supuesto dudoso termina resolviéndose ante la jurisdicción contencioso-administrativa, en lugar de en la penal, es muy posible que se beneficie del criterio jurisprudencial que viene sosteniendo el Tribunal Supremo en virtud del cual no cabe apreciar infracción ante la complitud en la declaración, aunque resulte incorrecta, y la correcta llevanza de la contabilidad, aspectos que acostumbran a cumplirse en las complejas operaciones de fraude de ley y simulación (v., por todos, la sentencia del Tribunal Supremo de 27.9.1999, ponente Pascual Sala).

En definitiva, cualquier avance en la definición del fraude de ley respecto de la simulación contribuirá a evitar que esas conductas terminen enjuiciándose ante un tribunal penal puesto que, con alarmante ignorancia, alguno de ellos ha estimado que el fraude de ley puede ser castigado penalmente. Así, en la sentencia de la Audiencia Provincial de Barcelona de 31.7.2000 se llega a afirmar, en relación con el supuesto por el cual se condena a penas privativas de libertad a varias personas, que "no deja de ser cierto que, en rigor, se trata de un supuesto de fraude de ley tributario, regulado en el art. 24 de la Ley General Tributaria, concordante con el art. 6.4 del Código Civil, que supone la elusión de una norma tributaria amparándose en el texto de otra más beneficiosa y cuya aplicación se provoca artificiosamente" (Fundamento Jurídico 4º).[59]

Por desgracia, no abundan posturas como la que manifiesta el voto particular disidente en la indicada sentencia de 31.7.2000. De su brillante disquisición sólo quiero traer a colación los siguientes puntos básicos.

1º. La determinación de lo que a la Hacienda corresponde en Derecho ha de ser objeto de interpretación estricta "a la hora de circunscribir la conducta como constitutiva de infracción penal, sin que sea exigible al ciudadano optar, de existir varias opciones o vías de posible elección para la materialización de los beneficios, por aquélla que sea más gravosa al ciudadano, puesto que la existencia de tales alternativas fiscales no es al ciudadano imputable, quien está dentro de su derecho de acudir a las vías legalmente establecidas para minimizar, dentro de la legalidad, sus obligaciones fiscales".

2º. En relación con la posible insuficiencia de las leyes tributarias a la hora de someter a tributación actos, hechos o negocios de los particulares, afirma que "no corresponde a los Tribunales de Justicia enjuiciar la moralidad o la justicia de la ley, correspondiendo al Legislativo la promulgación de las leyes, cuya finalidad, en múltiples ocasiones, se debe más a razones de oportunidad política y económica, que a razones de intrínseca justicia".

3º. En cuanto al valor que cabe atribuir al cumplimiento de las obligaciones tributarias por parte del sujeto en función del esquema operativo diseñado y la ausen-

reducción del mismo, nueva ampliación de capital y suscripción de participaciones por una nueva sociedad transparente etc. cuya única y exclusiva finalidad fue, según se ha expuesto, la de ocultar a la Hacienda la existencia de un hecho imponible, la percepción por parte del mismo acusado y de su familia, personas físicas todas, de un beneficio superior a los cuatro mil millones de pesetas. Se trata, por tanto, a criterio de la Sala, de un entramado apto para constituir un engaño típico y adecuado para inducir a error a la Administración respecto a la adecuada imputación del hecho imponible generado. No entraremos a analizar por tanto si la infracción descrita sería o no susceptible de sanción en vía administrativa, excluida en el supuesto de fraude de ley (art. 24 LGT)" (Fundamento de Derecho 4º).

59. Se trata de una sentencia muy comentada. Así: Ferreiro Lapatza, en Economía de opción, ...", *Quincena Fiscal* 8/22 y ss.; Falcón y Tella, en "El fraude a la ley tributaria y las exigencias del principio de *lex certa* en materia penal: comentario a la SAP Barcelona 31.7.2000", *Quincena Fiscal* 1/5-6, enero/2001; y José Arias Velasco, "Fraude de ley y delito fiscal: un comentario a la sentencia de la Audiencia Provincial de Barcelona de 31.7.2000", *Quincena Fiscal* 7/11 y ss., abril/2001.

cia de ocultación, considera que "no se ha tratado nunca de encubrir, por parte de los acusados, sus beneficios patrimoniales, que fueron declarados como tales a la Hacienda Pública. Potestad de ésta era rectificar la operación efectuada, o declarar la improcedencia de la constitución de una sociedad para la realización a su través de transacciones comerciales. Sin embargo, la constitución de sociedades para, a su través, realizar operaciones mercantiles por sus socios no se considera, por quien hoy plantea este voto particular, ni actividad defraudatoria ni tendente a la ocultación de tal actividad".

4º. Por último, conviene destacar, por el carácter desgraciadamente insólito de la consideración, la admisión de las técnicas de diferimiento de la tributación que la propia normativa tributaria proporciona: "Es lo cierto que las acciones generadoras del incremento patrimonial continúan aún en poder de sus originarios titulares, y que sólo cuando éstos se desprendan de tales acciones, o se produzca su transmisión (*inter vivos* o *mortis causa*) se generará la obligación de tributar, que hasta ese momento no se ha eludido, sino que por imperativo legal ha quedado aplazado su pago a tal momento. No existe así elemento subjetivo del injusto, por no existir elusión del pago del impuesto sino postposición legal de la liquidación del mismo, que tendrá que pagarse en el momento en que la transmisión se produzca en el futuro".

En suma, la cuestión esencial es llegar a tener certeza de cuál es al auténtico negocio realizado y si es legal o ilegal la conducta seguida. Si es legal, se tratará de una economía de opción, y si, por haber articulado negocios falsos o con causa ilícita, se advierte simulación ésta deberá ser castigada.[60] Y para llegar a una u otra conclusión entiendo que el camino es la calificación del hecho por la Administración aunque sujeta a los principios de legalidad, tipicidad y seguridad jurídica tal y como están proclamando los Tribunales de Justicia. De este modo se podría prescindir del fraude de ley y del recurso a la analogía. Esta propuesta de supresión no es, desde luego, una idea propia. Es una de las propuestas[61] que, recogiendo buena parte de las opiniones doctrinales a las que he aludido a lo largo de mi exposición, hace el *Informe de la Comisión para el Estudio y Propuesta de Medidas para la Reforma de la Ley General Tributaria*, hecho público en marzo/2001. En el mismo se sugiere, además, que "la LGT debería contemplar que el tributo debe exigirse de acuerdo con la calificación jurídica que atribuye la normativa tributaria a los hechos realizados. En los actos o negocios en que se produzca la existencia de simulación, el hecho imponible gravado será el efectivamente realizado por las partes, con independencia de las formas o denominaciones jurídicas utilizadas por los interesados. En estos casos la Administración ha de probar, de modo fehaciente, la inexistencia del acto o negocio simulado y la efectiva realización del acto o negocio ocultado con él. Así se evitaría todo tipo de sanción, incompatible tanto con el principio de acción libre en un mercado libre como con el derecho a una lícita 'economía de opción'" (p. 46).

Quiero cerrar mi ya larga exposición con el sencillo pero decisivo argumento que sustenta el profesor Ferreiro que expuse al inicio y que pone cada cosa en su lugar: "O la causa típica, general, abstracta y suficiente de un negocio existe y por tanto sólo se puede hablar en su caso, puesto que el negocio existe y configura el 'hecho' tipificado como hecho imponible por la ley, de 'economía de opción'; o la causa no existe y tampoco existe el negocio con lo qué sólo se podrá hablar de simulación. *Tertium non datur*".[62]

Recife, 8 de agosto de 2002.

60. V. el Punto III.4.2 del trabajo de García Novoa.

61. La otra propuesta mayoritaria, por el contrario, postula la inclusión de una cláusula de prohibición general de fraude de ley o de una cláusula antiabuso.

62. "Economía de opción, ...", *Quincena Fiscal* 8/18.

CADERNOS DE DIREITO TRIBUTÁRIO

A CONSTITUIÇÃO BRASILEIRA E A IMPOSIÇÃO DAS ENTIDADES SEM FINALIDADES LUCRATIVAS

RICARDO LOBO TORRES

Professor Titular de Direito Financeiro na Universidade do Estado do Rio de Janeiro (UERJ)

1. Histórico. 2. Natureza. 3. Fundamento. 4. Aspectos subjetivos: 4.1 Conceito de instituição – 4.2 Instituições de educação – 4.3 Instituições de assistência social – 4.4 Requisitos de legitimação à imunidade: 4.4.1 Ausência de finalidade lucrativa – 4.4.2 A não-distribuição de lucros – 4.4.3 A aplicação de recursos no país – 4.4.4 Escrituração contábil – 4.4.5 Gratuidade – 4.4.6 Generalidade do atendimento. 5. Aspectos objetivos. 6. Conteúdo. 7. Interpretação.

No Brasil a proteção das entidades sem finalidades lucrativas contra a tributação se faz de duas formas distintas:

I – pelas *imunidades*, declaradas na própria Constituição, que vedam a cobrança: a) de impostos das instituições de educação e assistência social (art. 150, VI, "c"); b) de contribuições para a seguridade social das entidades beneficentes de assistência social que atendam às exigências estabelecidas em lei (art. 195, § 7º);

II – pelas isenções, concedidas pelas leis ordinárias, de impostos, taxas ou contribuições.

Interessam-nos as primeiras, isto é, as imunidades declaradas pela Constituição Federal.

1. Histórico

A Constituição Federal (1988) assegura, no art. 150, VI, "c", a imunidade às instituições de educação e assistência social sem fins lucrativos. A proteção estatal a essas entidades tem sofrido diversas vicissitudes no correr do tempo.

As *instituições de educação* sempre estiveram ligadas à Religião. Em Portugal e no Brasil-Colônia a educação incumbia aos jesuítas. A partir das reformas de Pombal (meados do século XVIII) é que se transferiu para o Estado, que passou a cobrar o subsídio literário para financiar-lhe as despesas. A Constituição de 1824 dizia que "a instrução primária é gratuita a todos os cidadãos" (art. 179, n. 32), e durante a sua vigência foram concedidas inúmeras isenções a entidades educacionais.

A questão da *assistência social aos pobres* tem igualmente um longo e tumultuado itinerário. Ao tempo do Estado Patrimonial cabia à Igreja, com uma parcela dos dízimos, e aos cristãos ricos dar assistência social aos pobres. Na fase final do Patrimonialismo, correspondente ao Estado de Polícia, a assistência se transfere da Igreja para o Estado.[1] Com o advento do Liberalismo a Constituição de 1824 garante "os socorros públicos" (art. 179, n. 31), a doutrina defende a intributabilidade das instituições de caridade[2] e a legislação concede isenções às Santas Casas de Misericórdia e aos Hospitais de Caridade.

Mas é só a partir da Constituição de 1946 que as instituições de educação e de assistência social, em dispositivo comum, ganham a declaração da imunidade aos impostos, que se repete na Carta de 1967/1969.

O texto em vigor (1988) aperfeiçoou a redação, acrescentando que a intributabilidade "compreende somente o patrimônio, a renda e os serviços relacionados com as finalidades essenciais das entidades" (art. 150, § 4º).

2. *Natureza*

A não-incidência constitucional sobre as instituições de educação e de assistência social sem fins lucrativos configura vera imunidade tributária.

É um dos aspectos da proteção ao *mínimo existencial*. O art. 150, VI, "c", protege a educação, a cultura, a saúde e a assistência social, que, em sua expressão mínima, constituem direitos humanos inalienáveis e imprescritíveis, ainda que implícitos no elenco do art. 5º do Texto Básico.

Em outros países a garantia aparece sob o apelido de *isenção*, eis que não desenvolveram eles a teoria das imunidades. Mas a extensão, o fundamento e o significado devem ser os mesmos que prevalecem entre nós.

3. *Fundamento*

O fundamento da imunidade das instituições de educação e de assistência social é a *proteção da liberdade*. Pouco tem que ver com a capacidade contributiva, que é princípio de justiça.

De feito, a imunidade visa a proteger os direitos da liberdade compreendidos no *mínimo existencial*, nas *condições iniciais para a garantia da igualdade de chance*. As instituições de educação e de assistência social são imunes aos impostos em consideração ao direito à sobrevivência dos pobres e dos desassistidos. É necessário que atuem desinteressada e altruisticamente na proteção das camadas desprivilegiadas da sociedade. A justificativa da imunidade, por conseguinte, está em que não se pode cobrar imposto sobre atividade que substancialmente se equipara à própria ação estatal ou que a substitui no amparo à pobreza; na expressão de Silvestre Pinheiro Ferreira, não se deve "lançar um imposto sobre outro imposto".[3]

Insista-se, portanto, em que o fundamento da imunidade está no *amparo* e na *assistência aos pobres*. A jurisprudência, como veremos adiante, chegou a admitir perversamente, nos últimos anos, que a ga-

1. Ricardo Lobo Torres, *A Idéia de Liberdade no Estado Patrimonial e no Estado Fiscal*, Rio de Janeiro, Renovar, 1999, p. 81.

2. Silvestre Pinheiro Ferreira, *Questões de Direito Público e Administrativo, Filosofia e Literatura*, 2ª Parte, Lisboa, Tip. Lusitana, 1844, p. 19: "Donde se segue que fazer recair a contribuição que afeta os rendimentos, em geral, sobre as esmolas, que constituem os rendimentos das instituições de caridade, não só implicaria a inépcia de se lançar um imposto sobre outro imposto; mas, sendo voluntário o imposto onerado, os contribuintes se absteriam de pagá-lo: e o resultado seria desfalcar a maior e melhor parte dos fundos da beneficência, sem o Fisco conseguir o fim de satisfazer, por este lado, a sua insaciável voracidade".

3. V. nota anterior. Cf. também Rui Barbosa, "Relatório do Ministro da Fazenda", in *Obras Completas*, v. 18, t. 3, Rio de Janeiro, MEC, 1949, p. 244 ("Sem receio de contradita, posso afirmar que a Irmandade da Santa Cruz dos Militares é um eficaz auxiliar do Estado no seu empenho de proteger as famílias desarrimadas dos nossos oficiais. É, portanto, não uma sociedade particular, mas uma instituição de caráter público, prestimosa colaboradora do Tesouro"); Aliomar Baleeiro, *Limitações Constitucionais ao Poder de Tributar*, Rio de Janeiro, Forense, 1977, p. 178 ("... pelo fato de serem os fins das instituições beneficiadas também atribuições, interesses e deveres do Estado").

rantia independe da benemerência e pode se estender a entidades fechadas que atendem a pessoas de elevado nível de riqueza.

Certa parte da doutrina aponta como fundamento precípuo da imunidade a *ausência de capacidade contributiva*. Tal explicação, sobre deslocar a problemática do campo da liberdade para o da justiça e nem sempre corresponder à verdadeira situação econômica das entidades educacionais e assistenciais, conduz à interpretação ampla no reconhecimento do direito, afastada da consideração da pobreza do educando ou do assistido.

4. Aspectos subjetivos

4.1 Conceito de instituição

Do ponto de vista subjetivo a imunidade do art. 150, VI, "c", protege as *instituições de educação e de assistência social sem fins lucrativos.*

O conceito de *instituição* é amplo, abrangendo assim as que o são do ponto de vista técnico-jurídico, que se "instituem" (fundações), como as que se "constituem" e aparecem sob outras configurações (associações, sociedades civis sem fins lucrativos etc.). O que as caracteriza é menos o aspecto formal do que a sua vocação a fim público.

4.2 Instituições de educação

Amplo também é o conceito de *educação*, que qualifica as instituições imunes. Compreende assim a educação formal segundo currículos aprovados pelo Governo quanto a educação extracurricular ou informal (cursos de idiomas, de aperfeiçoamento, de extensão universitária etc.).[4]

Abrange também as instituições *culturais* que não se proponham precipuamente a fornecer instrução, como sejam os museus, as bibliotecas, os teatros etc. O conceito de *educação* corresponde à idéia de *Bildung*, de formação integral da personalidade, que deve ser amparada pelo Estado Cultural.[5] Excluem-se, todavia, do campo da garantia constitucional os clubes esportivos e recreativos, as sociedades carnavalescas e outras entidades dedicadas ao lazer, aos quais podem ser concedidas isenções por leis ordinárias, que hoje passam a exibir a conotação de privilégios odiosos.

4.3 Instituições de assistência social

Instituições de assistência social são aquelas compreendidas no art. 203 da CF, isto é, as entidades que têm por objetivos a proteção à família, à maternidade, à infância, à adolescência e à velhice, o amparo às crianças e adolescentes carentes, a promoção da integração ao mercado de trabalho, a habilitação e reabilitação das pessoas portadoras de deficiência e a promoção de sua integração à vida comunitária. A Lei 8.742, de 7.12.1993, regulamentou as atividades assistenciais, com dizer que "a assistência social, direito do cidadão e dever do Estado, é política de seguridade social não contributiva, que provê os mínimos sociais, realizada através de um conjunto integrado de ações de iniciativa pública e da sociedade, para garantir o atendimento das necessidades básicas" (art. 1º).

No conceito de assistência social se subsume também o de *assistência médica*, assim entendida a prestada por instituições e hospitais beneficentes, não obstante a circunstância de o art. 194 da CF estremar as ações de saúde das de previdência e assistência social. Mas é necessário, evidente-

4. O STF já reconheceu imunidade à Associação de Cultura Franco-Brasileira (2ª T., Ag. 76.422/AgRg, rel. Min. Cordeiro Guerra, j. 21.8.1979, *RTJ* 91/489).

5. Cf. Aliomar Baleeiro, *Limitações ...*, p. 181; Gilberto de Ulhôa Canto, "Fiscal policy and the national heritage", *Resenha da Associação Brasileira de Direito Financeiro* 1/34, 1984; Rainer Walz ("Grundrechte und Staatszielbestimmungen im Bundesstaat", *AÖR* 112(1)/27, 1987) fala de uma cláusula constitucional do Estado Cultural (*Kulturstaats-Klausel in das Grundgesetz*).

mente, que a prestação de saúde tenha por objetivo a garantia do mínimo existencial.

Inconfundível com a assistência social, entretanto, é a *previdência privada*, que se caracteriza pela "concessão de pecúlios ou de rendas, de benefícios complementares ou assemelhados aos da previdência social", conforme a definição da Lei 6.435, de 15.7.1977. O STF deu ao problema da imunidade das entidades de previdência privada interpretação magnânima e ampliativa, que só recentemente passou a ser colocada em termos razoáveis. Assim é que declarou, em algumas oportunidades, que a assistência por elas prestada a um grupo reduzido de beneficiários não prejudicava o reconhecimento da intributabilidade constitucional. Mas posteriormente mudou sua orientação, para negar a extensão da imunidade às entidades de previdência privada.[6]

4.4 Requisitos de legitimação à imunidade

O art. 150, V, "c", da CF de 1988 prevê que o reconhecimento da imunidade atenderá os requisitos da lei, que poderá ser a ordinária, quando se tratar das condições para a existência da pessoa imune. O CTN, no art. 14, estabeleceu três requisitos de legitimação à intributabilidade (não distribuir lucros, aplicar no país os seus recursos e manter escrituração contábil), aos quais deve ser acrescido o da gratuidade, além da exigência da Constituição Federal de ser a entidade "sem fins lucrativos". Entendem-se por *condições de legitimação* aquelas impostas pela lei complementar para o reconhecimento do direito e que transcendem as características substanciais, gerais e inerentes à pessoa imune, sujeitas à regulamentação da lei ordinária.

6. Pleno, RE 202.700-6-DF, rel. Min. Maurício Corrêa, j. 8.11.2001, *DJU* 1.3.2002: "Entidade fechada de previdência privada – Concessão de benefícios aos filiados mediante recolhimento de contribuições pactuadas – Imunidade tributária – Inexistência, dada a ausência das características de universalidade e generalidade da prestação, próprias dos órgãos de assistência social".

4.4.1 Ausência de finalidade lucrativa

A Constituição Federal de 1988 explicitou o que na Constituição Federal de 1967/1969 estava subentendido: imunidades se restringem às instituições de educação e de assistência social "sem fins lucrativos". O art. 12, *caput*, da Lei 9.532/1997 repete o dispositivo.

A interpretação da ausência de finalidade lucrativa não pode ser a literal, porque à entidade beneficiada não se proíbe que obtenha lucro – pois não pode sobreviver a que dê prejuízo permanentemente –, senão se vedam o objetivo institucional do lucro e a concorrência com as empresas privadas no mercado. No Direito Americano é muito clara a preocupação de se evitar a *unfair competition*, para o quê se distinguem as organizações de caridade não-lucrativas (*nonprofit charitable organizations*) daquelas que, embora sem finalidade lucrativa, concorrem com as empresas que vendem mercadorias ("*commercial" nonprofits*).[7] A característica da competição no mercado é importante para delimitar o aspecto objetivo da imunidade.

4.4.2 A não-distribuição de lucros

A ausência de finalidade lucrativa conduz à proibição de distribuição de lucro. O art. 14, I, do CTN estabelece como requisito de legitimação das instituições de educação e assistência social "não distribuírem qualquer parcela de seu patrimônio ou de suas rendas, a título de lucro ou participação no seu resultado". A vedação não se estende ao pagamento de salários a cargos técnicos, desde que a preço de mercado e sem benefícios indiretos. Mas atinge o recebimento, pelo sócio que se retira, de sua cota acrescida da parcela correspondente a lucros.

O dispositivo do Código Tributário Nacional foi reforçado pelo art. 12, § 2º, "a",

7. Cf. H. Hansmann, "The rationale for exempting nonprofit organizations from corporate income taxation", *The Yale Law Journal* 91(1)/59, 1981.

da Lei 9.532/1997, que proíbe as entidades imunes de "remunerar, por qualquer forma, seus dirigentes pelo serviços prestados".

4.4.3 A aplicação de recursos no país

O outro requisito estabelecido no art. 14, II, do CTN consiste em aplicarem integralmente no país os seus recursos na manutenção dos seus objetivos institucionais. Sociedade assistencial ou de educação que aplique recursos em outros países está excluída da imunidade; não assim a que invista em solo estrangeiro para a consecução de objetivos nacionais, como a que mantenha cursos ou pesquisa para brasileiros no Exterior, nem a que no Brasil eduque filhos de estrangeiros.[8]

O art. 12, § 2º, "b", da Lei 9.532/1997 exige a aplicação integral de recurso na manutenção e desenvolvimento dos seus objetivos sociais, deixando de repetir a referência à aplicação de recursos no país. Deverá ser lido combinadamente com o art. 14, II, do CTN, que não poderia ser revogado pela lei ordinária superveniente.

4.4.4 Escrituração contábil

A terceira condição explícita formulada pelo Código Tributário Nacional (art. 14, III) é a de manterem escrituração de suas receitas e despesas em livros revestidos de formalidades capazes de assegurar sua exatidão. Foi repetida integralmente pelo art. 12, § 2º, "c", da Lei 9.532/1997.

4.4.5 Gratuidade

Há, todavia, outro requisito de legitimação à imunidade fiscal que o Código Tributário Nacional não explicitou e que nem sempre o exige a jurisprudência, inclusive a do STF: o da *gratuidade*.

De feito, torna-se absolutamente necessário, a nosso ver, que a assistência social e a atividade educacional sejam exercidas *desinteressadamente* pelas instituições imunes. *Desinteresse*, aí, significa *gratuidade*. Imprescindível que a educação e a assistência sejam gratuitas para os necessitados. A gratuidade, aliás, é característica essencial – e constitucionalmente declarada – do sistema das prestações de assistência social (art. 203) e de educação (art. 206, IV, e 208, I e II) entregues pelo Poder Público, e deve se estender à ação das entidades imunes, substitutiva da estatal.

Mas, quanto às entidades imunes, a gratuidade não pode ser interpretada no sentido absoluto, a abranger todas as prestações; porém, é necessário que parcela substancial do atendimento se faça sem contraprestação pecuniária e que não se negue a ação quase-pública a pretexto da impossibilidade de pagamento pelo assistido. O STF, todavia, tem sido contraditório quanto a tais exigências: já reconheceu o direito a hospitais que não prestam assistência gratuita[9] e a colégios e faculdades que não se propõem a conceder ensino gratuito a parcela ponderável de seus alunos.[10]

4.4.6 Generalidade do atendimento

A *generalidade do atendimento*, prevista no art. 12, *caput*, da Lei 9.532/1997, é decorrência necessária da caracterização da pessoa imune como instituição sem fins lucrativos que presta os serviços para os quais houver sido instituída.

Para ser beneficiária da imunidade torna-se necessário que a instituição de educação ou de assistência preste atendimento à população em geral, sem discriminações. Fora do campo do direito, conseguintemente, estariam as instituições fechadas, que restringissem o atendimento a grupos, classes ou empresas.

O Código Tributário da Alemanha prevê: "Deixa de ocorrer promoção social se o círculo de pessoas beneficiadas é muito

8. STF, 1ª T., RE 70.541, rel. Min. Barros Martins, j. 23.3.1971, *RTJ* 57/274.

9. 1ª T., RE 74.792, rel. Min. Djaci Falcão, j. 15.5.1973, *RTJ* 66/257.

10. 2ª T., RE 93.463-RJ, rel. Min. Cordeiro Guerra, j. 16.4.1982, *RTJ* 101/769.

restrito, como, por exemplo, quando pertence a uma família ou ao quadro de pessoal de uma empresa, ou quando há de ser apenas de curta duração em razão das limitações impostas principalmente pelo seu restrito âmbito de atuação ou pelas características profissionais de seu trabalho".[11] Nos Estados Unidos a doutrina denuncia os abusos ocorridos na criação de fundações familiares e corporativas com o intuito de obter os benefícios da legislação do imposto de renda.[12]

A nova norma que obriga as instituições imunes a colocar seus serviços à disposição da população em geral (art. 12, *caput*, da Lei 9.532/1997) caracteriza-se, a nosso ver, como requisito para a configuração de características intrínsecas da pessoa imune, que se compagina com a orientação jurisprudencial e que não restringe as limitações ao poder de tributar nem ofende a direitos fundamentais.

A Lei 9.732/1998 repisou o princípio da generalidade do atendimento com referência à isenção (*rectius*: imunidade) da contribuição para a seguridade social concedida pelo art. 195, § 7º, da CF às entidades beneficentes de assistência social, ao declarar que se entende "por assistência social beneficente a prestação gratuita de benefícios e serviços a quem dela necessitar" (art. 1º).

5. Aspectos objetivos

Quanto ao balizamento objetivo das imunidades das instituições de educação e de assistência social, vale aqui o que se disse antes relativamente às demais vedações constitucionais, com o acréscimo de algumas singularidades, quanto ao patrimônio, renda e serviço.

O *patrimônio* das entidades é intributável na medida em que esteja afetado a suas finalidades institucionais. Assim, o imóvel por eles dado em locação não poderá sofrer a incidência do imposto predial, ainda que haja a possibilidade jurídica de o locador repassar para locatário o ônus do tributo, tendo em vista que a obtenção de recursos financeiros, em caráter não especulativo, se torna fundamental às entidades imunes.

A *renda* também não pode ser tributada, qualquer que seja a sua origem. O imposto de renda não incide sequer sobre os ganhos de capital. O conceito de *renda* é amplo e não se circunscreve ao utilizado pelo imposto federal sobre a renda e proventos de qualquer natureza. Abrange qualquer aquisição de disponibilidade econômica ou jurídica ou qualquer acréscimo de capital destinado às finalidades essenciais da entidade imune. Assim, a imunidade das instituições de educação e assistência social abrange as mensalidades pagas pelo seus alunos, as doações e as subvenções. Restrição que pesa sobre a fruição da imunidade é que a pessoa beneficiada não se aproveite da vedação constitucional para infringir o princípio da livre concorrência, passando a atuar no mercado em condições privilegiadas frente aos seus competidores. As entidades que especulam no mercado e que alteram o equilíbrio entre os competidores não podem fugir à incidência de impostos.

Imunes também os *serviços*, desde que vinculados às atividades essenciais dos beneficiários. Não descaracteriza a imunidade a cobrança pela prestação de certos serviços inessenciais, como sejam os ingressos de cinema ou o estacionamento de automóveis.

6. Conteúdo

A imunidade das instituições educacionais e assistenciais só as protege contra a incidência dos impostos. A das entidades de beneficência também contra as contribuições para a seguridade. As taxas, as contribuições e os empréstimos compulsórios podem ser lançados.

11. Art. 52, § 1º (trad. de Alfred J. Schmidt e outros).
12. Cf. Robert H. Bremmer, *American Philantropy*, Chicago, The University of Chicago Press, 1988, p. 181.

No que concerne aos *impostos* há que se distinguir entre os diretos e os indiretos. Aqueles não recaem sobre o patrimônio, a renda e os serviços das entidades imunes. Mas os indiretos incidem, assim na compra que na venda das mercadorias. Excluem-se, todavia, a incidência dos impostos de circulação de mercadorias sobre a importação quando a entidade assistencial for o contribuinte *de jure* bem como o próprio imposto de importação, que prejudicariam o patrimônio daquelas pessoas.

Diz a CF de 1988, no art. 195, § 7º, que "são isentas de contribuição para a seguridade social as entidades beneficentes de assistência social que atendam às exigências estabelecidas em lei". A intributabilidade declarada é vera *imunidade* tributária, e não simples *isenção* constitucional, posto que vinculada ao mínimo existencial e aos direitos da liberdade.

7. Interpretação

Houve no Brasil, principalmente a partir de 1964, a desinterpretação do conteúdo e do alcance das imunidades das instituições de educação e assistência social. A doutrina e a jurisprudência dilargaram exageradamente a compreensão da intributabilidade. Afastada de seu fundamento precípuo – *os direitos da liberdade sintetizados no mínimo existencial* –, a imunidade, com justificativa em duvidosos argumentos de justiça, estendeu-se generosamente a pessoas e a classes sociais que não necessitavam da proteção estatal. Só a assistência generalizada e gratuita e a educação desinteressadamente oferecida constituem fundamento para direcionar o dinheiro público. Porque só nesses casos é que a sociedade reparte com o Estado a obrigação de prover as necessidades básicas, já que este não tem o monopólio da segurança dos direitos humanos. O que não se pode perder de vista é que as imunidades das instituições de educação e de assistência social constituem instrumento democrático e aberto para a escolha das ações filantrópicas por decisões não-governamentais e para o aumento das possibilidades de atendimento, no espaço público, das demandas dos necessitados.

Rio de Janeiro, 30 de julho de 2002.

CADERNOS DE DIREITO TRIBUTÁRIO

LOS NUEVOS INSTRUMENTOS ECONÓMICOS PARA EL FOMENTO DE ENERGÍAS RENOVABLES DESDE LA PERSPECTIVA DEL DERECHO FINANCIERO COMUNITARIO

YANNA G. FRANCO
Profesora Ayudante de Economía Aplicada Universidad Complutense de Madrid

PEDRO M. HERRERA
Profesor Titular de Derecho Financiero y Tributario Universidad Complutense de Madrid

1. Planteamiento. 2. Naturaleza jurídica: 2.1 Permisos de emisiones – 2.2 Sistema de primas – 2.3 Certificados verdes. 3. Competencias normativas de las instituciones comunitarias y nacionales: 3.1 Armonización ambiental mediante el procedimiento de codecisión – 3.2 Carácter especialmente flexible de la reserva de ley. 4. Régimen fiscal: 4.1 Aspectos generales – 4.2 Impuesto sobre el Valor Añadido – 4.3 Imposición directa: ganancias y pérdidas patrimoniales y amortizaciones. 5. Conclusiones.

1. Planteamiento

La doctrina ha puesto de relieve las transformaciones que está sufriendo el concepto de *tributo* como consecuencia – entre otros factores – de figuras destinadas a proteger el entorno natural. Así ha sucedido con los sistemas "voluntarios" de recogida de residuos (el denominado *punto verde*).[1] Ahora bien, este fenómeno adquiere su mayor relevancia en el marco jurídico de los recursos y productos energéticos.

En esta nota nos ocuparemos de tres "instrumentos económicos" de especial

1. Cfr. A. J. Martín Jiménez ("Notas sobre el concepto constitucional de tributo en la jurisprudencia reciente del TC", *REDF* 106/2000), quien sostiene la existencia de un *concepto constitucional* de *tributo* que abarca todas las prestaciones económicas exigidas por los Poderes Públicos con la finalidad de atender las necesidades públicas, con independencia de que su origen fuese *ex lege* o contractual, y de que el sujeto activo sea un ente público tradicional o una *corporación de derecho público* – entendida esta expresión en el sentido amplio que también le atribuyen M. Villar Ezcurra y C. García Novoa ("Comentarios críticos de urgencia a la Ley de Residuos y a la modificación de la Ley de Envases", *QF* 12/53, 1998, y "La necesidad de revisar las categorías tributarias ante el deslizamiento del Derecho Comunitario: un ejemplo en la Ley de Envases y Residuos de Envases", *QF* 18/22, 1997); C. García Novoa, "Comentarios a los aspectos fiscales de la Ley de Envases", *Impuestos*, 1997-II, p. 1.394.

relevancia: los permisos de emisiones,[2] los certificados verdes[3] y los sistemas de primas.[4] Los dos primeros presentan una regulación muy incipiente en el ámbito europeo (regulaciones nacionales muy limitadas y meras propuestas comunitarias), mientras que los sistemas de primas se encuentran ya plenamente implantados en diversos Estados y han sido enjuiciados por la jurisprudencia comunitaria.[5]

Como punto de partida hemos de realizar una aclaración relevante, aunque a algunos lectores pueda parecerles obvia: los llamados "instrumentos económicos" no son mecanismos ajenos al Derecho que se opongan a los "mecanismos jurídicos" (regulación directa) para la tutela de los recursos energéticos y la reducción de las emisiones contaminantes. En ambos casos estamos ante institutos jurídicos, plenamente sometidos al Derecho. La diferencia radica en la técnica utilizada: límites y prohibiciones en un caso, y mecanismos jurídicos diseñados para corregir las deficiencias del mercado en otros supuestos.

No puede negarse que la Economía y la Hacienda Pública han ido por delante del Derecho al diseñar el *fundamento teórico* de estos nuevos instrumentos – y el jurista no puede volver la espalda a esta realidad –, pero una vez reflejados en normas positivas su aplicación ha de afrontarse con criterios jurídicos y su funcionamiento – además de una valoración política y económica – requiere un análisis basado en conceptos jurídicos. Por otra parte, al tratarse de figuras tan novedosas, es razonable acompañar el enjuiciamiento del Derecho vigente – de las propuestas normativas – de consideraciones "institucionales" que ofrezcan algunas soluciones en el plano de la política legislativa.

2. *Naturaleza jurídica*

2.1 *Permisos de emisiones*

Los *permisos de emisiones* constituyen títulos negociables que autorizan a realizar determinado volumen de emisiones (en el caso que nos ocupa de dióxido de carbono) y que se contemplan entre las técnicas previstas para el cumplimiento del Protocolo de Kioto.[6] Su instrumentalización en el ámbito comunitario exige una mínima regulación común y el establecimiento de un mercado específico. Este mecanismo ha de acompañarse de controles administrativos muy estrictos para que las empresas del sector no realicen emisiones por encima del volumen autorizado. De este modo, el "precio del derecho a emitir" se regiría por la ley de la oferta y la demanda, sin superarse, en conjunto los límites exigidos por el citado Protocolo las normas comunitarias.

Aparentemente, la compra de permisos constituye una actuación voluntaria. No obstante, la necesidad – al menos parcial – de seguir acudiendo a los combustibles fósiles para el desarrollo de los procesos productivos y la existencia de un estricto

2. Cfr. la Propuesta de Directiva presentada por la Comisión el de 23.10.2001, del Parlamento Europeo y del Consejo, por la que se establece un régimen para el comercio de derechos de emisión de gases de efecto invernadero en la Comunidad y por la que se modifica la Directiva 96/61/CE del Consejo, COM (2001) 581.

3. Cfr. la Exposición de Motivos (Ap. 14) de la Directiva 2001/77/CE del Parlamento Europeo y del Consejo, de 27.9.2001, relativa a la promoción de la electricidad generada a partir de fuentes de energía renovables en el mercado interior de la electricidad, *Diario Oficial* L 283 de 27.10.2001, pp. 0033-0040.

4. Cfr. el art. 7 de la Ley 54/1997, de 27 de noviembre, del Sector Eléctrico.

5. Cfr. la STJCE de 13.3.2001, As. C–379/98, *Preussen Elektra AG/Schleswag AG*.

6. Cfr. Yanna Gutiérrez Franco, "El sistema europeo de comercio de derechos de emisión de gases de efecto invernadero. Análisis de la Propuesta de Directiva Europea de 23 de octubre de 2001", *Aranzadi Unión Europea* 2002 (en prensa). Sobre la adhesión de la Comunidad Europea al Protocolo, v. la Propuesta de Decisión del Consejo relativa a la aprobación, en nombre de la Comunidad Europea, del Protocolo de Kioto de la Convención-Marco de las Naciones Unidas sobre el Cambio Climático y al cumplimiento conjunto de los compromisos contraídos con arreglo al mismo, COM/2001/0579 final – CNS 2001/0248, *Diario Oficial* C 075 E de 26.3.2002, pp. 0017-0032.

marco legal hacen que tal voluntariedad resulte ficticia. Es más, en el *Libro Verde sobre el Comercio de los Derechos de Emisión de Gases de Efecto Invernadero en la Unión Europea*, presentado por la Comisión,[7] se advierte la posibilidad de coordinar el mercado de emisiones con medidas fiscales: quienes no se incorporen voluntariamente a dicho sistema se verán compelidos al pago de tributos.

Es cierto que el ente público no recibe percepciones económicas directas por la distribución inicial ni por la posterior venta de los permisos[8] (aunque, tras una etapa transitoria, no se descarta el cobro de prestaciones públicas con motivo de la autorización inicial). No obstante, los *agentes económicos privados* se ven obligados a satisfacer ciertas sumas de dinero (a otras empresas del sector) *para la consecución de determinados objetivos públicos*. Es decir, estamos ante la figura que nuestro Tribunal Constitucional considera prestaciones patrimoniales de carácter público *no-tributarias*, en el sentido del art. 31.3 CE.[9] Observamos un notable paralelismo con las prestaciones económicas entre particulares establecidas en el sistema de envases y residuos de envases.

Tal vez pudiera sostenerse que el ente público consigue un resultado económico semejante al que obtendría cobrando un tributo a los agentes más contaminantes y destinando su recaudación en favor de otras empresas que, a cambio, asumen la obligación de reducir sus emisiones de dióxido de carbono. No obstante, preferimos no dejarnos deslumbrar por este argumento, pues – desde el punto de vista de la teoría económica – existirían diferencias destacables entre una y otra política y desde la perspectiva jurídica – que ahora es objeto de nuestro análisis – encontraríamos notables diferencias de régimen jurídico. Por tanto, lo que ahora nos interesa es que *estamos ante una prestación patrimonial impuesta por los Poderes Públicos en favor de un sujeto privado para la consecución de determinados intereses públicos*. Dicha prestación se instrumenta mediante un contrato (un acuerdo de voluntades) pero no es plenamente voluntario, en el sentido de que existan verdaderas alternativas (las emisiones no podrán reducirse más allá de ciertos niveles) ni de que esté ausente la coacción pública (manifestada en la prohibición de emitir en ausencia de permisos).

2.2 Sistema de primas

El *sistema de primas* constituye un mecanismo muy distinto de los "permisos negociables", pero muestra interesantes paralelismos jurídicos y económicos con dicho sistema: para el fomento de energías renovables las empresas distribuidoras de electricidad asumen la obligación legal de adquirir energía de fuentes renovables a otras empresas, pagando por ellas una "prima" sobre el precio de la electricidad en el mercado eléctrico. Dicha "prima" pretende compensar los mayores costes productivos de la electricidad de origen renovable, de modo que se produzca una situación de equilibrio económico con la producción de electricidad derivada de combustibles fósiles.

La Comisión Europea ya había señalado que el cumplimiento de este requisito – límite marcado por los mayores costes de producción – convertía las primas en un incentivo económico compatible con la normativa sobre ayudas de Estado.[10] Es más,

7. COM (00)87, 8.3.2000.

8. Naturalmente no nos referimos al pago de los impuestos que recaigan sobre las correspondientes plusvalías, sino a otros gravámenes específicos.

9. Cfr. de modo particular la STC 182/1997 sobre la obligación establecida a cargo del empresario de abonar al trabajador la prestación por incapacidad laboral transitoria. Cfr. también las STC 185/1995 y 233/1999. Sobre la confusión dogmática que han generado estas resoluciones, cfr. C. Palao Taboada, "'Precios públicos': una nueva figura de ingresos públicos en el derecho tributario español", *REDF* 111/445 y ss., 2001.

10. *Directrices Comunitarias sobre Ayudas de Estado en Favor del Medio Ambiente*, 2001/C 37/03, n. 58 y ss.

admitía superar dicha limitación si podía probarse que tal incentivo no superaba el importe de los daños externos *evitados por el uso de energías renovables*. Naturalmente, esto exigía el control previo por parte de la citada institución.

No obstante, el Tribunal de Justicia ha llegado más lejos, al considerar que una prestación de este tipo *no puede constituir ayuda de Estado* al estar ausente la existencia de fondos públicos.[11] Se trata de un planteamiento un tanto formalista que contrasta con una jurisprudencia muy expansiva dirigida a garantizar el principio de neutralidad en el mercado interior y la posición supervisora de la Comisión. El Tribunal parece justificar esta nueva doctrina en la protección del medio ambiente en el Tratado de la Comunidad Europea.

Ahora bien, este importante matiz no impide calificar el sistema de primas como una auténtica "prestación patrimonial de carácter público" entre particulares, pues se cumplen todos los requisitos exigidos por nuestra jurisprudencia constitucional.

2.3 Certificados verdes

Desde la perspectiva ambiental el sistema de primas presenta importantes limitaciones: una vez que la energía se introduce en la red eléctrica es imposible conocer su origen. Por ello, el sistema de primas sólo opera como incentivo a la producción de energía renovable en la proximidad de las centrales eléctricas que están obligadas a adquirir la energía.[12] Así, el sistema presenta notables carencias desde la propia perspectiva del mercado interior (aunque haya sido admitido por el Tribunal de Justicia).

Pues bien, una solución – hacia la que se aproxima lentamente la normativa de los Estados-miembros y las propuestas comunitarias – radica en el establecimiento de un mercado de *certificados verdes*.[13] Estos son títulos que acreditan la producción de energía eléctrica de fuente renovable (sin emisiones de CO^2 o con emisiones que no superan el CO^2 absorbido previamente por la biomasa que se utiliza como combustible). Pues bien – una vez implantado este sistema –, la obligación legal de adquirir directamente electricidad de origen renovable podría cumplirse alternativamente mediante la *mera compra de certificados verdes que acrediten una producción equivalente*, aun cuando la totalidad de energía (real) adquirida proceda de fuentes convencionales. De este modo se lograría que el productor de energía renovable (con independencia del lugar donde radiquen sus instalaciones dentro del ámbito comunitario) obtenga una compensación económica (el importe obtenido por la venta de los certificados) que le permita competir con los productores convencionales situados en su ámbito geográfico.

En definitiva, estamos también ante una prestación patrimonial de carácter público entre particulares, *carente de naturaleza tributaria*. Este último inciso es importante, pues el instituto jurídico tributario abarca importantes *prestaciones económicas entre particulares*, como sucede con las retenciones y repercusiones. Sin embargo, en este caso estamos ante algo radicalmente distinto: no se trata de un mecanismo para que el obligado al pago frente al ente público realice la traslación jurídica de la carga tributaria sobre el titular de la capacidad económica. Por el contrario, lo que se pretende es crear un mercado (acompañado de ciertas medidas coactivas) que genere prestaciones económicas en favor de los intereses generales sin percepción de fondos por parte del ente público. Veamos que repercusiones derivan de esta afirmación para el ordenamiento interno y el comunitario.

11. STJCE de 13.3.2001, As. C–379/98, *Preussen Elektra AG/Schleswag AG*.

12. Esta situación es, además, consecuencia de la STJCE de 2.4.1998, As. C–213/96, *Outokumpu Oy*.

13. Cfr. Yanna Gutiérrez Franco, "El sistema de certificados verdes en el marco de la Directiva 2001/77/CE sobre Promoción de la Electricidad Procedente de Fuentes de Energía Renovables", *AUE*, 2002 (en prensa).

3. *Competencias normativas de las instituciones comunitarias y nacionales*

3.1 Armonización ambiental mediante el procedimiento de codecisión

En el ámbito comunitario, el establecimiento de normas comunitarias sobre la fiscalidad de la energía (directivas de armonización) se encuentra desde hace tiempo en un callejón de difícil salida debido a la exigencia de unanimidad en el seno del Consejo (art. 93/TCE).

Por el contrario, las normas de *armonización ambiental* pueden aprobarse por mayoría cualificada mediante el procedimiento de codecisión con el Parlamento (art. 175.1/TCE). Para evitar que este precepto exceptuara la unanimidad para la armonización de tributos ambientales, se introdujo una excepción, exigiendo la unanimidad para las normas ambientales *de carácter esencialmente fiscal* (art. 175.2/TCE). Se trata de una expresión poco afortunada – es indudable que el precepto alude a disposiciones *extra*fiscales –, que ha generado una amplia polémica doctrinal sobre sus límites. No vamos a reproducirla aquí: basta señalar que las *prestaciones patrimoniales de carácter público entre particulares* (exceptuando las retenciones y repercusiones tributarias) *no* pueden considerarse medidas fiscales, de modo que no requieren de unanimidad.[14]

Recordando el espíritu antiformalista del Derecho Comunitario, algún lector podría considerar nuestra conclusión insatisfactoria: si las citadas prestaciones consiguen un efecto *equivalente* al cobro de un tributo y el pago de ciertas subvenciones en el marco de un sector económico específico (lo que los alemanes denominan "tributos especiales"), ¿cómo no atribuir carácter tributario a este tipo de prestaciones? ¿No estaremos ante un *fraude de ley* al Tratado con el que la Comisión intenta eludir la regla de la unanimidad?

Hemos de rechazar una objeción de este género. Por una parte, la *finalidad* del Tratado no radica en defender a toda costa la soberanía de los Estados-miembros, sino en el logro de los objetivos comunitarios (incluida la protección del medio ambiente). No obstante, la cuestión-clave es otra: estas prestaciones entre particulares *no equivalen* a un tributo. Es cierto que no carecen de cierta coactividad, pero ésta se manifiesta en un marco jurídico mucho más flexible que el ofrecido por las normas tributarias (particularmente las normas reguladoras de los impuestos). Y no nos referimos tanto al hecho de que tales prestaciones se articulen mediante un contrato entre los particulares, como a la circunstancia de que el importe de tales prestaciones responda a la ley de la oferta y la demanda.

También es verdad que tales mercados se crean "coactivamente" por el ente público, pero tal decisión política pretende compensar ciertas externalidades o limitar la contaminación dentro de los límites admitidos por los compromisos internacionales. En definitiva, se trata de objetivos *estrictamente ambientales* que se persiguen *sin acudir a instrumentos tributarios*, por lo qué debe acudirse – como hace la propuesta de la Comisión – al procedimiento de codecisión con el Parlamento (mayoría cualificada) y no a la unanimidad de los Estados-miembros.

Quizá podría plantearse alguna duda en relación al sistema de primas (que, hasta la fecha, no se encuentra armonizado), dado que el ente público fija directamente la cuantía de la prima. Tal vez la regulación actual de este sistema en España puede presentar fricciones con la reserva de ley, exigida por el art. 31.3/CE, pero – a nuestro juicio – no cabe duda de que *no* estamos ante normas de *carácter esencialmente fiscal* en el sentido del Tratado de la Unión Europea. Recordemos que el Tribunal de Justicia ni siquiera atribuye a esta medida (por lo que se refiere al beneficiario) el ca-

14. Al menos en el estado actual en la evolución de los conceptos tributarios.

rácter de *ayuda de Estado*, concepto mucho más amplio que el de beneficio fiscal.

En cambio, sería más dudosa la naturaleza de las cantidades que, concluido el período transitorio, pudieran exigir los Estados-miembros por la adscripción inicial de los permisos de emisiones. En este caso estaríamos ante una figura materialmente idéntica a una tasa. Es cierto que algún destacado autor no considera las tasas como "medida esencialmente fiscal", por su conexión con la prestación de un servicio. Ahora bien, el argumento no resulta convincente dado que en el ámbito de los tributos ambientales la diferencia entre "impuestos" y "tasas" se difumina notablemente (ambos responden al principio "quien contamina paga", como manifestación de un genérico principio de equivalencia).

Nos inclinamos a considerar que la unanimidad no será precisa en cuanto la tasa se límite a cubrir el coste del servicio administrativo (por ejemplo, si los títulos se distribuyeran atendiendo a la situación preexistente) y se exija a los agentes económicos sin criterios de "progresividad ambiental" (sin que se fije un precio creciente para la persona que adquiera mayor número de títulos). En cambio, sería precisa la unanimidad si el importe exigido por los títulos se utilizara por las autoridades comunitarias como incentivo económico a reducir la contaminación. En tal caso ante una "tasa extrafiscal" que, paradójicamente, constituiría una medida "esencialmente fiscal" en el sentido del art. 175.2/TCE.

3.2 Carácter especialmente flexible de la reserva de ley

Desde la perspectiva interna, es preciso analizar si estas prestaciones han de ser fijadas con precisión en su cuantía por el legislador o si admiten un especial grado de flexibilidad dentro de los límites exigidos por el art. 31.3/CE.

Pues bien, en el caso de los permisos de emisiones, basta con que el legislador – o las autoridades comunitarias – fije el importe máximo de emisiones autorizadas, pues será este el dato que determinará el precio de los permisos atendiendo a la utilidad marginal de los agentes económicos. Además, dado que el mecanismo se basa en el mercado (en un mercado específico), carece de sentido que el legislador pretenda fijar el precio de los títulos. Precisamente esta es una de las diferencias más radicales – "económica", pero también jurídica – con el establecimiento de impuestos sobre emisiones de dióxido de carbono.

En el caso del sistema de primas, la cuestión es más compleja, pues el importe de la prima se fija directamente por la Administración, si bien a partir de ciertos parámetros legales.

Como se ha señalado en otro estudio,[15] el fundamento legal del régimen previsto en el RD 2.818/1998 (arts. 24-32) se encuentra en el art. 30 de la Ley 54/1997, de 27 de noviembre, del Sector Eléctrico.

Con arreglo al art. 30.4 de la citada ley:

"La producción de energía eléctrica mediante energías renovables no-hidráulicas, biomasa, así como por las centrales hidroeléctricas de potencia igual o inferior a 10MW percibirán una prima que se fijará por el Gobierno de forma que el precio de la electricidad vendida por estas instalaciones se encuentre dentro de una banda porcentual comprendida entre el 80 y el 90% de un precio medio de la electricidad, que se calculará dividiendo los ingresos derivados de la facturación por suministro de electricidad entre la energía suministrada. Los conceptos utilizados para el cálculo del citado precio medio se determinarán excluyendo el Impuesto sobre el Valor Añadido y cualquier otro tributo que grave el consumo de energía eléctrica.

"Para la determinación de las primas se tendrá en cuenta el nivel de tensión de entrega de la energía a la red, la contribu-

15. A. Grau Ruiz/P. Chico De La Cámara – P.M., "Incentivos a las energías alternativas como instrumento de desarrollo sostenible", *QF* 2000 (en prensa), epígrafe III. C.

ción efectiva a la mejora del medio ambiente, al ahorro de energía primaria y a la eficiencia energética, y los costes de inversión en que se haya incurrido, al efecto de conseguir unas tasas de rentabilidad razonables con referencia al coste del dinero en el mercado de capitales.

"No obstante, el Gobierno podrá autorizar primas superiores a las previstas en el párrafo anterior para las instalaciones que utilicen como energía primaria energía solar.

"Excepcionalmente, el Gobierno podrá fijar para la energía solar una prima por encima de los límites especificados en este artículo."

Así pues, la ley fijó un criterio preciso para determinar la base de cálculo de la prima (el "precio medio de la electricidad") y habilita al Gobierno a concretarla dentro de unos márgenes porcentuales (80 y 90%) dentro de los cuales debe operarse atendiendo a ciertos criterios técnicos, entre los que destaca un concepto jurídico indeterminado: la necesidad de conseguir unas "tasas de rentabilidad razonables con referencia al coste del dinero en el mercado de capitales".

Según el Tribunal Constitucional, la *reserva de ley* opera con notable flexibilidad en el ámbito de la base imponible cuando existen razones técnicas que dificultan su determinación por el legislador. Además, el Tribunal admite una especial flexibilidad en el ámbito de las prestaciones patrimoniales distintas de los impuestos (así, en las tasas, es suficiente la referencia al "valor de mercado" o a la "utilidad recibida"). Entendemos que estas exigencias se cumplen suficientemente por la Ley del Sector Eléctrico.

En cambio, la posibilidad de establecer primas ilimitadas en favor de la energía solar quebranta – a nuestro juicio – la reserva de ley.

Si se deseara seguir un modelo más semejante al mercado de emisiones, sería tal vez preferible sustituir el sistema de primas por un sistema de subasta entre los productores de energías renovables, fijando en cambio la Administración, dentro de ciertos márgenes legales, el volumen (o el porcentaje) de electricidad de origen renovable que debería adquirirse. Es cierto que este sistema presenta el inconveniente de generar inseguridad económica a los productores, pero el rango reglamentario de las normas que fijan las primas tampoco ofrece en la actualidad una firme seguridad jurídica.

Por último, en cuanto al mercado de certificados verdes, parece que su lógica interna lo alejaría del modelo de primas, basándose – en cambio – en una obligación legal de adquirir cierto porcentaje de energía de origen renovable. Si se siguiera esta opción, no vemos inconveniente desde la perspectiva de la reserva de ley, pues serían aplicables los argumentos que hemos desarrollado en torno al mercado de permisos de emisiones.

4. *Régimen fiscal*

4.1 Aspectos generales

Para concluir esta nota, resulta interesante analizar una cuestión ajena a la protección del medio ambiente, pero que puede presentar relevancia para la efectividad de las medidas antes analizadas: su *régimen fiscal*. Por un lado, éste depende de la naturaleza jurídica atribuida a las citadas figuras. Por otro, debe examinarse si serían necesarias algunas adaptaciones en las normas vigentes – impulsadas, en su caso, mediante normas de armonización comunitaria – para evitar distorsiones que menoscaben los objetivos ambientales.

4.2 Impuesto sobre el Valor Añadido

Con arreglo al art. 4.4 de la Sexta Directiva, "los Estados, las Regiones, las Provincias, los Municipios y los demás organismos de derecho público *no tendrán la condición de sujetos pasivos* en cuanto a las actividades u operaciones que desarrollen en el ejercicio de sus funciones públicas, ni siquiera en el caso de que con motivo de tales actividades u operaciones perciban derechos, rentas, cotizaciones o retribuciones". Ciertamente, el Anexo D excluye de este régimen "la distribución de electricidad y energía térmica", pero tales actividades son claramente distintas de la distribución de derechos sobre emisiones. Sin embargo, tales operaciones han de quedar sujetas cuando, de otro modo, se produzcan distorsiones graves de la competencia, y esto sucedería si, una vez en circulación los permisos, se emitiera un volumen significativo de nuevos títulos, en especial si tal operación se realizar por debajo de los precios de mercado.

En el caso de transmisión de permisos entre empresarios, o bien de venta de certificados verdes, o de venta de electricidad de energía renovable (en este caso aunque el productor sea un ente público), el vendedor o prestador del servicio debe tributar como sujeto pasivo, sin que se oponga a ello la existencia de una "prestación patrimonial de carácter público".

En el plano teórico se ha discutido la posibilidad de exonerar de IVA la venta de permisos, para evitar así cualquier distorsión y agilizar el funcionamiento del mercado. Este objetivo sólo se conseguiría mediante exenciones plenas, es decir, con derecho a la devolución del IVA soportado, como también sucede con el tipo de gravamen cero. No obstante, si los permisos de emisiones constituyen un instrumento que ha de contribuir a incorporar el precio del producto los costes externos de la contaminación (aunque su objetivo primordial sea limitar la cuantía de las emisiones), no parece oportuno que su adquisición deba recibir un trato de favor sobre otros bienes y servicios utilizados en el proceso productivo.

Conforme al art. 5.2 de la Sexta Directiva, el suministro de energía eléctrica constituye una "entrega de bienes". Además, con arreglo al art. 12.3.b) puede someterse a un tipo reducido (sea de origen renovable o no), siempre que esto no origine distorsiones de la competencia. Al tratarse de una entrega de bienes, el hecho imponible se produce en el lugar donde se inicie el "transporte" de la electricidad, si bien en las operaciones intracomunitarias (entre empresarios) el adquirente tributa en destino.

En cambio, la "cesión de un bien incorporal, representado o no por un título", constituye una prestación de servicios (art. 6.1/LIVA), de modo que la operación tributa en el Estado de la sede o establecimiento permanente del empresario que presta el servicio (art. 9.1).

Tal vez podrían surgir algunas dudas, puesto que la operación tributa el Estado del empresario destinatario del servicio en el caso de "patentes, licencias, marcas de fábrica y comerciales y otros derechos similares" (art. 9.2.c), pero se trata de derechos de naturaleza muy diversa a los permisos de emisiones y certificados verdes.

Así pues, se observa una diferencia de criterio entre el tratamiento que recibe la venta de energía de fuente renovable (tributación en destino) y la cesión de certificados verdes (tributación en origen). Puesto que los tipos de gravamen no se encuentran armonizados y ambas "adquisiciones" constituirán alternativas para cumplir la obligación legal, se producirán distorsiones, tanto para el mercado interior como para un correcto incentivo de las energías renovables. La solución más adecuada parece modificar la calificación de la venta de certificados verdes, pasando a considerarla como "entrega de bienes".

A la misma conclusión puede llegarse respecto de los permisos de emisiones (aunque en este caso no concurran directamente con otro bien), de modo que el empresario no tenga un incentivo a adquirirlos en el Estado con tipos de IVA más bajos. Aunque el empresario no soporte definitivamente el IVA, no deben desdeñarse las distorsiones que podría provocar el diverso coste financiero de las operaciones.

Desde la perspectiva ambiental, existiría un incentivo a adquirir permisos en

Estados-miembros con tipos impositivos más bajos. Puesto que cada Estado dispondrá de un cupo nacional de permisos, este fenómeno sólo tendría lugar en la medida en que las empresas de dicho Estado estén dispuestas a vender. Dado que nunca podrá emitirse por encima del volumen de permisos autorizados, la distorsión económica no ocasionará graves perjuicios ambientales, aunque puede incentivarse la compra de permisos por parte de empresas que de otro modo incurrirían en otros gastos para reducir su volumen de emisiones.

De todas estas consideraciones se deduce que los problemas de adaptación del IVA a las peculiaridades de los permisos de emisión y certificados verdes no tienen naturaleza ambiental (no se trata de evitar distorsiones en la finalidad ambiental de tales instrumentos), no *esencialmente fiscal*. Por tanto, la introducción de estas reformas deberá realizarse mediante unanimidad en el seno del Consejo.

4.3 Imposición directa: ganancias y pérdidas patrimoniales y amortizaciones

Desde la perspectiva empresarial los permisos de emisión presentan una doble vertiente: por un lado constituyen *inputs* del proceso productivo, pero además constituyen valores susceptibles de generar plusvalías y pérdidas que se pongan de manifiesto en el momento de su transmisión. Además, serán susceptibles de amortización. Ambas cuestiones exigen tener presente su período de validez.

Por un lado, los compromisos de reducción asumidos en el Protocolo de Kioto son quinquenales: el primer período, en concreto, se extiende desde 2008 hasta 2012 (sin perjuicio, en el caso de la Unión Europea, de un control anual de objetivos por parte de la Comisión).[16]

Así pues, debe examinarse si los permisos expedidos y asignados al comienzo del período tendrán vigencia durante los cinco años de duración del período de cumplimiento y si – en algún caso – será posible extender su validez más allá de cada período quinquenal.

La Propuesta de Directiva opta por extender la validez de los permisos durante el período de cinco años sin ninguna restricción. Además, prevé que a partir de 2008 los Estados-miembros autoricen la acumulación entre períodos, de manera que, al acabar el quinquenio 2008-2012, los Estados-miembros podrían admitir la validez de los permisos no-utilizados que fueron asignados en aquel período y que aún se conservan.[17] Esta posibilidad de acumulación de permisos por períodos prolongados va a plantear una serie de problemas de índole fiscal, que exigirán el diseño de figuras tributarias que los traten adecuadamente para no generar ineficiencias en el mercado de emisiones.

Los permisos de emisión tienen – insistimos – una doble naturaleza: son *inputs* del proceso productivo pero también son activos financieros que son gestionados como tales activos para que proporcionen la mayor rentabilidad. Un tratamiento fiscal como ganancias de capital otorgado a los rendimientos de los permisos introduciría distorsiones en el mercado al provocar que los agentes modifiquen sus conductas en evitación del gravamen.

Fischer, Kerr y Toman[18] explican esta circunstancia con un ejemplo evidente: si

16. Esta obligación de rendimiento anual de cuentas evita el riesgo de grandes deudas de reducción que podrían perderse definitivamente en caso de quiebra de las empresas, y además suministra información de gran utilidad sobre el mercado de permisos (Fischer *et al.*, 1998).

17. La opción elegida nos parece correcta puesto que, como acertadamente se señala en la Exposición de Motivos de la Directiva, la acumulación no perjudica el objetivo ambiental, y además introduce flexibilidad al sistema. Para una explicación más detallada de nuestra posición al respecto, v. Gutiérrez Franco, "El sistema de certificados verdes en el marco de la Directiva 2001/77/CE sobre Promoción de la Electricidad Procedente de Fuentes de Energía Renovables", cit.

18. Fischer *et al.* (1998), p. 8.

en un momento dado en el mercado de permisos se hubieran generado expectativas al alza respecto a los precios futuros (es decir, los agentes creen que cada vez será mayor el coste marginal de reducción de las emisiones), de manera que existen incentivos a la acumulación, el gravamen de las ganancias de capital acentuará ese atesoramiento. Este resultado, efecto cierre, opera del siguiente modo: ante la opción entre vender un permiso hoy y pagar un impuesto sobre las ganancias de capital acumuladas a la fecha y reinvertir las ganancias de la venta, o bien mantener el permiso en espera de posteriores ganancias de capital, que sólo serán gravadas cuando el permiso se venda y no antes, existirán acumuladores de permisos que tiendan a diferir, por este planteamiento especulativo, ventas de permisos que podrían de otro modo ser económicamente eficientes.

Por supuesto, como señalan también los autores citados, el sistema fiscal puede también provocar el efecto contrario: disuadir la compra de permisos, dado que los costes de adquirir un permiso sólo podrán deducirse según se produzca su amortización. Si se permitiera la amortización total de los permisos, a efectos fiscales, durante el ejercicio de su adquisición se incentivaría su compra con fines especulativos.

En realidad, estos problemas de política fiscal no son distintos de los que plantean otros valores de naturaleza semejante (problemas, por otro lado, que los instrumentos de armonización fiscal no están en condiciones de solucionar).

Por tanto, desde el punto de vista técnico, deberá tenerse en cuenta la solución que finalmente adopte la Directiva sobre el periodo de validez general de los permisos y las posibilidades de prórroga. Se trata de disposiciones no-fiscales pero que, indirectamente, proyectarán su eficacia sobre el régimen tributario de los permisos de emisiones y certificados verdes.

5. Conclusiones

Las obligaciones de pago derivadas de los permisos de emisiones, certificados verdes y sistema de primas (instrumentos destinados a fomentar la reducción de emisiones de CO^2 y promover energías alternativas) tienen un origen contractual entre particulares, pero carecen de auténtica voluntariedad y responden a un fin público. Por tanto, constituyen prestaciones patrimoniales de carácter público, en el sentido que atribuye a este término el Tribunal Constitucional.

Al no constituir instrumentos fiscales, la armonización comunitaria de estas figuras no requiere la unanimidad del Consejo. Por el contrario, deben aprobarse por mayoría cualificada mediante el procedimiento de codecisión por el Parlamento. A juicio del Tribunal de Justicia, los incentivos económicos derivados de estos mecanismos no constituyen ayudas de Estado, por no estar presentes fondos públicos.

Puesto que se trata de prestaciones patrimoniales de carácter público, quedan sometidas a la reserva de ley. Sin embargo, no es preciso – ni conveniente – que la ley fije directamente su cuantía; basta con que determine con suficiente precisión las condiciones en las que operará el mercado (el volumen máximo de emisiones admisible o de certificados verdes que deben adquirirse).

La normativa armonizada del IVA presenta ciertas distorsiones cuando se aplica a la venta de permisos de emisiones y certificados verdes, por considerarse éstas prestaciones de servicios y considerarse el lugar de realización del hecho imponible aquél en que el prestador tiene su sede o establecimiento permanente.

CADERNOS DE DIREITO TRIBUTÁRIO

ANÁLISE JURÍDICA DA PROGRESSIVIDADE FISCAL DO IPTU

VALÉRIA FURLAN

Mestre e Doutoranda em Direito Tributário
pela Pontifícia Universidade Católica de São Paulo – Advogada

1. Introdução. 2. Progressividade fiscal no direito positivo brasileiro: 2.1 Objetivos fundamentais da República Federativa – 2.2 Princípio da igualdade – 2.3 Princípio da igualdade na tributação 2.4 Princípio da capacidade contributiva 2.5 Generalidade, uniformidade e progressividade. 3. Progressividade fiscal e proporcionalidade. 4. Considerações finais. 5. Conclusão.

1. Introdução

É pacífica a assertiva de que a tributação – e, portanto, a instituição do Imposto Predial e Territorial Urbano (IPTU) – submete-se ao princípio da igualdade. A divergência reside, vale frisar, tão-somente na escolha do critério de apuração do imposto – progressividade ou proporcionalidade – que realmente constitua exigência, implícita ou expressa, do nosso regime jurídico constitucional tributário. Por tal razão, o objeto desse trabalho limitar-se-á a investigar qual a melhor forma de conjugar a alíquota à base de cálculo, de acordo com o princípio constitucional da igualdade, e, ao mesmo tempo, reexaminar o alcance jurídico da classificação dos impostos em reais e pessoais nesse contexto.

Consoante o critério de apuração adotado, fala-se em imposto proporcional, progressivo ou seletivo. O imposto proporcional é calculado mediante a conjugação de uma única alíquota a uma base de cálculo. No caso do IPTU a base de cálculo será o valor venal (real) do imóvel, e a alíquota, por exemplo, 1%. Pode-se dizer que tanto a alíquota como a base de cálculo são, no plano legal, invariáveis.

Na progressividade fiscal variam concomitantemente a alíquota *e* a base de cálculo – ou seja, cuidando-se de IPTU a base de cálculo (padrão) continua sendo o valor venal do imóvel, porém, ainda no plano normativo, são estipuladas faixas de valores (bases de cálculo específicas). As alíquotas variarão *proporcionalmente* ao aumento ou à diminuição das correlatas bases de cálculo.

O imposto seletivo assemelha-se ao progressivo. Não há, todavia, aquela variação *proporcional* da alíquota à base de cálculo que, como vimos, ocorre nos impostos proporcional e progressivo. Com efeito, a base de cálculo do IPTU seletivo continua sendo o valor venal do imóvel, porém agregam-se outros critérios que ensejam novas categorias, ou subespécies do imposto (*v.g.*, imposto sobre a propriedade urbana residencial, imposto sobre a propriedade urbana industrial etc.), sendo-lhes atribuídas alíquotas distintas.

2. *Progressividade fiscal no direito positivo brasileiro*

Neste trabalho não abordaremos a progressividade extrafiscal do IPTU – isto é, o emprego de alíquotas progressivas e/ou seletivas em razão do princípio da função social da propriedade. Discutiremos, aqui, apenas o emprego da proporcionalidade e da progressividade quando estiver em jogo a arrecadação de tributo (fins fiscais) e, por via de conseqüência, o princípio da capacidade contributiva. Enfim, procuraremos demonstrar que o caráter real do IPTU não constitui obstáculo à adoção de alíquotas progressivas.

A polêmica acerca da progressividade fiscal debruça-se na classificação dos impostos em reais e pessoais. Os impostos reais alcançam objetivamente apenas a propriedade, sem levar em conta a condição pessoal do proprietário, isto é, sua real capacidade econômica. Assim, é irrelevante saber se o contribuinte é rico, pobre ou de posses médias, se é celibatário ou chefe de família, se está desempregado ou se é aposentado, se o imóvel está ou não hipotecado.

É dizer, nos impostos reais não se devem levar em conta as condições pessoais do sujeito passivo com o intuito de apurar sua capacidade contributiva, sob pena de incorrer até mesmo em bitributação. Deveras, se, por exemplo, considerássemos sua condição de aposentado adentraríamos o campo do imposto sobre a renda. Doutra parte, na hipótese de se exigir IPTU sobre o total de imóveis que o sujeito passivo possui se configuraria nova modalidade de imposto sobre o patrimônio, alheia à esfera de competência municipal.

Questionamos, no entanto, se não haveria outro(s) critério(s) de fixação de alíquotas dos impostos reais que, sem levar em conta as condições pessoais do sujeito passivo, pudesse(m) *com maior efetividade* satisfazer o princípio da igualdade. Ou seja, sem considerarmos a renda ou o número de imóveis (patrimônio), seria possível uma tributação mais justa, mais proporcional, mais igualitária, que aquela obtida com o simples emprego de uma única alíquota? Em caso afirmativo, haveria ofensa ao princípio da capacidade contributiva na sua adoção?

Para respondermos a essas indagações, cremos ser necessário repisar a importância dos princípios jurídicos no campo exegético, como se pode depreender do conceito formulado pelo ilustre professor Roque Antônio Carrazza: "princípio jurídico é um enunciado lógico, implícito ou explícito, que, por sua grande generalidade, ocupa posição de preeminência nos vastos quadrantes do Direito e, por isso mesmo, vincula, de modo inexorável, o entendimento e a aplicação das normas jurídicas que com ele se conectam".[1]

Pois bem, para nos posicionarmos especificamente acerca da admissibilidade ou não de alíquotas progressivas no tocante ao IPTU, revolveremos os grandes princípios constitucionais, sobrepondo-os aos enunciados que veiculam simples regras que, quando vistas isoladamente, com eles (os princípios) não se coadunam,[2] ou não os satisfazem plenamente.

2.1 *Objetivos fundamentais da República Federativa*

Estabelece nossa Carta Magna: "Art. 3º. Constituem objetivos fundamentais da Re-

1. *Curso de Direito Constitucional Tributário*, 17ª ed., São Paulo, Malheiros Editores, 2002, p. 33.

2. A respeito da interpretação lógico-sistemática, esclarece Paulo Bonavides: "A interpretação começa naturalmente onde se concebe a norma como parte de um sistema – a ordem jurídica, que compõe um todo ou unidade objetiva, única a emprestar-lhe o verdadeiro sentido, impossível de obter-se se a considerássemos insulada, individualizada, fora, portanto, do contexto das leis e das conexões lógicas do sistema" (*Curso de Direito Constitucional*, 7ª ed., São Paulo, Malheiros Editores, 1997, p. 405).

pública Federativa do Brasil: I – construir uma sociedade livre, justa e solidária; (...) III – erradicar a pobreza e a marginalização e reduzir as desigualdades sociais e regionais; (...)". Salta aos olhos que *construir uma sociedade justa* e *promover a redução de desigualdades sociais e regionais* são objetivos fundamentais que não só podem como *devem* ser alcançados por meio da tributação.

2.2 Princípio da igualdade

Do princípio republicano deriva, dentre outros de igual relevo, o princípio da igualdade, também expressamente consagrado pela Lei Maior: "Art. 5º. Todos são iguais perante a lei, sem distinção de qualquer natureza, garantindo-se aos brasileiros e aos estrangeiros residentes no país a inviolabilidade do direito à vida, à liberdade, à igualdade, à segurança e à propriedade, (...)". É de clareza mediana que, por força desse princípio basilar, o legislador infraconstitucional, ao traçar normas de conduta, deverá proporcionar a todos os destinatários um tratamento igualitário, seja na esfera civil, na esfera penal, administrativa etc.[3] Obviamente que referido mandamento também alcança o campo tributário, devendo o ente tributante viabilizar rigorosamente a justiça fiscal.

2.3 Princípio da igualdade na tributação

Tão intensa é a preocupação do poder constituinte originário com o "bolso" do contribuinte brasileiro, que achou por bem enfatizar o princípio da igualdade mais uma vez no capítulo da tributação, determinando: "Art. 150. Sem prejuízo de outras garantias asseguradas ao contribuinte, é vedado à União, Estados, Distrito Federal e Municípios: (...) II – instituir tratamento desigual entre contribuintes que se encontrem em situação equivalente, proibida qualquer distinção em razão de ocupação profissional ou função por eles exercida, independentemente da denominação jurídica dos rendimentos, títulos ou direitos; (...)". Noutras palavras, a Constituição, após facultar aos entes tributantes a instituição de tributos, impõe a máxima observância de critérios, genéricos e abstratos, que permitam uma igualdade de tratamento quanto à incidência de impostos, taxas, contribuição de melhoria enfim, seja qual for a espécie tributária.

2.4 Princípio da capacidade contributiva

Não bastassem os susocitados dispositivos, insistiu ainda a Lei Maior que os contribuintes dos *impostos* também deverão receber um tratamento igualitário, no art. 145: "§ 1º. Sempre que possível, os impostos terão caráter pessoal e serão graduados segundo a capacidade econômica do contribuinte (...)". Diante dessas sucessivas transcrições, é indubitável para nós que esse artigo deve ser interpretado da maneira mais condizente a assegurar o direito do contribuinte de somente se submeter a uma tributação efetivamente justa. Por isso não acolhemos cegamente a argumentação de que esse dispositivo afasta a progressividade fiscal dos impostos reais.

Sabemos que a obrigação tributária, como toda e qualquer obrigação jurídica, consiste necessariamente num vínculo entre pessoas – isto é, entre um sujeito ativo (credor) e um sujeito passivo (devedor) –, nunca entre pessoa e coisa. Logo, todas as espécies tributárias terão como sujeito passivo o contribuinte, pessoa física ou jurídica, as quais deverão pagar impostos de acordo com sua capacidade contributiva,

3. A propósito, leciona Celso Antônio Bandeira de Mello:

"A lei não deve ser fonte de privilégios ou perseguições, mas instrumento regulador da vida social que necessita tratar eqüitativamente todos os cidadãos. Este é o conteúdo político-ideológico absorvido pelo princípio da isonomia e juridicizado pelos textos constitucionais em geral, ou de todo modo assimilado pelos sistemas normativos vigentes.

"Em suma: dúvida não padece que, ao se cumprir uma lei, todos os abrangidos por ela hão de receber tratamento parificado, sendo certo, ainda, que ao próprio ditame legal é interdito deferir disciplinas diversas para situações equivalentes" (*O Conteúdo Jurídico do Princípio da Igualdade*, 3ª ed., São Paulo, Malheiros Editores, 1993, p. 10).

cuja aferição poderá, conforme o caso, levar ou não em conta as condições pessoais do contribuinte.

Continuamos convencidos de que o "sempre que possível" não excepciona essa regra (todos os impostos são pessoais), mas apenas leva em conta a existência de alguns impostos – como o ICMS e o IPI – cujos sujeitos passivos eximem-se do encargo tributário ao repassar o valor recolhido no preço da mercadoria adquirida pelo consumidor final. Em tais hipóteses a Constituição Federal sabiamente ressalta o princípio da seletividade em função da essencialidade do produto, mercadoria ou serviço, em plena consonância com o princípio maior da igualdade.

Nesta linha de raciocínio, o *caráter pessoal* refere-se a todos os contribuintes que assumem efetivamente o encargo tributário – razão pela qual todos os impostos, com algumas ressalvas (IPI, ICMS), deverão ser informados diretamente pelo princípio da capacidade contributiva. Noutro giro, o *caráter pessoal* não foi posto ali em contraposição ao *caráter real* de alguns impostos, pois todos os tributos – e, portanto, todos os impostos – são, por esse enfoque, pessoais, já que têm no pólo passivo pessoas que assumirão efetivamente o montante tributário (regra).

Tornando ao nosso rumo, o que pretendemos demonstrar é a notória e tão efusiva preocupação do constituinte originário em assegurar a todos aqueles que, em tese, poderão ter sua *liberdade* e *propriedade* cerceadas em nome do interesse público que recebam um tratamento igualitário.[4] Por via de conseqüência, na seara tributária, caberá ao ente tributante selecionar com o devido zelo os melhores critérios de fixação de alíquotas e de delimitação da base de cálculo para assegurar esse fim. Aliás, a própria Constituição cuidou de acolher a capacidade contributiva como critério informador dos impostos, não apenas no § 1º do art. 145, como também ao indicar regras-matrizes que contemplam signos presuntivos de riqueza. *Grosso modo*, verificamos que o patrimônio e seus acréscimos são os alvos da incidência dos impostos.

2.5 *Generalidade, uniformidade e progressividade*

Também por força do princípio da igualdade tributária, não apenas os impostos, mas *todos os tributos* hão de ser informados pelos critérios da *generalidade* e da *uniformidade*. Exemplificando, todo imóvel urbano, em tese, estará sujeito ao IPTU, assim como toda renda estará sujeita ao IR. Parece-nos, pois, evidente que – quando a Constituição aduziu: "Art. 153. Compete à União instituir impostos sobre: (...) III – renda e proventos de qualquer natureza; (...)"; § 2º. O imposto previsto no inciso II: I – será informado pelos critérios da generalidade, da universalidade e da progressividade, na forma da lei; (...)" – não pretendeu que apenas o IR fosse informado por esses critérios, de modo que só o IR deva obediência aos princípios da igualdade e da capacidade contributiva. Ao contrário, enfatizou mais uma vez a importância desses três critérios para se assegurar um tratamento fiscal igualitário, inclusive no que tange ao IR. Soa-nos sofrivelmente tacanha a interpretação desse dispositivo que admite a progressividade somente no IR.

3. *Progressividade fiscal e proporcionalidade*

Reiteramos, pois, que a divergência doutrinária e jurisprudencial não consiste em discutir o direito do contribuinte a uma tributação em consonância com o princípio da igualdade, mas, pelo que se tem visto, diverge apenas quanto à escolha do

4. Salienta Sampaio Dória: "Os direitos fundamentais, os homens os têm, só por serem homens, como o de vida, o de locomoção, o de associação, o de pensamento, o de possuir. Nenhum título legal é condição para a existência destes direitos. (...). O único limite ao direito fundamental de um indivíduo é o respeito a igual direito de seus semelhantes, e a certas condições fundamentais das sociedades organizadas" (*Curso de Direito Constitucional*, 2ª ed., Cia. Editora Nacional, 1946, p. 254).

melhor critério (progressividade ou proporcionalidade) para se satisfazer o aludido princípio. Não se discute, pois, se os princípios da igualdade ou da capacidade contributiva constituem ou não cláusulas pétreas, e muito menos se questiona a necessidade de plena adequação da base de cálculo à sua respectiva hipótese de incidência, evitando-se bitributações inconstitucionais.

E mais: segundo entendemos, tanto a progressividade como a proporcionalidade contribuem para a observância do princípio da igualdade. Para roborar essa afirmação, retomamos as preciosas lições de Celso Antônio Bandeira de Mello. Segundo o festejado Mestre, para que um discrímen legal seja convivente com a isonomia impende que concorram quatro elementos, *verbis*: "a) que a desequiparação não atinja, de modo atual e absoluto, um só indivíduo; b) que as situações ou pessoas desequiparadas pela regra de Direito sejam efetivamente distintas entre si, vale dizer, possuam características, traços, *nelas residentes*, diferençados; c) que exista, em abstrato, uma correlação lógica entre os fatores diferenciais existentes e a distinção de regime jurídico em função deles, estabelecida pela norma jurídica; d) que, *in concreto*, o vínculo de correlação supra-referido seja pertinente em função dos interesses constitucionalmente protegidos, isto é, resulte em diferenciação de tratamento jurídico fundada em razão valiosa – ao lume do texto constitucional – para o bem público".[5]

Oras, tanto o IPTU com alíquotas progressivas como o IPTU com alíquotas proporcionais (a) não alcançam, de modo atual e absoluto, um só indivíduo. O contribuinte será sempre o proprietário de um imóvel urbano; (b) ambos desequiparam contribuintes de acordo com o valor do imóvel que possuam, isto é, quer se trate de alíquota única, quer se trate de alíquota progressiva, o contribuinte pagará sempre proporcionalmente ao valor venal do imóvel; (c) há, nos dois casos, em abstrato, uma correlação lógica entre os fatores diferenciais existentes e a distinção de regime jurídico em função deles, estabelecida pela norma jurídica, pois o proprietário de um imóvel de maior valor sempre pagará um IPTU mais elevado que o proprietário de um imóvel de menor valor; (d) nos dois casos, *in concreto*, o vínculo de correlação supra-referido é pertinente em função dos interesses constitucionalmente protegidos, isto é, resulta em diferenciação de tratamento jurídico fundada em razão valiosa – ao lume do texto constitucional – para o bem público. Deveras, no caso em apreço, ambos concorrem para a observância da justiça fiscal, porém – a nosso sentir – em graus de eficácia distintos – ou seja, *a progressividade garante um tratamento mais proporcional, e, portanto, mais igualitário, que a própria proporcionalidade*. Se não, vejamos:

1) *Proporcionalidade*

A) Imóvel de R$ 1.000.000,00 x 1% = R$ 10.000,00

B) Imóvel de R$ 500.000,00 x 1% = R$ 5.000,00

C) Imóvel de R$ 50.000,00 x 1% = R$ 500,00

2) *Progressividade*

A) Imóvel de R$ 1.000.000,00 x 1% = R$ 10.000,00

B) Imóvel de R$ 500.000,00 x 0,6% = R$ 3.000,00

C) Imóvel de R$ 50.000,00 x 0,2% = R$ 100,00

Nada obstante, chega-se, *data maxima venia*, ao absurdo de rotular de cláusula pétrea o direito do contribuinte de não se submeter ao IPTU progressivo por se tratar de um imposto real (segundo pensamos, cláusula pétrea é o direito do contribuinte de somente sujeitar-se ao recolhimento de um imposto que tenha sido instituído da maneira que melhor satisfaça os princípios constitucionais, e a classificação dos impostos em reais e pessoais não pode cercear esse direito). Argumenta-se que, nesse

5. *O Conteúdo Jurídico* ..., 3ª ed., p. 41.

exemplo da progressividade, "C" *poderia* ser proprietário de vários outros imóveis, quiçá mais valiosos, sendo, pois, privilegiado com a alíquota de 0,1% em relação a "A" e "B". Ora, a progressividade não eximirá "C" de recolher o IPTU desses seus outros imóveis com alíquotas mais elevadas, tanto quanto "A" e "B".

Ademais, poderíamos, nessa mesma linha, refutar essa frágil argumentação formulando novas suposições: "A" e "B" poderiam ser proprietários de imóveis valiosos, e "C" proprietário tão-somente de um imóvel de pequeno valor. Nessa hipótese, adotando-se a proporcionalidade, todos se submeteriam à mesma alíquota e, por não ter a mesma capacidade contributiva de "A" e "B", para "C" o encargo seria bem maior. Doutro lado, se fosse ínfima a alíquota fixada, "A" e "B" seriam privilegiados em relação a "C", uma vez que, revelando um maior poder aquisitivo, deveriam contribuir mais que "C".

Aperfeiçoemos um pouco mais esses exemplos com a hipótese de isenção. Empós, verificaremos quais critérios, devidamente conjugados, melhor viabilizam o tratamento isonômico:

1) *Proporcionalidade/isenção*

A) Um imóvel de R$ 1.000.000,00 x 1% = R$ 10.000,00

B) Um imóvel de R$ 500.000,00 x 1% = R$ 5.000,00

C) Vários imóveis de R$ 50.000,00 x 1% = R$ 500,00

D) Um imóvel de R$ 50.000,00 = isento

2) *Progressividade/isenção*

A) Um imóvel de R$ 1.000.000,00 x 1% = R$ 10.000,00

B) Um imóvel de R$ 500.000,00 x 0,6% = R$ 3.000,00

C) Vários imóveis de R$ 50.000,00 x 0,2% = R$ 100,00

D) Um imóvel de R$ 50.000,00 = isento

No primeiro caso, "A", "B" e "C" não possuem objetivamente a mesma capacidade contributiva, sendo, porém, tratados com excessiva desigualdade pela lei tributária. É-nos indubitável que a *progressividade* conduz a um tratamento mais proporcional que a própria proporcionalidade (ainda que está também esteja conjugada com hipótese de isenção), ao permitir que cada um pague de acordo com sua efetiva realidade econômica, e nem por isso menos objetivamente que no exemplo anterior (destaca-se a situação de "A" e "C"). Observe-se que, neste contexto, a isenção impede que "C" se exima do recolhimento do IPTU, pois, sendo proprietário de vários imóveis, com ela não poderá ser beneficiado (e não se trata de nova modalidade de imposto sobre o patrimônio).

Por outro lado, "C" poderia ser proprietário de vários imóveis de pequeno valor que, conjuntamente, implicariam o valor do imóvel de "A". Neste caso, ainda assim afigura-se-nos possível a aludida progressividade, assumindo, todavia, também o caráter extrafiscal, pois, sendo a situação de "C" muito mais condizente à satisfação do princípio da função social da propriedade, justifica-se o benefício de alíquotas menores. Mas na hipótese de ser apenas proprietário de um imóvel de pequeno valor, ou estará isento (hipótese de "D"), ou se sujeitará a uma alíquota proporcionalmente menor (progressividade fiscal). Em ambos os casos a progressividade assume foros de constitucionalidade.

Por tais razões, queremos enfatizar que a progressividade fiscal do IPTU sempre nos pareceu perfeitamente admitida, e até mesmo implicitamente exigida, pela nossa Carta Republicana.[6] Com efeito, *diante de*

6. Essa tese, todavia, não foi acolhida pela Suprema Corte, que refutou a progressividade fiscal do IPTU sob o argumento de que os impostos reais não são compatíveis com o princípio da capacidade contributiva, além do quê a progressividade fiscal somente foi prevista expressamente para o IR (a propósito, cf. RE 167.654-0-MG, rel. Min. Maurício Corrêa, j. 25.3.1997, v.u., *DJU* 18.4.1997, p. 13.786).

duas interpretações possíveis, afigura-se melhor aquela que não excepciona os princípios constitucionais. Assim, rechaçamos a interpretação que restringe demasiadamente o alcance do princípio da capacidade contributiva no que concerne aos impostos reais.

Atualmente, porém, consta na Lei das Leis:

"Art. 156. Compete aos Municípios instituir impostos sobre:

"I – propriedade predial e territorial urbana;

"(...).

"§ 1º. Sem prejuízo da progressividade no tempo a que se refere o art. 182, § 4º, inciso II, o imposto previsto no inciso I poderá:

"I – ser progressivo em razão do valor do imóvel; e

"II – ter alíquotas diferentes de acordo com a localização e o uso do imóvel" (§ 1º com redação dada pela EC 29, de 13.9.2000).

4. Considerações finais

Convém, neste passo, afastar a errônea idéia de que imposto progressivo equivale a aumento de imposto, assim como não é necessário majorar a alíquota para se obter a progressividade. Nos exemplos citados a alíquota proporcional foi fixada em 1,0% e, ao adotarmos a progressividade, a alíquota máxima se ateve a 1,0%.

Progressividade e aumento de imposto são coisas distintas, embora, *por opção do ente tributante*, possam ocorrer simultaneamente. Na cidade de São Paulo, por exemplo, a Lei 13.250/2001 não apenas adotou alíquotas progressivas, como também aumentou consideravelmente o IPTU. Diante disso, várias ações têm sido propostas para atacar a progressividade, quando, na verdade, a insatisfação reside no aumento do imposto que se deu por outros fatores, além da majoração de alíquota. Cremos que não haveria maiores insurgências se tivesse sido adotada a progressividade, mantendo-se a alíquota anterior como alíquota máxima – ou seja, se o único intuito fosse reduzir o IPTU de imóveis de menor valor em consonância com o princípio da capacidade contributiva.

No mais, asseveramos que não importam os meios de se chegar à progressividade fiscal dos impostos reais (estabelecendo-se isenções, faixas de valor, com ou sem descontos, deduções, acréscimos[7]), desde que, sem considerar as condições pessoais do contribuinte – isto é, mantendo-se a correlata adequação da base de cálculo à sua hipótese de incidência –, seja sempre respeitado o princípio da igualdade *da maneira mais eficiente*.

5. Conclusão

Continuamos, pois, convencidos de que a progressividade fiscal, corretamente empregada, é a melhor forma de *construir uma sociedade justa* e de *promover a redução de desigualdades sociais e regionais*, preservando-se, de igual modo, cláusulas pétreas – embora fosse muito mais "cômodo" para o Fisco, e não menos atraente sob o aspecto arrecadatório, estabelecer uma única alíquota para o IPTU, sem maiores preocupações acerca do princípio constitucional da capacidade contributiva.

7. Aliás, critérios, esses, que devem ser buscados pelo legislador na Ciência das Finanças, isto é, desenvolvidos com precisão por especialistas em cálculos matemáticos, e não formulados pelo intérprete do direito positivo.

CADERNOS DE DIREITO TRIBUTÁRIO

LA REVISIÓN E IMPUGNACIÓN DE LOS ACTOS TRIBUTARIOS EN DERECHO ALEMÁN[1]

TORSTEN EHMCKE

Doctor en Derecho – Profesor de Derecho Tributario
en la *Westfälische Wilhelms-Universität* de Münster
– Magistrado (Presidente del Tribunal Superior de lo Tributario, Münster)

DIEGO MARÍN-BARNUEVO

Doctor en Derecho – Profesor Titular de Derecho Financiero y Tributario
en la Universidad Carlos III de Madrid

1. Introducción. 2. Consideraciones generales: 2.1 La distribución de competencias en materia tributaria – 2.2 El procedimiento de liquidación tributaria – 2.3 Eficacia de los actos administrativos de naturaleza tributaria. 3. Rectificación, revocación y modificación administrativa de actos tributarios: 3.1 Liquidaciones provisionales: 3.1.1 Liquidaciones bajo reserva de comprobación – 3.1.2 Liquidaciones provisorias – 3.2 Liquidaciones definitivas: 3.2.1 Errores manifiestos – 3.2.2 Aparición de nuevos hechos o medios de prueba. 4. El procedimiento de recurso extrajudicial. 5. El proceso jurisdiccional en materia tributaria.

1. Introducción

La modificación de los actos tributarios en Derecho Alemán puede tener lugar a través de distintos procedimientos, tal y como sucede en Derecho Español, pero presenta algunas singularidades importantes cuyo interés nos ha llevado a publicar el presente trabajo. En él se describen los diversos procedimientos de modificación o revisión existentes en Derecho Alemán, agrupados en tres grandes bloques: la revisión administrativa de oficio; la modificación de actos tributarios realizada por la Administración a instancia de parte; y, finalmente, el recurso en sede jurisdiccional.

En todo caso, antes de abordar el estudio de los distintos procedimientos, nos ha parecido oportuno realizar algunas consideraciones generales sobre el sistema tributario alemán o, más concretamente, sobre la distribución de competencias en materia tributaria y sobre las características bá-

1. Versión actualizada y revisada del trabajo publicado en la *Revista Euroamericana de Estudios Tributarios* 2/331 y ss., mayo-agosto/1999.

sicas del procedimiento de gestión tributaria alemán, cuya finalidad es facilitar la comprensión del trabajo.

2. *Consideraciones generales*

2.1 La distribución de competencias en materia tributaria

La República Federal de Alemania tiene la organización propia de un Estado Federal,[2] por lo qué es necesario diferenciar las competencias tributarias de la Federación (*Bund*) y de los 16 Estados Federados, llamados *Länder*.[3]

Los *Länder*, a su vez, están divididos en otras unidades territoriales inferiores en las que se descentraliza la Administración general del Estado Federado, llamadas *Kreise*.[4]

La división territorial de los ámbitos de gobierno termina con los Municipios (*Gemeinden)*, que tienen reconocida constitucionalmente su propia autonomía[5] y, en los últimos años, han visto aumentar significativamente sus competencias en materia tributaria.

El Poder Legislativo está repartido entre la Federación y los Estados Federados.[6] La mayor parte de los tributos son de titularidad federal, pero su gestión está atribuida, fundamentalmente, a los Estados Federados,[7] que también tienen encomendada la gestión de los tributos locales.[8]

Finalmente, en lo que respecta a la asignación de los ingresos tributarios, los criterios esenciales del reparto vienen establecidos en el art. 106 de la Constitución, que determina en la actualidad una distribución de la recaudación conforme a los siguientes porcentajes:

	Federación	Länder	Municipios
I. SOCIEDADES	50,00%	50,00 %	0%
IRPF	42,50%	42,50%	15,00%
IVA[9]	52,24%	45,68%	2,08%
I. s. EMPRESAS[10]	0%	0%	100,00%
I. SUCESIONES	0%	100,00%	0%

2. Art. 20.1/Ley Fundamental (*Grundgesetz*/ GG) de 23.5.1949, según su última redacción, operada el 27.7.2002.

3. Baden-Wurtemberg, Baviera, Brandenburgo, Bremen, Hamburgo, Hesse, Meckemburgo-Pomerania Occ., Baja-Sajonia, Renania del Norte-Westfalia, Renania-Palatinado, Sarre, Sajonia, Sajonia-Anhalt, Slesvig-Holstein, Turingia.

4. Literalmente, "círculos", que probablemente podrían equipararse con las "comarcas".

5. Art. 28/GG.

6. V. Art. 105/GG.

7. V. art. 108/GG. La Federación sólo tiene competencia para gestionar los tributos menos importantes, como, por ejemplo, los impuestos especiales regulados por la Federación (impuesto sobre el café, sobre hidrocarburos, sobre labores del tabaco), o incluso el IVA a la importación.

8. Aunque la gestión de los tributos locales puede ser delegada a los Municipios en aquellos impuestos cuya recaudación corresponda en exclusiva a los entes locales.

9. Hasta 1999 el reparto era sensiblemente distinto: en 1993 y 1994, el 63% era para la Federación y el 37% restantes para los Estados Federados; en 1995, el 56% era para la Federación y el 44% restantes para los estados Federados; en 1996, el 50,5% para la Federación y el 49,5% restantes para los Estados Federados; en 1998, el 51,23% era para la Federación, el 46,65% para los Estados Federados y, por primera vez, se reconocía participación en la recaudación del IVA a las corporaciones locales, que recibían el 2,12% restantes.

10. La Federación y los Estados Federados tienen una participación de los ingresos derivados de este tributo (v. art. 6/*Gemeindefinanzreformgesetz* (Ley de Reforma de Hacienda Local), en la redacción dada el 4.4.2001, *Bundesgesetzblatt* I 2001, 483).

2.2 *El procedimiento de liquidación tributaria*

En relación con el procedimiento de liquidación tributaria debemos señalar, en primer lugar, que la liquidación de la mayoría de los tributos tiene lugar en Alemania conforme al sistema tradicional, esto es, mediante declaración de los sujetos pasivos y posterior liquidación administrativa. No se ha producido por tanto una generalización del sistema de declaración-liquidación o autoliquidación, como en España, pues este sistema sólo se aplica en algunos supuestos concretos del Impuesto sobre el Valor Añadido (IVA).[11] Por tanto, los deberes del obligado tributario quedan limitados, en la mayoría de los supuestos, a la presentación de la declaración tributaria,[12] que en ocasiones debe presentarse acompañada de algunos documentos de la contabilidad.[13]

La liquidación de los impuestos es, pues, competencia de la Administración Tributaria, que debe a tal efecto dictar el correspondiente acto administrativo.[14] Esta circunstancia determina que la Administración Tributaria Alemana produzca un gran número de actos administrativos y también, consecuentemente, que buena parte de los errores cometidos en la liquidación hayan sido ocasionados por la propia Administración.

El hecho de que la liquidación de los impuestos sea competencia de la Administración determina que los plazos de presentación de la declaración sean bastante flexibles, pues de este modo se evita el colapso de la actividad administrativa en determinados momentos del año y la correlativa escasez de trabajo en otros períodos. Así, por ejemplo, en el caso de los Impuestos sobre el Valor Añadido, sobre Sociedades, y sobre la Renta de las Personas Físicas la declaración tributaria se puede presentar hasta el 31 de mayo del año siguiente al del período impositivo. Pero si la declaración es realizada por un asesor fiscal, abogado etc. el plazo se prolonga automáticamente hasta el 30 de septiembre. Y todavía se puede prolongar más el plazo si se utiliza un procedimiento administrativo muy simple que permite ampliar el plazo hasta el 28 de febrero del año siguiente. O todavía más si concurren circunstancias extraordinarias que impiden presentar las declaraciones en plazo y se formula una solicitud específica.[15]

Finalmente, es oportuno destacar la gran celeridad con que se tramita el procedimiento de liquidación, debido en buena medida a que el pago de las deudas liquidadas se realiza normalmente en el mes siguiente a la notificación del acto administrativo de liquidación,[16] lo que constituye un estímulo para que las Administraciones Tributarias liquiden con toda rapidez y puedan iniciar cuanto antes el procedimiento de recaudación.

2.3 *Eficacia de los actos administrativos de naturaleza tributaria*

Los actos administrativos de naturaleza tributaria son normalmente escritos[17] y despliegan su eficacia desde el momento de su notificación.[18] La notificación, como tal, no está sometida a ningún tipo de formalidad, y por ello es habitual practicarla a

11. Art. 150.1/Ordenanza Tributaria (*Abgabenordnung*/AO).

12. Las normas generales sobre la declaración tributaria se contienen en los arts. 149 a 153 de la Ordenanza Tributaria; normas especiales se contienen en el art. 25 de la Ley del Impuesto sobre la Renta; art. 56 del Reglamento del Impuesto sobre la Renta (RIRPF); art. 31 de la Ley del Impuesto sobre Sociedades; art. 18.3 de la Ley del Impuesto sobre el Valor Añadido.

13. Art. 60/RIRPF.

14. En el caso de que el obligado tributario no presente ninguna declaración, puede la Delegación de Hacienda determinar la base imponible de conformidad con el procedimiento de estimación indirecta (art. 162/AO).

15. Orden de los órganos administrativos tributarios superiores de los Estados Federados de 2.1.2003, *Bundessteuerblatt* (*BStBl*) I 2003, 67.

16. Art. 36.4, primer inciso/LIRPF.

17. Art. 157.1/AO.

18. Art. 124.1/AO.

través de una simple carta enviada por Correo ordinario. En estos casos se entiende producida la notificación tres días después de haber sido enviada la carta. No obstante, si el obligado tributario alegara no haber recibido la carta, la Administración quedaría obligada a probar lo contrario para lograr la eficacia del acto administrativo. Por el contrario, si el obligado tributario reconociera haber recibido la carta con retraso, soportará la carga de la prueba de esa circunstancia para posponer la eficacia del acto.[19]

Aunque las posibilidades de fraude en el sistema de notificaciones descrito pueden parecer grandes, especialmente para quienes están acostumbrado a otros sistemas más garantistas, lo cierto es que apenas plantea problemas en la práctica. De un lado, porque las estadísticas ponen de manifiesto que el plazo de entrega de una carta es menor en la casi-totalidad de los supuestos y, de otro, porque los obligados tributarios no abusan de las posibilidades de engaño que ofrece este sistema. En cualquier caso, es oportuno señalar que la Administración puede utilizar otros procedimientos formales de notificación – mediante correo certificado o con acuse de recibo[20] – para los supuestos en que sospechara que el destinatario del acto negará su recepción, si bien es cierto que se trata de un cauce extraordinario reservado para supuestos ciertamente excepcionales.[21]

En relación con la nulidad de los actos administrativos tributarios, el art. 125.1 de la Ordenanza Tributaria establece, genéricamente, la nulidad de los actos que tengan un vicio especialmente grave y notorio.[22] En el apartado segundo de este mismo precepto se enumeran, a título enunciativo, diversos supuestos específicos de nulidad, como la imposibilidad de identificar a la Administración que dictó el acto, o el tratarse de actos de imposible cumplimiento.[23]

El procedimiento para la declaración de nulidad es muy sencillo, especialmente desde la perspectiva española, que exige a la Administración una declaración previa de lesividad y una ulterior impugnación jurisdiccional para poder anular sus propios actos.[24] Frente a ello, la declaración de nulidad en Alemania se efectúa con normalidad dentro del procedimiento de gestión: la Delegación de Hacienda puede, de oficio, y en cualquier momento, declarar la nulidad de un acto administrativo tributario, sin que resulte necesaria la participación de ningún superior jerárquico.[25]

3. *Rectificación, revocación y modificación administrativa de actos tributarios*

La Ordenanza Tributaria Alemana regula diversos cauces para la rectificación de los actos administrativos tributarios. La característica más llamativa de dichos procedimientos es que la competencia para su aplicación está reconocida normalmente a las Delegaciones de Hacienda y no a una autoridad superior (como el Ministro o el Director-General), a diferencia de lo que sucede en otros países. Para su estudio es aconsejable diferenciar entre liquidaciones provisionales y definitivas, pues unas y

19. A tal efecto, bastaría la declaración de vecinos o familiares sobre la ausencia del domicilio del administrado (por vacaciones o cualquier otro motivo).

20. Arts. 2 y ss. de la Ley de Notificaciones Administrativas.

21. Art. 122.5/AO.

22. A partir de esta primera definición, los Tribunales han declarado la nulidad de los actos que tenían un vicio de tal entidad que producía una lesión jurídica totalmente incompatible con el Estado de Derecho (*Bundesfinanzhof – BFH* – VI R 105/83, de 11.7.1986, *Bundessteuerblatt – BStBl* – II 1986, 775). Un somero estudio de la jurisprudencia del Tribunal Supremo Tributario permite advertir que, en la mayoría de los supuestos considerados, los defectos denunciados no eran suficientemente graves para determinar la nulidad de los actos impugnados.

23. Dentro de este supuesto se incluye el cumplimiento imposible por razones fácticas, porque exigiría la comisión de un ilícito o una conducta contraria a las buenas costumbres.

24. Art. 159/LGT.

25. Tampoco se establecen reglas especiales sobre la competencia para impulsar este procedimiento. El art. 125.5/AO prevé la posibilidad de que la Delegación de Hacienda la declare de oficio o a instancia de parte.

otras tienen procedimientos específicos para su modificación.

3.1 Liquidaciones provisionales

La Ordenanza Tributaria Alemana distingue entre liquidaciones tributarias provisionales y definitivas. A su vez, dentro de las liquidaciones provisionales es posible diferenciar entre "liquidaciones bajo reserva de comprobación" (art. 164/AO) y "liquidaciones provisorias" (art. 165/AO). Como regla general, las liquidaciones tributarias tendrán la consideración de "liquidaciones definitivas", salvo que expresamente se haga constar lo contrario.

3.1.1 Liquidaciones bajo reserva de comprobación

El art. 164.1/AO determina que una liquidación sólo podrá dictarse "bajo reserva de comprobación" (*Vorbehalt der Nachprüfung)* cuando el órgano liquidador considerara inconclusas las actuaciones de comprobación e investigación del hecho imponible y, por tanto, creyera necesario realizar nuevas actuaciones para dictar una liquidación definitiva.

La provisionalidad *bajo reserva de comprobación* se extiende siempre al acto administrativo de liquidación en su integridad, lo que permite su modificación ulterior sin necesidad de cumplir otros requisitos. La modificación derivada de la comprobación realizada puede ocasionar un incremento o una disminución de la cuota inicialmente calculada, sin que ello tenga trascendencia jurídica en orden a la tramitación del procedimiento.

La provisionalidad del acto de liquidación motivada por una reserva de comprobación cesa, obviamente, una vez realizada la comprobación e inspección del sujeto pasivo,[26] así como también en caso de que los órganos de inspección o una nueva decisión de la Delegación de Hacienda ordenaran no realizar la inspección inicialmente propuesta. Cuando se produce alguna de estas circunstancias, la Administración debe actuar de oficio revocando la provisionalidad del acto de liquidación; pero, si no lo hiciera, el obligado tributario podría solicitar tal revocación a través de una petición o incluso a través de un recurso, lo que resulta ciertamente recomendable, pues, de no hacerlo, se expone a que ese acto de liquidación sea modificado ulteriormente por la Delegación de Hacienda sin previo aviso.[27]

La provisionalidad basada en la reserva de comprobación termina, asimismo, en el momento en que expira el plazo concedido a la Administración para practicar la liquidación. El plazo de liquidación es, por regla general, de 4 años, aunque aumenta hasta los 10 años en el caso de defraudación.[28] El plazo comienza a contar el último día del año en que se presentó la declaración, y ese comienzo no puede posponerse, en ningún caso, más allá del tercer año siguiente al del devengo del impuesto.[29]

3.1.2 Liquidaciones provisorias

La otra modalidad de liquidación provisional existente es la llamada "liquidación provisoria" (*vorläufige Steuerfestsetzung*),[30] que resulta de aplicación en los supuestos en que existe incertidumbre sobre la realización de alguno de los elementos del hecho imponible (art. 165/AO). Se

26. Art. 164.3/AO; crítico con razón con esta limitación Tipke/Kruse, AO, Art. 164 Rz. 22.

27. Ex art. 164.2/AO, como se reconoce en *BFH* VIII R 162/180, de 16.10.1984, *BStBl* II 1985, 448.

28. Art. 169.2/AO.

29. Art. 170.2/AO.

30. Aunque hemos seguido normalmente la terminología acuñada por Palao Taboada en su conocida traducción de la Ordenanza Tributaria Alemana, hemos preferido denominar *liquidaciones provisorias* y no *liquidaciones provisionales* a las *vorläufige Steuerfestsetzung* a las que se refiere el art. 165/AO porque, de este modo, podemos utilizar la categoría genérica de "liquidaciones provisionales" con un sentido más amplio, en el que también se incluyen las "liquidaciones bajo reserva de comprobación".

trata, por tanto, del supuesto en que la Administración conoce suficientes elementos del hecho imponible para liquidar el tributo, pero existe incertidumbre sobre alguno de ellos y, por tanto, se hace aconsejable dejar abierta la posibilidad de rectificar ese dato.

La principal diferencia entre la *liquidación bajo reserva de comprobación* y la *liquidación provisoria* es que en ésta última la provisionalidad y la capacidad administrativa de rectificación no afectan a la totalidad del acto, sino sólo a los elementos de la liquidación sobre los que existía incertidumbre.[31] La Delegación de Hacienda tiene, también aquí, competencia suficiente para modificar por sí misma el contenido de la liquidación tributaria, siendo indiferente que a consecuencia de ello resulte una mayor o una menor cuota a pagar.

Lo normal es que la necesidad de dictar *liquidaciones provisorias* esté justificada por la incertidumbre sobre alguno de los elementos del hecho imponible, pero también puede justificarse por la existencia de dudas sobre la normativa aplicable. Esta última circunstancia tendrá lugar cuando un precepto haya sido declarado inconstitucional y esté pendiente la nueva regulación normativa, o cuando la compatibilidad de una norma con otra de rango superior sea objeto de un procedimiento ante el Tribunal Constitucional, el Tribunal de Justicia de las Comunidades Europeas, o ante un Tribunal Supremo Federal.[32] La ventaja de dictar *liquidaciones provisorias* en este último supuesto es clara, pues evita la interposición de recursos en masa con la única finalidad de evitar la firmeza de los actos impugnados y beneficiarse de los efectos de las sentencias dictadas ulteriormente por estos Tribunales. Por todo ello, y por motivos de seguridad jurídica, el Ministerio Federal de Hacienda publica periódicamente una lista con los motivos que determinan la necesidad de dictar *liquidaciones provisorias*.[33]

3.2 Liquidaciones definitivas

Las liquidaciones tienen carácter definitivo en todos los supuestos en que no concurre alguna de las circunstancias señaladas en los apartados anteriores. En estos casos las posibilidades de modificación de su contenido son más limitadas, pues los órganos de gestión han reconocido abiertamente que conocían todos los elementos de hecho y de derecho necesarios para dictar la oportuna liquidación. No obstante, se reconoce la posibilidad de rectificar su contenido en los supuestos de error manifiesto y de aparición de nuevos elementos de prueba.

3.2.1 Errores manifiestos

La Administración Tributaria puede corregir en cualquier momento los errores ortográficos o de cálculo, así como otros errores similares que resultaran evidentes y hubieran pasado inadvertidos en el procedimiento de liquidación, tal y como dispone el art. 129/AO. Ello supone un alejamiento de las teorías clásicas sobre la vinculación de la Administración a sus propios actos y, de algún modo, un debilitamiento del principio de seguridad jurídica. En todo caso, esta última circunstancia no plantea ningún problema relevante, pues la mayoría de los autores coinciden en señalar que la confianza tutelada en estos casos no es digna de una protección reforzada y, por tanto, esta posibilidad de rectificar los errores no supone una vulneración efectiva del principio de seguridad jurídica.[34]

La utilización de este procedimiento está condicionada a la apreciación de im-

31. Por ello es necesario dejar constancia de los elementos de la liquidación afectados por dicha provisionalidad, como expresamente dispone el art. 165.1/AO.

32. Art. 165/AO. Por el contrario, se prohíbe utilizar la *liquidación provisoria* en los supuestos en que existan dudas sobre la calificación jurídica de los hechos, pues en estos casos los órganos de gestión están obligados a recabar instrucciones de su superior jerárquico.

33. La última vez a través de la Orden de 12.12.2002, *BStBl* I 2002, 1.382.

34. Tipke/Kruse, AO, Art. 129 Rz 1.

portantes y evidentes errores ortográficos, de cálculo o similares.[35] Junto a los errores de cálculo, se reconoce la posibilidad de utilizar este procedimiento en los supuestos de las llamadas *incorrecciones similares* a los errores de cálculo. Este último supuesto se refiere a la existencia de errores en operaciones matemáticas o de escritura cuya apreciación puede tener lugar a simple vista y sin necesidad de mayores comprobaciones, como sucede, por ejemplo, en los casos en que se comete un error al trasladar los datos de una casilla a la otra.[36]

3.2.2 Aparición de nuevos hechos o medios de prueba

El descubrimiento de nuevos hechos o la aportación de nuevos medios de prueba sobre unos hechos conocidos pero no acreditados son causas que también posibilitan la rectificación de una *liquidación definitiva*. En estos casos, la posibilidad de modificar estos actos administrativos, inicialmente firmes, se reconoce con la finalidad de conciliar dos principios jurídicos en conflicto: la seguridad jurídica, entendida aquí como protección de la confianza en el Derecho; y la legalidad y justicia tributaria.[37] Ante este conflicto, el hecho de que el procedimiento de liquidación sea un procedimiento de masas, en el que la probabilidad de cometer errores es sensiblemente mayor que en otros procedimientos, resulta un argumento fundamental en orden a justificar la solución adoptada.[38]

La regulación de este supuesto se contiene en el art. 173/AO, que establece un tratamiento diferenciado para los supuestos en que la modificación supone un incremento o una disminución de la deuda tributaria.[39] En el primer caso no se establece condición alguna, lo que interpretado literalmente permitiría una constante revisión al alza de las obligaciones tributarias del contribuyente, lo que supondría dejarle en una posición muy débil y difícilmente conciliable con el principio de seguridad jurídica. Por ello, el Tribunal Supremo Tributario ha condicionado esta posibilidad de revisión a la inexistencia de negligencia administrativa,[40] de tal modo que resulte inadmisible en los supuestos en que la Administración quisiera rectificar la liquidación utilizando nuevos datos que hubiera podido conocer tempestivamente si hubiera actuado con mayor diligencia.[41] Así, con esta interpretación correctiva del *Bundesfinanzhof*, se han establecido límites precisos a la actuación de la Administración y se han impedido los abusos que podrían derivar de una interpretación literal del precepto referido.[42]

En los supuestos en que los nuevos hechos descubiertos determinaran una minoración de la deuda tributaria, el propio art. 173/AO condiciona la modificación de la liquidación a la inexistencia de *culpa grave* en el cumplimiento de los deberes de declaración y de colaboración por parte

35. Como es obvio, este procedimiento no puede ser utilizado en los supuestos en que la Administración pretende modificar la liquidación tributaria a consecuencia de los resultados obtenidos en unas actuaciones de inspección, o de un cambio de calificación jurídica de los hechos gravados, o de la apreciación de un error de derecho (*BFH* I R 83/94, de 27.3.1996, *BStBl* II 1996, 509).

36. Tipke/Kruse, AO, Art. 129 Rz. 9.

37. Tipke/Kruse, antes art. 172/AO Rz. 2.

38. Por ello se establecen condiciones más severas para la modificación de las liquidaciones tributarias dictadas a resultas de un procedimiento inspector, en los términos previstos en el art. 173.2/AO.

39. La doctrina, basándose en la existencia de diferentes requisitos para admitir la modificación según tenga efectos beneficiosos o perjudiciales para el contribuyente, ha considerado que este procedimiento sirve esencialmente a los intereses de los administrados.

40. Los Tribunales han considerado que existe negligencia administrativa en los casos en que la Administración no se hubiera preocupado de comprobar los hechos cuya determinación suscita dudas razonables (*BFH* VII R 1/97, de 29.4.1997, *BStBl* II 1997, 627).

41. Siempre que, además, el contribuyente hubiera cumplido oportunamente con sus deberes de colaboración (*BFH* I R 140/97, de 19.5.1998, *BStBl* II 1998, 599).

42. En este sentido, ha sido fundamental el papel desempeñado por el principio de buena-fe en la argumentación utilizada por los Tribunales (*BFH* XI R 80/92, de 14.12.1994, *BStBl* II 1995, 293).

del contribuyente.[43] En este sentido, la culpa del asesor fiscal es equiparada con la del propio contribuyente, lo que determinará su responsabilidad profesional en caso de que su actuación culposa determine un perjuicio para el contribuyente que le contrató.[44]

Finalmente, en lo que se refiere a los medios de prueba que pueden motivar la modificación de la liquidación definitiva, es oportuno destacar que no existe condición alguna sobre su naturaleza. No es necesario, por tanto, que se trate de medios directos de prueba (documentos, declaraciones, comprobantes, facturas), ya que los indicios y otros medios indirectos de prueba son suficientes para entender acreditados los nuevos hechos alegados y proceder a la modificación e la liquidación.[45]

4. El procedimiento de recurso extrajudicial

En los conflictos de naturaleza tributaria suscitados entre la Administración y los administrados existe un único recurso extrajudicial, denominado *Einspruch*.[46] Las características de este procedimiento de impugnación permiten encontrar una cierta similitud entre el mismo y el *recurso de reposición* español.

El *Einspruch* puede interponerse contra la mayor parte de los actos de naturaleza tributaria para los que resulte de aplicación la Ordenanza Tributaria.[47] Sólo quedan excluidos de su ámbito de aplicación, en virtud de lo dispuesto en el art. 348/AO, los siguientes supuestos:

– las resoluciones del propio *Einspruch*;

– la inactividad administrativa en un procedimiento de *Einspruch* (para este supuesto existe un recurso específico);

– los actos administrativos dictados por las Direcciones Financieras Supremas de la Federación y de los Estados Federados.

El procedimiento de *Einspruch* está inspirado en el principio de libertad de forma. Con ello se pretende, obviamente, facilitar a todos los administrados el acceso a este procedimiento de impugnación, y evitar que la falta de pericia pueda determinar el fracaso de las pretensiones legítimas.

El plazo para la interposición del recurso es normalmente de un mes, a contar desde el momento en que tuvo lugar la recepción del acto administrativo impugnado. En los supuestos en que el acto impugnado careciera de información sobre los recursos procedentes contra el mismo, o contuviera una información deficiente, se admite la presentación del recurso fuera de ese plazo.[48]

El recurso ha de ser presentado por escrito, aunque este requisito se interpreta con toda la flexibilidad necesaria para hacer efectivo el derecho de los administrados a recurrir. No se exige firma, y la utilización de medios telemáticos de transmisión de documentos está permitida y tiene plena

43. La jurisprudencia ha considerado que no responder a alguna de las preguntas contenidas en los impresos de declaración es un supuesto de culpa grave, de los que impiden la modificación de la liquidación definitiva con resultado favorable al contribuyente (v. *BFH* I R 62/95, de 24.7.1996, *BStBl* II 1997, 115, que se refería a la no-presentación de un comprobante por parte de un empresario en relación con una parte del sueldo libre de impuesto por importe de 5.640 marcos, gastada con ocasión de una actividad desempeñada durante algunos días en Italia).

44. Conviene destacar que los requisitos formales y materiales para el ejercicio de asesor fiscal son, en Alemania, muy rígidos, y su régimen de responsabilidad está perfectamente definido (v. A. Grau Ruiz, "Aspectos críticos del régimen jurídico del asesor fiscal en el Derecho Comparado", en la obra colectiva *El Ejercicio de las Funciones del Asesor Fiscal en el Ordenamiento Tributario Español*, publicado por la Asociación Española de Asesores Fiscales, monografía 13, Madrid, 1998, pp. 237 y ss.).

45. *BFH* X R 242/93, de 11.6.1997, *BStBl* II 1997, 612.

46. Arts. 347 y ss./AO.

47. Para los tributos administrados por los Municipios (por ejemplo, el Impuesto sobre los Perros) existe el recurso de contradicción (*Widerspruch*) regulado en los arts. 68 y ss./*Verwaltungsgerichtsordnung* (VwGO).

48. Arts. 335 y s./AO; en este supuesto el plazo será de un año.

eficacia jurídica. Esta última circunstancia determina que sea muy frecuente en la práctica la presentación de recursos por *fax*. La flexibilidad del procedimiento y la libertad de forma son tan acusadas que incluso permiten al recurrente exponer directamente sus pretensiones ante la Delegación de Hacienda, bien mediante su comparecencia personal, bien mediante el contacto telefónico.[49] Este contacto personal constituye un gesto muy importante del interés de la Administración por acercarse a los ciudadanos, y es utilizado con relativa frecuencia.[50]

El procedimiento del *Einspruch* es totalmente gratuito, por lo qué puede desarrollarse sin coste alguno para el administrado. Pero en el caso de que el reclamante hubiera soportado costes externos por la interposición del recurso (por ejemplo, el asesoramiento de un profesional) no se prevé el reembolso de los gastos soportados, ni siquiera en el caso de que prosperara su pretensión y fuera estimado el recurso.

La interposición de un recurso de *Einspruch* no tiene efectos suspensivos de la ejecución del acto impugnado, por lo qué el obligado tributario debe satisfacer la obligación tributaria también en los supuestos en que la considera injusta y presenta el correspondiente recurso. Sin embargo, la Administración puede suspender total o parcialmente la ejecución del acto impugnado, de oficio u a instancia de parte, cuando existan dudas razonables acerca de la legalidad del acto impugnado,[51] lo que sucederá cuando aprecie incertidumbre o inseguridad en el enjuiciamiento de las cuestiones jurídicas o falta de claridad en la apreciación de las cuestiones de hecho.[52] Eventualmente, la suspensión de la ejecución puede condicionarse a la aportación de garantías por parte del recurrente.

El procedimiento de *Einspruch* no tiene ningún efecto devolutivo, pues su resolución está encomendada al mismo órgano que dictó el acto administrativo impugnado,[53] que obviamente está sometido al principio de jerarquía y carece de independencia para estimar o desestimar la pretensión con un criterio distinto del sostenido por su superior jerárquico. Para la tramitación del recurso se aplican las mismas normas por las que se regula el procedimiento administrativo que dio origen al acto impugnado.[54] Desde un punto de vista organizativo interno, lo normal es que la resolución del recurso tenga lugar por el mismo departamento encargado de la liquidación del tributo, pero si consideraran que su complejidad les impide resolver motivadamente el recurso encomiendan su resolución a los *Rechtsbehelfsstellen*.[55]

El órgano competente para resolver el recurso de *Einspruch* tiene que revisar completamente el expediente y, en caso de estimar el recurso, procederá directamente a modificar el acto impugnado, sin que resulte necesario a estos efectos una resolución formal del recurso presentado.[56] Una de las

49. Art. 364a/AO tiene eficacia a partir del 1.1.1996.

50. En las Delegaciones de Hacienda de Westfalia ha habido contacto personal en el 18% de los procedimientos de *Einspruch* tramitados.

51. Art. 361.2/AO

52. *BFH* IV R 44/94, de 10.11.1994, *BStBl* II 1995, 814.

53. Art. 367.1/AO. Esta distribución de competencias es relativamente novedosa, pues hasta 1995 existían dos recursos distintos, el de *Einspruch* y el de *Beschwerde*. Éste último establecía la posibilidad de que determinados asuntos (aquellos en que existía discrecionalidad administrativa) fueran resueltos por el órgano superior jerárquico al que dictó el acto impugnado. Este sistema planteaba algunos problemas operativos, porque no siempre resultaba fácil delimitar la naturaleza del recurso y la competencia para su resolución. Por ello, desde el 1.1.1996 el procedimiento de *Einspruch* ha quedado unificado en los términos anteriormente indicados, lo que ha sido valorado positivamente también desde la perspectiva de la descentralización.

54. Art. 365.1/AO.

55. Se trata de departamentos especializados constituidos en la misma Delegación de Hacienda y ocupados por funcionarios de calificación mayor. En Alemania no existen órganos administrativos dotados de una autonomía similar a los Tribunales Económico-Administrativos Españoles.

56. Art. 367.2, tercer inciso/AO. La resolución del recurso tampoco está sometida a especiales formalidades, pues sólo se le exigen forma escrita, motivación, mención de los recursos que es posible inter-

características más llamativas de este procedimiento es que admite la posibilidad de *reformatio in peius*,[57] a diferencia de lo que sucede en España.[58] La justificación de esta medida (que en España se considera incompatible con la tutela judicial efectiva) es que el procedimiento de *Einspruch* se considera una continuación del procedimiento administrativo y, por tanto, permite a la Administración revisar su actuación sin límite alguno. Así, cuando la Administración descubra un error en el acto administrativo y entienda que procede su rectificación, deberá modificar el acto impugnado con independencia de que deriven consecuencias favorables o perjudiciales para el administrado. En todo caso, cuando pudiera preverse esta última posibilidad, la Administración deberá advertir motivadamente al recurrente de la posibilidad de que la resolución del recurso empeore su situación inicial y le dará trámite de audiencia. El obligado tributario, a la vista de las advertencias realizadas por la Administración, podrá, en determinadas circunstancias, desistir de su pretensión y evitar la *reformatio in peius*.

De todo lo anterior se desprende que el procedimiento de *Einspruch* atiende simultáneamente un doble interés: la protección jurídica del obligado tributario y el control propio por parte de la Administración Tributaria. Además, cumple indirectamente una importante función de filtro de los asuntos que llegan a los Tribunales Jurisdiccionales de lo Tributario, aliviando sensiblemente la carga de trabajo de estos últimos. Algunos datos sobre la utilización de este procedimiento y sobre su forma de terminación permiten contrastar estas afirmaciones.

En el Estado de Renania del Norte-Westfalia, el total de recursos de *Einspruch* presentados en 2001 (quadro na p. seguinte) representa el 6,% del total de los actos de naturaleza tributaria dictados ese mismo año.[59] El porcentaje de recursos presentados y la forma de terminación del procedimiento son distintos en los distintos Estados Alemanes,[60] por lo qué en el siguiente cuadro se recogen separadamente los datos de una Dirección Superior de Hacienda seleccionada (Münster) y del Estado Federado al que pertenece (Renania del Norte-Westfalia). También aparece el dato del número de expedientes resueltos por el mismo órgano que dictó el acto impugnado y resueltos por el Departamento de Especialistas (*Rechtsbehelfsstelle*) constituido en cada Delegación de Hacienda.

De los datos recogidos resulta especialmente llamativo el elevado número de recursos de *Einspruch* estimados, que se sitúa en torno al 68% del total de los recursos resueltos. Ello podría sorprender porque, al ser la propia Administración que dictó el acto impugnado la que tiene la competencia para resolver el recurso, sería razonable suponer que en la mayoría de los casos confirmaría su decisión inicial y desestimaría el recurso. Sin embargo no es así, lo que quizás encuentre su justificación en el elevado número de actos de naturaleza tributaria dictados por la Administración, que posibilita la producción de un importante número de errores cuyo descubrimiento sólo tiene lugar en el momento del recurso.

También cabe añadir, con relación a estos datos, que aproximadamente una tercera parte de los errores detectados en la liquidación habían sido responsabilidad de la propia Administración Tributaria (por falta de diligencia en la liquidación, insufi-

poner contra la misma y notificación a los interesados (art. 366/AO).

57. Art. 367.2/AO.

58. Arts. 89.2 y 113.3/Ley 30/1992, de Régimen Jurídico de las Administraciones Públicas y del Procedimiento Administrativo Común.

59. Ministerio de Hacienda del Estado de Renania del Norte-Westfalia, Orden de 25.3.2002. En 1999 ese porcentaje era del 5%, y en 1997 del 8,8%.

60. El porcentaje aludido alcanzó en el ámbito territorial de la Dirección de Hacienda Superior de Düsseldorf el 7,2%, en la de Colonia el 7,2%, en la de Münster el 4,9%.

Forma de terminación de los recursos de *Einspruch* en el año 2001

a) En la demarcación de la Dirección Superior de Hacienda de Münster

b) En la demarcación del Estado de Renania del Norte-Westfalia

c) En todo el territorio nacional

	Departamento que dictó el acto original	Departamento especializado en reclamaciones	Total	Porcentaje
Total de reclamaciones resueltas	a) 213.230	a) 76.171	a) 289.401	100,00%
	b) 618.516	b) 222.627	b) 841.143	
			c) 3.633.205	
Terminación por desistimiento	a) 39.086 (18,3%)	a) 13.908 (18,3%)	a) 52.994	a) 18,3%
			b) 136.074	b) 16,2%
			c) 764.592	c) 21,0%
Terminación por satisfacción de la pretensión	a) 172.525 (80,9%)	a) 20.881 (27,4%)	a) 193.456	a) 66,8%
			b) 573.760	b) 68,2%
			c) 2.364.632	c) 65,1%
Terminación por desestimación escrita y motivada	a) 1.569 (0,7%)	a) 41.382 (54,3%)	a) 42.951	a) 14,8%
			b) 131.309	b) 15,6%
			c) 503.981	c) 13,9%

ciente comprobación del supuesto de hecho, errores jurídicos, etc.). Consecuentemente, la mayor parte de los errores de liquidación habían sido ocasionados por los propios contribuyentes (por no haber presentado la declaración tributaria, por haber omitido datos relevantes, falta de aportación de pruebas, etc.), tal y como han demostrado los estudios empíricos realizados sobre la materia.[61]

5. *El proceso jurisdiccional en materia tributaria*

Aunque el objeto principal de este trabajo son los recursos prejudiciales, su exposición quedaría incompleta si no se expusieran algunas características generales del proceso jurisdiccional contencioso-tributario. No se trata pues de describir las características de ese proceso, sino solamente de exponer algunas de sus singularidades.

La primera de ellas la encontramos en la Constitución Alemana, que establece una marcada separación entre los diversos órdenes jurisdiccionales y reconoce expresamente la existencia de un orden autónomo "de lo tributario". Así, encontramos en primer lugar los Tribunales Tributarios Superiores, llamados *Finanzgerichte*, competentes para conocer en primera instancia de los recursos interpuestos contra actos de naturaleza tributaria y con un ámbito de jurisdicción coincidente en la mayoría de los casos con los propios *Länder*.[62]

61. Tipke/Kruse, anterior art. 347 AO, Rz. 4.

62. Sólo los *Länder* más poblados tienen más de un *Finanzgericht*: Baviera tiene dos, con sede en Munich y Nürnberg; y Renania del Norte-Westfalia tiene tres, con sede en Düsseldorf, Colonia y Münster.

Contra las sentencias dictadas por el *Finanzgericht* es posible interponer recurso de casación ante el Tribunal Federal Tributario, el *Bundesfinanzhof*, con sede en Munich.[63]

Las sentencias de los Tribunales Tributarios Superiores las dicta normalmente un órgano colegiado, llamado Senado (*Senat*), compuesto por tres magistrados de carrera y dos *jueces honorarios* (*ehrenamtliche Richter*). Pero también es posible que la sentencia sea dictada por un solo magistrado, por delegación del Senado, en los supuestos en que se trate de un asunto de escasa complejidad y, también, en los supuestos en que esa decisión unipersonal hubiera sido expresamente solicitada por las partes.[64]

Las principales ventajas de esta delegación en un órgano unipersonal son la mayor celeridad del proceso y la minoración de sus costes – lo que explica el interés de las partes por utilizar esta posibilidad reconocida expresamente en las leyes.[65]

Los *jueces honorarios* – que, según veíamos, también integran el Senado – son ciudadanos llamados a participar en la administración de justicia en los procesos tributarios y administrativos. Se trata, normalmente, de ciudadanos sin conocimientos jurídicos,[66] que participan con voz y voto en la toma de decisión del Tribunal con los mismos derechos que los magistrados de carrera.[67]

La valoración general de esta institución es positiva, porque se considera que sirve para aproximar las decisiones de los Tribunales a la realidad, mejora la imagen pública de las decisiones de los Tribunales, determina un mayor autocontrol de los magistrados de carrera, y, sobre todo, refuerza la convicción del Tribunal, que se siente más seguro y legitimado si un hombre de la calle comparte su idea de la justicia aplicada en el caso concreto.

También resulta llamativo el poco formalismo imperante en el derecho procesal alemán. Así, por ejemplo, en relación con la demanda, aunque se exige que sea presentada por escrito, se admite cualquier tipo de escrito, ya sea una simple carta, un *fax*, o incluso un escrito enviado sin firma desde el ordenador al *fax*.[68] La presentación de la demanda puede tener lugar ante el Tribunal Tributario y, también, en las mismas oficinas de la Administración que dictó el acto recurrido.

Como sucede en la Europa Continental, la Administración goza del privilegio de poder revisar sus actos antes de la intervención de los Tribunales, por lo qué los recurrentes están obligados a agotar los recursos en sede administrativa antes de acudir a la vía jurisdiccional.[69]

No obstante, se reconocen dos excepciones a este principio: el supuesto de inactividad administrativa[70] y el supuesto en que la propia Administración autoriza expresamente al recurrente a acudir a los Tri-

63. La última instancia es la equivalente al Tribunal Supremo Español, y también es específica y autónoma en cada uno de los ámbitos jurisdiccionales, con separación funcional e incluso geográfica.

64. Tipke/Kruse, Art. 79a/*Finanzgerichtsordnung* (FGO) Rz. 14.

65. A título ejemplificativo puede señalarse que el número de sentencias unipersonales dictadas por el Tribunal Tributario de Münster durante el año 2002 representa el 10,3% del total de asuntos concluidos.

66. Aunque eventualmente podrían tener esos conocimientos, pues el único impedimento para ser *juez honorario* es trabajar como asesor fiscal o tener la condición de funcionario de la Administración Tributaria.

67. Art. 16/FGO; art. 19/VwGO.

68. Esta última posibilidad fue expresamente admitida por el Senado Conjunto de los distintos Tribunales Supremos en su Decisión del Senado Conjunto de los Tribunales Superiores de la Federación de 5.4.2000 GemS-OGH 1/98, *NJW* 2000, 1.039.

69. Art. 44/FGO; art. 68/VwGO. Asimismo art. 37.1/LJCA.

70. Una vez transcurridos seis meses desde la presentación del recurso, si no se hubiera producido un pronunciamiento expreso, queda expedita la vía jurisdiccional (v. art. 46 del Código Procesal Tributario Alemán – *Finanzgerichtsordnung*/FGO –, así como también el art. 75/VwGO).

bunales debido a su incapacidad para estimar el recurso.[71]

El demandante puede comparecer personalmente en juicio ante los Tribunales Superiores Tributarios, sin necesidad de ser asistido por un profesional del Derecho. La Administración, por su parte, suele comparecer representada por sus propios funcionarios de la categoría A (*Volljuristen*), y normalmente acude representada por el mismo funcionario que conoció el asunto, que por ello mismo tiene mayor facilidad para discutir sobre el mismo y para negociar su terminación ante el Tribunal.

Otra singularidad del proceso tributario es que está regido por los principios de oralidad[72] y publicidad.[73]

La vista oral comienza con una narración del Ponente de los datos más relevantes del expediente, que sirve a los jueces honorarios para formarse una opinión del problema existente y, también, sirve a las partes para detectar las cuestiones más importantes desde la perspectiva del Tribunal.[74]

Seguidamente, el Presidente del Senado discute con las partes todas las cuestiones de hecho o de derecho relevantes para dictar una sentencia justa.

Es también frecuente que el Presidente o el Ponente del Senado invite a las partes a una reunión conjunta (*Erörterungstermin*) para discutir todos los aspectos del asunto y, en su caso, llegar a un acuerdo amistoso sobre la cuestión controvertida. Estas reuniones carecen de formalidad y suelen celebrarse en el domicilio de las partes.[75]

La relevancia de estas formas de terminación del proceso es importantísima en Alemania,[76] donde también son frecuentes el allanamiento, el desistimiento, y otras formas de terminación del proceso sin sentencia.[77]

La sentencia, si se produjera, contiene siempre un pronunciamiento sobre las costas judiciales y extrajudiciales del proceso. Como es natural, el pago de las costas se impone normalmente a la parte vencida en juicio,[78] aunque hay un supuesto especial en el que se puede imponer el pago de las costas a la parte vencedora: cuando hubiera ocultado hasta el último momento unos hechos cuyo conocimiento resultaba decisivo para el fallo y que pudo haber aportado con antelación.[79]

71. Es lo que se conoce como "demanda *per saltum*" (*Sprungklage)*, y tiene lugar, por ejemplo, cuando se plantea un problema de legalidad ordinaria (v. art. 45 del Código Procesal Tributario, Tipke/Lang, *Steuerrecht*, § 23 Rz. 110 y ss.).

72. Art. 90.1, art. 80.1/FGO. Ese principio de oralidad también rige en el proceso administrativo (v. art. 101.1/VwGO).

73. La vista oral se celebra normalmente en una sala abierta al público, pues la publicidad se considera una garantía para las partes del proceso. No obstante, si lo solicita el recurrente, puede realizarse a puerta cerrada, lo que sucederá cuando el interesado conceda más importancia al secreto de su situación tributaria que a las ventajas asociadas a la publicidad del proceso.

74. Art. 79/FGO, art. 87/VwGO.

75. Normalmente en la Delegación de Hacienda, aunque también en el domicilio del sujeto pasivo, en el Despacho del asesor fiscal, en el Tribunal civil más cercano a las partes, o bien en la sede del Tribunal, si las partes tienen su domicilio cerca.

76. Buena prueba de ello es que en el año 2002 los magistrados del Tribunal Superior Tributario de Münster celebraron reuniones conjuntas en 1.434 asuntos, de los cuales 818 (= 57,0%) terminaron por acuerdo amistoso, lo que constituye un ejemplo representativo de la importancia de estos encuentros informales.

77. En el Tribunal Tributario de Münster, por ejemplo, durante el año 2002 terminaron con sentencia el 18,4% de los asuntos concluidos; mientras que el 50,6% terminaron por desistimiento, y el 22,7% mediante allanamiento u otras fórmulas que permitían considerar terminado el proceso en favor del demandante.

78. Arts. 135 y s./FGO; arts. 154 y ss./VwGO.

79. En este supuesto, pese a reconocerse su mejor derecho en el fallo, se le considera responsable de los gastos procesales ocasionados y se le puede imponer el pago total o parcial de las costas, según dispone el art. 137/FGO.

CADERNOS DE DIREITO TRIBUTÁRIO

LA APLICACIÓN DEL ARBITRAJE A LAS CAUSAS TRIBUTARIAS

MARTA VILLAR EZCURRA
Profesora de la Universidad San Pablo/CEU, de Madrid

1. Introducción. 2. Estado de la cuestión. 3. Propuestas a considerar.

1. Introducción

El preocupante nivel de litigiosidad en materia tributaria, denunciado desde distintos ámbitos, reaviva en la actualidad la figura del *arbitraje* como una vía adecuada y factible a la que se confía el logro de una disminución del número de "causas tributarias".

La reforma del sistema de recursos jurisdiccionales[1] no puede, por sí sola, asumir la tarea de alcanzar la celeridad deseada en la resolución de conflictos. En esta idea se insertan las propuestas y estudios que desde hace años[2] vienen promoviendo la introducción del denominado "arbitraje tributario", un arbitraje distinto al clásico o tradicional, considerado "incompatible con la celeridad y gratuidad que se pretende, así como con la utilización masiva de este procedimiento que se prevé".[3]

Las propuestas se insertan en un contexto más general, asentado en la convicción de que conviene promover la terminación convencional de los conflictos, no sólo en el orden estrictamente administrativo sino también en materia tributaria. La Comisión para la Reforma de la Ley General Tributaria ha propuesto a este fin la introducción de "reformas en las actuaciones y procedimientos de comprobación e inspección dirigidas a conseguir que éstos finalicen con un *acuerdo* entre la Adminis-

1. El profesor J. J. Ferreiro Lapatza, en un sugerente trabajo sobre la resolución judicial de conflictos tributarios, ha propuesto como solución óptima "un reforzamiento del recurso de reposición, alargando el plazo de interposición, suspendiendo durante su tramitación la ejecución del acto y reforzando el asesoramiento del órgano que ha de decidir". Así, "los TEA podrían convertirse (...) en una instancia arbitral voluntaria compuesta por funcionarios y expertos ajenos a la Administración" ("Resolución extrajudicial de conflictos tributarios", en *Quincena Fiscal* 3/15-16, 2002).

2. Destacan los estudios publicados en la obra *Convención y Arbitraje en el Derecho Tributario*, Madrid, IEF/Marcial Pons, 1996, donde se recoge el fruto de seminarios específicamente orientados a detectar las causas de la litigiosidad en materia tributaria y a investigar las vías alternativas de resolución de conflictos.

3. *Informe para la Reforma de la Ley General Tributaria*, Instituto de Estudios Fiscales, julio/2001, p. 227.

tración y el obligado tributario (...). Se pretende fomentar el empleo de las *técnicas de terminación convencional* de los procedimientos, previstas en la LRJ-PAC,[4] utilizadas con éxito en otros países y poco reguladas y utilizadas en el nuestro".[5]

Es precisamente la experiencia positiva de países pioneros como Estados Unidos[6] o de otros de nuestro entorno más cercano, como es el caso de Francia, Alemania, Italia o Inglaterra, en la introducción de técnicas y medidas que posibilitan el arreglo o la solución extrajudicial – convencional – de conflictos entre Administración Tributaria y contribuyentes, la que ha servido de base para una viva reactivación del estudio por parte de la doctrina científica, de su implantación en España, al objeto de proponer qué solución técnica sería la más aconsejable, cuáles serían los ámbitos materiales o cuáles las fases procedimentales (gestión, recaudación, inspección) en que deberían implantarse tales técnicas. Me atrevería a decir que es éste uno de los temas que más están "de moda" en los debates, fruto de la necesidad acuciante de reducir los niveles de litigiosidad, pero consecuencia también tanto de la superación de viejos prejuicios anclados en el carácter *ex lege* de las obligaciones tributarias como de un entusiasmo por crear "una democratización del procedimiento administrativo".

Pero debe reconocerse que no partimos de cero. Pese a la "sacralización" del principio de indisponibilidad del crédito tributario, que ha ralentizado – es cierto – durante un tiempo el interés por cualquier tipo de fórmula arbitral o de terminación "pactada" de los procedimientos, nuestro ordenamiento tributario viene reconociendo, y cada vez en más ocasiones, algunas formas de terminación convencional, en los procedimientos tributarios, de acuerdos de determinación de la cuantía de la deuda, o de fijación de hechos imponibles, técnicas más o menos perfeccionadas que pueden considerarse convencionales y que se han demostrado eficaces en la resolución de problemas o en la evitación de pleitos. Piénsese en los acuerdos previos de valoración con la Administración Tributaria en materia de precios de transferencia, posibilitados por la Ley del Impuesto sobre Sociedades (art. 16) y por la Ley de Derechos y Garantías de los Contribuyentes en general (art. 9), que resultan básicos en la concreción de los hechos; en la posibilidad de firmar actas de inspección "en conformidad",[7] o

4. V. arts. 88 y 107.2 LRJ-PAC.

5. *Informe* ..., p. 149.

6. Fue revolucionaria – explica el profesor R. Falcón y Tella – la *rule 124* de la *Tax Court* de Estados Unidos, que con la finalidad de descargar a la Corte de casos sobre precios de transferencia, dada la complejidad de los mismos y el excesivo tiempo que normalmente conlleva su resolución judicial, permite a las partes solicitar que cualquier aspecto sobre los hechos sea resuelto a través de un arbitraje que, una vez convenido, resulta obligatorio ("El arbitraje tributario", en *Convención y Arbitraje* ..., p. 258). También debe tenerse en cuenta, como ha hecho notar J. A. Rozas Valdés, que "la litigiosidad judicial en el sistema americano tiene un coste muy elevado, de forma que la Administración busca, a toda costa, resolver los expedientes en fase administrativa, procurando dar entrada al contribuyente en la formulación de la resolución del mismo – en la liquidación – mediante sistemas de *concertación de voluntades* (...). Los sistemas alternativos de resolución de conflictos – mediación y arbitraje – se han venido ensayando y ampliando, en programas-piloto, desde mediados de la pasada década. En un principio para deudas superiores a los 10 millones de dólares, posteriormente rebajado hasta el millón de dólares y, desde el año 2000, ampliando la mediación – con un procedimiento abreviado especial – para cuestiones de cuantía inferior al medio millón de dólares. También se están desarrollando procedimientos arbitrales para grandes empresas. Con todo, y sin que quepa prejuzgar el buen fin de estos programas, estos sistemas alternativos no se conciben como la panacea y el día-a-día de los procedimientos de resolución de litigios sino como fórmulas excepcionales en fase de experimentación" (en "La resolución de controversias tributarias en el ordenamiento americano", ponencia presentada en la *Jornada sobre Técnicas Convencionales en los Procedimientos Tributarios*, celebrada en la sede de la Escuela de Hacienda Pública de Barcelona el 16.5.2002, texto mecanografiado).

7. Como el profesor Albiñana ha afirmado, "sólo cuando la Administración Tributaria desconozca total o parcialmente el supuesto de hecho imponible tendrá para ella algún sentido pactar con el contribuyente" ("Soluciones pactadas y arbitrales en

la facultad que se atribuye a la Hacienda Pública para suscribir acuerdos en los procesos concursales (art. 129.4 de la Ley General Tributaria/LGT) – por mencionar los ejemplos que quizás sean más conocidos o más emblemáticos.

El debate permite aludir a otras cuestiones de técnica normativa y de adecuación de procedimientos, pues no sólo serían deseables medidas eficaces de resolución de conflictos (judiciales y extrajudiciales) sino también medidas preventivas. Es por todos sabido que las normas tributarias son cambiantes, dispersas, poco claras, están plagadas de lagunas e imprecisiones, y en los últimos tiempos abusan de conceptos jurídicos indeterminados y ficciones jurídicas[8] que poco o nada tienen que ver con la certidumbre jurídica y mucho con evitar la carga de la prueba. Y no es ésta precisamente la situación ideal.

Comparto plenamente la opinión del profesor Pérez de Ayala cuando afirma que "las leyes fiscales, a través de conceptos indeterminados y ficciones, cualifican, configuran y establecen los criterios para cuantificar la obligación tributaria en virtud de una serie de *elementos irreales, virtuales*, esto es, que no existen en la naturaleza de las cosas". Y su conclusión: "Para los que creemos que no puede definirse y alcanzarse una solución justa al margen o prescindiendo de la naturaleza de las cosas, *está claro que conceptos indeterminados y ficciones legales (...) son un ejemplo del más censurable 'constructivismo jurídico'*, como conjunto de construcciones legales de 'fabricación de hechos' que no se corresponden con ningún hecho natural, pese a lo cual han de aplicarse imperativamente (...). Quizá para evitar todos los problemas (citados en el presente trabajo), es por lo qué se está abriendo paso el recurso legal a soluciones 'arbitrales', 'pactadas' o 'convencionales' entre Administración y administrados, pese a que tales soluciones se compadecen mal con el carácter *ex lege* e indisponible de las obligaciones tributarias".[9] Así, el profesor Ferreiro Lapatza ha defendido el arbitraje vinculante (con carácter previo a la actuación del contribuyente), precisamente en los supuestos siguientes: cuando se aplique una presunción (como modo de reducir el peso de la carga de la prueba), cuando se aplique un concepto jurídico indeterminado tal como el de valor de mercado (por ejemplo, en los supuestos de precios de transferencia), en los supuestos de estimación indirecta, y en los supuestos de aplicación de los artículos que regulan el fraude de ley (art. 24) y la simulación (art. 25) en la LGT.[10]

Si nuestro ordenamiento reaccionara ante esta realidad con una eficaz acción "preventiva" se reduciría la necesidad de represión o de la acomodación *ex post* de la acción social al orden querido por el Derecho. Tal sería el caso de un "ordenamiento integrado por normas, mandatos abstractos y generales" que transmitieran "de forma clara al ciudadano que ha de cumplirlas la actuación que de él se espera de acuerdo con el orden social que se desea". Si, además, los *procedimientos de aplicación de las normas tributarias* facilitaran el acuerdo sobre el contenido de las normas o de los hechos realizados, resulta obvio que sería

los conflictos tributarios", en *Manuel Fraga. Homenaje Académico*, Madrid, Fundación "Cánovas del Castillo", 1997, p. 274). En las actas firmadas en conformidad en el seno del procedimiento de inspección se recoge un acuerdo entre Administración y contribuyente para fijar de modo casi definitivo los hechos (v. J. Arrieta Martínez de Pisón, *Las Actas de la Inspección de los Tributos*, Madrid, Civitas, 1994).

8. Es de obligada cita la obra pionera de José Luis Pérez de Ayala y López de Ayala, *Las Ficciones en el Derecho Tributario*, Madrid, Editorial de Derecho Financiero, 1970.

9. J. L. Pérez de Ayala y López de Ayala, "Los conceptos jurídicos indeterminados en el derecho tributario: su trascendencia", ponencia al Pleno de Numerarios de la RAJL (pendiente de publicación en los *Anales* de la RAJL). Agradezco al profesor Pérez de Ayala el que me haya facilitado y anticipado el texto de su ponencia (las cursivas son nuestras).

10. *Ensayos sobre Metodología y Técnica Jurídica en el Derecho Financiero y Tributario*, Madrid/Barcelona, Marcial Pons, 1998, pp. 66-67.

"la mejor medida de evitación de conflictos".[11]

Desde este contexto, o, mejor dicho, ante el choque de la realidad con la utópica acción preventiva, ¿qué cabida tiene el arbitraje? Estoy convencida – y anticipo así mi criterio – que es precisamente en el espacio de imprecisión o indeterminación de la norma y en los casos en que existe cierto margen de discrecionalidad para la Administración donde debería tener máxima cabida la técnica convencional en general y también la figura del arbitraje, entendida como fórmula de resolución extrajudicial de conflictos.[12]

Por ello, es a mi juicio imprescindible vincular también en el estudio de este tema cuestiones como el supuesto de hecho previsto en las normas (impreciso o claro, con conceptos jurídicos indeterminados o permisor de margen de discrecionalidad) o el tipo de procedimiento de aplicación (sede de gestión, recaudación o inspección) para realizar propuestas concretas respecto a la figura del arbitraje, cuya filosofía consiste en definitiva, a diferencia de otras fórmulas de terminación convencional a que antes se ha aludido, en someter un conflicto *ya surgido* a la decisión de un árbitro.[13]

Una última idea quisiera destacar antes de entrar en la materia. La internacionalización de las transacciones y por tanto de los eventuales conflictos impositivos ha promovido soluciones normativas "arbitrales" que se han demostrado ineficaces, sobre todo, por falta de agilidad. Me refiero al "procedimiento amistoso" previsto en los convenios de doble imposición (art. 25 MCOCDE) o a la fórmula arbitral del Convenio para corregir la doble imposición en el caso de corrección de beneficios de empresas asociadas (Convenio 90/436/CEE) en el ámbito de los países de la Unión Europea,[14] que en definitiva plantean la conveniencia de configurar un modelo extensivo de "fórmula arbitral" que pudiera demostrarse eficaz para resolver los problemas de doble imposición internacional.

Las líneas que siguen tratan de compartir los interrogantes que se nos suscitan en estos temas, y pretenden aportar un grano de arena al debate abierto sobre la figura del arbitraje y su posible implantación a la materia tributaria.

2. *Estado de la cuestión*

Tradicionalmente, quizás debido a una "sacralización" de la regla de la "indisponibilidad del crédito tributario" (arts. 30 y 39.1º LGP; 69 y 36 LGT), fruto del rechazo a experiencias históricas ya superadas (determinación de bases imponibles por estimación objetiva global, convenios con asociaciones de contribuyentes[15]), la doctrina

11. J. J. Ferreiro Lapatza, "Resolución extrajudicial ...", *Quincena Fiscal* 3/10 (las cursivas son nuestras).

12. En este sentido, ha afirmado Albiñana que "*es connatural al arbitraje el eliminar una situación de incertidumbre*, sea fáctica o sea jurídica, y por tanto relativa al supuesto de hecho generador de la obligación tributaria a cargo del sujeto pasivo" ("Soluciones pactadas ...", en *Manuel Fraga. Homenaje Académico*, p. 276). Coincide Ma. L. González de Cuellar al afirmar que la conveniencia de figuras de carácter transaccional "se extiende a todas aquellas situaciones, tanto jurídicas como fácticas, sobre las que exista una *incertidumbre*" (*Los Procedimientos Tributarios: su Terminación Convencional*, Colex, 1998, p. 400). V. también el *Informe para la Reforma de la Ley General Tributaria*, julio/2001, cit., donde se recogen los siguientes ejemplos de situaciones de incertidumbre: "cuando se aplique una presunción, cuando se aplique un concepto jurídico indeterminado, tal como el valor de mercado, en los supuestos de estimación indirecta, en los casos de aplicación de los arts. 24 y 25 de la LGT, cuando no se trate de simulación absoluta, en los supuestos de operaciones vinculadas, en la estimación objetiva, en las valoraciones en general" (p. 234).

13. Quedan apuntadas estas cuestiones, cuyo tratamiento nos desviaría del tema que nos ocupa.

14. V. el interesante estudio y las propuestas que formula David R. Tillingast en el marco convencional, en "Issues in the implementation of the arbitration of disputes arising under income tax treaties", *Bulletin of IBFD* 56/90-100, n. 3, march/2002.

15. V. C. Albiñana García-Quintana, "Las reformas tributarias legales en España (1845-1995)", en J. De La Torre y García Zúñoga (eds.), *Hacienda y Crecimiento Económico. La Reforma de Mon, 150 Años Después*, Madrid/Barcelona, Marcial Pons, 1998, pp. 65-98, especialmente pp. 85 y ss.

científica se mostraba rotunda al negar cualquier tipo de convenio, acuerdo o transacción entre Administración y contribuyente en los procedimientos de aplicación de los tributos.[16]

Esta rotundidad en los planteamientos no coincidía con algunas tesis administrativistas, que defendían la posibilidad de convenios entre la Administración y los administrados, posibilidad que finalmente se explicitó en el art. 88 LRJ-PAC.[17] Tampoco coincidía ni coincide este recelo con la realidad normativa que conoce – como hemos mencionado antes – algunos ejemplos de "acuerdos" con los contribuyentes así como de fórmulas arbitrales (arts. 23 y 24 LOFCA, arts. 6-14 Convenio 90/436/CEE). Y desde luego contrasta fuertemente con el entusiasmo – consciente de las limitaciones – con que en la actualidad se acoge cualquier fórmula de arbitraje como "fórmula mágica" a la que confiar un proceso de reducción de litigiosidad en masa.

Otro motivo ha limitado la confianza en el arbitraje: la posible lesión del principio de igualdad tributaria. En efecto, se ha mitificado la alternativa entre igualdad y prevención convencional de conflictos, con el argumento de que cualquier pacto con la Administración beneficiaría al que en mejor posición está frente a otro tipo de contribuyentes, con una posición económica más débil, o que son perceptores de rentas que menos oportunidades tienen de "negociar",[18] como son las de trabajo respecto a las rentas de actividades profesionales o empresariales. Parece que el reparto justo de la carga tributaria para el sostenimiento de los gastos públicos (art. 31.1 CE) quedaría también en entredicho.

Recientemente se ha puesto de manifiesto cómo, "paradójicamente, la formalización de las técnicas negociadoras reduciría progresivamente el ámbito de lo negociable al fijarse criterios cada vez más precisos con la apreciable colaboración de los contribuyentes", y se han aportado interesantes argumentos que justifican la afirmación de que "la técnica convencional (de diversos supuestos previstos en la legislación) reduce la desigualdad que se produciría si se recurriese a mecanismos alternativos (estimaciones objetivas, ficciones y presunciones)".[19]

Partiendo de la admisibilidad[20] – al menos desde el orden constitucional[21] – e incluso de la convicción generalizada sobre la conveniencia de la introducción de técnicas convencionales en el derecho tributario, en el marco de una "tendencia global hacia la desjudicialización de conflictos",[22] vayamos al tema que nos ocupa: el arbitraje. La posición de la Comisión para la Reforma de la Ley General Tributaria ha sido prácticamente unánime a favor de la introducción de un "arbitraje tributario"

16. V. J. Zornoza Pérez, "¿Qué podemos aprender de las experiencias comparadas? Admisibilidad de los convenios, acuerdos y otras técnicas convencionales en el derecho tributario español", en *Convención y Arbitraje* ..., cit., pp. 161-162.

17. Como ha aconsejado el profesor Albiñana, el art. 88 de la Ley 30/1992 debe aplicarse con prudencia "a los contados supuestos – si verdaderamente existen – en que la Administración Tributaria actúa en ejercicio de la potestad discrecional" ("Soluciones pactadas ...", en *Manuel Fraga. Homenaje Académico*, p. 274).

18. Soy consciente de la imprecisión de la expresión "negociar". En el arbitraje es un tercero el que decide a propósito de un conflicto ya planteado.

19. C. García-Herrera Blanco y P. M. Herrera Molina, "Técnicas convencionales e igualdad tributaria (Mitos y paradojas de un aparente conflicto)", en *Quincena Fiscal* 14/13 y 29, julio/2002.

20. El profesor Zornoza Pérez ha afirmado que "no deberían existir (...) dudas sobre la admisibilidad de unas figuras que, de uno u otro modo, están ya presentes en nuestro ordenamiento y que, en el marco de los procedimientos para la liquidación del tributo, tendrán en principio como objeto la fijación de los hechos relevantes para la práctica de dicha liquidación" ("¿Qué podemos aprender de las experiencias comparadas? ...", en *Convención y Arbitraje* ..., cit., p. 171).

21. Cf. R. Calvo Ortega, "En defensa del arbitraje tributario", *Crónica Tributaria* 100/157-158, 2001; y I. Cruz Padial y Y. García Calvente, "Arbitraje tributario: su posible viabilidad", en *Quincena Fiscal* 8/9, abril/2002.

22. Cf. J. Zornoza Pérez, "¿Qué podemos aprender de las experiencias comparadas? ...", en *Convención y Arbitraje* ..., cit., p. 176.

aunque las posturas son discrepantes dentro de la Comisión respecto a las modalidades que serían deseables.

Aclaremos antes de qué arbitraje habamos; en otras palabras: ¿por qué se califica al arbitraje de "tributario"? El arbitraje establecido por la Ley 36/1988 sirve, previo convenio, para el sometimiento a la decisión de uno o varios árbitros de aquellas cuestiones litigiosas surgidas o que puedan surgir en materias de libre disposición conforme a Derecho (art. 1). Como se ha puesto de manifiesto, esta ley no ha sido aplicada al campo tributario, al estar pensada para situaciones y conflictos distintos a los fiscales.[23] No encaja pues en materia tributaria el arbitraje privado clásico, pero tampoco el arbitraje administrado propio del mundo mercantil. Después de hacer esta advertencia, el profesor Calvo Ortega resume en tres los rasgos esenciales que, a su juicio, se encuentran en la figura del arbitraje: es una técnica jurídica de decisión de pretensiones, el árbitro es un sujeto (individual o colegiado) independiente de las partes y está fuera de la organización judicial.

Es por ello posible pensar, como alternativa, en la conveniencia de un arbitraje establecido directamente por ley y de carácter forzoso, sin que éste dejara de ser, en definitiva, un arbitraje.[24] Y no sólo es posible pensarlo en abstracto o proponerlo *de lege ferenda*, sino que tenemos ejemplos bien ilustrativos en nuestra realidad normativa, en concreto, en el marco de la financiación autonómica y en la tasación pericial contradictoria, sin perjuicio de que existan discrepancias en la doctrina a propósito de su auténtica naturaleza jurídica.

Según la LOFCA, los conflictos que se susciten en la aplicación de los puntos de conexión de los tributos con las CC.AA han de resolverse por una Junta Arbitral. Sólo pueden promover conflicto las Administraciones que consideren producido en su territorio el rendimiento del tributo de que se trate y las que se consideren competentes en los procedimientos de gestión, inspección o recaudación respectivos, así como las que no consideren producido en su territorio el rendimiento o que no se consideren competentes. La Junta Arbitral resuelve conforme a Derecho, y su resolución es impugnable en vía contencioso-administrativa, con plena garantía, por tanto, del respeto a la tutela judicial efectiva.

Es relevante el dato de que la Ley Orgánica 7/2001 de modificación de la LOFCA haya comportado una ampliación funcional de la Junta Arbitral, atribuyendo a la misma los conflictos de competencia negativos, así como una extensión de sus competencias materiales, dato que viene a poner de manifiesto "que el legislador es consciente de la importancia y potencialidad de esta figura que puede aportar celeridad y un conocimiento diario y riguroso de los conflictos que se plantean entre Administraciones con motivo de la aplicación de los tributos cedidos";[25] pero también lo es, a mi juicio, que en este caso las partes enfrentadas son dos Administraciones y no la Administración y el contribuyente. No se plantean problemas de disponibilidad de créditos de la Hacienda Pública ni los anteriores problemas desde el ángulo del principio de igualdad, a que antes se ha hecho referencia. Es éste más bien, a mi juicio, un arbitraje que ninguna peculiaridad plantea por el hecho de que se proyecte sobre cuestiones tributarias.

Veamos ahora el caso de la tasación pericial contradictoria (art. 52.2 LGT). Se

23. Cf. R. Calvo Ortega, "Litigiosidad fiscal y arbitraje tributario", *Impuestos* 15-16/30, 2001.

24. En contra, se ha defendido que el arbitraje "debe ser voluntario, puesto que si se impusiera con carácter forzoso, en tanto se prive al administrado de la posibilidad de acudir a la vía judicial, podría vulnerarse el derecho a la tutela judicial efectiva" (cf. J. A. Garde Roca, "Presentación" a la obra *Convención y Arbitraje* ..., cit., pp. 13-14). Se puede evitar la vulneración a la tutela judicial efectiva si contra el laudo arbitral se posibilita acceso a la jurisdicción contencioso-administrativa, posibilidad prevista en el *Informe para la Reforma de la Ley General Tributaria*, cit., p. 231.

25. Cf. R. Calvo Ortega, "La financiación posible de las CC.AA. (En torno al nuevo modelo)", *Nueva Fiscalidad* 1/36, abril/2002.

ha dicho que tiene como objeto una pretensión impugnativa, pues se tiende a "la revisión de una previa resolución administrativa que fija un valor. Es así concebido por la doctrina como un medio, o mejor, un procedimiento de impugnación, semejante a un recurso administrativo".[26] Pero también se ha afirmado que se trata de una "decisión arbitral hecha por un sujeto (el perito tercero) no incardinado en la organización judicial ni en la Administración.[27] Cabe recordar, sin embargo, que la tasación pericial puede ser promovida por el sujeto pasivo en corrección de los demás procedimientos de comprobación tributaria del valor de los bienes y derechos imponibles, y, asimismo, que el dictamen del perito tercero puede ser recurrido por el contribuyente ante la jurisdicción contencioso-administrativa, de ahí que se haya considerado que "el dictamen emitido es, en verdad, una valoración más".[28]

Tenemos, pues, ejemplos de "arbitrajes tributarios" muy distintos, del arbitraje de derecho privado y del arbitraje administrado propio del tráfico en masa. Pero tampoco se trata, sin más, de una extrapolación al ámbito tributario del arbitraje previsto para el orden público por el art. 107.2 LRJ-PAC.[29] En esta disposición se configura como medio de impugnación que puede sustituir el recurso administrativo ordinario en determinados supuestos, y alguna precisión habremos de hacer antes de afirmar su aplicación generalizada en materia tributaria, pues como ha advertido la profesora Agulló se trata de una norma programática que se remite a un desarrollo normativo posterior.[30]

El profesor Albiñana ha destacado – y coincido con su criterio – la importancia de "especificar si el arbitraje ha de referirse a derechos económicos sin cifrar de la Hacienda Pública (art. 22 LGP) o derechos ya liquidados a favor de ella (art. 31, entre otros de la misma LGP)", pues "no en vano *se exige que el arbitraje esté sometido a concretar prescripciones normativas*";[31] de ahí su definición de arbitraje como "un contrato de liquidación o de fijación respecto de su cuantía y de su régimen jurídico".[32] Si el derecho económico no se ha liquidado, el ámbito de lo arbitrable ha de ser, por lógica, más amplio que si estamos ante derechos ya liquidados, donde sólo razones de peso – normalmente de practicabilidad administrativa y siempre previa disposición legal[33] – podrán justificar que se disponga del crédito tributario (pensemos en la facultad de suscribir acuerdos de quita en los procesos concursales).

26. Cf. A. Martínez Lafuente, *Manual del Impuesto sobre Transmisiones Patrimoniales y Actos Jurídicos Documentados*, 5ª ed., Marcial Pons, 1997.

27. Calvo Ortega, "En defensa ...", *Crónica Tributaria* 100/160.

28. Cf. C. Albiñana García-Quintana, "Soluciones pactadas ...", en *Manuel Fraga. Homenaje Académico*, p. 288.

29. Establece el art. 107.2 de la Ley 30/1992 lo siguiente: "Las leyes podrán sustituir el recurso ordinario, en supuestos o ámbitos sectoriales determinados, y cuando la especificidad de la matera así lo justifique, por otros procedimientos de impugnación o reclamación, incluidos los de conciliación, mediación y arbitraje, ante órganos colegiados o comisiones específicas no sometidas a instrucciones jerárquicas, con respeto a los principios, garantías y plazos que la presente Ley reconoce a los ciudadanos y a los interesados en todo procedimiento administrativo. La aplicación de estos procedimientos en el ámbito de la Administración local no podrá suponer el desconocimiento de las facultades resolutorias reconocidas a los órganos representativos electos establecidos por la Ley".

30. Al margen de la vocación totalizadora de la LRJ-PAC como reguladora del procedimiento común, el art. 107.2 sólo es de *aplicación subsidiaria* en el orden tributario. Después de insistir en los puntos de encuentro o en las notas comunes del orden tributario y del orden administrativo general, la profesora Agulló Agüero ha advertido que la vigencia de estos preceptos (se refiere también al art. 88) en el ámbito tributario "no significa su aplicabilidad a todos los sectores y a todos los procedimientos" (cf. "Recursos no-formales y Consell Tributari de Barcelona: una función quasiarbitral", en *Convención y Arbitraje* ..., cit., p. 278).

31. Cf. C. Albiñana García-Quintana, "Soluciones pactadas ...", en *Manuel Fraga. Homenaje Académico*, p. 276 (las cursivas son nuestras).

32. Idem, ibidem.

33. Piénsese que cabe incluso la "condonación de la deuda tributaria" (art. 69 LGT), pero sólo en virtud de ley y con los requisitos que en la misma se determinen.

También, ha insistido el profesor Albiñana en la necesidad de que el arbitraje en materia tributaria se aplique "previa ley que así lo autorice", pero que además "sirva al Derecho"; en otras palabras, no ha de ser sólo una ley habilitante o autorizante sino respetuosa con el Derecho; por ello, "el laudo arbitral no podrá sustituir una potestad administrativa como es la liquidadora de la Administración Tributaria, incorporando al texto de la Ley de Arbitraje mandatos que contradigan los principios, garantías y plazos que las leyes establecen".[34]

Son éstas algunas de las limitaciones o de los condicionantes que han de tenerse en cuenta en las propuestas concretas que se formulen para delimitar la figura del arbitraje en materia tributaria y su acomodo en los procedimientos tributarios. Bien es verdad que no debe exagerarse el principio de indisponibilidad del crédito tributario, y que hay que dar entrada a soluciones que se han demostrado más ágiles que las judiciales, pero conectando con la materia sujeta a arbitraje ha de tenerse presente que *sólo* podrá ser la "disponible" por las partes. Explican I. Cruz Padial y Y. García Calvente que "el procedimiento (arbitral) no puede ser el fijado conforme al cauce tradicional, sino que debe ser un arbitraje prefijado y determinado conforme a unas normas de competencia fijadas de antemano (...) por la especialidad de la materia objeto de arbitraje, es necesario que el arbitraje tributario esté mucho más tasado y delimitado que el tradicional que representa la Ley de Arbitraje";[35] tasado, en el sentido de que sólo determinadas materias podrían ser sometidas a arbitraje,[36] aunque otro es el sentido que el profesor Calvo Ortega otorga a "lo disponible". Disponer – aclara – de un elemento de la obligación (también de la tributaria) y someter a arbitraje son cosas muy distintas. "Disponer es novar, cambiar un elemento de la obligación por voluntad de los sujetos, acreedor y deudor (...) pero el arbitraje es algo muy distinto a todo esto. Es que las mismas partes de la obligación o la ley en el caso del arbitraje obligatorio establezcan que un conflicto entre ellos deba ser resuelto por un árbitro".[37]

Hechas pues las advertencias y expuestos los recelos que desaconsejan la generalización sin matices de "fórmulas arbitrales" ensayadas en nuestra historia o en otros países, veamos ahora cuáles son las clases de arbitraje que se barajan como posibles en el *Informe para la Reforma de la Ley General Tributaria*: arbitraje en Derecho, encomendando a órganos administrativos especializados y de carácter obligatorio para determinadas cuestiones, algunas limitadas cuantitativamente; arbitraje en equidad, encomendado a órganos colegiados ajenos a la Administración, de carácter voluntario y limitado a asuntos de pequeña cuantía; y arbitraje no limitado por razón de la cuantía.

Las tres alternativas presentan ventajas e inconvenientes que el mismo *Informe* no obvia. Quizás, entre todas las propuestas, sea el arbitraje en equidad el que tropieza con más objeciones. En el ámbito tributario es mayoritario el convencimiento de que no debe tener cabida en modo alguno el arbitraje de equidad,[38] fundamentalmente por el carácter *ex lege* del crédito tributario.[39]

34. Cf. C. Albiñana García-Quintana, "Soluciones pactadas ...", en *Manuel Fraga. Homenaje Académico*, pp .276 y 279, con cita a Falcón y Tella.

35. "Arbitraje tributario: ...", *Quincena Fiscal* 8/11.

36. A modo de ejemplo se mencionan algunas materias en el *Informe para la Reforma de la Ley General Tributaria* (pp. 229-230) y también en el trabajo del profesor Calvo Ortega, "En defensa ...", *Crónica Tributaria* 100/163-167.

37. Cf. R. Calvo Ortega, "En defensa ...", *Crónica Tributaria* 100/154.

38. C. Albiñana García-Quintana, "Soluciones pactadas ...", en *Manuel Fraga. Homenaje Académico*, p. 277; I. Cruz Padial y Y. García Calvente, "Arbitraje tributario: ...", *Quincena Fiscal* 8/24.

39. "La equidad ya juega en el derecho tributario a través de otras técnicas (régimen simplificado, estimación objetiva, declaración simplificada etc.), es decir, a través de los principios de proporcionalidad y buena-fe. Las técnicas y los principios citados garantizan ya una cierta equidad" (*Informe* ..., cit., p. 228).

Se trata, por tanto, de buscar alternativas respecto a la forma de arbitraje en Derecho más idónea, si voluntario u obligatorio, unipersonal o colegiado, con limitación de cuantías o no.

3. Propuestas a considerar

Aunque ya se han ido adelantando ideas, argumentos, pros y contras, llega el momento de pronunciarse. Huyendo de planteamientos irreales o utópicos, entiendo que si el arbitraje se concibe como alternativa al recurso ordinario habría que buscar aquella forma de arbitraje que, para la materia tributaria, consiga aportar mayor eficacia y celeridad. Es fundamental localizar cuáles son los puntos generadores de conflictos (que serán preferentemente cuestiones de hecho) y escoger las técnicas más idóneas para resolverlos, de forma simultánea a la promoción de nuevos cauces de entendimiento y colaboración en la aplicación de los tributos.

En mi opinión, es necesario ir con mucha prudencia en una vía como el "arbitraje tributario" en gran parte "inexplorada".[40] Cualquiera que sea la fórmula que finalmente se adopte, debería ésta preverse expresa y específicamente en la LGT, no debiéndose desaprovechar la ocasión de su proyectada Reforma. Y digo esto porque no es extraño que se planteen propuestas de modificación normativa con el carácter de urgentes, que, de ser aceptadas, podrían ir insertando fórmulas "arbitrales" o "transaccionales" desvinculadas de un planteamiento general que sólo, insisto, debería ser fruto de una meditada Reforma de la Ley General Tributaria.[41]

Casa mal con las limitaciones de la materia tributaria la fórmula de arbitraje genérico y voluntario. No lo aconseja ni el principio de indisponibilidad del crédito tributario (que obliga a meditar qué excepciones conviene queden declaradas por ley), ni las razones de especialización, celeridad (requeriría acuerdo de las partes para cada caso), gratuidad y generalidad que se desean.

Parece más razonable proponer un arbitraje en Derecho limitado a situaciones prefijadas y a materias tasadas. Comparto el criterio del profesor Calvo Ortega, en defensa de un *arbitraje legal y obligatorio* como técnica de decisión de pretensiones en materia tributaria, que ofrece "la máxima garantía para los contribuyentes y para la Administración: *un árbitro especializado, seleccionado objetivamente a través de un concurso público, independiente e inamovible*".[42] Sin embargo, no estoy segura de que la opción de la especialización unipersonal sea más idónea que la de una comisión o tribunal de arbitraje igualmente especializado – alternativa ésta que se ha defendido alegando razones de independencia y seguridad jurídica[43] y que tan bien está funcionando en otros países.

Piénsese, además, en el grado de especialización que requiere la materia tributaria, por su complejidad y por lo cambiante de sus normas. A mi juicio, la selección de los "árbitros-funcionarios" podría hacerse entre quienes hayan demostrado previamente su calificación técnica con al menos 10 años de dedicación a la materia tributaria, ya sea como profesionales, profesores universitarios o funcionarios.

Podría ser un antecedente a estudiar, por los buenos resultados que ha demos-

40. Cf. J. Zornoza Pérez, "¿Qué podemos aprender de las experiencias comparadas? ...", en *Convención y Arbitraje* ..., cit., p. 177.

41. Por ejemplo, se ha llegado a plantear la modificación del art. 137 LGT sobre los medios de enajenación de los bienes embargados para introducir, junto a las formas de enajenación ya existentes (subasta, concurso y adjudicación directa), una nueva: el "convenio de realización" que prevé el art. 640 LEC. El procedimiento es especialmente complejo si se trata de bienes susceptibles de inscripción registral, al requerir la conformidad de acreedores que hubieran anotado su derecho con posterioridad. Puede además esta nueva forma dilatar la ejecución *stricto sensu*.

42. "En defensa ...", *Crónica Tributaria* 100/161 (las cursivas son nuestras).

43. Cf. I. Cruz Padial y Y. García Calvente, "Arbitraje tributario: ...", *Quincena Fiscal* 8/11-12.

trado,[44] el Consell Tributari del Ayuntamiento de Barcelona.[45] Su creación (por iniciativa del Ayuntamiento con autolimitación de facultades) constituyó una respuesta a la supresión de las reclamaciones ante los Tribunales Económico-Administrativos contra los actos de liquidación tributaria de las Corporaciones Locales. Pese a su carácter estrictamente consultivo y al carácter no-vinculante de sus dictámenes,[46] los contribuyentes han encontrado en él la imparcialidad que niegan o discuten a la Administración Tributaria (en este caso local) y también ha conseguido el respeto jurídico de los Tribunales, al ser sus dictámenes en Derecho considerados como ayuda por las Salas de lo Contencioso Administrativo a la hora de dictar sus sentencias.[47]

En la selección de los miembros del Consell se trabajó sobre la base de que habría de constituirse con personas ajenas a la propia Administración Municipal, que fueran técnicas en materia tributaria, que estuvieran protegidas por el principio de la inamovilidad aunque sujetas al régimen general de incompatibilidades y que su intervención en esta materia se concentrara en un momento procesal determinado, actuando en forma de dictamen no vinculante. Curiosamente, cuando los medios de comunicación se dieron cuenta de su creación, lo presentaron como "defensor del contribuyente", pero queda hoy claro que su eficacia viene avalada por la competencia de sus miembros y su independencia al actuar.[48]

Por estas razones, como ha considerado la profesora Agulló, la actuación del Consell Tributari constituye una "experiencia digna de ser tenida en cuenta" aunque no sea propiamente un arbitraje, en primer lugar – explica – porque la intervención del Consell es obligatoria, y en segundo lugar porque sus propuestas no son vinculantes. Sí es, sin embargo, un mecanismo que introduce un elemento de mayor objetividad en la resolución de conflictos con la Administración, posibilitando el consenso y la disminución de la litigiosidad que se inserta en la línea de las alternativas al recurso administrativo ordinario a que se refiere el art. 107.2 LRJ-PAC.[49] Piénsese que se asemeja bastante "a la de un órgano independiente que resuelve las dudas sobre la aplicación del sistema tributario local, llevando a cabo una ardua tarea de interpretación y de adaptación al ámbito local de las normas generales que con frecuencia han sido pensadas en función de los tributos estatales, y que resultan difícilmente trasladables al mundo local", aunque los problemas de aplicación de las normas no derivan, a diferencia de lo que ocurre con el ámbito estatal, "del uso y abuso del recurso a conceptos jurídicos indeterminados en la legislación ordinaria, sino de la deficiente regulación legal de los tributos locales (...) y de la falta de adaptación al sistema tributario local de las normas generales a las que continuamente se remite la ley reguladora de estas Haciendas".[50]

En esta línea, debe también considerarse la sugerente propuesta que formulan

44. Como se ha afirmado, "su buen funcionamiento ha permitido dar cauce a un gran número de reclamaciones de contribuyentes de esa ciudad" (cf. J. A. Garde Roca, en su "Prólogo" a la obra *Convención y Arbitraje* ..., cit., p. 7).

45. V. sobre el tema los artículos de la profesora A. Agulló Agüero y del profesor T. Font I Llober, en la obra *Convención y Arbitraje* ..., cit., pp. 181-190; 278-290 y 297-307.

46. Sugiere el profesor Falcón y Tella convertir los dictámenes en vinculantes en el ámbito local para reforzar la garantía que el *Consell* ya representa para los ciudadanos en un ámbito como es el local, en que la escasa cuantía de los litigios hace a menudo prohibitivo el recurso a la vía judicial ("El arbitraje tributario", en *Convención y Arbitraje* ..., cit., p. 261).

47. Cf. C. Albiñana García-Quintana, "Soluciones pactadas ...", en *Manuel Fraga. Honenaje Académico*, p. 200.

48. Cf. I. de Lecea y Ledesma, "El Consell Tributari municipal", en *Convención y Arbitraje* ..., cit., pp. 269-275.

49. Cf. A. Agulló Agüero, "La introducción en el derecho tributario español de las fórmulas convencionales previstas en la Ley 30/1992", en *Convención y Arbitraje* ..., cit., pp. 188-189.

50. Cf. A. Agulló Agüero, "Recursos no-formales ...", en *Convención y Arbitraje* ..., cit., p. 311.

Coronel de Palma y Pérez de Ayala a favor de la *prejudicialidad civil en el ámbito tributario* para resolver los problemas que plantea la calificación jurídica de los negocios anómalos, en cuanto "hechos imponibles legalmente no tipificados" que han de valorarse en los expedientes en fraude de ley tributaria. La desalentadora experiencia de la aplicación del art. 24 LGT (remedio al fraude de ley tributaria aplicando por analogía la norma que se trata de evitar por el contribuyente) podría superarse con la aceptación de la vía de esta suerte de prejudicialidad que se propone *de lege ferenda*. Piénsese en los casos de primas únicas y en las actas derivadas de las inspecciones consiguientes. La cuestión fundamental para derivar la fiscalidad consiguiente a los contratos consistía en discernir si se trataba o no de un seguro. Si se dejara esta decisión en manos de un sujeto independiente de las partes, como es, por ejemplo, el abogado del Estado, se trataría de una suerte de *arbitraje* entre las partes, en el que un verdadero experto en Derecho con criterios que pertenecen al derecho privado patrimonial y no al derecho tributario, dirimiría una cuestión jurídica fundamental para resolver el conflicto. En cierta medida podría considerarse un arbitraje legal aplicado a los casos en fraude de ley.[51]

El arbitraje tributario o legal había de implantarse pues en aquellas parcelas del ordenamiento jurídico-tributario en que mayor indeterminación o incertidumbre jurídica encontramos. Enumeremos algunos ejemplos: valoraciones globales hasta 100 millones de pesetas, tasación pericial contradictoria, notificaciones, domicilio, parafiscalidad, tasas hasta cuantía de 300.000 pesetas, altas y bajas en Registros Públicos con efectos fiscales, prestación de garantías para la suspensión del acto tributario, representación, cuantificación del interés de demora, verificación de módulos y datos físicos de aplicación de los tributos, errores de hecho o aritméticos.[52]

Esta fórmula de arbitraje podría, a mi juicio, si se muestra eficaz, tener como efecto colateral algo muy importante. Pondría en entredicho la necesidad de ficciones que tanto dañan en cuestiones de justicia tributaria, y por qué no, a largo plazo, quizás ayudara a conseguir un ordenamiento jurídico más claro. Vuelvo a la idea con que empezaba estas reflexiones. La necesidad de planteamientos generales, quizás de política tributaria, en los que se sopesen valores en juego (eficacia, pragmatismo, igualdad, legalidad etc.) y se vinculen cuestiones de técnica normativa, perfeccionamiento de los procedimientos tributarios y de resolución de conflictos, en pro de una mejora del sistema.

Y termino ya insistiendo en una cuestión de técnica jurídica. Cualquier introducción de reforma a favor de la técnica del arbitraje debería tener cabida en el marco de la Reforma de la Ley General Tributaria y no operar por la vía fácil de un retoque poco meditado a una ley o a un precepto reglamentario. El tema es de tanto calado que cualquier pretensión de urgencia podría hacer quebrar la eficacia o la bondad de la medida a adoptar.

Bibliografia

AA. VV. *Informe para la reforma de la Ley General Tributaria,* Instituto de Estudios Fiscales, 2001, especialmente pp. 148-155.

AA.VV. *Convención y arbitraje en el Derecho Tributario,* IEF-Marcial Pons, Madrid, 1996.

AA.VV. *El Consell Tributari Municipal de Barcelona: diez años de actividad y de interpretación de las normas tributarias en la Hacienda Municipal. 1989-1999*, Fundació Carles Pi i Sunyer d´Estudis Autonómics i Locals, cop. 1999.

AGULLÓ AGÜERO, A. "La introducción en el Derecho Tributario español de las fórmulas convencionales previstas en la Ley 30/

51. V. el trabajo presentado por los autores citados sobre la Reforma de la Justicia, a quienes expresamente quiero agradecer el que me hayan adelantado el texto impreso de su aportación.

52. *Informe* ..., cit., pp. 229-230.

1992" y "Recursos formales y Consell Tributari de Barcelona: una función quasiarbitral", en *Convención y arbitraje en el Derecho Tributario,* IEF-Marcial Pons, 1996, pp. 181-189 y 277-290.

ALBIÑANA GARCÍA-QUINTANA, C. "Soluciones pactadas y arbitrales en los conflictos tributarios", en *Manuel Fraga. Homenaje académico*, Fundación "Cánovas del Castillo", Madrid, 1997, pp. 270-297.

CALVO ORTEGA, R. "Litigiosidad fiscal y arbitraje tributario", en *Impuestos* núms. 15-16, 2001.

__________. "En defensa del arbitraje tributario", en *Crónica Tributaria* núm. 100, 2001, pp. 153-166.

CRUZ PADIAL, I. y GARCÍA CALVENTE, Y. "El arbitraje tributario en el ámbito internacional: eficacia y viabilidad", en *Nueva Fiscalidad* núm. 1, abril, 2002, pp. 71-88.

__________. "Arbitraje tributario: su posible viabilidad", en *Quincena Fiscal* núm. 8, abril, 2002, pp. 7-14.

FALCÓN Y TELLA, R.. "El arbitraje tributario", en *Convención y arbitraje en el Derecho Tributario,* IEF-Marcial Pons, 1996, pp. 257-261.

__________ "Editorial", en *Quincena Fiscal* núm. 2/1995.

FERREIRO LAPATZA, J. J. "Resolución extrajudicial de conflictos tributarios", en *Quincena Fiscal* núm. 3, 2002, pp. 9-17.

GARCÍA-HERRERA BLANCO, C. y HERRERA MOLINA, P. M. "Técnicas Convencionales e igualdad tributaria (Mitos y paradojas de un aparente conflicto)", en *Quincena Fiscal* núm. 14, julio 2002, pp. 9-29.

GONZÁLEZ DE CUÉLLAR SERRANO, M. L. *La terminación transaccional del procedimiento tributario,* Colex, Madrid, 1998.

ROSEMBUJ, T. *La Transacción tributaria*, Atelier, Barcelona, 2000.

SERRANO ANTÓN, F. *La terminación convencional de procedimientos tributarios y otras técnicas transaccionales,* AEDAF, Madrid, 1996.

TILINGHAST, D. R. "Issues in the Implementation of the arbitration of disputes arising under Income Tax Treaties", *Bulletin of IBFD,* vol. 56, núm. 3, march 2002, pp. 90-100.

ZORNOZA PÉREZ, J. "¿Qué podemos aprender de las experiencias comparadas? Admisibilidad de los convenios, acuerdos y otras técnicas convencionales en el Derecho Tributario español", en *Convención y arbitraje en el Derecho Tributario español,* Instituto de Estudios Fiscales-Marcial Pons, Madrid, 1996.

CADERNOS DE DIREITO TRIBUTÁRIO

O IMPERATIVO CONSTITUCIONAL DA CULPABILIDADE NO DIREITO TRIBUTÁRIO SANCIONADOR

EDUARDO FORTUNATO BIM
Advogado em São Paulo e especialista em Direito Tributário pela PUC-SP

1. Introdução; 2. A responsabilidade objetiva no CTN; 3. O direito tributário sancionador: ilícito administrativo tributário; 3.1. A natureza jurídica das penalidades tributárias; 3.2. A unidade do "jus puniendi" estatal e o direito administrativo sancionador; 3.3. O direito tributário sancionador; 3.4. A estrutura do ilícito administrativo tributário; 4. A função normativa dos princípios no ordenamento jurídico: o pós-positivismo; 5. O Estado de direito e o direito sancionador; 6. A dignidade da pessoa humana como fundamento da responsabilidade subjetiva por infrações à legislação tributária; 7. O princípio da boa-fé como fundamento da responsabilidade subjetiva; 7.1. O erro como excludente da culpabilidade; 8. A individualização da pena como fundamento da responsabilidade subjetiva; 9. A pessoalidade da pena como fundamento da responsabilidade subjetiva; 10. O princípio da culpabilidade no direito sancionador; 11. A culpabilidade para as pessoas jurídicas; 12. A excludente da inexigibilidade de conduta diversa; 13. A interpretação razoável da norma tributária como excludente da culpabilidade: corolário da culpabilidade; 14. Conclusão; 15. Referências bibliográficas.

No está el pecado en el hecho, si en la voluntad no está
Cervantes[1]

1. Introdução

Parte dos juristas entende que no direito tributário a responsabilidade por infrações é objetiva (CTN, art. 136), ou seja, dispensa a intenção do agente, prescindindo do dolo ou da culpa, salvo previsão legal.

Este estudo, desenvolvido a partir de um anterior,[2] tem a finalidade de demonstrar o equívoco desta posição, utilizando-se de premissas constitucionais para resolver a matéria, concluindo que a responsabilidade tributária por infrações no direito

1. *Apud* José María Quirós Lobo, *Principios de Derecho Sancionador*, p. 45.

2. "A inconstitucionalidade da responsabilidade objetiva no direito tributário sancionador", *RT* 788/143.

tributário é subjetiva por imposição constitucional.[3]

2. *A responsabilidade objetiva no CTN*

Eis o que preceitua o CTN em seu art. 136: "Salvo disposição de lei em contrário, a responsabilidade por infrações da legislação tributária independe da intenção do agente ou do responsável e da efetividade, natureza e extensão dos efeitos do ato".

Este é o principal argumento em favor dos defensores da responsabilidade objetiva por infrações no direito tributário. Vejamos como a doutrina interpreta esse dispositivo.

Aliomar Baleeiro, com sua autoridade, depois de assinalar que a legislação tributária, de modo geral, considera o dolo (explícita ou implicitamente) para punir o contribuinte, e antes de dizer que a eqüidade mitiga este princípio, asseverou: "A infração fiscal é formal. O legislador, além de não indagar a intenção do agente, salvo disposição de lei, também não se detém diante da natureza e extensão dos efeitos".[4]

Paulo de Barros Carvalho também aceita a tese da responsabilidade objetiva, ao dizer que ela pode ser atenuada pela legislação tributária, afirmando, *in verbis*: "Ainda que o princípio geral, no campo das infrações tributárias, seja o da responsabilidade objetiva, o legislador não está tolhido de criar figuras típicas de infrações subjetivas".[5]

Ressaltando o caráter excepcional do desprezo pelo elemento subjetivo ao comentar o artigo 136 do CTN, Ives Gandra da Silva Martins observou que "o princípio de ordem geral do art. 136 é, na verdade, um princípio excepcional. Quase sempre a lei tributária determina a penalidade aplicável e a extensão da responsabilidade em função da intenção do agente (...). Assim sendo, o dispositivo acima é de aplicação limitada, pois as leis em contrário, numerosas, tornam-no praticamente irrealizável no direito tributário brasileiro. Em verdade, as infrações fiscais são quase sempre subjetivas (culposas ou dolosas)".[6] É bom salientar que o autor não se insurge contra o disposto no CTN, apenas diz que na prática ele é pouco utilizado. Mas a realidade demonstra que esse pouco não é insignificante, pois vários julgados, administrativos e judiciais, usam e abusam da responsabilidade objetiva para infligir multas ou outros tipos de penalidades.

Sacha Calmon Navarro Coêlho parece adotar uma posição intermediária, defendendo que as infrações à legislação tributária devem ser, em princípio, objetivas, todavia podem ser subjetivadas na medida em que o caso concreto exija. Assim, para esse autor, "duas disposições [arts. 112 e 136 do CTN] aparentemente conflitantes regulam a matéria (...) com prudência e objetividade".[7] E conclui: "O que não se pode, definitivamente, é querer aplicar ao ilícito fiscal o princípio da responsabilidade subjetiva (dolo e culpa) como *regra*, ao invés da responsabilidade objetiva, com atenuações interpretativas".[8]

Para Ruy Barbosa Nogueira a interpretação da matéria deve ser sistemática,

3. Apesar deste estudo voltar-se para a seara tributária, aplica-se a qualquer ramo que se utilize do direito administrativo sancionador (*v.g.*, as multas do direito eleitoral, ambiental, trânsito).

4. Aliomar Baleeiro, *Direito Tributário Brasileiro*, 11ª ed., p. 758. A atualizadora da obra de Baleeiro, Misabel de Abreu Machado Derzi, também admite a responsabilidade objetiva no âmbito tributário (*in* Aliomar Baleeiro, ob. cit., pp. 761-762).

5. Paulo de Barros Carvalho, *Curso de Direito Tributário*, 13ª ed., p. 503. Bernardo Ribeiro de Moraes (*Compêndio de Direito Tributário*, 3ª ed., v. II, pp. 545-546) tem idêntica posição, adotando a teoria objetiva dos ilícitos administrativos tributários. Consigna-se, porém, que Paulo de Barros Carvalho já asseverou "que merece severas críticas este artigo [art. 136 do CTN] da lei complementar, na medida em que estabelece o princípio geral da objetividade" (In: Bernardo Ribeiro de Moraes (org.), *Interpretação no Direito Tributário*, p. 305).

6. Ives Gandra da Silva Martins, *Da Sanção Tributária*, 2ª ed., pp. 74-75.

7. *Teoria e Prática das Multas Tributárias*, 2ª ed., p. 56.

8. *Teoria e Prática das Multas Tributárias*, p. 58.

conjugando-se o art. 112, III com o art. 136 do CTN. Segue semelhante à Sacha Calmon, concluindo, porém, pela inexistência da responsabilidade objetiva. São suas as seguintes palavras: "Ao capitularem isoladamente o disposto no art. 136 do CTN, sem compreendê-lo, e mais, omissivamente, por não o conjugarem com o disposto no item III do art. 112 acima transcrito, pensam que o art. 136 criou entre nós a responsabilidade objetiva, o que veremos agora que não aconteceu".[9] Deste modo, defende que o dolo deve ser reservado para as infrações fiscais mais graves, sendo que para as demais seria necessário apenas um dos graus da culpa, e finalmente conclui que "de tudo isto decorre o princípio fundamental e universal, segundo o qual se não houver dolo nem culpa, não existe infração da legislação tributária. Em outras palavras, não existe, em nosso sistema, a arqueológica 'responsabilidade objetiva' ou infração sem culpa".[10]

Na verdade, Ruy Barbosa Nogueira percebeu a antinomia existente entre os artigos 112 e 136 do CTN e asseverou, levando em conta o princípio estruturante do Estado de direito, que não poderia haver responsabilidade objetiva; interpretando tais normas em conformidade com a Constituição, já que o Estado democrático de direito é diretriz política com uma carga material vinculante, entendeu que não poderia subsistir a responsabilidade objetiva nesse sistema político.

Não temos, com este estudo, essa pretensão. Partiremos somente de premissas constitucionais, mesmo considerando que o CTN, em algumas passagens, tenha dado sinais de que adotou a teoria subjetiva (artigos 100, parágrafo único e 112, III).

Esta antinomia também foi sentida por um outro jurista, Ricardo Lobo Torres, para quem: "O art. 112 lança dúvida sobre a natureza do ilícito fiscal, criando dissonâncias com outros dispositivos do CTN, que só a martelo se eliminam. Enquanto o art. 136 declara que a responsabilidade por infrações é *objetiva*, sendo independente da intenção do agente ou do responsável e da efetividade, natureza e extensão dos efeitos do ato, o art. 112 diz exatamente o contrário, aderindo à teoria *subjetiva*, no que aliás, não discrepa da boa doutrina".[11]

Cumpre consignar a interessante posição de Celso Antônio Bandeira de Mello, que citando vários autores (Fábio Fanucchi, Alberto Xavier, Héctor Villegas e Geraldo Ataliba), aduz que o artigo 136 do CTN não consagrava a responsabilidade objetiva, mas tão-somente dispensa a presença do dolo, não da culpa.[12]

Para nós, o CTN não foi tão técnico quanto almejaram os retrocitados autores; quando falou em intenção não se referiu especificamente ao dolo, mas sim a qualquer forma de perquirição de elemento subjetivo, incluindo a culpa *stricto sensu*. Por isso, a maioria da doutrina entende que tal preceito cristalizou a responsabilidade objetiva.

Aliás, fruto do subdesenvolvimento da estrutura do ilícito administrativo tributário, pune-se o contribuinte em casos de inexistência da ilicitude em sua conduta, com base na responsabilidade objetiva (art. 136 do CTN), desconhecendo seu verdadeiro âmbito de aplicação, que é a culpabilidade, jamais a antijuridicidade.

Assim, pode-se notar que a maioria da doutrina admite temperamentos à respon-

9. Ruy Barbosa Nogueira, *Curso de Direito Tributário*, 14ª ed., p. 106.

10. *Curso de Direito Tributário*, 14ª ed., p. 107.

11. Ricardo Lobo Torres, *Normas de Interpretação e Integração do Direito Tributário*, 3ª ed., p. 255. Ricardo Lobo Torres cita em nota de rodapé (ob. cit., p. 255, nota 8) que há mais autores que se filiam a teoria subjetiva: Cf. G. Paciello, "As sanções do direito tributário". In *Caderno de Pesquisas Tributárias 4 – Sanções Tributárias*, São Paulo: Resenha Tributária, 1979, p. 53; E. Asmson, "Irtumsprobleme in Steuerstrafrecht". In G. Kohlmann (Ed.). *Strafverfoldigung und Strafverteidigung im Steuerstrafrecht*. Köln: Dr. Otto Schmidt, 1983, p. 112.

12. "Ilícito tributário", *RDTributário* 62/27-28. No mesmo sentido: Luciano Amaro, *Direito Tributário Brasileiro*, p. 416.

sabilidade objetiva em matéria tributária punitiva, mas parte dela, em especial e de maneira bem direta, Ruy Barbosa Nogueira, argüi pela inexistência da responsabilidade objetiva no Estado de direito.

Na jurisprudência, na esteira do CTN, não são poucos os casos em que a intenção do agente é irrelevante na hora da aplicação das penalidades. A lei, de modo geral, pode incluir o elemento volitivo para a aplicação de penalidades, mas as poucas que o desprezam são desumanas, medievais, incompatíveis com um Estado democrático de direito que tem como um de seus fundamentos a dignidade da pessoa humana e a proteção da boa-fé. Felizmente, boa parte da jurisprudência tem entendido que a responsabilidade objetiva não existe no CTN.

Embora não haja, em nossa Constituição, um preceito expresso reconhecedor do princípio da subjetividade das infrações fiscais, nossa opinião é que a vedação da responsabilidade objetiva, por infração à legislação fiscal, independe da legislação tributária nesse sentido, na medida em que decorre, principalmente, da dignidade da pessoa humana (CF, art. 1º, III), do princípio da boa-fé – corolários do Estado democrático de direito – e do da pessoalidade e individualização da pena (CF, art. 5º, XLV e XLVI), conforme demonstraremos adiante.

3. Direito tributário sancionador: ilícito administrativo tributário

3.1 A natureza jurídica das penalidades tributárias

Preliminarmente, urge distinguir as relações propriamente tributárias das punitivas (não-penais) tributárias. Paulo de Barros Carvalho, ao comentar a expressão "que não constitua sanção por ato ilícito" do art. 3º do CTN, ressalta a diferença existente entre as penalidades e o tributo, *in verbis*: "Foi oportuna a lembrança, uma vez que os acontecimentos ilícitos vêm sempre atrelados a uma *providência sancionatória* e, fixando o caráter lícito do evento, *separa-se com nitidez, a relação jurídica do tributo da relação jurídica atinente às penalidades* exigidas pelo descumprimento de deveres tributários".[13] E, depois, mais enfaticamente, consignou o renomado tributarista paulista: "Entretanto, *é óbvio que o regime a que se submete a relação jurídica do tributo está longe de ser o mesmo dos vínculos sancionatórios*".[14] Geraldo Ataliba, em opúsculo clássico, considera "notável a cláusula 'que não constitua sanção por ato ilícito' porque permite estremar o tributo das multas".[15] Continuando, o mestre ressalta que "dos fatos ilícitos nascem multas e outras conseqüências punitivas, que não configuram tributo, por isso não integrando seu conceito, nem submetendo-se a seu regime jurídico".[16]

Assim, uma coisa é a relação tributária em sentido estrito e outra a relação decorrente da aplicação de penalidades, a qual sempre resulta da prática de atos ilícitos. O ilícito não é apenas um pressuposto da sanção, mas também seu elemento distingüidor.

A legislação tributária cria as obrigações principais e "acessórias" que devem ser cumpridas pelo contribuinte. Toda a ação ou omissão contrária ao que estatuem estas normas é considerada infração e enseja a aplicação de sanções; descumprir dever imposto por norma tributária gera uma pena. Esta é normalmente pecuniária, ou seja, multa, mas podem ser utilizados outros tipos de penalidades (*v.g.*, a perda do bem em caso de descaminho), desde que observado o princípio da adequação; caso contrário, haverá as chamadas sanções políticas, que são inconstitucionais.

Deve-se salientar que *não existe diferença entre multas punitivas e moratórias*, sendo que a multa, seja chamada de punitiva ou de moratória, sempre será uma pe-

13. Paulo de Barros Carvalho, *Curso de Direito Tributário*, 13ª ed., p. 26 – grifamos.

14. Paulo de Barros Carvalho, ob. cit., pp. 409-410 – grifamos.

15. Geraldo Ataliba, *Hipótese de Incidência Tributária*, 5ª ed., p. 31.

16. Ob. cit., p. 33 – grifamos.

na.[17] Isso é pacífico na jurisprudência[18] e na doutrina.[19] Como muito bem ressaltou o STF, "*as sanções fiscais são sempre punitivas, uma vez assegurados a correção monetária e os juros moratórios,*"[20] pois se estes indenizam a mora, qualquer acréscimo tem evidente caráter punitivo.

São autênticas penas, revelando sua identidade com as sanções criminais. Para Zornoza Pérez, "dado que essa função de castigar o infrator pela transgressão da ordem jurídica, impondo-lhe uma pena, isto é, inflingindo-lhe um sacrifício com finalidade corretora, repressiva e intimidatória, é idêntica a que se atribui a pena no denominado direito penal criminal, *havemos de concluir que as sanções administrativas e, em particular, as sanções tributárias, são autênticas penas* ou, se se prefere, têm idêntica natureza que as sanções que correspondem as infrações criminalizadas".[21]

Do exposto, concluímos que a *natureza jurídica das multas tributárias é punitiva, sancionatória, de cunho repressivo*[22] e, conforme veremos adiante, as multas são reguladas pelo direito sancionador, mais precisamente pelo direito tributário sancionador.

17. "O Código Tributário Nacional não distingue entre multa punitiva e multa moratória; no respectivo sistema, *a multa moratória constitui penalidade* resultante de infração legal" (STJ, 2ª T., v.u., REsp 16.672, rel. Min. Ari Pargendler, j. em 5.2.96, *DJU* 4.3.96, p. 5.394 – grifamos). No mesmo sentido: STJ, *RDDT* 76/227, 67/213.

18. Súmula 565 do STF; TJSP: "A multa moratória tem *natureza de sanção* pecuniária pelo inadimplemento de obrigação fiscal, no caso, o pagamento do tributo no prazo correto" (Trecho do voto do rel. Des. Gonzaga Franceschini na AC 273.739-2-Limeira, in *JTJ-LEX* 188/84).

19. Sacha Calmon Navarro Coêlho, *Teoria e Prática das Multas Tributárias*, 2ª ed., pp. 75, 107-111; Rosenice Deslandes, *Denúncia Espontânea: alcance e efeitos no direito tributário*, p. 70; Carlos Henrique Abrão e outros, *Lei de Execução Fiscal comentada e anotada*, 2ª ed., p. 303.

20. *RTJ* 80/105 – grifamos.

21. *El Sistema de Infracciones y Sanciones Tributarias (Los principios constitucionales del derecho sancionador)*, p. 43 – traduzimos e grifamos.

22. "(...) todas as multas fiscais são de natureza administrativa penal" (*RTJ* 80/104).

Mas o que é direito tributário sancionador? Antes de respondermos à tal indagação abordaremos seu antecedente: o direito administrativo sancionador.

3.2 A unidade do "jus puniendi" estatal e o direito administrativo sancionador

"O *jus puniendi* do Estado subdivide-se em: direito penal e direito sancionador administrativo; ambos compartilham uma substância comum mas são âmbitos distintos, e entre eles não existe relação de hierarquia ou subordinação".[23] Na precisa lição de Luciano Amaro "são claramente identificáveis dois sistemas legais sancionatórios atuáveis pelo Estado: um, *criminal*, implementando segundo o direito penal, através do processo penal, no juízo criminal; o outro, o *administrativo*, aplicado segundo regras do direito administrativo, no procedimento administrativo, pelas autoridades administrativas".[24] Hoje, com os subsídios da doutrina espanhola e da nacional mais recente (Edilson Pereira Nobre Júnior e Fábio Medina Osório), podemos afirmar que o ramo do Direito que regula a aplicação de penalidades administrativas (não-criminais) pelo Estado é o *direito administrativo sancionador*, do qual o tributário faz parte como espécie.

Embora seja operação delicada importar os conceitos do direito penal para o âmbito administrativo sancionatório, esclarecemos que isso não ocorre aqui. O que existe, na verdade, são princípios comuns a ambos os ramos, mas que foram desenvolvidos pelo direito criminal, nos ajudando a compreender a estrutura do ilícito administrativo tributário por serem são ontologicamente iguais. É o que nos ensina a doutrina[25] e ju-

23. *El Principio de Culpabilidad en el Derecho Administrativo Sancionador*, p. 38 – tradução livre.

24. *Direito Tributário Brasileiro*, p. 409.

25. "Uma posição sustenta que, ontologicamente, não se distingue a infração tributária do delito penal comum, tendo entre seus defensores, Sainz de Bujanda, Albert Hensel, Dino Jarach e outros" (Gaze Assem Tufaile, "Sanções tributárias", in *Cadernos de Pesquisas Tributárias 4 – Sanções Tribu-*

risprudência.[26] Fábio Medina Osório, embora apresente algumas críticas à teoria unitária do *jus puniendi* estatal, reconhece que "está consagrada e aceita a tese de que o Estado possui um poder punitivo unitário em relação aos que estão sob seu domínio, porque não haveria possibilidade de distinções qualitativas, substanciais entre ilícitos criminais e administrativos".[27]

Por isso, Hugo de Brito Machado[28] e Edilson Pereira Nobre Júnior,[29] entre outros,[30] também defendem *a aplicação dos princípios do direito penal aos ilícitos administrativos tributários. É que existe uma unidade no "jus puniendi" do Estado.* Assim, alguns princípios comumentemente desenvolvidos no direito penal são aplicáveis à seara administrativa sancionatória.[31] Foi o que Geraldo Ataliba, a nosso ver, chamou de *regime jurídico punitivo.*[32]

3.3 O direito tributário sancionador

Ruy Barbosa Nogueira, discorrendo sobre as infrações tributárias não-penais, diz qual é o ramo do Direito que as rege, *in verbis*: "Portanto, todas as ações ou omissões contrárias aos dispositivos das leis tributárias materiais ou formais caracterizadas como infrações fiscais e punidas com sanções administrativas estão no campo do *Direito Administrativo Tributário Penal*".[33]

Seu pensamento a respeito do ramo que trata das penalidades é claro e preciso. *Direito administrativo* porque as penalidades são aplicadas pelos órgãos administrativos do Estado no exercício dessa mesma função, por meio de seus agentes, com inegável caráter cogente. Destarte, não poderia mesmo estar sob outro regime jurídico que não o administrativo. *Tributário* pois, apesar de não se confundir com o tributo, surgem da infração à legislação tributária. E *penal* porque inflige uma pena, na maioria dos casos, a pecuniária. O termo *penal* não está aqui com o sentido de direito criminal,

tárias, p. 214). No mesmo sentido, entre outros: Gaetano Paciello, "As sanções do direito tributário", in *Cadernos de Pesquisas Tributárias 4 – Sanções Tributárias*, p. 91; Régis Fernandes de Oliveira, *Infrações e Sanções Administrativas*, p. 32; Luciano Amaro, *Direito Tributário Brasileiro*, p. 405; Cláudio Renato do Canto Farág, *Multas Fiscais: regime jurídico e limites de gradação*, p. 13.

26. "(...) A punição administrativa guarda evidente afinidade, estrutural e teleológica, com a sanção penal" (STJ, 1ª T., v.u., REsp 19.560-RJ, rel. Min. Humberto Gomes de Barros, j. em 15.9.1993, *DJU* 18.10.1993, p. 21.841). Nesse sentido, cf., ainda: STJ, v.u., REsp 39.555-PE; REsp 83.574-PE; REsp 75.730-PE.

27. *Direito Administrativo Sancionador*, p. 108. O autor ainda cita o trabalho de Blanca Lozano Cutanda (*La Tensión entre Eficacia y Garantías en la Represión Administrativa: aplicación de los principios constitucionales del orden penal en el derecho administrativo sancionador con especial referencia al principio de legalidad*) que, ao fazer um resumo da doutrina existente a respeito do assunto, "conclui no sentido de que prevalece a concepção de que as penas e as sanções administrativas 'constituyen dos subespecies del *ius puniendi* estatal', pelo que os princípios penais se aplicam ao direito administrativo sancionatório, 'con ciertos matices o modulaciones'" (ob. cit., p. 108, nota 48).

28. "Determinação da penalidade administrativa na importação irregular", *RDDT* 32/33.

29. "(...) tanto no ilícito criminal como no administrativo, está-se ante situação ensejadora da manifestação punitiva do Estado. Segue-se, em linha de princípio, nada haver a obstar, antes a recomendar, serem os postulados retores da aplicação das punições criminais, cuja sistematização doutrinária e legislativa é bem anterior à ordenação das sanções administrativas, a estas aplicáveis" ("Sanções administrativas e princípios de direito penal", *RDA* 219/128).

30. Roberto V. Calvo aduz que "conquanto se trate de direito administrativo, às infrações tributárias aplicam-se, sempre que possível, os princípios de direito penal" ("Sanções Tributárias", in *Cadernos de Pesquisas Tributárias 4 – Sanções Tributárias*, p. 410). Também parece ser a posição de Fábio Fanucchi, quando nega a natureza tributária da multa por estar submetida à regência dos princípios de Direito Penal (*Apud* Leon Frejda Szklarowsky, "Sanções Tributárias", in *Cadernos de Pesquisas Tributárias 4 – Sanções Tributárias*, p. 528, nota 90) e de Cláudio Renato do Canto Farág (ob. cit., p. 14). O STF adota tal entendimento (*RTJ* 74/140).

31. "A mais importante e fundamental conseqüência da suposta unidade de *ius puniendi* do Estado é a aplicação de princípios comuns ao direito penal e ao Direito Administrativo Sancionador, reforçando-se, nesse passo, as garantias individuais" (Fabio Medina Osório, ob. cit., p. 102).

32. "Imposto de renda: multa punitiva", *RDA* 126/550.

33. Ruy Barbosa Nogueira, *Curso de Direito Tributário*, 14ª ed., Saraiva, p. 194 – grifamos.

mas sim sancionador, punitivo, por isso o seu uso, dada a sua maior proximidade com a essência do direito sancionador.[34]

Assim, o ramo do direito tributário que estuda as multas ou penalidades é denominado por alguns de "Direito Tributário Penal" (Edmar Oliveira Andrade Filho, José Frederico Marques, Luciano Amaro, Rubens Gomes de Sousa e Zelmo Denari), "Direito Administrativo Tributário Penal" (Ruy Barbosa Nogueira), "Direito Administrativo Penal Tributário" (Roberto V. Calvo) ou "regime jurídico-administrativo sancionador" (Daniel Ferreira). Nós preferimos "Direito Administrativo Tributário Sancionador", ou, mais abreviadamente, *Direito Tributário Sancionador*, denominação utilizada também por Fernando Bujanda e referendada por Alfredo Augusto Becker.[35] Esse ramo não se confunde com o direito penal tributário, isto é, o direito criminal que tutela a seara tributária.

O direito administrativo sancionador constitui-se no conjunto de princípios e regras que regem a aplicação das sanções administrativas pelos diversos poderes do Estado. Destarte, está numa relação de gênero-espécie com o direito tributário sancionador.[36] Desta maneira, em regra, *todos os princípios aplicáveis ao gênero "direito administrativo tributário sancionador" são aplicáveis à espécie "direito administrativo tributário sancionador"*!

Sendo a multa uma sanção por descumprimento de algum ato a que o contribuinte estava obrigado, é evidente seu caráter punitivo, isto é, sua intenção de coibir determinados comportamentos aplicando-lhe alguma pena. Por isso, é obrigatória a aplicação dos princípios do direito administrativo sancionador aos ilícitos administrativos tributários.

O caráter sancionador está presente em diversos ramos do direito, por exemplo, direito de trânsito, direito penal, direito tributário, etc. Como acentuou Sacha Calmon Navarro Coêlho: "As sanções, vimos, são de diversas ordem [*sic*!]: patrimoniais, privativas de liberdade, de direitos, da vida. Estão presentes, a seu turno, em todos os setores do Direito que, em essência, é uno, (*ordo juris*) *ilusória a tese de que só o Direito Penal sanciona*".[37]

Importa consignar que *há princípios que, apesar de desenvolvidos e comumentemente aplicados em determinado ramo do Direito, e aqui falamos do penal, são típicos do direito sancionador, inclusive do direito tributário sancionador. Isso porque eles fazem parte de um direito mais geral, que engloba todos esses ramos quando tratam de matéria punitiva. São os princípios do direito sancionador.*[38] Em outras palavras: "existem princípios que não são es-

34. Esclarecedor o escólio de José Souto Maior Borges, *in verbis*: "A expressão 'Direto Penal', como tantas outras, é juridicamente polissêmica: caracteriza-se por uma variedade de significados que deve ser advertida, a fim de se fixar em qual dos seus múltiplos sentidos ela está sendo eventualmente empregada. Assim é que, em sentido amplo e genérico, a expressão 'Direito Penal' abrange o conjunto de dispositivos pertencentes a qualquer 'ramo' do Direito, Público ou Privado, que fixe penalidades correspondentes às respectivas sanções de ato ilícito. Nesse sentido, contemplam dispositivos penais o Direito Civil (perdas e danos decorrentes de atos ilícitos e infrações contratuais etc.), o Direito Administrativo (multas por infrações em matéria de construções etc.), o Direito Tributário (multas tributárias), entre outros" (*Lançamento Tributário*, 2ª ed., p. 158).

35. Alfredo A. Becker, *Teoria Geral do Direito Tributário*, 3ª ed., p. 604.

36. "*Diga-se que o Direito Administrativo Sancionador pode incidir em campos distintos, v.g., ilícitos fiscais, tributários*, econômicos, de polícia, de trânsito, atentatórios à saúde pública, urbanismo, ordem pública, e qualquer campo que comporte uma atuação fiscalizadora e repressiva do Estado" (Fábio Medina Osório, *Direito Administrativo Sancionador*, p. 18 – sem grifos no original). Cf. José Souto Maior Borges, *Lançamento Tributário*, 2ª ed., p. 158.

37. Sacha Calmon Navarro Coêlho, *Teoria e Prática das Multas Tributárias*, 2ª ed., pp. 45-46 – grifamos.

38. "Não se esquecer ainda das penalidades aplicadas no campo da atividade vinculada de arrecadação de tributos, as quais, embora estudadas com maior relevo na província do Direito Tributário, seguem os nortes orientadores das demais sanções administrativas" (Edilson Pereira Nobre Júnior, "Sanções administrativas e princípios de direito penal", *RDA* 219/127). No mesmo sentido: *RTJ* 74/140.

pecíficos do direito penal, como muitos chegam a pensar, mas que atinam a toda e qualquer restrição de direitos num Estado Constitucional contemporâneo".[39]

Aliás, a principal diferença entre ambos os ramos (penal e administrativo sancionador, seja em que espécie for, *v.g.*, tributária, trânsito, saúde, etc.) é que o direito administrativo sancionador não pode infligir penas privativas de liberdade, no que, evidentemente, difere do penal.[40] No mais são somente semelhanças, mormente pela aplicação matizada dos princípios que regulam o direito punitivo. Exemplo disso é que o Código Tributário alemão, ao tratar dos atos tributários delituosos (não penais, portanto), dispõe que para o ilícito administrativo tributário aplicar-se-ão as leis gerais sobre o direito penal, se as normas penais das leis tributárias não dispuserem de outra forma (§ 369, 2).[41] *Desnecessário frisar que as leis tributárias sancionatórias só podem dispor de modo diverso dos princípios do direito penal na medida em que não afrontem nenhum princípio constitucional*, ou seja, que os princípios pertencentes ao direito penal, mesmo tendo raízes constitucionais, não sejam princípios gerais de direito sancionador. Desta maneira, já decidiu o STF que às multas tributárias penais se aplicam os princípios de direito penal.[42]

São os princípios do direito sancionador que regulam a disciplina jurídica das penalidades. São eles bastante desenvolvidos pelo direito penal, extensíveis, porque descendentes do mesmo tronco, ao direito tributário que inflige penas (direito administrativo tributário sancionador).

Sustentamos aqui que um desses princípios é o da culpabilidade.

A existência da unidade do ilícito administrativo com o penal não se refere apenas aos princípios, constitucionais ou não, que devem ser aplicados aos ilícitos administrativos, mas também, como já adiantamos, à própria estrutura interna deste. Sendo a sanção administrativa gênero do qual a tributária é espécie,[43] podemos afirmar que o ilícito administrativo tributário – espécie do administrativo, que tem extrema similitude com o ilícito penal – deve adotar a mesma estrutura analítica do crime. Desta forma, para que estejamos diante de um ilícito administrativo tributário – ensejando a aplicação de uma sanção – faz-se necessária a ocorrência de um fato típico, antijurídico e culpável.

3.4 A estrutura do ilícito administrativo tributário

Desta maneira, para que se caracterize o ilícito administrativo fiscal, faz-se necessário a existência de um fato previsto (tipicidade), da antijuridicidade (ilicitude) e de culpa ou dolo (culpabilidade). Esses três elementos estão entrelaçados logicamente, de forma ao posterior pressupor o anterior.

Fato típico é a descrição do comportamento material, geral e abstrato, contemplado na lei tributária; via de regra, consiste no comportamento de suprimir ou reduzir o tributo como devido pela legislação tributária. Isso já é indício de *antijuridicidade*, que é a relação de contrariedade ao ordenamento jurídico, uma contradição entre a ação praticada e o conjunto das proibições e permissões que compõem o sistema jurídico. A antijuridicidade pode ser descaracterizada pela ocorrência de alguma causa de justificação – norma permissi-

39. Daniel Ferreira, *Sanções Administrativas*, p. 61.

40. Fábio Medina Osório, ob. cit., p. 57, nota 3.

41. In *Revista Tributária e de Finanças Públicas* 37/222.

42. "Distinguem-se dois tipos de multa fiscal [*antes do atual CTN*], a distinção não mais procede: as que punem infrações, como tais tipificadas em dispositivos legais ou regulamentares, e as que sancionam apenas a mora do contribuinte. Às primeiras, segundo a doutrina, aplicam-se os princípios informativos do Direito Penal" (*RTJ* 74/140).

43. Daniel Ferreira, *Sanções Administrativas*, p. 53.

va que autorize o comportamento do agente, excluindo, conseqüentemente, a ilicitude da conduta.

Exemplo de norma permissiva (justificativa) permanente é a suspensão da exigibilidade do crédito tributário por medida cautelar ou antecipação de tutela. Por exemplo, liminar que autorize a suspensão da exigibilidade do tributo e que posteriormente venha a ser revogada ou cassada, é causa justificadora do "inadimplemento" tributário.

No recente caso em que contribuintes se eximiram de pagar a CPMF através de liminares que foram cassadas ou revogadas, a Receita Federal queria – ancorada no art. 46 da MP 2.037-21, de 25 de agosto de 2000 – cobrar o tributo com as devidas multas por inadimplemento tributário, se esquecendo que não havia ilicitude (antijuridicidade) em tal comportamento.

O princípio da unidade do ordenamento jurídico impede que um comportamento seja lícito e ilícito ao mesmo tempo;[44] patente a inadmissibilidade da tese fazendária, que desprestigia a unidade e a lógica[45] do sistema, interpretando o Direito de forma a prestigiar o absurdo.[46-47] "Como corretamente observado pela doutrina alemã, na medida em que um sujeito, com seu comportamento típico, possa amparar-se em um direito fundamental [CF, art. 5º, XXXV], não existe possibilidade alguma, nem para o Direito Penal nem para outros ramos do Direito, de taxar de ilícito o exercício de um direito fundamental (Hans Ludwig Günther). Estamos diante, pois, de uma típica causa eximente não genuína".[48]

Por isso, há muito tempo, decidiu o STF, ao tratar das multas em matéria tributária, que "não há, como, pois, admitir a sua aplicação ao contribuinte que deixou de recolher o imposto sob o amparo de medida judicial oportunamente requerida, ainda que a decisão venha a ser mais tarde reformada".[49] O extinto TFR não deixou por menos ao decidir: "A falta de recolhimento de tributo em virtude de sentença judicial constitui demora justificada, que não obriga ao pagamento de multa moratória".[50]

44. Fábio Medina Osório, ob. cit., p. 270.

45. Geraldo Ataliba, em parecer intitulado "Imposto de renda: multa punitiva" (*RDA* 126/555), nos ensina que "é mesmo logicamente inconcebível que um comportamento possa ser jurídico e antijurídico ao mesmo tempo". Pelo *princípio da não-contradição* uma coisa não pode ser e não ser simultaneamente, ou seja, o comportamento do contribuinte de não recolher tributo por força da liminar não pode ser lícito e ilícito ao mesmo tempo, permitido e proibido.

46. Por isso, acreditamos que a disposição contida do § 2º do art. 63 da Lei 9.430/96 é norma de sobredireito. Cf. Helder Martinez Dal Col, "Cassação de liminar em mandado de segurança em matéria fiscal e o sobreprincípio da segurança jurídica", *RET* 17/23-35.

Note-se que a tentativa de cobrança da CPMF com multa, por parte do Governo Federal, é inconstitucional, mesmo que se admita sua instituição por ato legislativo (MP 2.037, art. 46), por violar a independência do Judiciário (art. 2º e 5º, XXXV da CF/88) e o princípio da confiança (ou da boa-fé) do cidadão no Poder Público (art. 5º, *caput*, 37, *caput*).

47. A doutrina se manifesta pela impossibilidade das multas nessa situação, cf. Lucia Valle Figueiredo, "Da natureza sancionatória da multa e dos efeitos decorrentes das cassações de liminares", *RDDT* 63/105-114; Alberto Xavier, *Do Lançamento: teoria geral do ato, do procedimento e do processo tributário*, 2ª ed., pp. 456-462; Aroldo Gomes de Mattos, "Os efeitos da cassação de tutela antecipada deferindo compensação de indébito tributário, *RDDT* 28/59-67; Luciana Abreu Pereira Barcelos, "CPMF – Implicações decorrentes da MP 2.037-21/00 e da IN SRF 89/00", *RDDT* 63/123-126; na obra coletiva *Cadernos de Pesquisas Tributárias 19 – Decisões Judiciais e Tributação*, diversos juristas se posicionaram no mesmo sentido: Ives Grandra, ex-Min. Cláudio Santos, Celso Ribeiro Bastos, Hugo de Brito Machado, Fátima Fernandes Garcia, Maria Aurora Cardoso Omori, Marilene Talarico, Plínio Marafon, Cecília Marcondes Hamati, Antonio Manoel Gonçalez, José Eduardo Soares de Melo, Valdir de Oliveira Rocha, Luiz Antonio Miretti, Márcia Melaré, Marco Aurélio Greco.

48. Heloísa Estellita Salomão, "Vinculação entre o direito penal e o direito tributário nos crimes contra a ordem tributária", *RDDT* 11/57.

49. Agravo em Mandado de Segurança 44.595, *DJ* 23.9.1968, p. 3.724, *apud* Bernardo Ribeiro de Moraes, *Interpretação no Direito Tributário*, p. 269. No mesmo sentido: *RTJ* 72/247.

50. *RDP* 8/254-255 – grifamos. O Juiz do TRF da 1ª Região, João Vieira Fagundes, em voto-vogal, entendeu que "durante a suspensão da admissibilidade do crédito tributário por força de liminar, não há de incidir multa moratória" (*RDDT* 23/158).

Se restasse superada a antijuridicidade da conduta, necessária, ainda, seria a presença da *culpabilidade*, que, como sabemos, engloba o dolo e a culpa. Esta consiste, basicamente, na violação de deveres objetivos de cuidado; o sujeito passivo não tem a intenção, mas acaba praticando o fato típico por uma atitude culposa, ou seja, por falta de cuidado ou de atenção. Conforme veremos adiante, sem culpa não há ilícito administrativo, ou seja, não há possibilidade de punição.

4. A função normativa dos princípios no ordenamento jurídico: o pós-positivismo

Princípios, como se sabe, são proposições diretoras de uma ciência, às quais todo o desenvolvimento posterior desta deve estar subordinado. É a base, o fundamento de algo. Para nós, são as colunas mestras perante as quais o ordenamento jurídico sancionador está edificado.

Mas é preciso ter em mente que não basta um apelo aos princípios: "Sob pena de os princípios se transformarem em postulados de um discurso quase exclusivamente moral, é necessário introduzi-los na *metódica jurídica* para obtermos uma concretização/aplicação rigorosa e eficaz das normas constitucionais".[51] É o que pretendemos com este trabalho: extrair dos princípios constitucionais o fundamento da responsabilidade subjetiva no âmbito administrativo-tributário punitivo. Deste modo, utilizaremos quatro princípios constitucionais que, a nosso ver, fundamentam a necessidade da subjetivação da responsabilidade por infrações no âmbito sancionador, embora limitando-nos à análise da questão na seara tributária. São eles: o princípio da dignidade da pessoa humana (CF, art. 1º, III), o princípio da boa-fé (princípio implícito do Estado de direito), o princípio da individualização da pena (CF, art. 5º, XLVI) e da pessoalidade das sanções (CF, art. 5º, XLV).

Filiamo-nos à doutrina para qual "os princípios têm positividade, vinculatividade, são normas, obrigam, têm eficácia positiva e negativa sobre comportamentos públicos ou privados bem como sobre interpretação e a aplicação de outras normas, como as regras e outros princípios derivados de princípios de generalizações mais abstratas. E esse caráter normativo não é predicado somente dos 'princípios positivos de Direito', mas também, como já acentuado, dos 'princípios gerais de Direito'. Reconhece-se, destarte, a normatividade não só aos princípios que são, expressa e explicitamente, contemplados no âmago da ordem jurídica, mas também aos que, defluentes de seu sistema, são anunciados pela doutrina e descobertos no ato de aplicar o Direito".[52]

Os princípios sempre foram utilizados, quer pela doutrina quer pela jurisprudência. Com o advento do *pós-positivismo*, uma filosofia jurídica contemporânea, os princípios jurídicos ganharam força normativa nunca antes vista, sendo não apenas instrumentos importantes de uma hermenêutica, mas também espécies de normas jurídicas. Não cumprem mais aquele papel positivista de colmatação de lacunas (*praeter* e *secundum legem* – art. 4º da LICC), mas sim o de norma, podendo contrariar o que a lei dispõe (*contra legem*).

5. O Estado de direito e o direito sancionador

O Estado de direito é, segundo Canotilho, um dos *princípios constitucionalmente estruturantes*,[53] considerando esses aque-

51. Apresentação de José Joaquim Gomes Canotilho da obra de Ruy Samuel Espíndola, *Conceito de Princípios Constitucionais*, p. 15.

52. Ruy Samuel Espíndola, *Conceitos de Princípios Constitucionais*, p. 55.

53. José Joaquim Gomes Canotilho, *Direito Constitucional*, 6ª ed., p. 345. Também chamados pela doutrina, segundo Canotilho (ob. cit., p. 345), de determinações jurídico-constitucionais da estrutura do Estado, princípios estruturantes do Estado, princípios ordenadores, princípios diretores, fundamento da ordem constitucional, estruturas fundamentais do Estado constitucional.

les que "designam os princípios constitutivos do 'núcleo essencial da constituição', garantindo a esta uma determinada *identidade* e *estrutura*".[54]

Mas o Estado de direito não se define mais como sendo somente aquele que se submete ao seu ordenamento jurídico. Não, esta visão formal não pode ser mais vista de maneira solitária. Há novos elementos que o constituem e que não devem ser descartados, pois se "a forma é importante (Estado de direito formal), ela não pode ser uma cobertura acrítica de qualquer conteúdo. Na indagação deste conteúdo (justiça, socialidade, *pessoa humana*) se concentram hoje os esforços da teoria do Estado de direito material e da teoria do Estado Social do direito".[55]

"Contrariamente ao pensamento de muitos autores (...) o Estado de direito não deve conceber-se como um sistema fechado e fixo com valor próprio. Esta posição só poderá conduzir a um Estado de direito entendido como um conjunto de artifícios técnico-jurídicos, ou seja, à velha ideia do Estado de direito formal. Cada época tem as suas experiências jurídicas, as suas exigências de justiça, os seus padrões de juridicidade. Por isso, já se acentuou – e bem – que *a história do Estado de direito não deve ser compreendida como a 'história de um conceito'*, mas como uma história enquadrada na 'história geral das ideias e das instituições'".[56]

Existem, hoje, dimensões estruturantes do princípio do Estado de direito, e "independentemente das densificações e concretizações que o princípio do Estado de direito encontra implícita ou explicitamente no texto constitucional, é possível sintetizar os pressupostos materiais subjacentes a este princípio da seguinte forma: (1) juridicidade; (2) constitucionalidade; (3) direitos fundamentais".[57] Um pouco mais adiante, Canotilho, ao comentar o tópico 3 (direitos fundamentais), que trata dos direitos fundamentais, não deixa dúvidas de que a CRP tem uma base antropológica constitucionalmente estruturante do Estado de direito.[58] Vírgilio de Jesus Miranda Carvalho também defende que umas das dimensões normativo-materiais fundamentais da Constituição é a dignidade da pessoa humana.[59] Lição mais que válida para nós, principalmente tendo em vista o art. 1º, III da CF/88.

Pois bem, nosso Estado democrático de direito tem como um de seus fundamentos explícitos o princípio da dignidade da pessoa humana (CF, art. 1º, III), o da individualização da pena (CF, art. 5º, XLVI), o da pessoalidade das sanções (CF, art. 5º, XLV) e, implícitos, o princípio da boa-fé.[60]

Por isso, a lição de Ruy Barbosa Nogueira é precisa, eis que está em conformidade com a nossa Constituição (e com aspirações modernas do Estado de direito, já que "pena e Estado são conceitos intimamente relacionados entre si"[61]). Criticando

54. José Joaquim Gomes Canotilho, ob. cit., p. 345.

55. José Joaquim Gomes Canotilho, ob. cit.,, p. 349, grifamos. Parece também ser a lição de Régis Fernandes de Oliveira, *Receitas Públicas Originárias*, p. 12.

56. José Joaquim Gomes Canotilho, ob. cit., p. 349. Pontes de Miranda ("Constituição e interpretação", in *Antologia Luso-Brasileira de Direito Constitucional*, p. 119) dizia que "quando alguma Constituição ou alguma lei entra em vigor, o que mais importa do que feri-la é interpretá-la conforme os princípios da civilização em que ela se tem de inserir e de ser *aplicada*. O sistema jurídico está dentro da cultura do povo".

57. José Joaquim Gomes Canotilho, ob. cit., p. 357.

58. Ob. cit., p. 362. "A pessoa humana tornou-se o epicentro do constitucionalismo brasileiro" (Cleber Francisco, *O Princípio Constitucional da Dignidade da Pessoa Humana*, p. 140).

59. Virgilio de Jesus Miranda Carvalho, *Os Valores Constitucionais Fundamentais: esboço de uma análise axiológico-normativa*, p. 10.

60. *RSTJ* 25/399; STJ, 1ª T., v.u., REsp 45.522-SP, rel. Min. Humberto Gomes de Barros, j. em 14.9.94, *DJU* 17.10.94, p. 27.865.

61. Cezar Roberto Bitencourt, *Erro Jurídico-Penal: culpabilidade, erro de tipo e erro de proibição*, p. 17. Continua o autor: "O desenvolvimento do Estado está intimamente ligado ao da pena. Bustos Ramirez e Hormazabal Malazée, em seu estudo *Pena y Estado*, assinalam que a pena, para uma me-

a tese da responsabilidade objetiva, deixou assentado que "punir alguém com base em 'infração objetiva' ou sem culpa é impossível no Estado de Direito, porque isso foi prática só adotada ao tempo da barbárie. Acentua Blumenstein, citando a doutrina, a legislação e acórdãos da Suprema Corte da Suíça, 'que o cometimento de uma infração de imposto que pressupõe a *culpa* do autor é incontroverso na moderna literatura do Direito Tributário. A qualificação da infração tributária como infração objetiva como era antes (BGE 36.I S. 340) já foi abandonada (vgl. BGE 39.I S. 401 ff). No mínimo é garantido ao acusado o direito de provar a exclusão de culpa (vgl. ZG 75 Abs. 3, § 23 II 1).'"[62]

Pois bem, com base nessas premissas pesquisaremos a influência que os princípios da dignidade da pessoa humana (CF, art. 1º, III), da boa-fé (decorrente do Estado de direito), da pessoalidade e o individualização da pena (CF, art. 5º, XLV e XLVI) exercem sobre o direito administrativo sancionador, mormente quanto à culpabilidade, pois, como anota Klaus Tipke, "o Direito Tributário não vive apenas do discurso do legislador ordinário (*Dictum des Gesetzgebers*), mas também do discurso do constituinte, com a conseqüente vedação do '*Dictum contra Constitutionem*'".[63]

6. A dignidade da pessoa humana como fundamento da responsabilidade subjetiva por infrações à legislação tributária

Reza nossa Constituição Federal em seu artigo 1º: "A República Federativa do Brasil (...) constitui-se em Estado Democrático de Direito e tem como fundamentos: (...) III – a dignidade da pessoa humana; (...)".

Assim, nosso ordenamento tem como base a dignidade da pessoa humana, princípio este que informa todo o sistema jurídico, tendo implicações diretas na questão da culpabilidade nas infrações tributárias.

A pessoa é o fundamento e o fim da sociedade e do Estado.

A Declaração Universal, em seu art. 1º, realça um aspecto imanente ao ser humano: *a razão e a consciência*. Um dos aspectos pelo qual não se pode ignorar a subjetividade dos atos humanos é porque isso seria ignorar a razão e a consciência do Homem, considerando-o coisa, uma *res*, um mero instrumento.

Mas o que é a dignidade da pessoa humana?

Jorge Miranda, nos fala um pouco sobre a dignidade, *in verbis*: "No reino dos *fins*, tudo tem um *preço* ou uma *dignidade*. Quando uma coisa tem um preço, pode-se pôr em vez dela qualquer outro como *equivalente*; mas quando uma coisa está acima de todo o preço e, portanto, não permite equivalente, então tem ela dignidade".[64] A pessoa humana é valor que transcende aos pretensos interesses coletivos, afastando "a idéia de predomínio das concepções transpessoalistas de Estado e Nação, em detrimento da liberdade individual".[65]

Assim, afigura-nos insustentável o argumento, aceito pela a tese da objetividade

lhor compreensão, deve ser analisada levando em consideração o modelo socioeconômico e a forma de Estado em que se desenvolve esse sistema sancionador" (Ob. cit., p. 17). Por isso, quando Ruy Barbosa Nogueira disse que no Estado de direito não há lugar para pena sem culpa, ou seja, responsabilidade objetiva, partiu de um substrato axiológico do Estado de direito.

62. Ruy Barbosa Nogueira, *Curso de Direito Tributário*, 14ª ed., p. 107.

63. Ricardo Lobo Torres, *Normas de Integração e Interpretação do Direito Tributário*, 3ª ed., p. 142.

64. Jorge Miranda, *Manual de Direito Constitucional (tomo IV – Direitos Fundamentais)*, 2ª ed., p. 169, nota 1. "A palavra *dignidade* tem origem etimológica no termo latino *dignitas*, que significa 'respeitabilidade', 'prestígio', 'consideração', 'estima', 'nobreza', 'excelência', enfim, indica 'qualidade daquilo que é digno e merece respeito ou reverência'. Esse termo freqüentemente é utilizado para indicar *uma relação de superioridade ou ascendência*" (Cleber Francisco Alves, *O Princípio Constitucional da Dignidade da Pessoa Humana*, p. 109 – sem grifos no original).

65. Alexandre Moraes, *Direito Constitucional*, p. 41.

do ilícito fiscal, de que "não faz sentido indagar se o contribuinte deixou de emitir uma fatura fiscal por dolo ou culpa (negligência, imperícia ou imprudência). De qualquer modo, a lei foi lesada. De resto, se se pudesse alegar que o contribuinte deixou de agir por desconhecer a lei, por estar obnubilado ou por ter-se dela esquecido, *destruído estaria todo o sistema de proteção jurídica da Fazenda Pública*".[66]

A dignidade da pessoa humana é um valor que transcende a eventual proteção da Fazenda Pública, até porque não basta alegar desconhecimento ou erro do teor da lei, é necessário prová-lo, cumulando isso com o requisito da razoabilidade. Acrescente-se o fato da culpabilidade ser exigida no direito penal, ramo para o qual ninguém, até hoje, ousou dizer que isso destruiria todo o sistema de proteção aos bens jurídicos por ele tutelados.

Inadmissíveis, a nosso ver, posições apriorísticas em favor do Erário. Se alguma posição apriorística tiver que ser adotada, que se faça a favor da dignidade da pessoa humana. Aliás, oportuno lembrar que "não há no mundo valor que supere ao da pessoa humana, e, portanto, a primazia, num caso concreto, pelo valor coletivo [não raras vezes errôneo e propositalmente confundido com o interesse do Estado, da Fazenda Pública] não pode, nunca, sacrificar, ferir o valor da pessoa. A pessoa é, assim, um *minimun*, que o Estado, ou qualquer outra instituição, ser, valor não pode ultrapassar. É evidente que este *minimun* há de ser apurado em cada situação que houver a colisão entre os diferentes interesses e em cada momento histórico. É, pois, um conceito aberto, nunca fechado".[67]

É bom ressaltar que "a dignidade da pessoa é um limite negativo a todas as leis e a todo o Poder".[68]

A doutrina, de modo geral, ao tratar da dignidade da pessoa humana, vislumbra o Homem como "um fim em si mesmo e, por isso, tem valor absoluto, não podendo, por conseguinte, ser usado como instrumento para algo, e, justamente por isto, *tem dignidade, é pessoa*,"[69] afinal, como diz Kant, "o homem, e , duma maneira geral, todo o ser racional, existe como fim em si mesmo, não só como meio para o uso arbitrário desta ou daquela vontade".[70]

José Afonso da Silva também nos lembra das lições kantianas, *in verbis*: "a filosofia kantiana mostra que o *homem*, como

66. Sacha Calmon Navarro Coêlho. In Carlos Valder Nascimento (coord.), *Comentários ao Código Tributário Nacional*, 2ª ed., pp. 329-330.

67. Fernando Ferreira dos Santos, *Princípio Constitucional da Dignidade da Pessoa Humana*, p. 93. Essa posição é reconhecida pelo Supremo Tribunal Constitucional espanhol (Fernando Ferreira dos Santos, *op. cit.*, p. 62). "(...) o princípio da dignidade da pessoa humana reveste-se de caráter absoluto. Isso não implica afirmar uma noção individualista da pessoa humana. Assim, muitas vezes o interesse individual deve prevalecer o interesse coletivo. Todavia, mesmo quando deva prevalecer o interesse coletivo, tal preferência só será legítima se tiver por horizonte - em última análise - uma perspectiva humanista que considere como prioritário o valor de cada pessoa humana. Portanto, isso implica em afirmar que o princípio da dignidade da pessoa humana é absoluto" (Cleber Francisco Alves, *O Princípio Constitucional da Dignidade da Pessoa Humana*, p. 178, nota 259).

68. Virgilio de Jesus Miranda Carvalho, *Os Valores Constitucionais Fundamentais: esboço de uma análise axiológico-normativa*, p. 15. Jesús González Pérez nos ensina que "Todos y cada uno, sin excepción, estamos obligados a respetar la dignidad de los demás, considerando al prójimo como otro yo. Muy especialmente, el Estado viene ineludiblemente obligado a respetar y proteger la dignidad. Reconocida la persona y su dignidad, el Estado y demás entes públicos deben respetarla y protegerla. Deben, en primer lugar, respetarla. Es decir, abstenerse de cualquier medida que suponga un atentado a la dignidad. Todos los poderes públicos vienen sujetos a este deber ineludible. *No podrá promulgar normas, dictar actos imperativos*, emitir juicios, imponer condiciones a la actividad humana *que, de cualquier forma, supongan desconocimiento, atentado y menoscabo de la dignidad de la persona*. Y los Tribunales deberán amparar a la persona ofendida en su dignidad, otorgándola una eficaz protección frente a cualquier poder público" (*La Dignidad de la Persona*, p. 61 – grifamos).

69. Fernando Ferreira dos Santos, ob. cit., p. 107.

70. Immanuel Kant, *Fundamentação da Metafísica dos Costumes*, p. 68, *apud* Fernando Ferreira dos Santos, ob. cit., p. 92.

ser racional, *existe* como fim em si, e *não simplesmente como meio*, enquanto os seres desprovidos de razão têm um valor relativo e condicionado, o de *meios*, eis porque se lhes chamam *coisas*; 'ao contrário, os seres racionais são chamados de *pessoas*, porque sua natureza já os designa como fim em si, ou seja, como algo que não pode ser empregado simplesmente como meio e que, por conseguinte, limita na mesma proporção o nosso arbítrio, por ser um objeto de respeito.'"[71]

O princípio da dignidade "deve ter uma proeminência absoluta, presidindo todo o trabalho de interpretação e implementação efetiva das demais normas constitucionais e infraconstitucionais, *podendo servir de fundamento autônomo e bastante, por si só, para embasar decisões que reconhecem a inconstitucionalidade de preceitos que venham a afrontá-lo*".[72]

Ao proibir-se, pelo conteúdo do princípio em tela, que o Homem seja tratado como objeto, urge não descartar sua razão e consciência, sua subjetividade. *As pessoas não devem ser instrumentalizadas ou coisificadas nunca!* Conforme ressalta Barbosa de Melo, "deve imperar, sem quebras, a norma primordial segundo a qual *ninguém deve instrumentalizar ninguém*. Esta é a 'norma fundamental' (*Grundnorm*) da ordem jurídica e social da democracia".[73]

Nesse contexto, são lapidares as palavras de Vicenzo Cavallo ao discorrer sobre a responsabilidade objetiva; aduziu o mestre italiano que esta é a "responsabilidade do homem esbulhada de tudo o quanto nele existe de verdadeiramente humano, isto é, da luz espiritual que vivifica todas as ações que executa, bem como seus possíveis eventos, equiparando-os em seus atos, qual simples ser físico, aos animais e às forças brutas da natureza".[74]

Perceba-se que todos os princípios citados para justificar a inconstitucionalidade da responsabilidade objetiva são modernas conquistas do constitucionalismo, não por estarem escritos, mas sim embutidos de eficácia. Por isso, foi muito sensível a percepção de Ruy Barbosa Nogueira ao combater a responsabilidade objetiva, dizendo que ela só foi adotada ao tempo da barbárie.[75]

Plenamente justificado, dessa maneira, o entendimento do Tribunal Constitucional português que considera a dignidade da pessoa humana um dos fundamentos do princípio *nulla poena sine culpa*.[76] Este também foi o fundamento do voto-vogal do Ministro Fontes de Alencar, no *Habeas Corpus* 11.231/MA, no qual, por unanimidade, se declarou a inconstitucionalidade da responsabilidade objetiva por atentar contra a República e os princípios do direito penal. Depois de exaltar a dignidade da pessoa humana como fundamento do estado democrático de direito, ressaltou o Exmo. Min., *in verbis*: "Creio que esse art. 1º da Constituição do Brasil repele a responsabilidade objetiva... Ora, à luz daquele suporte do estado democrático de direito em que se constitui a República Federativa do Brasil, ou seja, a dignidade da pessoa humana, é que acompanho o voto do eminente Ministro-Relator".[77]

Preservar a dignidade da pessoa é dever incontestável do Estado,[78] obrigando

71. "A dignidade da pessoa humana como valor supremo da democracia", *RDA* 212/90.

72. Cleber Francisco Alves, *O Princípio Constitucional da Dignidade da Pessoa Humana*, pp. 176-177.

73. A. Barbosa de Melo, "Democracia e Utopia – Reflexões", separata da revista *Humanística e Teologia*, Porto, 1980, *apud* Virgilio de Jesus Miranda Carvalho, ob cit., p. 23.

74. *Apud* Edgard Magalhães Noronha, *Direito Penal*, 32ª ed., vol. I, p. 147.

75. Ob. cit., p. 107.

76. Assim, acórdão 426/91 do Tribunal Constitucional, de 6 de Novembro de 1991, in *Diário da República*, 2ª série, n. 78, de 2 de Abril de 1992, p. 3112(24), *apud*, Jorge Miranda, *Manual de Direito Constitucional (tomo IV – Direitos Fundamentais)*, 2ª ed., p. 170.

77. STJ, 6ª T., v.u., HC 11.231-MA, rel. Min. Hamilton Carvalhido, j. em 3.8.2000, *DJU* 13.11.2000, p. 158 – sem grifos no original.

78. A Lei Fundamental de Bonn (art. 1º), depois de dizer que a dignidade da pessoa é inviolável, é expressa em atribuir ao *poder estatal* a obrigação de considerá-la e protegê-la. Esse pensamento tam-

seus três poderes a considerar a culpabilidade do contribuinte na hora de puní-lo. Correta, assim, a decisão do STJ para quem a pena "não pode abstrair o elemento subjetivo nem desprezar a boa-fé.[79] Entendimento que o Supremo Tribunal Federal já acatava, embora o fizesse implicitamente.[80]

Vemos que a responsabilidade subjetiva no ramo drasticamente sancionador (penas privativas de liberdade), como o penal, é abolida pela dignidade da pessoa. Afinado com esse pensamento, Ángeles Palma Del Teso defende a inexistência da responsabilidade objetiva no direito administrativo sancionador. Diz o autor hispânico: "Assim mesmo, em um Estado Democrático é fundamental o direito à dignidade da pessoa, que se lesionaria ao sancionar um cidadão que não transgrediu voluntariamente a norma ou tenha atuado com a diligência devida".[81]

Pensamos que assim se passa na seara administrativa, pois, como visto, não há diferença ontológica entre ambas as searas punitivas. Sendo ambos os ramos espécies do gênero direito sancionador, as características aplicáveis ao gênero são comuns às espécies. E é exatamente isso que fazemos questão de destacar: *o princípio da culpabilidade é imanente ao direito sancionador*, seja na vertente administrativa (que engloba, dentre outras, a tributária), seja na penal. Logo, a dispensa da multa impõe-se nos casos em que ficar comprovado a falta de culpa do contribuinte (*v.g.*, acidente com o funcionário que iria realizar o pagamento; roubo, perda e deterioração dos documentos fiscais; falta de liquidez por algum fato do príncipe etc.), semelhantemente ao que ocorre no direito penal pela aplicação do *nulla poena sine culpa*.

7. *O princípio da boa-fé como fundamento da responsabilidade subjetiva*

Apesar de ser causa suficiente, não somente a dignidade da pessoa humana impõe a subjetividade por infrações à legislação tributária, mas também o princípio da boa-fé traz idênticos resultados nesta seara.

No magistério de Ricardo Lobo Torres: "As normas do CTN sobre a interpretação do Direito Tributário são insuficientes porque o intérprete deve recorrer também aos *princípios gerais do Direito, escritos ou não*, e aos princípios constitucionais explícitos ou implícitos... *Exercem considerável influência sobre a interpretação do Direito Tributário os princípios da boa-fé*, da igualdade".[82]

Os princípios gerais de direito são, antes de pertencerem a este ou a aquele ramo do Direito (*v.g.*, tributário ou direito público), os contemplados e os aplicados a todo o ordenamento jurídico, a qualquer ramo do Direito, inclusive o tributário em matéria punitiva.

Pois bem, o *princípio da boa-fé* é, sem sombra de dúvida, um princípio geral de direito.[83] Os tribunais não se cansam de se pronunciarem a respeito, chegando o STJ a dizer, inclusive, que se trata de princípio essencial à perpetuação do Estado de direito,[84] ou seja, que é um princípio fundamental nessa concepção de Estado.

bém vale para o Estado brasileiro, já que a dignidade da pessoa humana é um de seus fundamentos (art. 1º, III da CF/88). Cf., nesse sentido, TJSP, *BAASP* 2.269/2.284.

79. REsp 315.553-PR, *RDDT* 76/236-237. No mesmo sentido: STJ, REsp 345.577-PR (*RDDT* 80/235), REsp 102.146-DF (*RDDT* 22/203), REsp 23.513-RJ (*RT* 704/208); TRF da 4ª Região (*RDDT* 64/232 e 35/218-219).

80. RE 7.016 (*RF* 112/123), 62.782 (*RTJ* 46/201), 70.537 (*RTJ* 68/404) e 73.539.

81. *El Principio de Culpabilidad en el Derecho Administrativo Sancionador*, p. 54 – tradução nossa. Relata o autor que a Direção Geral de Inspeção Financeira e Tributária, na Circular de 29 de fevereiro de 1988 (editada para a correta interpretação do artigo 77.1 da LGT), reconhece que a culpabilidade surge diretamente, entre outros, do princípio constitucional do respeito a dignidade da pessoa (ob. cit., p. 55).

82. *Normas de Interpretação e Integração do Direito Tributário*, 3ª ed., pp. 55-57 – grifamos.

83. Amelia González Méndez, *Buena Fe y Derecho Tributario*, pp. 139 e 165.

84. *RSTJ* 25/399-400.

Mas o que é um princípio? E o que é boa-fé? Princípio é "o conjunto das proposições diretoras, características, às quais todo o desenvolvimento seguinte deve estar subordinado".[85] Logo, todo o ordenamento jurídico, compreendido aí o direito tributário punitivo, deve subordinar-se aos princípios gerais de direito, incluindo-se nestes o princípio da boa-fé. Giorgio Del Vecchio explica que "a harmonia das diversas partes componentes do sistema deve ser experimentada e confirmada a cada instante, aproximando-se as regras particulares entre si e relacionando-as com os princípios gerais a que se prendem. Só assim poderá o jurista compreender o espírito do sistema e observá-lo em suas aplicações particulares, *evitando os erros que se produziriam se ele se contentasse em considerar, por um modo geral, apenas esta ou aquela regra em si mesma*".[86] A boa-fé é um princípio implícito em nosso sistema constitucional, decorrente do Estado de direito, e, portanto, o intérprete deve abeberar-se de seu conteúdo e compatibilizá-lo com o sistema, com o todo, para só então extrair o significado, a norma.

Boa-fé pode ser definida, negativamente, como ausência de malícia, de dolo, de fraude, de engodo, de ardil, ou seja, é a falta de *animus nocendi*. É o "estado de espírito em que a pessoa ao praticar ato comissivo ou omissivo, está convicta de que age de conformidade com a lei",[87] "é a crença íntima de que se atuou conforme o Direito, que se possuem os bens, se exercitam os direitos ou se cumprem as obrigações de acordo com a Lei, sem intenção enganosa, abusiva ou fraudulenta".[88] Segundo o dicionário Aurélio, a boa-fé é: "(...) 1. Certeza de agir com o amparo da lei, ou sem ofensa a ela. 2. Ausência de intenção dolosa (...)".[89] Mas falta de intenção de prejudicar quem? Obviamente o Erário. E o primeiro indício de que não há esse *animus nocendi* é verificar se o contribuinte declarou todos os elementos fáticos da situação tributável. Por isso, aceitamos os elementos colacionados por Amelia González Méndez, que em uma formulação positiva do princípio em tela, asseverou: "o comportamento que há de observar-se no desenvolvimento da relação jurídico-tributária há de congregar os valores ínsitos na boa-fé: fidelidade, honestidade, veracidade, coerência, ponderação, respeito".[90]

Fica claro, portanto, que a boa-fé exclui as infrações dolosas mas pode ensejar a punição a título culposo. No entanto, se a boa-fé for em grau razoável, pode excluir as penalidades a título culposo também.

7.1 O erro como excludente da culpabilidade

"O pressuposto normal da boa-fé é o erro",[91] por isso entendemos que o erro, desde que invencível (porque a boa-fé, seja ela objetiva ou subjetiva, comporta graus), e a ignorância,[92] devem ser levados em consideração para relevar as penalidades tributárias. Entendimento diverso faria *tabua rasa* do princípio da boa-fé, ressuscitando a responsabilidade objetiva. Não se pode

85. Ruy Barbosa Nogueira, *Curso de Direito Tributário*, 14ª ed., p. 39.

86. *Apud* Ruy Barbosa Nogueira, ob. cit., 14ª ed., p. 102.

87. Maria Helena Diniz, *Dicionário Jurídico*, vol. 1, p. 422, verbete: boa-fé. César Albiñana García-Quintana, asseverou que "es por todos sabido que el concepto de buena fe es uno de los más difíciles de enunciar o de aprehender dentro del Derecho, además de ser una de las nociones jurídicas que ha dado lugar a mayores polémicas [...]. Pero cualquiera que sea la acepción que tomemos de *buena fe*, nos conducirá a comportamientos rectos, honrados, ignorantes de la lesión que se ocasiona, error excusable de que la conducta no va contra Derecho, etc." ("Tipificación de las infracciones", *apud* Isabel Sánchez Ayuso, *Circunstancias Eximentes y Modificativas de Responsabilidad por Infracciones Tributarias*, p. 348).

88. Amelia González Méndez, *Buena Fe y Derecho Tributario*, p. 88 – tradução nossa.

89. Aurélio Buarque de Holanda Ferreira, *Novo Dicionário Aurélio Eletrônico*, verbete: boa-fé.

90. *Buena Fe y Derecho Tributario*, p. 170 – tradução nossa.

91. Amelia González Méndez, ob. cit., p. 49 – traduzimos.

92. Para um panorama aprofundado sobre o tema, cf. Maurizio Logozzo, *L'ignoranza della Legge Tributaria*.

ignorar, desprezar um princípio de magnitude constitucional (Estado democrático de direito) como o da boa-fé, somente por existir disposição veiculada com força de lei complementar (CTN, art. 136). Nosso ordenamento é escalonado, a norma superior confere validade à inferior! Se a norma constitucional tutela um valor, não há como as infraconstitucionais fazerem o contrário, sob pena de inconstitucionalidade.

Mas o CTN não é tão incoerente como poderia parecer à primeira vista, com a leitura isolada do artigo 136. Há passagens que prestigiam a boa-fé do contribuinte, como, por exemplo, o parágrafo único do art. 100.

Acentua esse dispositivo que a observância das normas nele referidas exclui a imposição de penalidades. Por que? Simplesmente porque quando se observam as normas previstas nesse artigo, não importa se elas são ou não legais, ou seja, não precisa haver compatibilidade entre essas "normas complementares da lei" e a legislação instituidora do tributo, há presunção de boa-fé por parte do sujeito passivo e/ou a proibição do benefício do Fisco (com a cobrança das multas) pelo seu próprio erro, em afinidade, assim, com o princípio geral de direito de que a ninguém será admitido obter vantagem às custas de sua própria "torpeza".[93]

Note que o parágrafo único do artigo 100 do CTN pressupõe, por parte do legislador, *a incorreta aplicação das leis*, pois qual seria a sua utilidade se o Estado cumprisse corretamente (no sentido de sintonia com a legislação superior) a legislação tributária? Nenhuma! Se os atos e julgamentos com efeitos normativos e as práticas reiteradas das autoridades administrativas acompanhassem a lei, e, ainda, tudo isso fosse observado pelo contribuinte, não haveria como infligir penalidades a ninguém.

Entretanto, acreditamos que os órgãos administrativos podem errar na aplicação da legislação tributária, com a conseqüente exclusão das penalidades, caso o contribuinte siga tal orientação; o fundamento de tal previsão está no caráter humano da aplicação do Direito. *Errare humanun est*! *O legislador reconhece que o Direito não é simplesmente a aplicação infalível e automática das normas, o erro é inerente à condição do ser humano.*

Pois bem, o interesse protegido pelo parágrafo único do artigo 100 do CTN é a *boa-fé do contribuinte.* Sem ela não teria sentido algum a exclusão das penalidades. Ao observarmos a boa-fé, dizemos que deve o juiz ou quem aplique a lei relevar as penalidades se estiver caracterizada a boa-fé no caso concreto. Afinal, "o erro não é senão uma conseqüência de uma atuação guiada pela boa-fé".[94]

Ruy Barbosa Nogueira cita a opinião de Ricardo Lobo Torres, para quem quando houver boa-fé do contribuinte não poderá haver apenamento.[95] Jesús González Pérez, em uma faceta mais estreita da boa-fé, a da proteção de confiança, doutrina no mesmo sentido, advertindo que "se a boa-fé há de informar o exercício de todas os poderes exorbitantes, o princípio adquire especial relevo quando se trata de poder sancionador. Na hora de qualificar a conduta dolosa ou culposa de quem incorreu em uma transgressão jurídico-administrativa tipificada como falta, não pode prescindir-se da confiança que [o Estado] podia despertar com sua conduta no infrator. Uma atitude prolongada da Administração que induza a supor, segundo as circunstâncias, um consentimento, pode aprimorar, inclusive eventualmente excluir a entrada em jogo do elemento básico da infração que é a imputabilidade, o dolo ou culpa".[96]

93. "É o princípio *nemo potest venire contra factum proprium*. Se a própria administração baixa os atos normativos, adota uma prática reiterada ou subscreve com outro fisco um convênio, não pode punir ou onerar alguém por ter seguido as instruções ou orientação, ainda que o fisco as venha repudiar" (Ruy Barbosa Nogueira, *Curso de Direito Tributário*, 14ª ed., p. 60).

94. Amelia González Méndez, *Buena Fe y Derecho Tributario*, p. 108 – traduzimos.

95. Ruy Barbosa Nogueira, ob. cit., p. 107.

96. Jesús González Pérez, *El Principio General de la Buena Fe en el Derecho Administrativo*, 2ª ed., p. 123 – tradução livre.

Em suma, a boa-fé do contribuinte, desde que razoável (escusável), por ser princípio geral do direito decorrente do Estado de direito, elide a pretensão punitiva estatal, na qual se inclui as penalidades por infração à legislação tributária. Com isso, pretendemos esclarecer que a necessária consideração da boa-fé no Estado de direito, mesmo que o contribuinte não a tenha tido em grau razoável, dando ensejo a uma conduta culposa, acaba levando a proscrição da responsabilidade objetiva no direito tributário sancionador.

8. A individualização da pena como fundamento da responsabilidade subjetiva

Estabelece nossa Constituição que a "lei regulará a individualização da pena" (art. 5º, XLVI). Essa disposição é tipicamente um princípio de direito sancionador, aplicável ao direito administrativo sancionador[97] e, conseqüentemente, ao tributário sancionador.[98] Isso porque a individualização da pena é mero corolário de um dos pressupostos da democracia no âmbito sancionatório – a igualdade –, dando aplicabilidade a outro princípio do direito sancionador, o da proporcionalidade da pena.[99]

Geraldo Ataliba defende a inconstitucionalidade da responsabilidade objetiva com base no princípio da individualização da pena, *in verbis*: "(...) pode o legislador, para simplificar, erigir todas as infrações administrativas e adminitrativo-penais em objetivas? Pensamos que não. Seria um abuso do poder de legislar e uma infração dos princípios constitucionais, no que diz respeito ao direito que todos temos de deduzir circunstâncias (...) atenuantes, dirimentes, justificativas e, inclusive, possibilidade da invocação dos princípios gerais de direito, força maior, estado de necessidade etc".[100]

Celso Antônio Bandeira de Mello também defende a inconstitucionalidade da responsabilidade objetiva baseando-se no princípio da individualização da pena.[101] Como muito bem observado por Ángeles Palma Del Teso "*no momento de individualização da sanção, há que entrar em jogo o princípio da culpabilidade*".[102]

Enfim, temos como corolário desse princípio que "as leis penais em geral, sem exceções, devem trazer critérios que permitam uma subjetivação da aplicação de penalidades em geral. Esse preceito encerra um verdadeiro 'princípio geral' que deve ser observado na formulação de todas as leis penais, o que inclui as que definem penalidades para o descumprimento de obrigações tributárias".[103] Assim, em face desse princípio, também não há como subsistir a responsabilidade objetiva no *jus puniendi* estatal.

9. A pessoalidade da pena como fundamento da responsabilidade subjetiva

Outro princípio de direito sancionador insculpido em nossa Constituição é o da pessoalidade da sanção. Quando a Magna Carta proibiu a transcendência da pena (art. 5º, XLV) – além da individualização da

97. Fábio Medina Osório, *Direito Administrativo Sancionador*, pp. 341-342.

98. Edmar Oliveira Andrade Filho, "Limites constitucionais da responsabilidade objetiva por infrações tributárias", *RDDT* 77/15-19.

99. José Maria Quirós Lobo, *Principios de Derecho Sancionador*, pp. 39-43. Motivo pelo qual alguns autores, como Jesús González Pérez (*La Dignidad de la Persona*, p. 165) e Edmar Oliveira Andrade Filho ("Limites constitucionais da responsabilidade objetiva por infrações tributárias", *RDDT* 77/21-24), defendem que a proscrição da responsabilidade objetiva sancionatória decorre do princípio da proporcionalidade.

100. In Bernardo Ribeiro de Moraes (org.), *Interpretação no Direito Tributário*, p. 304.

101. *Apud* Edilson Pereira Nobre Júnior, "Sanções administrativas e princípios de direito penal", *RDA* 219/139.

102. *El Principio de Culpabilidad en el Derecho Administrativo Sancionador*, p. 54 – traduzimos e grifamos.

103. Edmar Oliveira Andrade Filho, "Limites constitucionais da responsabilidade objetiva por infrações tributárias", *RDDT* 77/15.

sanção –, vedou uma das vertentes da responsabilidade objetiva (a do fato de terceiro). Com base no processo de abstração, é inexorável a conclusão de que a responsabilidade objetiva foi abolida pelo atual sistema constitucional porque ele consagra aplicações da responsabilidade subjetiva sem impor exceções.

Norberto Bobbio define muito bem esse processo: "O processo de abstração consiste em extrair os princípios gerais do ordenamento jurídico [culpabilidade] de um conjunto de regras [CF, arts. 5º, XLV e XLVI] que disciplinam uma certa matéria [as penas], o jurista abstrai indutivamente uma norma geral não formulada [expressamente] pelo legislador [responsabilidade subjetiva], mas da qual as normas singulares expressamente estabelecidas são meras aplicações particulares: tal norma geral é precisamente aquilo que chamamos de um princípio do ordenamento jurídico".[104]

Por isso, Constantino Mortati defende que a pessoalidade da pena tem como um de seus desdobramentos a vedação da responsabilidade objetiva.[105] Fábio Medina Osório trilha no mesmo sentido ao afirmar que "o princípio da pessoalidade da pena, de natureza constitucional se estende, em tese, ao Direito Administrativo Sancionatório e é *um desdobramento do princípio da culpabilidade*".[106]

Em suma, corolário desse princípio é a *vedação da responsabilidade objetiva* na seara punitiva estatal, sendo um autêntico *princípio de direito sancionador*, logo extensível ao direito penal, ao administrativo sancionador, e, *ipso facto*, ao direito tributário sancionador, espécie deste.

10. O princípio da culpabilidade no direito sancionador

O Estado utiliza seu poder de punir para proteger eventuais lesões a determinados bens jurídicos, no caso, a arrecadação tributária.

É certo que no direito penal não se discute a existência deste princípio, mas "ficaria o princípio da culpabilidade adstrito, na produção de seus efeitos e reflexos, ao campo penal? Parece-me evidente que não. E isso porque tal princípio não tem natureza essencialmente penal, mas sim constitucional. É um princípio constitucional genérico, que limita o poder punitivo do Estado".[107] É, para Zornoza Pérez, um princípio básico do ordenamento sancionador.[108]

O princípio da culpabilidade é um dos princípios que informam o "jus puniendi" estatal,[109] *logo informa o direito administrativo sancionador*[110] *e, "ipso facto", o direito tributário sancionador.*

Parece que Roque Carrazza também erige a culpabilidade como requisito do direito tributário sancionador ao lecionar, em seu *Curso de Direito Constitucional*

104. Norberto Bobbio, *O Positivismo Jurídico – Lições de filosofia do direito*, p. 220.

105. *Istituzioni di Diritto Pubblico*, 9ª ed., tom. II, p. 1.316.

106. Ob. cit., p. 339. Embora o autor diga que ele é aplicável em tese ao direito administrativo sancionador, aduz que é "incabível responsabilidade objetiva, eis que uma das conseqüências do princípio da pessoalidade da sanção administrativa" (ob. cit., p. 339) e ainda cita a opinião de Georges Dellis (*Droit penal et droit administratif, l'influence dês príncipes du droit penal sur lê droit administratif répressif*, Paris: LGDJ, 1997, pp. 275-276) abonando a aplicação desse princípio no âmbito sancionador.

107. Fábio Medina Osório, ob. cit., pp. 314-315.

108. PÉREZ, Juan J. Zornoza, *El Sistema de Infracciones y Sanciones Tributarias (Los principios constitucionales del derecho sancionador)*, p. 206.

109. José María Quirós Lobo, *Principios de Derecho Sancionador*, p. 47. Para Marco Antonio R. Nahum "O Estado de Democrático de Direito somente pode punir o agente se a conduta agressiva ao bem jurídico é conseqüência da análise de sua *atitude interna para com o ato*. É o princípio *nulla poena sine culpa*" (*Inexigibilidade de Conduta Diversa*, p. 111 – grifos no original).

110. Alejandro Nieto, citado por Fábio Medina Osório (ob. cit., p. 116, nota 55), relata que na Espanha é praticamente pacífica a exigência de culpabilidade nas infrações administrativas, e isso, segundo ele, vem ocorrendo desde 1983, com farta jurisprudência do Tribunal Supremo e do Tribunal Constitucional. Contra: Daniel Ferreira, *Sanções Administrativas*, pp. 65-66 e 190.

Tributário, que se o contribuinte obedecer as orientações fiscais, fica "a salvo das penalidades, quer administrativas, quer penais, por falta do *indispensável elemento subjetivo*".[111]

Somente aquilo que depende da vontade do homem pode ser reprovável; não há como se punir alguém que não sabia o que estava fazendo, ou, mesmo sabendo, não podia se comportar de modo diverso. A finalidade repressiva da pena existe para educar a todos e ao infrator. Ora, como educar alguém que não sabia que estava infringindo a legislação tributária ou se sabia, não podia se comportar de modo diverso por não ser exigível pela inevitabilidade da situação?

A função da pena é proteger um bem jurídico, para nós, a arrecadação do Estado. Não se protege a arrecadação sancionando quem não teve, ao menos, culpa. Defender o contrário é violar o princípio da dignidade da pessoa humana e tratar o Homem como meio para "dar o exemplo," instrumentalizando-o, coisificando-o.

"Culpabilidade derivou da palavra culpa. Culpa tem significado axiológico negativo. Quando se diz que alguém é culpado por alguma coisa isso significa que foi feito algo axiologicamente negativo. Coligase com a idéia de culpa, quase que de modo implacável, a idéia de reprovação, de censura".[112]

E a conseqüência da exigência da culpabilidade é a inexorável presença do dolo ou da culpa nas infrações administrativas, com a conseqüente exclusão da responsabilidade objetiva.

Rodrigues Alckmin, em voto no Supremo Tribunal Federal, sentindo que toda a pena não pode prescindir do elemento subjetivo, deixou assentado que "na verdade, a multa decorrente de recolhimento tardio de tributos (etiologia moratória) exige mais que a mera atividade omissiva do contribuinte, *sendo indispensável a concorrência, com o pecado, de um elemento subjetivo – culpa ou dolo* – que, o mais das vezes, é o estímulo da sua dosimetria dentro dos limites legais, e, de outras, até para a excepcional *abolitio* ou *mitigatio poena*. Esse caráter de *pena* resultante da conduta".[113]

Recentemente o Superior Tribunal de Justiça assentou, em vários acórdãos, que a pena, por sua própria condição, não pode prescindir do elemento subjetivo. Vejamos:

"Tributário – Pena de perdimento – Mercadoria adquirida de comerciante estabelecido – Boa-fé.

A pena de perdimento não alcança quem adquiriu a mercadoria estrangeira, no mercado interno, de comerciante estabelecido, mediante nota fiscal. O comprador de mercadoria exposta em loja sujeita à fiscalização, não pode ser obrigado a investigar o modo como ela entrou no país. *A pena de perdimento – até por ser pena – não pode abstrair o elemento subjetivo nem desprezar a boa-fé*".[114]

E, no REsp 79.764-DF, o Min. Milton Luiz Pereira, depois de salientar que a pena de perdimento era uma sanção administrativa,[115] critica sua oponibilidade a terceiros de boa-fé, *in verbis*: "Sem dúvidas, *sustentações cristalizadoras de responsabilidade objetiva, que merece ser repudiada no plano das imposições sancionatórias*".[116] O Min. Garcia Vieira, no REsp 51.267-SP, em seu voto, concordou com a tese do acórdão do TJSP, hostilizado pelo REsp, que defendia "que a análise da culpa somente

111. *Curso de Direito Constitucional Tributário*, 15ª ed., p. 268 – grifamos.

112. Luiz Flávio Gomes, *Erro de Tipo e Erro de Proibição*, 3ª ed., p. 29.

113. *RTJ* 74/378-379 – sem grifos no origina.

114. STJ, 1ª T., REsp 79.764-DF, rel. Min. Demócrito Reinaldo, rel. p/ acórdão Min. Humberto Gomes de Barros, j. em 20.5.1996, *DJU* 17.6.1996, p. 21.452. No mesmo sentido: REsp 102.146-DF (*RDDT* 22/203), REsp 90.437-DF, REsp 23.513-7-RJ (*RT* 704/208).

115. Nesse sentido: Paulo de Barros Carvalho, *Curso de Direito Tributário*, 13ª ed., p. 511.

116. Voto no REsp 79.764-DF, rel. Min. Demócrito Reinaldo, rel. p/ acórdão Min. Humberto Gomes de Barros, j. em 20.5.1996, *DJU* 17.6.1996, p. 21.45.

cabe para uma solução quanto à multa, aplicada pelo fisco ao fundamento de prática de infração à lei,"[117] evidenciando que somente nas multas caberia a discussão a respeito da culpabilidade.

Assim, a jurisprudência também reconhece a necessidade do elemento subjetivo para irrogar a alguém qualquer sanção, mesmo que esta seja administrativa, como são as multas e as penas de perdimento. Isso porque percebeu que a culpabilidade é princípio do direito sancionador, englobando as penalidades submetidas ao regime administrativo, incluindo o tributário, e não somente as penalidades infligidas pelo direito penal.

É importante ressaltar que a adoção do princípio da culpabilidade no direito tributário sancionador não implica na escolha por esta ou aquela corrente filosófica acerca da culpabilidade no direito sancionador; isso é questão que deve ser resolvida de forma apartada.[118]

Por último, devemos ressaltar que a culpa tem um lado objetivo e outro subjetivo. Objetivamente, o dever de cuidado deve ser avaliado em função do homem médio, da reprovabilidade abstrata. Já a *culpa subjetiva* deve considerar "a capacidade individual de cada pessoa, isto é, o poder subjetivo de autor para ajustar-se a norma de cuidado".[119]

11. A culpabilidade para as pessoas jurídicas

Questão ainda mais complexa referese à culpabilidade das pessoas jurídicas. Estas, como ficção, não possuem consciência, não podem querer, quem pode são os seus administradores ou prepostos. Fato que levou Sacha Calmon Navarro Coêlho a dizer que a responsabilidade objetiva do ilícito tributário se justifica perante elas porque senão "seria impossível apenar administrativamente as pessoas jurídicas porquanto estas não possuem vontade senão que são representadas por seus órgãos".[120]

Se ninguém nega a necessidade da culpabilidade para punir a pessoa humana, o que dizer da pessoa jurídica? Em outras palavras, o princípio da culpabilidade aplica-se às pessoas jurídicas?

O direito administrativo sancionador sempre teve tradição em punir as pessoas jurídicas.[121]

Pensamos que a culpabilidade da pessoa jurídica deve ater-se a critérios mais objetivos que em relação à pessoa física, pois aquela não é um ser dotado de razão e consciência. A culpabilidade da pessoa jurídica deve "adaptar-se a essa realidade".

A empresa, como ficção jurídica que é, não possui consciência, não pode querer; quem pode são os seus administradores ou prepostos. Assim, é teórica e praticamente impossível transplantar *tout court* a culpabilidade da pessoa natural para a pessoa jurídica, eis porque acreditamos que devam subsistir critérios mais objetivos na avaliação da culpabilidade. *Critérios mais objetivos, não responsabilidade objetiva*!

Porém, por trás das pessoas jurídicas existem as pessoas naturais que serão alcançadas pela função educativa da pena, motivo pelo qual não subsistem alegações

117. Voto do Relator acompanhado por unanimidade (*RSTJ* 69/475).

118. Nas palavras do Tribunal Constitucional espanhol: "A consagração deste princípio não implica de modo algum que a Constituição haja convertido em norma um determinado modo de entendê-lo" (Ángeles Palma Del Teso , ob. cit., p. 57 – tradução nossa).

119. Juan J. Zornoza Pérez, *El Sistema de Infracciones y Sanciones Tributarias (Los principios constitucionales del derecho sancionador)*, p. 208 – tradução livre.

120. Ob. cit., p. 30. E continua o autor: "Sabido que *societas distat a singulis* jamais poderia a Fazenda Pública responsabilizar as pessoas jurídicas imputando-lhes o dever de pagar multas pelo descumprimento da legislação tributária" (ob. cit., p. 30).

121. "É pacífico, em doutrina, até mesmo na voz dos radicais defensores da 'penalização' do Direito Administrativo Sancionador, que a pessoa jurídica é passível de responsabilização nessa esfera, *devendo a culpabilidade adaptar-se a essa realidade*" (Fábio Medina Osório, ob. cit., pp. 342-343).

no sentido de dizer que a dignidade da pessoa humana e a tutela da boa-fé não impõem a subjetividades das infrações fiscais, ou que elas não têm querer. A única diferença é que deve haver uma maior objetivação nos parâmetros aferidores, conforme veremos adiante. Sancionar objetivamente a pessoa jurídica é ignorar os seres humanos que subjazem a ela, transformando-os em coisas só porque trabalham para terceiro. De qualquer forma, o problema pode ser resolvido pela aplicação do princípio da individualização da pena.[122]

Pois bem, ainda que o ato seja "praticado" pela pessoa jurídica, deverá haver um desvalor na conduta ilícita. Aqui, queremos consignar a percuciente análise de Fábio Medina Osório, para quem "o mais correto seria dizer que as decisões das pessoas jurídicas podem ser valoradas à luz de critérios objetivos próprios da análise das condutas culposas: atuou razoavelmente a pessoa jurídica, observando todos os deveres objetivos de cuidado?"[123]

Deve-se valorar a conduta da pessoa jurídica e saber que, provavelmente, quando não ocorrer culpa de seus prepostos, não haverá como dizer que a conduta da empresa foi reprovável. Não poderíamos, por exemplo, aplicar a pena de perdimento à pessoa jurídica que tivesse comprado veículo estrangeiro no mercado interno, de empresa, à época dos fatos, considerada idônea.[124] O mesmo ocorre quando o empregado, encarregado pelo pagamento dos tributos da empresa, é atropelado no percurso ao banco, onde recolheria o tributo devido, impossibilitando, *ipso facto*, o adimplemento da obrigação tributária a tempo. Não há que se imputar à empresa eventual multa por atraso no recolhimento se esta pagou o tributo no dia seguinte com correção monetária e juros moratórios.[125]

Defendemos que a culpabilidade da empresa deve ser vista de maneira diferente, mas, como regra, imaginando que ela é um ser humano, dotado de razão e consciência. Para caracterizar sua culpa, basta imaginar o que faria um homem médio na mesma situação, e quando isso não for possível, se sua conduta é reprovável, isto é, valorada negativamente à luz dos princípios que informam o ordenamento jurídico. Os critérios de culpa *in vigilando* e da *in eligendo*, se forem aplicados com prudência e moderação (como deve ser em todo o Direito), são excelentes indicadores de culpabilidade das pessoas jurídicas.[126] A prudência e a moderação são fundamentais porque se levarmos ao extremo, como faz a doutrina civilista em relação a responsabilidade por ato de preposto (Súmula 341 do STF), a noção de culpa, por via oblíqua, estaremos instituindo a responsabilidade objetiva. Inadmissível, assim, a analogia das modalidades culposas (*in vigilando* e *in eligendo*) pois não há identidade que autorize a referida relação entre o ilícito civil e o tributário "penal". A própria natureza jurídica da sanção tributária (punitiva) em nada se equipara ao cunho ressarcitório da responsabilidade civil.[127] Admitir-se qualquer forma de analogia com a doutrina civilista do art. 1.521 do CC seria deixar penetrar pela janela aquilo que, publicamente, se expulsou pela porta.[128]

122. Cf. Edmar Oliveira Andrade Filho, "Limites constitucionais da responsabilidade objetiva por infrações tributárias", *RDDT* 77/21.

123. Ob. cit., p. 346.

124. STJ, *RDDT* 22/203.

125. Caso real descrito por Sacha Calmon, ob. cit., p. 57. Para Amelia González Méndez, quando há atraso insignificante no pagamento do tributo (*e.g.*, um dia), a boa-fé obrigaria a Administração a reconhecer o correto adimplemento da obrigação tributária, excluindo a imposição de sanções (*Buena Fe y Derecho Tributario*, p. 175).

126. Fábio Medina Osório, ob. cit., p. 348.

127. Ángeles de Palma del Teso, ao rebater a tentativa de derivação da responsabilidade sancionatória da seara civil e não do regime punitivo, aduziu: "Pues uno y otro tipo de responsabilidad cumplen distinta finalidad, lo que implica un régimen jurídico diverso y explica las diferencias entre el ilícito civil y el administrativo" (*El Principio de Culpabilidad en el Derecho Administrativo Sancionador*, p. 92).

128. Por isso não concordamos com Edilson Pereira Nobre Júnior quando entende ser *perfeitamente* trasladável à responsabilidade administrativa a Súmula 341 do STF, sem maltrato ao princípio da culpabilidade ("Sanções administrativas e princípios

Nada melhor que a realidade para ilustrar as múltiplas, porém excepcionais, situações em que a empresa não teria culpa pelo descumprimento da legislação tributária. Para Fábio Medina Osório: "Creio que, em regra, é exigível que o comportamento da pessoa jurídica seja valorado pelo direito e pelos intérpretes. Parece-me razoável supor que um ato, ainda que praticado por pessoa jurídica, submeta-se a pautas valorativas. Em tese, a responsabilidade objetiva há de ser excepcional".[129] Isso porque, mesmo sendo pessoa jurídica, há de haver um desvalor, uma censura na sua conduta. Inviáveis, assim, os julgados que, aplicando o artigo 136, desclassificam *a priori* a culpabilidade das pessoas jurídicas.

12. A excludente da inexigibilidade de conduta diversa

A inexigibilidade de outra conduta é uma questão bastante interessante e que, a nosso ver, se aplicaria à seara administrativa-tributária. A "inexigibilidade de outra conduta, causa legal e supralegal de exclusão de culpabilidade, cuja a admissibilidade no direito brasileiro já não pode ser negada"[130] é perfeitamente aplicável no direito tributário sancionador porque o ilícito administrativo tributário pressupõe a culpabilidade.

Se o recolhimento dos tributos for possível, embora à custa do não-pagamento dos fornecedores e de despesas essenciais ao prosseguimento das atividades da empresa (água, luz, telefone, aluguel etc.), haverá uma excludente da culpabilidade: a inexigibilidade de conduta diversa.[131] Situações da vida existem que colocam o administrador em "xeque": ou efetua os pagamentos dos créditos tributários ou quebra a empresa ou, ainda, não paga os débitos trabalhistas ou os fornecedores. Como dizer que a empresa é culpada? Veja que estamos falando da dispensa das penalidades, não do tributo.

13. A interpretação razoável da norma tributária como excludente da culpabilidade: corolário da culpabilidade

Outro corolário da subjetividade das infrações tributárias é o reconhecimento da interpretação razoável como causa excludente da culpabilidade, instituto do direito espanhol perfeitamente aplicável ao nosso ordenamento.[132] Esta-se diante da excludente da culpabilidade denominada interpretação razoável quando o sujeito passivo tenha apresentado uma declaração veraz e completa – descrevendo todo o suporte fático para a identificação de fatos tributáveis – e haja amparado seu "autolançamento" em uma interpretação razoável da legislação tributária. A razoabilidade da exegese do ordenamento exclui a culpabilidade, motivo pelo qual não há que se fa-

de direito penal", *RDA* 219/142). Na verdade, a Súmula 341 do STF no cotidiano de nossos pretórios foi transformada em uma autêntica responsabilidade objetiva na seara civil.

129. Fábio Medina Osório, ob. cit., p. 346. Para nós a responsabilidade objetiva não deve ser excepcional, mas sim inexistente na seara sancionatória.

130. STJ, *JSTJ e TRF-LEX* 18/243.

131. Como ressalta Carlos Lete Achiria, apoiado em Ferreiro Lapatza e Sánchez Ayuso, se o erro (uma espécie de eximente da culpabilidade tanto quanto a inexigibilidade de conduta diversa) "es aplicabe a los delitos cometidos contra la Hacienda Pública resultaría paradójico no admitir su vigencia en materia de infracciones tributarias" (*La Responsabilidad Tributaria de los Administradores de las Sociedades Mercantiles*, pp. 63-64). Por esse motivo, colhe-se da jurisprudência alguns exemplos de inexigibilidade de conduta diversa que, embora aplicados na seara penal, são perfeitamente aplicáveis ao direito administrativo sancionador tributário, exatamente por esse tipo de eximente informar todo o sistema punitivo estatal, ou seja, por ser princípio de direito sancionador e *ipso facto* ser extensível ao direito sancionador penal e ao administrativo: TRF da 1ª Região (*RDDT* 41/211-212, 23/201), TRF da 2ª Região (*JSTJ e TRF-LEX* 132/436); TRF da 3ª Região (*RDDT* 80/222, 24/140); TRF da 4ª Região (*RDDT* 31/211, 23/200-201, 12/191), TRF da 5ª Região (*JSTJ e TRF-LEX* 115/611).

132. Para maiores aprofundamentos sobre o assunto, cf. Eduardo Fortunato Bim, "A interpretação razoável da norma como excludente das multas tributárias", *RDDT* 79/41-49.

lar em infração tributária por falta de um de seus requisitos.

Por esse motivo, Edmar Oliveira Andrade Filho,[133] ao sustentar a inconstitucionalidade do art. 136 do CTN, acabou abordando o tema da interpretação razoável como causa da exclusão das multas, porque esta é corolário daquela.

Embora não seja objeto desse trabalho o instituto em tela, ressaltaremos três aspectos referentes ao instituto. Primeiro, temos para nós que o Supremo Tribunal Federal já reconheceu inconscientemente o instituto ao decidir:

"Multa fiscal imposta a contribuinte que deixou de recolher o tributo por considerá-lo indevido. Ausência de má fé na falta de recolhimento do imposto. *Tema jurídico-tributário muito discutido em resoluções administrativas e em decisões judiciais. Relevável, no caso, a multa*".[134]

Em outra ocasião, acatando voto de Aliomar Baleeiro, o STF também implicitamente aplicou a eximente em questão, excluindo a multa do contribuinte que declarou todos os elementos para a correta identificação da obrigação tributária, não havendo fraude, mas apenas erro na exegese da legislação tributária.[135]

Segundo, é digna de louvor – em raro momento de respeito aos direitos fundamentais do cidadão brasileiro – o entendimento da Administração Tributária Federal que reconheceu o instituto em apreço no Ato Declaratório Normativo COSIT 10, de 16 de janeiro de 1997.[136]

Ao referir-se à atividade de classificação fiscal de produtos em área aduaneira, entendeu que haveria exclusão das penalidades se o contribuinte não houvesse procedido de má-fé e se todos os elementos necessários à identificação do produto estivessem presentes.

Sem dúvida, podemos dizer que este é um típico caso de interpretação razoável da classificação fiscal reconhecida pelo Fisco Federal. O requisito da declaração veraz e completa está nitidamente presente na expressão "todos os elementos necessários à sua identificação"; já a razoabilidade da interpretação – segundo requisito –, estaria na falta do "intuito doloso ou má-fé".

E, *last but not least*, nada impede que a interpretação razoável da norma seja aplicada na compensação tributária, excluindo as sanções nos casos que a compensação efetuada pelo contribuinte não esteja correta.

14. Conclusão

A responsabilidade objetiva por infrações à legislação tributária (CTN, art. 136) é, ainda, aceita pela maioria da doutrina e jurisprudência.

A multa pecuniária (chame-a de moratória ou punitiva) depois de reposto os juros moratórios e a correção monetária, bem como a pena de perdimento, são nítidas penas, no sentido de contrário à mera intenção ressarcitória. Assim, subordina-se ao ramo do direito que sistematiza sua aplicação, o direito sancionador, devendo obediência a seus princípios. Esse ramo do direito subdivide-se em dois: o administrativo e o penal. A semelhança é que ambos os ramos punem, mas de forma diferente. Enquanto o direito sancionador penal pode

133. "Limites constitucionais da responsabilidade objetiva por infrações tributárias", *RDDT* 77/26.

134. STF, 1ª T., v.u., RE 73.539-SP, rel. Min. Antonio Neder, j. em 10.8.78, *DJ* 25.8.1978 – grifamos.

135. STF, *RTJ* 68/404-407.

136. "(...) não constitui infração punível com as multas previstas no artigo 4º da Lei 8.218, de 29 de agosto de 1991, e no artigo 44 da Lei 9.430, de 27 de dezembro de 1996, a solicitação, feita no despacho aduaneiro, de reconhecimento de imunidade tributária, isenção ou redução do imposto de importação e preferência percentual negociada em acordo internacional, quando incabíveis, bem assim a classificação tarifária errônea ou a indicação indevida de destaque (ex), desde que o produto esteja corretamente descrito, com *todos os elementos necessários à sua identificação e ao enquadramento tarifário pleiteado*, e que não se constate, em qualquer dos casos, *intuito doloso ou má-fé* por parte do declarante".

infligir penas privativas de liberdade, o sancionador administrativo não pode.

Pelo fato das penalidades tributárias serem impostas por autoridades administrativas, têm evidente caráter administrativo. Portanto, regem-se pelo direito administrativo sancionador, com todos os princípios derivados do direito sancionador.

A dignidade da pessoa humana é um princípio plurissignificativo, mas sobre um aspecto não discrepa a doutrina: a de que ele veda que o ser humano seja tratado como objeto, como meio para algo, desprezando sua razão e consciência.

Por isso, a culpabilidade é um princípio de direito sancionador, extensível ao direito sancionador penal e administrativo, porque instituir a responsabilidade objetiva seria desdenhar a razão e a consciência do homem, tratando-o como um objeto, uma coisa, violentando, *ipso facto*, a sua dignidade.

Outro princípio endossa a teoria subjetiva dos ilícitos administrativos fiscais: o da boa-fé. É que este é um princípio geral de direito (prestigiado pelo Estado de direito), sendo aplicável a todo o ordenamento, e apenar objetivamente o contribuinte seria menosprezar sua boa-fé, seu lado subjetivo. Isso é inconcebível, ao menos para o direito sancionador.

Ainda que estes princípios não fossem considerados suficientes, os da pessoalidade e a individualização da pena também levariam a idêntico resultado. Se a pena não pode passar da pessoa do condenado (uma das facetas da responsabilidade objetiva), aplicando o processo de abstração dessa norma, fica claro que nossa Constituição adota a subjetivação das sanções, eis que se embasa na proibição da responsabilidade objetiva para instituí-la. E a obrigação de individualizar a pena leva em conta, necessariamente, a perquirição da culpa ou dolo, demonstrando mais uma vez o repúdio de nossa Lei Maior à responsabilidade objetiva na seara sancionatória.

Quanto às pessoas jurídicas, que não têm razão e consciência, a matéria deve ser vista de maneira diferente, mediante um critério mais objetivo. Deve-se valorar sua conduta, considerando as peculiaridades do caso, para que as considere culpada. Urge reconhecer a seu favor, assim como se deve reconhecer às pessoas físicas, algumas eximentes da punibilidade, tais como, caso fortuito, força maior, inexigibilidade de conduta diversa, etc. Vale lembrar, porém, que ela age por intermédio de prepostos e que se estes não forem culpados, provavelmente a pessoa jurídica também não será, salvo casos de culpa *in eligendo* ou *in vigilando* (que diferem, qualitativamente, dos critérios utilizados pelo CC, porque aqui tratamos de sanções e não de ressarcimento).

Tendo a culpabilidade raízes constitucionais, afigura-se inconstitucional qualquer disposição que institua a responsabilidade objetiva no direito sancionador, incluindo o tributário sancionador. Assim, o artigo 136 do CTN, na parte em que desconsidera a intenção do agente, está eivado pela mácula da inconstitucionalidade por ferir os princípios da dignidade da pessoa humana, o da boa-fé, o da pessoalidade das sanções e o da individualização da pena.

Cumpre-nos ressaltar que a culpabilidade dos ilícitos administrativos traz à tona aplicação do instituto da interpretação razoável como excludente das multas tributárias; instituto que, a nosso ver, já foi reconhecido pelo STF e pela Administração Tributária Federal.

15. Referências Bibliográficas

ABRÃO, Carlos Henrique e outros. *Lei de Execução Fiscal comentada e anotada*. 2ª ed., São Paulo, Ed. RT, 1997.

ACHIRICA, Carlos Lete, *La Responsabilidad Tributaria de los Administradores de las Sociedades Mercantiles*. Madrid, Civitas, 2000.

ALVES, Cleber Francisco. *O Princípio Constitucional da Dignidade da Pessoa Humana*. Rio de Janeiro, Renovar, 2001.

AMARO, Luciano. *Direito Tributário Brasileiro*. São Paulo, Saraiva, 1997.

ANDRADE FILHO, Edmar Oliveira. "Limites constitucionais da responsabilidade objetiva por infrações tributárias", *Revista Dialética de Direito Tributário* 77.

ATALIBA, Geraldo. *Hipótese de Incidência Tributária*. 5ª ed. 6ª tir. São Paulo, Malheiros Editores, 1997.

——. "Imposto de renda: multa punitiva", *Revista de Direito Administrativo* 126.

AYUSO, Isabel Sánchez. *Circunstancias Eximentes y Modificativas de Responsabilidad por Infracciones Tributarias*. Madrid, Marcial Pons, 1996.

BALEEIRO, Aliomar. *Direito Tributário Brasileiro*. 11ª ed. Rio de Janeiro, Forense, 1999.

BARCELOS, Luciana Abreu Pereira. "CPMF – Implicações decorrentes da MP n. 2.037-21/00 e da I.N. SRF n. 89/00", *Revista Dialética de Direito Tributário* 63.

BECKER, Alfredo Augusto. *Teoria Geral do Direito Tributário*. 3ª ed. São Paulo, Lejus, 1998.

BIM, Eduardo Fortunato. "A inconstitucionalidade da responsabilidade objetiva no direito tributário sancionador", *Revista dos Tribunais* 788.

——. "A interpretação razoável da norma como excludente das multas tributárias", *Revista Dialética de Direito Tributário* 79.

BITENCOURT, Cezar Roberto. *Erro Jurídico-Penal: culpabilidade, erro de tipo e erro de proibição*. São Paulo, Ed. RT, 1996.

BOBBIO, Norberto. *O Positivismo Jurídico – Lições de filosofia do direito*. São Paulo, Ícone, 1995.

BORGES, José Souto Maior. *Lançamento Tributário*. 2ª ed. São Paulo, Malheiros Editores, 1999.

CANOTILHO, José Joaquim Gomes. *Direito Constitucional*. 6ª ed., Coimbra, Livraria Almedina, 1996.

CARVALHO, Paulo de Barros. *Curso de Direito Tributário*. 13ª ed., São Paulo, Saraiva, 2000.

CARVALHO, Vírgilio de Jesus Miranda. *Os Valores Constitucionais Fundamentais: esboço de uma análise axiológico-normativa*. Coimbra, Coimbra, 1982.

COÊLHO, Sacha Calmon Navarro. In NASCIMENTO, Carlos Valder (coord.) e outros. *Comentários ao Código Tributário Nacional*. 2ª ed. Rio de Janeiro, Forense, 1998.

——. *Teoria e Prática das Multas Tributárias*. 2ª ed. Rio de Janeiro, Forense, 1998.

COL, Helder Martinez Dal. "Cassação de liminar em mandado de segurança em matéria fiscal e o sobreprincípio da segurança jurídica", *Revista de Estudos Tributários* 17.

DESLANDES, Rosenice. *Denúncia Espontânea: alcance e efeitos no direito tributário*. Rio de Janeiro, Forense, 1997.

DINIZ, Maria Helena. *Dicionário Jurídico*. São Paulo, Saraiva, 1998, v. 1.

ESPÍNDOLA, Ruy Samuel. *Conceitos de Princípios Constitucionais*. São Paulo, Ed. RT, 1999.

FERREIRA, Aurélio Buarque de Holanda. *Novo Dicionário Aurélio Eletrônico*. Versão 3.0 – Editora Nova Fronteira, novembro de 1999.

FERREIRA, Daniel. *Sanções Administrativas*. São Paulo, Malheiros Editores, 2001.

FIGUEIREDO, Lúcia Valle. "Da natureza sancionatória da multa e dos efeitos decorrentes das cassações de liminares", *Revista Dialética de Direito Tributário* 63.

GOMES, Luiz Flávio. *Erro de Tipo e Erro de Proibição: e a evolução da teoria causal-naturalista para a teoria finalista da ação: estudo especial do art. 20, § 1º, do Código Penal*. 3ª ed. São Paulo, Ed. RT, 1996.

GUIMARÃES, Ylves José de Miranda. *O Tributo: análise ontológica à luz do direito natural e do direito positivo*. São Paulo, Max Limonad, 1983.

LOGOZZO, Maurizio. *L'ignoranza della Legge Tributaria*. Milano, Giuffrè, 2002.

MARTINS, Ives Gandra da Silva (org.). *Cadernos de Pesquisas Tributárias 19 – Decisões Judiciais e Tributação*. São Paulo, Resenha Tributária/CEU, 1994.

——. *Da Sanção Tributária*. 2ª ed. São Paulo, Saraiva, 1998.

MATTOS, Aroldo Gomes de. "Os efeitos da cassação da tutela antecipada deferindo compensação de indébito tributário", *Revista Dialética de Direito Tributário* 28.

MELLO, Celso Antônio Bandeira de. "Ilícito tributário", *Revista de Direito Tributário* 62.

MÉNDEZ, Amelia González. *Buena Fe y Derecho Tributario*. Madrid, Marcial Pons, 2001.

MIRANDA, Jorge. *Manual de Direito Constitucional (tomo IV – Direitos Fundamentais)*. 2ª ed. Coimbra, Coimbra Editora, 1993.

MORAES, Alexandre. *Direito Constitucional*. São Paulo, Atlas, 1997.

MORAES, Bernardo Ribeiro de (Coord.). *Compêndio de Direito Tributário*. 3ª ed. Rio de Janeiro, Forense, 1997, vol. II.

——. *Interpretação no Direito Tributário*. São Paulo, EDUC/Saraiva, 1975.

MORTATI, Constantino. *Istituzioni di Diritto Pubblico*. 9ª ed. Padova, CEDAM, 1976, tom. II.

NAHUM, Marco Antonio R. *Inexigibilidade de Conduta Diversa*. São Paulo, Ed. RT, 2001.

NOBRE JÚNIOR, Edilson Pereira. "Sanções administrativas e princípios de direito penal", *Revista de Direito Administrativo* 219.

NOGUEIRA, Ruy Barbosa. *Curso de Direito Tributário*. 14ª ed. São Paulo, Saraiva, 1995.

NORONHA, Edgard Magalhães. *Direito Penal*. 32ª ed. São Paulo, Saraiva, 1997, vol. I.

OLIVEIRA, Régis Fernandes de. *Receitas Públicas Originárias*. São Paulo, Malheiros Editores, 1994.

OSÓRIO, Fábio Medina. *Direito Administrativo Sancionador*. São Paulo, Ed. RT, 2000.

PÉREZ, Jesús González. *La Dignidad de la Persona*. Madrid, Civitas, 1986.

——. *El Principio General de la Buena Fe en el Derecho Administrativo*. 2ª ed. Madrid, Civitas, 1989.

PÉREZ, Juan J. Zornoza. *El Sistema de Infraciones y Sanciones Tributarias (Los principios constitucionales del derecho sancionador)*. Madrid, Civitas, 1992.

PÉREZ, Suzana Aníbarro. *La Interpretación Razonable de la Norma como Eximente de la Responsabilidad por Infracción Tributaria*. Valladolid, Lex Nova, 1999.

PONTES DE MIRANDA, Francisco Cavalcante. "Constituição e Interpretação". In SARAIVA, Paulo Lopo. *Antologia Luso-Brasileira de Direito Constitucional*. Brasília, Brasília Jurídica, 1992.

QUIRÓS LOBO, José María. *Principios de Derecho Sancionador*. Granada, Editorial Comares, 1996.

SALOMÃO, Heloísa Estellita. "Vinculação entre o direito penal e o direito tributário nos crimes contra a ordem tributária, *Revista Dialética de Direito Tributário* 11.

SANTOS, Fernando Ferreira dos. *Princípio Constitucional da Dignidade da Pessoa Humana*. São Paulo, Celso Bastos Ed., 1999.

SILVA, José Afonso da. "A dignidade da pessoa humana como valor supremo da democracia", *Revista de Direito Administrativo* 212.

TESO, Ángeles Palma del. *El Principio de Culpabilidad en el Derecho Administrativo Sancionador*. Madrid, Tecnos, 1996.

TORRES, Ricardo Lobo. *Normas de Interpretação e Integração do Direito Tributário*. 3ª ed. Rio de Janeiro, Renovar, 2000.

XAVIER, Alberto. *Do Lançamento: teoria geral do ato, do procedimento e do processo tributário*. 2ª ed. Rio de Janeiro, Forense, 1997.

TRATADOS INTERNACIONAIS EM MATÉRIA TRIBUTÁRIA E AS ISENÇÕES DE TRIBUTOS ESTADUAIS E MUNICIPAIS[1]

PAULO SÉRGIO DE MOURA FRANCO

Especialista em Direito Internacional/Universidade Federal do Rio Grande do Sul – Advogado em Porto Alegre

1. Introdução. 2. Tratados internacionais e os conflitos com a ordem interna: 2.1 Monismo e dualismo – 2.2 Antinomia entre tratado e lei interna. Divergência doutrinária e jurisprudência. 3. Tratados internacionais em matéria tributária: 3.1 A vedação constitucional de concessão de isenção heterônoma – 3.2 Contemporaneidade/inconstitucionalidade do art. 98 do CTN. 4. Considerações finais

1. Introdução

O tema deste trabalho gera muitas controvérsias no âmbito do Direito Internacional e Interno, representando um verdadeiro desafio ao legislador e aos operadores em geral. É alvo de diferentes e abalizadas opiniões, embora recentemente tenha despertado o interesse dos estudiosos, especialmente em função da internacionalização das relações entre os países e a necessidade de expansão e integração dos mercados.

Existe forte divergência de posicionamento entre os doutrinadores – indefinição que se reflete na jurisprudência.

A matéria possui grande importância teórica e prática. Em uma visão macro, pode-se dizer que a pacificação do tema revelaria um avanço do país no que tange ao Direito Internacional, cujo reflexo externo, imediato, seria a credibilidade e seriedade no trato das relações com os demais países. Internamente refletiria harmonia nas relações entre a União e os entes federados. Essa, aliás, é a principal justificativa para investigar o assunto e tentar transportá-lo para dentro de um trabalho monográfico, já que, ultimamente, artigos esparsos vêm enfrentando o tema.

Os tributos, quando se pensa em realização de tratados internacionais, podem representar graves entraves à sua perfectibilização, em vista de que os Estados não abrem mão de sua soberania fiscal. No Brasil, com a repartição de competências prevista na

1. Trabalho monográfico apresentado na Universidade Federal do Rio Grande do Sul, no Curso de Especialização "O Novo Direito Internacional", sob a orientação da professora Dra. Cláudia Lima Marques.

Constituição Federal, a situação é de maior dificuldade ainda, pois a União, quando celebra um tratado, fica limitada, aparentemente, para conceder isenções de tributos de competência dos Estados e Municípios, o que pode comprometer a eficácia do tratado ou limitar muito sua abrangência.

Com esse estudo se pretende colocar lado a lado os diferentes entendimentos que dividem *internacionalistas*, *tributaristas* e *constitucionalistas*, fazendo uma ampla discussão sobre o art. 151, III, da CF, que trata das isenções heterônomas, bem como do art. 98 do CTN, que trata dos tratados internacionais em matéria tributária.

Afinal, a vedação constitucional de isenção heterônoma cede diante de outros princípios inseridos na própria Constituição? Esta e outras indagações é o que se pretende discutir no decorrer deste trabalho.

2. *Tratados internacionais e os conflitos com a ordem interna*

Há muito se discute, sem solução pacífica, sobre os conflitos decorrentes entre os tratados internacionais[2] e a ordem interna, especialmente sobre a hierarquia entre as normas.

Duas correntes principais dividem os internacionalistas – a monista e dualista – sobre a forma de admissão do Direito Internacional ao Direito Interno, especialmente sobre a hierarquia sistêmica entre as normas. Atualmente, no entanto, tal dicotomia não tem mais a importância que teve no passado, motivo pelo qual, para o objetivo deste trabalho, não será analisada de forma mais profunda – sem deixar de observar, no entanto, a divergência.

2.1 *Monismo e dualismo*

O monismo, ancorado em Kelsen, sustenta a impossibilidade de dois sistemas jurídicos terem validade um ao lado do outro. Defende a existência de uma única ordem lógico-jurídica que engloba a ordem interna e a internacional. Essa corrente abriga três vertentes que, com singela clareza, foram abordadas por Heleno Torres.[3]

A primeira delas dá *predomínio* ao *Direito Interno*, partindo do conceito de soberania dos Estados, cujo pressuposto é a primazia do Direito Interno sobre o Direito Internacional.

Outra vertente confere *predomínio* ao *Direito Internacional*, entendendo existir uma ordem internacional de interesses que sobrepaira aos Estados soberanos, atribuindo prevalência de aplicabilidade do Direito Internacional em face da lei interna. A terceira, que é a do *monismo moderado*, admite a equivalência das normas internas e internacionais, recomendando o princípio da lei posterior para solucionar os conflitos entre elas.

Em oposição à teoria monista e suas vertentes está a *dualista*. Amparada principalmente em Triepel e Anzillotti, seus seguidores reconhecem a existência de duas ordens distintas, uma interna e outra internacional, que não mantêm qualquer tipo de vinculação, andando paralelamente.

Em resumo, a teoria *monista* entende que a ratificação dos tratados produz efeitos concomitantes tanto no Direito Internacional como no Interno; a *dualista* proclama ser necessária a tramitação de projeto de lei especial, moldado nos termos do tratado ou convenção internacional.

Não há consenso entre os doutrinadores brasileiros sobre a teoria adotada pela República Federativa do Brasil. Betina Treiger Grupenmacher[4] conclui que nosso constituinte adotou um sistema misto, ou seja, presentes as duas teorias no seio da Constituição. Isso porque, quanto aos direitos e garantias individuais, com base no

2. A expressão "tratado internacional", para efeito deste trabalho, é utilizada de forma genérica, de molde a abranger os acordos, as declarações, as convenções, os compromissos e demais atos internacionais assumidos pelo Brasil.

3. *Pluritributação Internacional sobre a Renda das Empresas*, 2ª ed., pp. 557-558.

4. *Tratados Internacionais em Matéria Tributária e Ordem Interna*, p. 72.

que está disposto nos §§ 1º e 2º do art. 5º da CF, o sistema é o monista, dispensando a aprovação legislativa. Quando o tratado acarreta encargos ou compromissos gravosos para o patrimônio nacional (art. 49, I, da CF) o sistema é o dualista.

Heleno Torres[5] entende que a teoria adotada pelo sistema da Constituição é a dualista, em face do "pluralismo sistêmico das ordens jurídicas, considerando que existem precisas fronteiras entre a ordem jurídica interna e a ordem jurídica internacional (...)". Observa, com acuidade, que o fato de depender da aprovação do Congresso para entrar em vigor no ordenamento jurídico interno é a representação de que realmente o primado é do *dualismo*. Fosse de outra maneira os tratados assinados pelo Presidente da República ingressariam independentemente da referida aprovação.

Quanto à matéria objeto do presente estudo a dificuldade de encontrar consenso é maior ainda. Mas, como destacou o voto do Min. Celso de Mello na ADIn 1.480-DF: "É na Constituição da República – e não na controvérsia doutrinária que antagoniza monistas e dualistas – que se deve buscar a solução normativa para a questão da incorporação dos atos internacionais ao sistema de direito positivo interno brasileiro".

Diante dessa conclusão, há que se perquirir, adiante, como são solvidos os conflitos que surgem entre as normas de Direito Internacional e Direito Interno.

2.2 *Antinomia entre tratado e lei interna. Divergência doutrinária e jurisprudência*

De longa data remonta a discussão doutrinária e jurisprudencial sobre a imperatividade dos tratados e sua relação com a ordem interna de cada país. Como afirma Luiz Flávio Gomes: "No instante em que um país subscreve validamente um tratado é evidente que está ampliando seus horizontes jurídicos, limitadores, com freqüência, da sua soberania absoluta de ditar regras de convivência interna".[6] Justamente por isso a grande importância do tema, pelos reflexos que tais atos representam, ou podem representar, para o país.

"Os tratados internacionais são, assim, instrumentos introdutórios de normas pois criam direitos e deveres, a partir da sua promulgação e respectiva publicação, quando então passam a produzir efeitos jurídicos",[7] tanto na ordem nacional como também na internacional.

Questão muito debatida é sobre a hierarquia entre os tratados e a lei interna, já que eventual resquício de dúvida quanto à hierarquia entre o tratado e a Constituição Federal foi solvido pela própria Carta de 1988, no seu art. 102, III, "b", quando entregou ao STF a missão de julgar, em recurso extraordinário, causa em que a decisão recorrida "declarar a inconstitucionalidade de tratado ou lei federal".

A Constituição, então, prepondera sobre os tratados. Segundo o eminente Francisco Rezek,[8] não há ordenamento jurídico contemporâneo que dê prevalência aos tratados sobre a Constituição. Bem ao contrário, a Constituição, no caso brasileiro, figura como um parâmetro de *aferição de qualidade* das leis e dos tratados internacionais, que se subordinam a ela tanto no *conteúdo* (para não colidir com regras substantivas da Carta) quanto na *gênese*, ou seja, na forma de sua produção.

Bem verdade que o exemplo da União Européia vem relativizando, ao menos no âmbito do *Bloco*, tal preceito, vez que as normas comunitárias preponderam sobre as dos países. Aliás, a característica, talvez principal, da UE reside na autolimitação dos poderes soberanos dos Estados-membros,[9] como forma de se obter a desejada integração.

5. *Pluritributação Internacional* ..., p. 558.

6. "A questão da obrigatoriedade dos tratados e convenções no Brasil", *RT* 710/22.

7. Grupenmacher, *Tratados Internacionais* ..., p. 61.

8. *Tratado e Legislação Interna em Matéria Tributária*, ABDF, Resenha 22.

9. V. Torres, *Pluritributação Internacional* ..., p. 715.

No entanto, se há conformação entre os doutrinadores quanto à superioridade da Constituição em relação aos tratados, a relação entre os tratados e a legislação infraconstitucional, anterior e posterior, é que vem gerando controvérsias. Tanto a doutrina como a jurisprudência têm apresentado soluções diferentes para os impasses decorrentes de tais conflitos, denominados *antinomias*.

Maria Helena Diniz define antinomia como a "presença de duas normas conflitantes, sem que se possa saber qual delas deverá ser aplicada ao caso singular".[10]

Tércio Sampaio Ferraz Jr., de forma um pouco mais abrangente e detalhada, ensina que é a "oposição que ocorre entre duas normas contraditórias (total ou parcialmente), emanadas de autoridades competentes num mesmo âmbito normativo que colocam o sujeito numa posição insustentável pela ausência ou inconsistência de critérios aptos a permitir-lhe uma saída dos quadros de um ordenamento dado".[11]

Heleno Torres observa que: "Existe antinomia quando duas normas válidas no sistema, no que concerne a certos critérios (material, pessoal, espacial ou temporal), conflitam entre si, quanto aos modais deônticos, ou seja, uma obriga e a outra proíbe, ou uma permite e a outra obriga, ou uma proíbe e a outra permite o mesmo comportamento".[12]

Mas é no ordenamento jurídico que se busca a solução para tais antinomias. Maria Helena Diniz diz que o próprio ordenamento oferece as formas de resolução de tais conflitos. No que interessa ao presente estudo, observa a autora o seguinte: "Nos conflitos entre normas de Direito Interno/Internacional, que ocorrem quando uma lei interna contraria um tratado internacional, a jurisprudência consagrará a superioridade da norma internacional sobre a norma interna se esses conflitos forem submetidos a um juízo internacional; mas, se forem levados à apreciação do juízo interno, este poderá reconhecer: (a) a autoridade relativa do tratado e de outras fontes jurídicas na ordem interna, entendendo-se que o legislador interno não pretendeu violar o tratado, exceto nos casos em que o fizer claramente, hipótese em que a lei interna prevalecerá; (b) a superioridade do tratado sobre a lei mais recente em data; e (c) a superioridade do tratado sobre a lei, ligando-a, porém, a um controle jurisdicional da constitucionalidade da lei".[13]

Betina Treiger Grupenmacher[14] refere que se abrem duas hipóteses na busca da solução de conflitos entre tratados e lei interna. A primeira quando o tratado é posterior à lei interna, devendo prevalecer o tratado pela aplicação dos critérios de cronologia (*lex posterior derogat priori*) e especialidade (*lex specialis derogat generali*).

A segunda hipótese é aquela em que lei interna posterior ao tratado seja com este conflitante. Neste caso ocorre a – denominada por Bobbio[15] – *incompatibilidade de segundo grau*, ou *antinomia de segundo grau*. Importa dizer que não se está diante de conflito de normas, mas de uma "incompatibilidade entre os critérios para a solução da incompatibilidade entre normas". No caso de lei interna posterior a um tratado exsurge um conflito entre os critérios de cronologia e especialidade. Perquire-se qual a solução para tal conflito de *segundo grau*.

O mesmo Norberto Bobbio conclui pelo princípio *lex posterior generalis non derogat priori speciali*. Esse também o posicionamento do STF, externado pelo seu Pleno ao julgar, historicamente, o RE 80.004 – julgamento, esse, que se estendeu de setembro/1995 a junho/1977, onde prevaleceu o entendimento de que o Decreto-lei 427/1969 derrogou a Convenção de Genebra.

10. *Conflito de Normas*, p. 23.

11. "Antinomia", *Enciclopédia Saraiva de Direito*, v. 7, p. 14.

12. *Pluritributação Internacional* ..., p. 575.

13. *Compêndio de Introdução à Ciência do Direito*, São Paulo: Saraiva, 1988. p. 435.

14. *Tratados Internacionais* ..., p. 105.

15. *Teoria do Ordenamento Jurídico*, 4ª ed., p. 107.

Uma longa a aprofundada discussão foi travada no julgamento do citado recurso, pondo, de um lado, isolado, o Min Xavier de Albuquerque, que, escorado em precedente do próprio STF (RE 71.154), orientou-se pela primazia do Direito Internacional sobre o Interno, baseado nas lições do eminente professor Haroldo Valladão, tratando a matéria de forma a prestigiar a palavra do país empenhada pela assinatura de um tratado; e, de outro, os Mins. Cunha Peixoto, Cordeiro Guerra, Leitão de Abreu, Rodrigues de Alckmin, Antônio Neder, Carlos Thompson Flores e Eloy da Rocha, que, embora a diversidade de fundamentos, deram provimento ao recurso, concluindo pela primazia da lei interna posterior sobre o tratado.

O Min. Cunha Peixoto, fazendo um apanhado de várias legislações, observou que o cerne da questão está centrado não nas teorias sobre o Direito Internacional, senão no direito constitucional de cada país. No Brasil há a incorporação ao ordenamento positivo mediante aprovação pelo Congresso Nacional. Conclui seu raciocínio dizendo que, se a Lei Uniforme transforma-se em Direito Interno, é evidente que pode ser modificada ou revogada por qualquer outro diploma legal posterior, sob pena de transformar a lei que procedeu ao tratado em *superlei*,[16] em posição superior à própria Constituição. Além disso, foi ressaltado que não existe na Constituição dispositivo algum que impeça a um membro do Congresso apresentar projeto que revogue lei que tenha origem em tratado.

Chega à conclusão, então, o preclaro Min. Cunha Peixoto, de que uma lei que somente pudesse ser revogada pelo Chefe do Executivo através de denúncia do tratado seria inconstitucional.

Na mesma senda andou o Min. Cordeiro Guerra. Observou que a recepção do Direito Internacional pelo Direito Interno não afasta a possibilidade de o Legislativo editar lei contrária ao disposto nos tratados, admitindo que, no caso de conflito entre duas disposições – uma proveniente de Direito Internacional e outra de Direito Interno –, será resolvido pela mesma regra destinada a solucionar o conflito entre as leis (*lex posterior derogat lex priori*), colocando ambas no mesmo plano hierárquico. Finaliza seu voto dizendo que: "Fosse a denúncia internacional o único meio de nulificar um tratado, não se compreenderia pudesse o STF negar lhe validade por vício de inconstitucionalidade".

De forma não menos brilhante, o Min. Leitão de Abreu, em seu voto, observou não vislumbrar norma constitucional que consagre o princípio *lex posterior derogat priori*, adotando o entendimento de que o tratado possui forma de revogação própria (denúncia) e, conquanto não revogado pela lei que o contradiga, sua aplicação é afastada pelas normas legais posteriores com ele incompatíveis, enquanto estiverem em vigor, podendo voltar a ser aplicado se a lei que impediu sua aplicação for revogada.

O Min. Rodrigues de Alckmin, na senda do já observado pelo Min. Cunha Peixoto, sustentou que, "à falta de norma constitucional que estabeleça restrição ao Poder Legislativo quanto à edição de leis internas contrárias a tratados, enquanto não forem estes denunciados, princípios de escolas não justificam, na ordem positiva, o primado pretendido".[17]

Os doutrinadores internacionalistas não compartilham do entendimento esposado pelo STF – que até hoje encontra respaldo, embora proferido em 1977 –, pois entendem, em suma, que implica um enfra-

16. Expressão utilizada pelo Min. Cunha Peixoto no voto no RE 80.004, p. 15. Nesse mesmo sentido Bernard Schwartz (*Constitucional Law*, Nova York, MacMillan, 1972, pp. 87-88, cit. por Francisco Rezek, *Direito Internacional Público: Curso Elementar*, 8ª ed., p. 98), quando observa que uma lei federal posterior pode repelir a eficácia jurídica de tratado anterior, no plano interno. Se assim não fosse "estar-se-ia dando ao tratado não força de lei, mas de restrição constitucional".

17. Trecho do voto do Min. Rodrigues de Alckmin no julgamento do RE 80.004.

quecimento do direito das gentes,[18] não contribuindo para que o Brasil faça parte e respeite as regras estabelecidas em tratados internacionais, o que dificulta o processo integracionista.

O entendimento de que o tratado é norma especial, devendo prevalecer sobre lei interna, ainda que posterior, parece atender melhor aos interesses contemporâneos do Direito Internacional, especialmente em matéria tributária. Esclarecedor o exemplo invocado por Grupenmacher para a situação. Refere a citada autora que a antinomia entre um tratado internacional que disponha sobre matéria tributária que passa a ser disciplinado por lei interna é apenas aparente, pois se "a lei interna determina a incidência tributária sobre certo ato ou fato e o tratado veda a tributação na mesma situação, estabelece-se o conflito, que, nesta situação, resolve-se pela aplicação do preceito do tratado, por força da incidência do critério da especialidade, ou seja, prevalece a norma especial sobre a geral".[19]

Heleno Torres,[20] fiel à teoria dualista e ao princípio de prevalência do Direito Internacional sobre o Interno infraconstitucional, entende que os tratados firmados estão subordinados à Constituição e com prevalência de aplicabilidade sobre qualquer lei interna, seja federal, estadual ou municipal, desimportando sejam anteriores ou posteriores à ratificação. No entanto, observa, com percuciência, que dispositivos de leis internas contrários aos tratados representam uma quebra de contrato (*treaty override*) – entendimento semelhante ao invocado pelo então Ministro Leitão de Abreu, acima referido. Ou seja, aplica-se a lei interna mesmo sabendo que isso implica quebra de contrato, cujas conseqüências poderão ser sentidas na ordem internacional.

Esse posicionamento, entretanto, cria um sofisma para não admitir o entendimento que parece ser o predominante, na medida em que, por caminhos transversos, seu efeito prático é o mesmo da *lex posterior derogat priori*. Certo é que não existe no ordenamento jurídico norma expressa para a solução da antinomia entre tratado e lei posterior.

No entanto, embora a clara tendência de adotar o princípio de que a lei posterior revoga a anterior, a divergência persiste. O intérprete tem de fazer uma opção política e ao mesmo tempo jurídica.

Como afirma o preclaro Rezek,[21] o primado do *direito das gentes* sobre o Direito Nacional de um Estado soberano não passa de uma proposição doutrinária, pois não existe no direito internacional positivo norma que assegure dita primazia. Daí que, descentralizada a sociedade internacional, a Constituição de cada país é o Norte.

Mas a solução, que não pode ficar restrita a um conceito antigo de soberania, passaria por uma tomada de posição consistente em inclusão na Constituição Federal de dispositivo que, claramente, atribuísse superioridade ao tratado, não somente em razão do critério da especialidade, como também por representarem sua assinatura e ratificação um compromisso do Estado Brasileiro (*pacta sunt servanda*) cuja observação e respeito concedem a necessária credibilidade e avanço nas relações internacionais do país.

Mas é de ser ressaltado que a *treaty override* não é *privilégio* do Brasil, vez que, premidos por circunstâncias que aqui não cabe debater, outros tantos países, muitos deles caracterizados como *desenvolvidos*, deixam de lado os tratados já ratificados para dar preferência aos *interesses nacionais*.

3. Tratados internacionais em matéria tributária

3.1 A vedação constitucional de concessão de isenção heterônoma

Realizadas, no item anterior, algumas incursões sobre matérias que servem de

18. Vicente Marotta Rangel, "Os conflitos entre o Direito Interno e os tratados internacionais", *Boletim da Sociedade Brasileira de Direito Internacional* 23/29-64, ns. 45-46, janeiro-dezembro/1967.

19. *Tratados Internacionais* ..., pp. 107-108.

20. *Pluritributação Internacional* ..., p. 577.

21. *Direito Internacional* ..., 8ª ed., p. 96.

esteio para a discussão delimitada para este trabalho, há de se perquirir, de agora em diante, qual a extensão da vedação estabelecida na Constituição Federal quanto à União instituir isenção de tributos da competência dos Estados, do Distrito Federal ou dos Municípios – a chamada *isenção heterônoma*, entendida como aquela isenção concedida por ente político que não seja o titular da competência tributária para instituir o tributo objeto da isenção.

Sacha Calmon Navarro Coelho – apenas para dar maior autoridade à definição acima – ensina que: "Isenção heterônoma é a concedida pelo Poder Legislativo de uma pessoa jurídica de direito público que não tem competência para instituir o tributo, objeto da isenção. A isenção heterônoma é a isenção de tributo de alheia competência".[22]

No entanto, essa discussão inicia, necessariamente, por uma análise integrada, no pertinente, do texto constitucional, que tem prevalência sobre os tratados e leis, como já restou comprovado anteriormente. É importante, nesta senda, destacar alguns artigos da Carta Magna.

"Art. 84. Compete privativamente ao Presidente da República: (...) VII – manter relações com os estados Estrangeiros e acreditar seus representantes diplomáticos; VIII – celebrar tratados, convenções e atos internacionais, sujeitos a referendo do Congresso Nacional; (...)."

"Art. 21. Compete à União: I – manter relações com Estados estrangeiros e participar de organizações internacionais; (...)."

"Art. 49. É de competência exclusiva do Congresso Nacional: I – resolver definitivamente sobre tratados, acordos ou atos internacionais que acarretem encargos ou compromissos gravosos ao patrimônio nacional; (...)."

Dentro desse quadro normativo é que se propõe fazer uma ampla discussão sobre a extensão e limites da vedação contida no citado art. 151, III, da CF para, em tratado internacional de matéria tributária, a União instituir isenção de tributos de competência dos Estados-membros, Municípios e Distrito Federal.

O Presidente da República é a autoridade competente para celebrar tratados, convenções e atos internacionais. É o Presidente, como Chefe de Estado, a única pessoa que pode exercer a imprescindível representatividade, sujeito a referendo do Congresso Nacional.

A discussão pode ser introduzida dizendo que não é a União – compreendida apenas como um dos entes políticos da organização político-administrativa brasileira (art. 18 da CF) – quem celebra os tratados, mas sim a República Federativa do Brasil, que comporta a União mas também os Estados-membros, o Distrito Federal e os Municípios.

Nessa senda, Heleno Torres sustenta que a União, "enquanto representante da República Federativa do Brasil, logo, pessoa jurídica de direito público internacional, constitucionalmente competente para comprometer o Estado Brasileiro na ordem internacional, não se confunde com a 'União' pessoa jurídica de direito público interno, que compõe a organização político-administrativa brasileira (art. 18/CF), de forma federativa (art. 1º/CF), dotada das atribuições constitucionalmente distribuídas segundo os interesses do constituinte".[23]

O citado autor trata a questão sob o ponto de vista federativo, fazendo uma distinção entre ordem jurídica global, que é inerente à República Federativa do Brasil, sujeito de direito público externo, e as ordens jurídicas internas definidas na Constituição (União, Estados, Distrito Federal e Municípios) – divisão de competências que internacionalmente não tem relevância, vez que não têm autoridade para comprometer

22. *Comentários à Constituição de 1988: Sistema Tributário*, 7ª ed., p. 388.

23. *Pluritributação Internacional ...*, p. 585.

o Estado Brasileiro, especialmente quando da assinatura de um tratado.

Parece óbvio, mesmo, que entre as *ordens jurídicas parciais* ou *internas* não há relação hierárquica, senão isonomia, cada qual autônoma em face da divisão de competências prevista na Constituição. No entanto, parece-nos que, necessariamente, há que se fazer distinção entre interesses soberanos do Estado Brasileiro quando assina tratado internacional e interesses das unidades da Federação enquanto divididas por competência para instituir tributos.

José Souto Maior Borges,[24] citado por Heleno Torres, na mesma linha, entende que seria um "equívoco elementar transportar os critérios constitucionais de repartição das competências para o plano das relações interestatais. Essas reclamam paradigma diverso de análise. Nesse campo, como já o fizera dantes com as leis nacionais, a Constituição Federal dá à União competência para vincular o Estado Brasileiro em nome dela e também dos Estados-membros e Municípios. A procedência dessa ponderação é corroborada pelo art. 52, § 2º, da CF, *in fine*, ao referir expressamente os 'tratados internacionais em que a República Federativa do Brasil *[sic: não a União Federal]* é parte'. São, pois, áreas diversas e autônomas de vinculação jurídica".

Daniela Ribeiro de Gusmão,[25] em artigo que publicou na *RDA* 216, trilhando o mesmo caminho, faz interessante diferenciação entre *autonomia* e *soberania*. Explica a autora – citando o ensinamento de Victor Uckmar,[26] na sua obra *Princípios Comuns de Direito Constitucional Tributário* – que "o conceito de autonomia pode ser entendido nos dois sentidos no âmbito do direito público, isto é, de independência de um ente da Administração Central e de potestade do ente de ditar normas".

"Já a soberania – continua a mesma autora – é concentrada na Nação, que, politicamente organizada, forma a República Federativa do Brasil, estando a mesma, no contexto internacional, representada pela União. Como estabelecido no art. 21 da CF, a União, no contexto externo, é o único ente soberano, representante dos Estados-membros no contexto internacional".

Ressalta a citada autora que, quando vem à mente a idéia de Estado, não está ele fracionado, mas sim soberano, não submetido a qualquer outra ordem (interna) da mesma espécie, observando que o poder soberano do Estado é ilimitado do ponto de vista jurídico.

Por isso, o fato de os Estados-membros e Municípios gozarem de autonomia de competência, fixada na Constituição, não quer dizer que sejam entes de direito público externo capazes de direitos e obrigações – prerrogativa somente atribuível ao Estado Federal, representado pelo Presidente da República e União Federal, que é soberano nas decisões que toma no âmbito do Direito Internacional, especialmente quanto aos tratados. A divisão de competências na ordem interna não implica diminuição de autonomia dos interesses soberanos do Estado nas relações que mantém com outros Estados.

A mesma ilustrada autora quer levar à conclusão de que os Estados-membros, embora autônomos no âmbito do Direito Interno, não são soberanos, assim como internamente também não o é a própria União. Tanto a União quanto os Estados-membros, Distrito Federal e Municípios são pessoas de direito público interno, com competências delimitadas internamente – competência, essa, conferida pela Constituição Federal de 1988.

24. "Isenções em tratados internacionais de impostos dos Estados-membros e Municípios", in Celso Antônio Bandeira de Mello (org), *Direito Tributário. Estudos em Homenagem a Geraldo Ataliba*, v. 1, pp. 166-178 (p. 177).

25. "A concessão, pela União, de isenções de tributos estaduais e municipais – Possibilidade no âmbito dos tratados internacionais", *RDA* 216/109-124 (pp. 111-112).

26. *Princípios Comuns de Direito Constitucional Tributário*, São Paulo, Ed. RT/EDUC, 1976 (*apud* Daniela Ribeiro de Gusmão, "A concessão, ...", *RDA* 216/111-112).

No entanto, no plano externo, do Direito Internacional, a República Federativa do Brasil é soberana e representa a Nação, aí incluídos os Estados-membros, Distrito Federal e Municípios.

Roque Antônio Carrazza também observa que:

"No *plano internacional, [a União]* representa a totalidade do Estado Brasileiro, (...). Sob esse enfoque, concentra a soberania da Nação, que exerce, em pé de igualdade, perante os demais Estados independentes (art. 21, I e II, da CF). (...).

Já, no *plano interno*, a União é pessoa política, autônoma, investida pela Constituição de atribuições privativas (arts. 21, 34, 145, 153, 154 etc.). Semelha-se, aqui, aos Estados-membros, que, como ela, são autônomos."[27]

Não se nega, com isso, a autonomia decorrente do Estado Federativo. No entanto, os *entes federados* não possuem personalidade jurídica internacional, não podendo se relacionar com outros Estados soberanos neste cenário. Somente a República Federativa é que pode, no *direito das gentes*, assumir compromissos decorrentes de tratados e acordos internacionais.

Assim, quando assume compromissos em tratados, a União não atua como ente federado da divisão político-administrativa, mas congrega toda a Nação. É o que Souto Maior chama de *caráter bifronte da União*.[28]

Heleno Torres observa que:

"A União, na qualidade de pessoa de direito público internacional, não está limitada em seu poder por efeito do princípio federativo, afinal, *in casu*, ela exerce exclusivamente a soberania, sem conhecer qualquer limitação, a salvo as de direitos humanos ou dos princípios e regras de Direito Internacional, seja de ordem interna, uma vez que os entes federados são apenas autônomos, e não 'soberanos', seja de ordem externa, quanto ao direito de Estados estrangeiros.

"As normas constitucionais de 'repartição de competência tributária', e, por corolário, as de 'limitações ao poder de tributar', estão dispostas para a distribuição de competências entre si, o que não impede que os compromissos, em matéria tributária, internacional e soberanamente assumidos pela União, representante da República Federativa do Brasil (quando atende a interesses de cunho nacional.), derroguem as prescrições constitucionais predispostas para a supressão de possíveis conflitos de competência, em vista de soberania.

"Seria ilógico pensar que apenas a União (pessoa jurídica de direito publico interno – ordem parcial autônoma, do mesmo modo como os Estados e Municípios) tivesse de ser a única a sofrer as coarctações ou a beneficiar-se das concessões inerentes às disposições acordadas nas convenções firmadas pela Republica Federativa do Brasil. O interesse nacional deve prevalecer sobre os interesses dos entes federados, sempre, pelo quê não se deve confundir autonomia com sabedoria estatal. Outros fundamentos tão relevantes quanto o federalismo, como é o caso da presença da Nação na ordem internacional com autodeterminação, respeitando a todos os preceitos insculpidos no art. 4º da Constituição, exigem tal postura hermenêutica.

"E dizendo isso estamos afirmando que não há qualquer antinomia entre normas tributárias de Direito Interno que tragam na hipótese de incidência materialidade isenta por tratado internacional, pela necessária prevalência de aplicabilidade que se deve conferir ao Direito Internacional."[29]

Pela autoridade e embasamento dos argumentos do professor Heleno Torres, merece especial destaque e atenção seu po-

27. *Curso de Direito Tributário*, 19ª ed., pp. 129-130.

28. "Isenções em tratados internacionais ...", in Celso Antônio Bandeira de Mello (org), *Direito Tributário. Estudos em Homenagem a Geraldo Ataliba*, v. 1, p. 172.

29. *Pluritributação Internacional* ..., pp. 585-586.

sicionamento sobre o tema, muito em função de que vem sedimentado por lições doutrinárias de outros Mestres.

Vê-se real sentido no entendimento acima esposado quando se verifica o próximo passo que deve ser dado para internalizar à ordem legal o texto de qualquer tratado. No Brasil, é sabido, após a sua assinatura é necessária a aprovação do Congresso Nacional. A justificativa da aprovação legislativa decorre do fato de que quem é o titular da soberania é o povo, cujos representantes são os parlamentares eleitos. Assim, como o tratado internacional obriga todo o povo, a aprovação de seus representantes é corolário lógico-formal.

Existem, no entanto, juristas de escol com posicionamentos diametralmente opostos. Roque Antônio Carrazza[30] é um deles. Contrapõe o argumento de que a União, quando firma um tratado, está representando a República Federativa do Brasil enquanto ordem jurídica global, dizendo que existe na Constituição da República vedação expressa. Além disso, que as exceções também estão expressas na Carta Magna (arts. 155, § 2º, XII, "e", e 156, § 3º, II, ambos da CF), e dentre tais exceções não está prevista a hipótese de concessão mediante tratado internacional. Ainda, que a União, mesmo no plano internacional, está subordinada à Constituição. Por isso, nem mesmo o Congresso Nacional poderia – na visão do precitado autor – referendar isenção heterônoma mediante decreto legislativo, pena de usurpar competências que a Constituição outorgou aos Estados, Municípios e Distrito Federal.

Estudo aprofundado sobre a matéria realizou Waldir Luiz Braga[31] em sua dissertação de Mestrado, não publicada. Invoca, para afastar a possibilidade de concessão de isenção heterônoma em tratados internacionais, o argumento de que um dos princípios adotados pela Constituição Federal é o *federativo*. Tal princípio é imutável, tamanha a relevância que assume, não tendo nem mesmo o Congresso Nacional competência para reduzi-lo em sua *intensidade* e *expressão*, o que decorre do art. 60, § 4º, I, da CF.[32]

Defende o autor supracitado que é pressuposto essencial da Federação a competência dos Estados para legislar sobre certas matérias privativamente, e que a lei federal não é hierarquicamente superior à estadual, estando ambas no mesmo patamar. Da mesma forma, se também em decorrência desta autonomia conferida aos entes da Federação não podem eles instituir tributação recíproca, da mesma forma não poderia a União, ainda que representando a Federação, instituir isenção de tributos estaduais ou municipais em tratados que firma, pois isso vulneraria o princípio federativo. Alie-se a isso o fato de a competência dos entes federados não ser delegada da União, pois provém do próprio texto constitucional a condição de serem os titulares de tal competência.

Embora parte a parte, cada qual defendendo seu posicionamento, tenham razões de fato e de direito importantes, parece-nos que no Brasil não temos como desfocar a discussão, mais uma vez, da Constituição Federal, que – todos concordam – é a lei máxima da Nação, hierarquicamente superior a qualquer disposição contida em tratados internacionais, que podem sofrer do vício da inconstitucionalidade.

Além disso, impressiona o raciocínio de que a vedação de isenção heterônoma como princípio é bem-vinda ao federalismo, pois cada ente interno detém sua competência como titular dela, não como delegado da União.

No entanto, é de se destacar que a própria Constituição Federal, como exceção, permite a possibilidade de serem instituídas isenções heterônomas. É o que se

30. *Curso* ..., 19ª ed., pp. 774-775.

31. *Os Tratados Internacionais no Direito Tributário Brasileiro*, 1995.

32. CF, art. 60, § 4º: "Não será objeto de deliberação proposta de emenda tendente a abolir: I – a forma federativa de Estado".

depreende dos art. 155, § 2º, XII, "e", e 156, § 3º, II, do referido Texto Maior, que prevêem a possibilidade de a União excluir da incidência do ICMS e ISS certos produtos e serviços destinados para o Exterior, conforme o caso, mediante lei complementar.

Assim, firmado e ratificado um tratado internacional em matéria tributária, onde se comprometeu o Estado Brasileiro a conceder isenção de impostos[33] de competência dos Estados e/ou Municípios, pode, mediante edição de lei complementar, fazer valer tais isenções sem vulnerar a repartição de competências prevista na Constituição.

Não se pode esquecer que toda essa discussão tem origem, principalmente, em preceito da Constituição de 1967, que, no seu art. 19, § 2º, dispunha que: "A União, mediante lei complementar e atendendo a relevante interesse social ou econômico nacional, poderá conceder isenções de impostos estaduais e municipais". Tal dispositivo, demasiadamente amplo, foi o motivo do *freio* que o constituinte quis colocar na União para restabelecer a repartição de que cada ente federativo é titular e estreitar a possibilidade da concessão de isenção heterônoma para as hipóteses expressamente previstas na Constituição.

De outra parte, não se pode olvidar que a comentada vedação engessa o país de manter relações econômicas com os demais países de forma a realizar e receber concessões de isenção de impostos, notadamente pelo fato de muitos países não adotarem o mesmo sistema de repartição de competência tributária, o que dificulta ainda mais a possibilidade de se realizar tratados que se possa cumprir.

Já se têm experiências anteriores, como a do Tratado de Itaipu, por exemplo, onde os interesses sociais, econômicos e políticos existentes, se transportados para os diais atuais, venceriam eventuais entraves quanto à concessão de isenção de imposto da competência dos Estados e Municípios pela União, vez que o relevante interesse na concretização da obra provavelmente sobrepujaria qualquer entrave de ordem jurídica.

Há que se entender, também, que o que era caracterizado na Constituição Federal de 1967 como *relevante interesse social ou econômico nacional* não teria a mesma conotação nos dias de hoje, pois a realidade brasileira, após quase 40 anos, é bem diferente.

Em razão disso, embora a vedação constitucional, parece que a dinâmica das relações internacionais pede, com responsabilidade, maior autonomia para a União conceder, quando relevantes os interesses, isenção heterônoma de impostos. Não é à toa que o *Projeto de Reforma Fiscal*[34] prevê alteração no dispositivo do art. 151, III, da CF, que passaria a dispor o seguinte: "É vedado à União conceder isenção de tributo da competência dos Estados, do Distrito Federal ou dos Municípios, *salvo quando previsto em tratado, convenção ou ato internacional do qual o Brasil seja signatário*" (grifos nossos).

3.2 Contemporaneidade/ inconstitucionalidade do art. 98 do CTN

Dentro do contexto de tudo o que até agora foi dito, surge o tão comentado art. 98 do CTN, que dispõe: "Os tratados e as convenções internacionais revogam ou modificam a legislação tributária interna, e serão observados pela que lhes sobrevenha".

As discussões referentes ao primado do Direito Internacional sobre o Direito Interno, *lex posterior derogat priori*, caráter bifronte da União, entre outras, vêm à tona novamente para se poder interpretar

33. Roque Carrazza (*Curso* ..., 19ª ed., p. 771) entende, baseado nas exceções previstas na Constituição, que a isenção heterônoma pode ser instituída apenas para o ICMS e ISS, não para os demais impostos estaduais e municipais.

34. Conforme referido em rodapé por Carrazza, *Curso* ..., 19ª ed., p. 775.

corretamente o espírito e extensão do citado artigo do Código Tributário Nacional.

O Código Tributário Nacional é lei complementar – ou seja, como o próprio nome diz, insculpida para complementar a Constituição Federal. Embora preceda à atual Carta, vez que do ano de 1966, grande parte de seus dispositivos foi recepcionada pela Constituição Federal de 1988.

A primeira observação[35] a ser feita é que o legislador, segundo vários doutrinadores, laborou em equívoco ao falar em revogação da norma interna pela internacional. Não se trata, aqui, de ab-rogação, mas a norma de Direito Interno permanece válida, apenas sua eficácia fica *paralisada* em relação aos atos e fatos disciplinados pelas convenções internacionais. Nas demais hipóteses, onde não haja o conflito com a norma dos tratados, a lei interna mantém sua validade e eficácia.[36]

Dentro desse quadro surge o questionamento sobre se a atual Carta Magna recepcionou o citado art. 98 do CTN. Mas o cerne da controvérsia reside no fato de que, se o art. 98 do CTN foi recepcionado pela Constituição Federal de 1988, os Estados-membros e os Municípios não poderão legislar contrariamente a disposições contidas em tratados que impuserem isenções de tributos de suas competências. Ou seja, se o precitado artigo goza de plena eficácia, eventuais leis estaduais ou municipais que não observassem o tratado assinado afrontariam o texto da lei complementar (Código Tributário),[37-38] que é lei nacional.

35. V. Grupenmacher, *Tratados Internacionais* ..., p. 113.

36. Nesse mesmo sentido: Alberto Xavier, *Direito Internacional do Brasil*, 2ª ed., pp. 102-103.

37. Lei complementar é uma espécie normativa reservada para o tratamento de matérias constitucionalmente indicadas (cf. Braga, *Os Tratados Internacionais* ..., p. 93).

38. O citado autor entende que o Código Tributário Nacional não é lei complementar, mas ordinária, pois à época em que foi introduzida no direito positivo brasileiro vigorava a Constituição de 1946, a qual simplesmente não previa essa espécie normativa.

Entretanto, muito se tem questionado a constitucionalidade do art. 98 do CTN. Os principais argumentos foram bem sintetizados por Natanael Martins:[39] (a) porque teria ferido o princípio federativo; (b) porque entra em choque com o texto da Constituição Federal de 1988 (art. 151, III); e (c) porque no caso de conflito da norma de Direito Interno com norma de Direito Internacional a questão deve ser resolvida pelo princípio *lex posterior derogat priori* – ou seja: havendo um conflito, deve prevalecer sempre a última palavra do Congresso.

O primeiro grande argumento que põe em dúvida a constitucionalidade do citado artigo de lei é que a Constituição Federal encarregou-se de limitar o alcance da lei complementar (art. 146 da CF). Nessa senda, entende-se que o art. 98 do CTN não é norma geral de direito tributário sobre conflitos de competência entre os entes tributantes – matéria prevista no inciso I do art. 146 da CF; muito menos regula as limitações constitucionais ao poder de tributar (inciso II do art. 146 da CF). O mesmo se diga em relação ao inciso III do mesmo artigo da Carta Magna. Dessa forma, a lei complementar onde está inserido o art. 98 vulnera outros dispositivos constitucionais – os que prevêem a repartição de competência entre os entes federados –, configurando invasão de competência.

Além disso, o Código Tributário Nacional extravasou de sua competência, pois criou prevalência entre tratado e lei que somente o legislador constituinte poderia estabelecer.[40]

Outra crítica: se é verdade que o art. 98 do CTN preceitua a primazia do tratado internacional sobre a legislação tributária interna, essa prevalência, quando se trata de isentar tributos estaduais e municipais,

39. "Tratados internacionais em matéria tributária", *Cadernos de Direito Tributário e Finanças Públicas* 3/193-201, n. 12 (p. 195).

40. V. José Alfredo Borges, "Tratado internacional em matéria tributária como fonte de Direito", *RDTributário* 8/161-178, ns. 27-28 (p. 172).

não se sobrepõe ao texto da Constituição, que veda à União "instituir isenções de tributos da competência dos Estados, do Distrito Federal ou dos Municípios" (art. 151, III, da CF).

Heleno Torres, por exemplo, entende que a prevalência do Direito Internacional sobre o Interno[41] poderia ser resolvida independentemente da redação do artigo, muito embora reconheça que a segunda parte do citado dispositivo "possui um comandamento ao próprio sistema e regula as relações entre as normas convencionais e as normas ulteriormente introduzidas no sistema de direito tributário interno".[42]

Natanael Martins[43] diz que o art. 98 do CTN é constitucional, pois buscou explicitar um princípio que sempre esteve implícito no ordenamento pátrio – o da prevalência dos tratados internacionais sobre a legislação interna.[44]

Parece que assiste razão àqueles que entendem que o legislador teve por objetivo, ao editar a norma do art. 98 do CTN, disciplinar a legislação infraconstitucional em matéria tributária, não a Constituição, que não se curva diante de textos legais pretéritos, como também para tratados internacionais, como já debatido.[45]

Afora o já citado julgamento realizado pelo Pleno do STF, o STJ já se pronunciou sobre a interpretação que dá ao art. 98 do CTN quando se trata de aplicá-lo em razão de um tratado internacional.

Ao julgar, em 17.6.1997, o REsp 90.871-PE, a 1ª Turma do STJ manifestou entendimento no sentido de que o art. 98 do CTN deve ser interpretado em consonância com o art. 151, III, da CF, em acórdão assim ementado, *verbis*:

"Tributário – Isenção – ICMS – Tratado internacional.

"1. O sistema tributário instituído pela Constituição Federal/1988 vedou à União Federal conceder isenção a tributos de competência dos Estados, do Distrito Federal e Municípios (art. 151, III).

"2. Em conseqüência, não pode a União firmar tratados internacionais isentando o ICMS de determinados fatos geradores, se inexiste lei estadual em tal sentido.

"3. A amplitude da competência outorgada à União para celebrar tratados sofre os limites impostos pela própria Carta Magna.

"4. O art. 98 do CTN há de ser interpretado com base no panorama jurídico imposto pelo novo Sistema Tributário Nacional.

"5. Recurso especial improvido."

O Min. Relator, em seu voto, observa que: "Certo é que a amplitude que a Constituição Federal outorga à União Federal

41. José Carlos Faleiro ("A supremacia dos acordos internacionais sobre a legislação interna", in *Comentários ao Código Tributário Nacional*, v. 3/71) sustenta a constitucionalidade do art. 98 do CTN, sob o argumento básico de que ali se consagrou, em termos categóricos, o princípio da superioridade do Direito Internacional convencional sobre o Direito Interno.

42. Heleno Torres, *Pluritributação Internacional* ..., p. 581. Ressalta, ainda, o ilustrado professor: "Este dispositivo assegura o cumprimento das disposições pactuadas, mas de modo algum veda à atividade legislativa a possibilidade de inovação sistêmica, salvo a edição de normas dirigidas exclusivamente contra uma ou todas as disposições da convenção. É uma restrição ao sistema, quanto à produção normativa, posta para evitar possíveis hipóteses de desobediência ao conteúdo das convenções, isoladamente, coarctando qualquer possibilidade de futura ab-rogação ou derrogação por parte de lei interna às convenções em espécie".

43. "Tratados internacionais ...", *Cadernos de Direito Tributário e Finanças Públicas* 3/195.

44. O citado autor faz uma interpretação histórica, observando que: "Roberto de Ulhôa Canto, que, ao lado de Rubens Gomes de Sousa, foi um dos autores do anteprojeto do Código Tributário Nacional, discorrendo a propósito da questão, dando a dimensão exata do porquê do art. 98, testemunha que ao elaborá-lo buscaram consagrar o princípio que àquela ocasião era tranqüilamente aceito pela jurisprudência de nossos Tribunais, ou seja, de que os tratados e as convenções internacionais revogam ou modificam a legislação tributária interna e serão observados pela que lhes sobrevenha".

45. Francesco Conte, "O tratado internacional e a isenção de tributos estaduais e municipais: breves reflexões", *RDDT* 35/36-37.

para celebrar tratados recebe os limites impostos pela própria Carta. No caso, há, em tema de isenção, a proibição constitucional da União instituir isenções tributárias da competência dos Estados, do Distrito Federal e dos Municípios (art. 151, III, CF)" (*sic*).

Mas parece que a solução mais consentânea pode ser extraída de antigas lições. Vislumbra-se que a criticada distinção entre *tratado-lei* e *tratado-contrato* é que *salva* o art. 98 do CTN da pecha de inconstitucional. O STF, no julgamento do RE 80.004, interpretou a parte final do art. 98 do CTN, em lição do Min. Cunha Peixoto, nos seguintes termos:

"(...) o dispositivo refere-se a tratados e convenções. Isto, porque os tratados podem ser normativos, ou contratuais. Os primeiros traçam regras sobre pontos de interesse geral, empenhando o futuro pela admissão de princípio abstrato, no dizer de Tito Fulgêncio. Contratuais são acordos entre governantes acerca de qualquer assunto. O contratual é, pois, título de direito subjetivo.

"Daí o art. 98 declarar que tratado ou convenção não é revogado por lei tributária interna. É que se trata de um contrato, que deve ser respeitado pelas partes."

Os tratados-contratos representam para os Estados o mesmo que os contratos representam para os particulares. Para Celso de Albuquerque Mello[46] a distinção remonta a Bergbohm, que observou a distinção de tratado-lei e tratado-contrato pela finalidade, ou não, de criar normas jurídicas. Exemplo de tratado-contrato são os acordos de comércio, onde se criam situações jurídicas subjetivas, e não objetivas, podendo qualquer das partes, dentro de certas *regras gerais de conduta* previamente ajustadas, determinar como implementar suas regras.[47]

Assim, parece válido afirmar que a segunda parte do art. 98 do CTN somente tem aplicação quando se tratar de tratado-contrato. Quando em choque com um tratado normativo, incorporado ao Direito Interno, não tem aplicação a segunda parte do citado dispositivo, pois aí ganha corpo o princípio *lex posterior derogat priori*.

4. *Considerações finais*

Após as leituras realizadas sobre o tema discutido neste trabalho, a conclusão é a de que não se pode analisar a matéria apenas do ponto de vista jurídico, dentro de uma ótica restrita à realidade nacional.

Os conflitos entre tratados e leis conflitantes onde pairem dúvidas sobre qual deva ser aplicado encontra solução no critério de cronologia (*lex posterior derogat priori*) – matéria que foi longamente debatida pelo Pleno do STF no julgamento do RE 80.004, julgado em 1977, cujos fundamentos até hoje não foram suplantados por outra orientação. Não existe no Direito Internacional norma que assegure sua primazia sobre o Direito Interno.

Do ponto de vista jurídico há unanimidade no sentido de que a Constituição Federal de 1988 prepondera sobre qualquer norma de Direito Internacional, anterior ou posterior à sua promulgação. Somente a inclusão de um dispositivo na Constituição Federal que atribuísse superioridade ao tratado poderia modificar essa interpretação. No entanto, tal hipótese, diante do acanha-

46. *Curso de Direito Constitucional Público*, 8ª ed., v. 1, p. 148.

47. Rezek (*Direito Internacional*..., 8ª ed., pp. 28-29) ressalta, com base nas críticas de Hans Kelsen, que a distinção entre tratados *contratuais* e tratados *normativos* vem padecendo de uma incessante perda de prestígio e muito pouco préstimo oferece ao estudo do próprio direito dos tratados. Não obstante, parece que o mesmo raciocínio não vale para tratados contratuais em matéria tributária, pois, uma vez firmados, podem e devem ser respeitados pela legislação tributária que lhes sobrevenha, com base no *pacta sunt servanda* e na forma do art. 98 do CTN. Com o tratado normativo a situação seria diferente. Como no tratado *normativo* se estabelece uma regra de Direito, objetivamente válida, a obrigatoriedade de observância pela legislação posterior implicaria usurpar competência legislativa – o que é inconstitucional.

do estágio de desenvolvimento do país nesta área (muito embora o sensível avanço dos últimos oito anos), pode representar um risco desnecessário, vez que a dimensão do país e suas diferentes realidades dificultam uma solução uniforme.

Assim, ao celebrar um tratado internacional em matéria tributária, a União tem que observar o texto do art. 151, III, da CF, que trata da impossibilidade de instituir isenção de impostos de competência dos Estados-membros, Distrito Federal e/ou Municípios, com as exceções previstas nos arts. 155, § 2º, XII, "e", e 156, § 3º, II, ambos da CF.

Louváveis os argumentos apresentados pelos internacionalistas, especialmente o de que a União, quando celebra um tratado internacional, o faz em nome da República Federativa do Brasil, e não como ente jurídico de direito público interno. No entanto, a União, mesmo no plano internacional, está subordinada à Constituição Federal.

Do ponto de vista político e econômico, numa visão mais integracionista, não se pode esquecer que a Comunidade Européia vem deixando de lado o vetusto conceito de soberania, dando exemplos de integração. Como observado por Rezek[48] em palestra proferida no Encontro Internacional *Questões Jurídicas no Processo de Integração do MERCOSUL*, "a experiência comunitária onera muito pouco em relação aos benefícios que proporciona".

Em face disso é que se pode pretender seja alterado o texto do art. 151, III, da CF, para fazer constar as alterações sugeridas no *Projeto de Reforma Fiscal*, ficando a redação do artigo da seguinte forma: "É vedado à União conceder isenção de tributo da competência dos Estados, do Distrito Federal ou dos Municípios, salvo quando previsto em tratado, convenção ou ato internacional do qual o Brasil seja signatário".

48. "Tratados e suas relações com o ordenamento jurídico interno: antinomia e norma de conflito", *Revista do Centro de Estudos Judiciários* 1/54-59, n. 2 (p. 57).

Quanto ao art. 98 do CTN, é lícito supor que sua primeira parte está em consonância com o ordenamento jurídico, pois efetivamente os tratados e convenções internacionais revogam e/ou modificam a legislação tributária interna. Já a sua segunda parte tem aplicabilidade somente quando se tratar de *tratados-contratos*, entendido como aqueles que criam situações jurídicas subjetivas, como são exemplos os acordos de comércio.

Assim, somente a inclusão de um dispositivo no texto da Constituição – não obstante os argumentos em sentido contrário – permitiria à União, quando celebra um tratado internacional, instituir isenção de impostos de competências dos Estados-membros, Distrito Federal e Municípios.

Referências bibliográficas

AMARO, Luciano. *Direito Tributário Brasileiro.* 2ª ed. São Paulo, Saraiva, 1988.

AMATUCCI, Andrea. "Il conflitto tra norme internazionali ed interne tributarie". *Rivista di Diritto Tributário Internazionale* 1/59-94. Roma, janeiro-abril/1999.

ATALIBA, Geraldo. *Hipótese de Incidência Tributária.* 6ª ed., 4ª tir. São Paulo, Malheiros Editores, 2003.

__________. *Lei Complementar na Constituição.* São Paulo, Ed. RT, 1971.

BALEEIRO, Aliomar. *Direito Tributário Brasileiro.* 6ª ed. Rio de Janeiro, Forense, 1974.

BOBBIO, Norberto. *Teoria do Ordenamento Jurídico.* 4ª ed. Brasília/DF, UnB, 1994.

BORGES, Antônio de Moura. "Convenções sobre dupla tributação internacional entre Estados desenvolvidos e Estados em desenvolvimento". *RDDT* 8/21-38. São Paulo, Dialética, 1996.

__________. "Meios de solução dos conflitos internacionais de dupla tributação". *Cadernos de Pesquisa* 7/7-35. Teresina, outubro/1989.

BORGES, José Alfredo. "Tratado internacional em matéria tributária como fonte de Direito". *RDTributário* 8/161-178. Ns. 27-28. São Paulo, janeiro-junho/1984.

BORGES, José Souto Maior. *Isenções Tributárias*. 2ª ed. São Paulo: Sugestões Literárias, 1969.

————. "Isenções em tratados internacionais de impostos dos Estados-membros e Municípios". In: MELLO, Celso Antônio Bandeira de (org). *Direito Tributário: Estudos em Homenagem a Geraldo Ataliba*. v. 1. São Paulo, Malheiros, 1997 (pp. 166-178).

————. *Lei Complementar Tributária*. São Paulo, Ed. RT, 1975.

BRAGA, Waldir Luiz. *Os Tratados Internacionais no Direito Tributário Brasileiro*. Dissertação de Mestrado. São Paulo, Pontifícia Universidade Católica, Faculdade de Direito, 1995.

BRASIL, Francisco de Paula S. "Legislação tributária e tratados internacionais". *RF* 308. Rio de Janeiro, Forense.

CARRAZZA, Roque Antônio. *Curso de Direito Constitucional Tributário*. 19ª ed. São Paulo, Malheiros Editores, 2003.

————. "MERCOSUL e tributos estaduais, municipais e distritais". *RDTributário* 64/182-191. São Paulo, Malheiros Editores, abril-junho/1993.

————. *Princípios Constitucionais Tributários e Competência Tributária*. São Paulo, Ed. RT, 1986.

CARVALHO, Nélson Ferreira de, e HORVATH, Estevão. "Tratado internacional, em matéria tributária, pode exonerar tributos estaduais". *RDTributário* 64/262-268. São Paulo, Malheiros Editores, 1995.

CASELLA, Paulo Borba. *Direito Internacional Tributário Brasileiro*. São Paulo, LTr, 1995.

COÊLHO, Sacha Calmon Navarro. *Comentários à Constituição de 1988: Sistema Tributário*. 7ª ed. Rio de Janeiro, Forense.

————. *Noções da Fiscalidade Internacional*. Belo Horizonte, UFMG, 1998.

————. "Validade e extensão dos tratados internacionais em matéria tributária perante a Constituição Federal do Brasil de 1988" – "Imposto de Renda: Estudos". *Resenha Tributária* 31/33-62. São Paulo, Resenha Tributária, novembro/1992.

CONTE, Francesco. "O tratado internacional e a isenção de tributos estaduais e municipais: breves comentários". *RDDTributário* 35/32-39. São Paulo, Dialética, 1998.

COSTA, Alcides Jorge. *ICM na Constituição e na Legislação Complementar*. São Paulo, Resenha Tributária, 1978.

DINIZ, Maria Helena. *Compêndio de Introdução à Ciência do Direito*. São Paulo, Saraiva, 1988.

————. *Conflito de Normas*. São Paulo, Saraiva, 1987.

FALEIRO, José Carlos. "A supremacia dos acordos internacionais sobre a legislação interna". *Comentários ao Código Tributário Nacional*. v. 3. São Paulo, José Bushatsky Editor, 1977.

FERRAZ JR., Tércio Sampaio. "Antinomia". *Enciclopédia Saraiva de Direito*. v. 7. São Paulo, Saraiva, 1978 (pp. 14 e ss.).

GOMES, Luiz Flávio. "A questão da obrigatoriedade dos tratados e convenções no Brasil". *RT* 710/22. São Paulo, Ed. RT.

GRUPENMACHER, Betina Treiger. *Tratados Internacionais em Matéria Tributária e Ordem Interna*. São Paulo, Dialética, 1999.

GUSMÃO, Daniela Ribeiro de. "A concessão, pela União, de isenções de tributos estaduais e municipais – Possibilidade no âmbito dos tratados internacionais". *RDA* 216/109-124. Rio de Janeiro, abril-junho/1999.

HORVATH, Estevão, e CARVALHO, Nélson Ferreira de. "Tratado internacional, em matéria tributária, pode exonerar tributos estaduais". *RDTributário* 64/262-268. São Paulo, Malheiros Editores, 1995.

LOURENÇO, Vladimir Rossi. "Tratados, convenções internacionais e tributação". *RDTributário* 37/167-173. São Paulo, 1986.

MACHADO, Hugo de Brito. *Curso de Direito Tributário*. 22ª ed. São Paulo, Malheiros Editores, 2003.

MALERBI, Diva. "Tributação no MERCOSUL". *Pesquisas Tributárias* 3. Nova Série.

MARTINS, Natanael. "Tratados internacionais em matéria tributária". *Cadernos de Direito Tributário e Finanças Públicas* 3/193-201. N. 12. São Paulo, julho-setembro/1995.

————. *Tratados Internacionais em Matéria Tributária. Imposto de Renda.* São Paulo, Resenha Tributária, 1991 (*Estudos n. 20*).

MELLO, Celso Antônio Bandeira de (org). *Direito Tributário: Estudos em Homenagem a Geraldo Ataliba.* v. 1. São Paulo, Malheiros, 1997.

MELLO, Celso de Albuquerque. *Curso de Direito Constitucional Público.* 8ª ed., v. 1. Rio de Janeiro, Freitas Bastos, 1986.

NOVELLI, Flávio Bauer. "Anualidade e anterioridade na Constituição de 1988". *RDA* 179-180. 1990.

————. "Norma constitucional inconstitucional?". *RDA* 199. 1995.

PIRES, Manoel. *Da Dupla Tributação Jurídica Internacional sobre o Rendimento.* Lisboa, Centro de Estudos Fiscais, 1987.

PONTES, Helenílson da Cunha. "A Contribuição Social sobre o Lucro e os tratados para evitar a dupla tributação sobre a renda". *Grandes Questões Atuais do Direito Tributário.* São Paulo, Dialética, 1997.

————. "Tributação no MERCOSUL". *Pesquisas Tributárias* 3. Nova Série.

RANGEL, Vicente Marotta. "Os conflitos entre o Direito Interno e os tratados internacionais". *Boletim da Sociedade Brasileira de Direito Internacional* 23/29-64. Janeiro-dezembro/1967.

REZEK, Francisco. *Direito Internacional Público: Curso Elementar.* 8ª ed. São Paulo, Saraiva, 2000.

————. "Jurisprudência do Supremo e direto tributário". *RDTributário* 37/120. São Paulo.

————. "Tratados e suas relações com o ordenamento jurídico interno: antinomia e norma de conflito". *Revista do Centro de Estudos Judiciários* 1/54-59. N. 2. Brasília/DF, 1997.

SALOMÃO, Marcelo Viana. "Das inconstitucionalidades do IPVA sobre a propriedade de aeronaves". *RDDT* 13. São Paulo, Dialética.

SANCHES, Marcelo Elias. "Os tratados internacionais e a disciplina dos tributos estaduais e municipais". *RDDT* 59/56-66. São Paulo, Dialética, 2000.

SARAIVA FILHO, Osvaldo Othon de Pontes. "Afinal, tratado internacional pode ou não isentar tributos estaduais e municipais?". *6º Simpósio Nacional IOB.* São Paulo, IOB, 1998 (pp. 113-123).

SOARES DE MELLO, José Eduardo. "Tributação no MERCOSUL". *Pesquisas Tributárias* 3. Nova Série.

TORRES, Heleno Taveira. "Aplicação dos tratados internacionais em matéria tributária: o procedimento de interpretação". *Revista da Associação Brlrasileira de Direito Tributário* 1/109-136. N. 1. Belo Horizonte, 1998.

————. "Convenções internacionais em matéria tributária sobre a renda e o capital – Abrangência de tributos incidentes sobre as empresas". *Grandes Questões Atuais do Direito Tributário.* São Paulo, Dialética, 1997 (pp. 59-86).

————. *Pluritributação Internacional sobre a Renda das Empresas.* São Paulo, Ed. RT, 1997; 2ª ed. São Paulo, Ed. RT, 2001.

VALADÃO, Marcos Aurélio Pereira. *Limitações Constitucionais ao Poder de Tributar e Tratados Internacionais.* Belo Horizonte, Del Rey, 2000.

XAVIER, Alberto. *Direito Internacional do Brasil.* 2ª ed. Rio de Janeiro, Forense, 1993.

XAVIER, Helena de A. Lopes. "Tratados – Superioridade hierárquica em relação à lei face à Constituição Federal de 1988". *RDTributário* 66/30-48. São Paulo, Malheiros Editores, 1996.

IMPOSSIBILIDADE DE USO RETROATIVO DAS INFORMAÇÕES DA CPMF PARA FISCALIZAÇÃO DE OUTROS TRIBUTOS (LEI 10.174/2001)

DANIEL VITOR BELLAN

Mestrando em Direito Tributário pela Pontifícia Universidade Católica de São Paulo (PUC/SP) – Advogado em São Paulo

1. Introdução. 2. Sobre o § 1º do art. 144 do CTN. 3. A estrutura lógica das normas jurídicas e as Leis 9.311/1996 e 10.174/2001. 4. Sobre a vigência e a revogação das normas jurídicas. 5. O princípio da irretroatividade e o art. 106 do CTN: 5.1 Princípio da irretroatividade – 5.2 Art. 106, I, do CTN – 5.3 Art. 106, II, do CTN. 6. Conclusões.

1. Introdução

Ao instituir a Contribuição Provisória sobre Movimentação Financeira – CPMF, a Lei 9.311/1996 criou dever instrumental para as instituições financeiras, consistente na apresentação de informações à Secretaria da Receita Federal identificando os contribuintes e os valores globais das respectivas operações (art. 11, § 2º). O mesmo dispositivo impôs ao referido órgão dever de sigilo em relação às informações prestadas, vedando sua utilização para fins de fiscalização de outros tributos (art. 11, § 3º). Vejamos: "§ 3º. A Secretaria da Receita Federal resguardará, na forma da legislação aplicada à matéria, o sigilo das *informações prestadas, vedada sua utilização para constituição do crédito tributário relativo a outras contribuições ou impostos*" (grifamos).

Em janeiro/2001 foi publicada a Lei 10.174, alterando a redação do dispositivo citado e passando a permitir o uso das informações da CPMF para a fiscalização de outros tributos federais. Vejamos a nova redação do dispositivo: "§ 3º. A Secretaria da Receita Federal resguardará, na forma da legislação aplicável à matéria, o sigilo das *informações prestadas, facultada sua utilização* para instaurar procedimento administrativo tendente a verificar a existência de crédito tributário relativo a impostos e contribuições e para lançamento, no âmbito do procedimento fiscal, do crédito tributário porventura existente, observado o disposto no art. 42 da Lei n. 9.430, de 27 de dezembro de 1996, e alterações posteriores".

Com base nesta autorização legal, a Secretaria da Receita Federal passou a fazer uso das informações da CPMF para fiscalizar o recolhimento do imposto de renda das pessoas físicas e jurídicas. Estas informações, aliadas à presunção legal de omissão de rendimentos criada pelo art. 42 da Lei 9.430/1996 em relação aos depósitos bancários cuja origem dos recursos não seja comprovada pelo contribuinte, transformaram-se em precioso e eficiente instrumento de fiscalização, largamente utilizado pela Secretaria da Receita Federal.

Apesar de a autorização de uso das informações da CPMF ter sido criada somente em 2001, sua utilização pela Secretaria da Receita Federal passou a ser feita em relação a anos anteriores, iniciando-se por 1997. Este procedimento estaria aparentemente amparado pelo Código Tributário Nacional, o qual determina que ao lançamento aplica-se a legislação posterior ao fato gerador que tenha instituído novos processos de fiscalização, ampliando os poderes de investigação das autoridades administrativas (art. 144, § 1º).

Parece-nos, contudo, que esta solução não se conforma com os ditames de nosso ordenamento jurídico, sendo o objetivo do presente trabalho a demonstração da impossibilidade de utilização das informações da CPMF pela Secretaria da Receita Federal para fins de fiscalização de outros tributos em relação aos fatos ocorridos anteriormente à edição da Lei 10.174/2001.

Para tanto, cumpre-nos tecer algumas considerações acerca do citado art. 144, § 1º, do CTN e da estrutura das normas jurídicas veiculadas pelas Leis 9.311/1996 (§ 3º do art. 11) e 10.174/2001, passando também por temas como o princípio da irretroatividade, as denominadas "leis interpretativas" (art. 106, I, do CTN), o conceito de "vigência" e, finalmente, os efeitos da revogação das normas jurídicas.

É importante ressaltar que não temos a pretensão de esgotar o tema, sendo nosso objetivo tão-somente levantar algumas idéias, para reflexão e discussão.

2. *Sobre o § 1º do art. 144 do CTN*

O art. 144 do CTN acolhe o princípio *tempus regit actum*, pelo qual os fatos jurídicos são regidos pelas normas vigentes no momento de sua ocorrência. Tratando-se de direito material (*caput*), aplica-se a norma então vigente, ainda que posteriormente modificada ou revogada. Tratando-se, contudo, de direito processual (§ 1º), aplica-se a norma vigente no momento da prática do ato processual, mesmo que esta seja posterior à ocorrência do fato gerador do tributo.

Apesar da aparente distinção, o regime aplicável é o mesmo tanto para o direito material quanto para as normas processuais. A norma aplicável é sempre aquela vigente no momento da ocorrência do fato. Em relação ao fato gerador (ocorrido no passado) será aplicável a norma então vigente. No tocante ao ato processual (que ainda não foi praticado) será aplicável a norma atual, ainda que posterior ao fato gerador. Nos dois casos, contudo, a norma aplicável é sempre a vigente na data da ocorrência do fato, seja ele material ou processual.

Esta reflexão já nos permite constatar que não há qualquer espécie de retroatividade no conteúdo do disposto no § 1º do art. 144 do CTN – conclusão de importância central para o presente estudo.

A aplicabilidade imediata das normas processuais consiste, ademais, em regra geral acolhida pelo Direito Brasileiro, tendo sido positivada também no Código de Processo Civil (art. 1.211) e no Código de Processo Penal (art. 2º).[1]

Para uma melhor análise do instituto no direito tributário, vejamos a letra do art. 144 do CTN:

"Art. 144. O lançamento reporta-se à ocorrência do fato gerador da obrigação e rege-se pela lei então vigente, ainda que posteriormente modificada ou revogada.

"§ 1º. *Aplica-se ao lançamento a legislação que, posteriormente à ocorrência do fato gerador da obrigação, tenha instituído novos critérios da apuração ou pro-*

1. Júlio Fabbrini Mirabete, *Código de Processo Penal Interpretado*, 2ª ed., São Paulo, Atlas, 1994, p. 31.

cessos de fiscalização, ampliando os poderes de investigação das autoridades administrativas, ou outorgado ao crédito maiores garantias ou privilégios, exceto, neste último caso, para o efeito de atribuir responsabilidade tributária a terceiros" (grifamos).

O caráter processual da norma contida no § 1º é amplamente reconhecido pela doutrina,[2] chegando o dispositivo até mesmo a ser considerado dispensável.[3] Por essa razão entendemos que, apesar de o dispositivo referir-se expressamente ao *lançamento*, seu conteúdo é aplicável ao *processo administrativo* de uma forma geral, atingindo também aspectos nitidamente processuais, como a instituição (ou extinção) de depósito recursal administrativo, arrolamento de bens etc.[4]

Tomemos o exemplo da instituição de depósito recursal como requisito de admissibilidade de recurso administrativo. Neste caso o depósito é exigível diretamente nos processos em andamento, independentemente de o fato gerador ter ocorrido em momento anterior. O fato descrito no antecedente da norma instituidora do depósito é a apresentação de recurso contra decisão desfavorável. Apesar da aplicação imediata, os fatos atingidos pela nova exigência serão somente aqueles ocorridos após a publicação da lei.

2. Aliomar Baleeiro, *Direito Tributário Brasileiro*, 11ª ed., Rio de Janeiro, Forense, 2001, p. 803; Souto Maior Borges, *Tratado de Direito Tributário Brasileiro*, v. IV, Rio de Janeiro, Forense, 1981, p. 262; Misabel Derzi, in *Comentários ao Código Tributário Nacional*, coord. de Carlos Válder do Nascimento, Rio de Janeiro, Forense, 1997, p. 377.

3. José Washington Coelho, *Código Tributário Nacional Interpretado*, Edições Correio da Manhã, 1968, p. 158.

4. Sobre o tema, v., por exemplo, a Lei 10.552/2002, a qual extinguiu a exigência de depósito recursal ou apresentação de garantias como requisito de admissibilidade de recurso voluntário aos Conselhos de Contribuintes, reduzindo, ainda, para 30% do valor fixado na decisão de primeira instância o montante de bens a serem arrolados. Na linha do que foi exposto, entendemos que estas alterações são aplicáveis diretamente aos processos administrativos em andamento.

Vejamos, ainda, o caso das normas disciplinadoras dos procedimentos de fiscalização da Secretaria da Receita Federal instituídas em 1999 (Portaria do Secretário da Receita Federal 1.265). Neste caso o antecedente da norma é a conduta do agente fiscal. Dir-se-á: dado o fato de o auditor fiscal da Receita Federal proceder à fiscalização do recolhimento de tributos pelos respectivos contribuintes, deve-ser a conseqüência consistente na observância dos novos requisitos e procedimentos estabelecidos. Novamente, aqui o fato atingido pela norma (ação de fiscalizar) ocorre após a publicação da lei, inexistindo qualquer espécie de retroatividade.

Tanto quanto as normas de direito material, aquelas relativas à matéria processual são aplicáveis somente aos fatos ocorridos após sua publicação.

Em relação às informações da CPMF, sua utilização pela Secretaria da Receita Federal também ocorre posteriormente à publicação da nova lei (n. 10.174/2001), o que, ao menos inicialmente, garantir-lhe-ia conformidade com o ordenamento jurídico.

Esta conclusão seria correta não fosse o fato de a legislação anterior proibir expressamente a utilização das mencionadas informações para fins de fiscalização de outros tributos. A lei anterior (redação original do § 3º do art. 11 da Lei 9.311/1996) é válida e teve vigência até o momento de sua alteração pela Lei 10.174/2001, tendo, portanto, normatizado os fatos ocorridos neste intervalo.

Desta forma, as informações da CPMF relativas aos períodos anteriores à nova lei sofreram os efeitos da lei original, restando proibido seu uso pela Secretaria da Receita Federal para a fiscalização de outros tributos. Admitir-se o contrário seria aceitar efeito retroativo da Lei 10.174/2001 – aspecto não autorizado pelo art. 144, § 1º, do CTN e, ademais, expressamente proibido pela Constituição Federal.

Esta questão pode mais facilmente ser compreendida a partir da análise da estrutura lógica das normas jurídicas envolvidas.

3. *A estrutura lógica das normas jurídicas e as Leis 9.311/1996 e 10.174/2001*

A problemática enfrentada pode ser mais facilmente estudada a partir da análise da estrutura lógica da norma jurídica instituída pelo § 3º do art. 11 da Lei 9.311/1996 e posteriormente alterada pela Lei 10.174/2001.

A Teoria do Direito proposta pelo professor Paulo de Barros Carvalho entende a norma jurídica como a "unidade irredutível de manifestação do deôntico".[5] Segundo o professor, a estrutura da norma jurídica pode ser assim formalizada: "D [F→(S' R S")]" – que se interpreta assim: deve-ser que, dado o fato *F*, então se instale a relação jurídica *R*, entre os sujeitos *S'* e *S"*".[6] Qualquer que seja o conteúdo da ordem estabelecida, o comando poderá ser reduzido ao referido esquema formal.

O § 3º do art. 11 da Lei 9.311/1996 estabelece, na realidade, duas normas: a primeira determinando o dever de sigilo e a segunda proibindo o uso das informações para fiscalização de outros tributos. Concentremo-nos, portanto, nesta segunda norma.

Aplicando-se o simbolismo lógico apontado acima (D [F→(S' R S")]), a norma poderia ser assim descrita: dado o fato *F* (possibilidade de acesso da Secretaria da Receita Federal às informações relativas à CPMF), deve-ser a conseqüência consistente na relação jurídica *R* (proibição de seu uso para fins fiscalização de outros tributos), entre os sujeitos *S'* (contribuinte) e *S"* (Secretaria da Receita Federal). Note-se que a obrigação está marcada pelo modal deôntico "proibido".[7]

Considerando-se que a partir da publicação da referida Lei 9.311/1996 a Secretaria da Receita Federal passou a ter direito de acesso à informação sobre todos os valores movimentados pelo contribuinte, todos estes eventos (movimentação bancária) ocorridos a partir daquele momento fizeram nascer aquela relação jurídica entre o contribuinte e o referido órgão, consistente na proibição de utilização daquelas informações.

Com a posterior edição da Lei 10.174/2001 aquela norma foi alterada, podendo agora ser formalizada nos seguintes termos: dado o fato *F* (possibilidade de acesso da Secretaria da Receita Federal às informações relativas à CPMF), deve-ser a conseqüência consistente na relação jurídica *R* (permissão de seu uso para fins de fiscalização de outros tributos), entre os sujeitos *S'* (contribuinte) e *S"* (Secretaria da Receita Federal). Como se pode perceber, a alteração legislativa concentrou-se apenas no modal deôntico, antes "proibido", agora "permitido".

A norma original concedia ao contribuinte o direito subjetivo de não ter a informação sobre sua movimentação bancária utilizada para fins de fiscalização de outros tributos. A nova norma, invertendo o modal deôntico, passou a imputar ao contribuinte o dever de aceitar aquela utilização. É importante mencionar que a existência de direito subjetivo do contribuinte no primeiro caso não provém de considerações ideológicas sobre o tema do sigilo bancário, mas sim de vontade expressa do legislador ordinário.

Diante do exposto, tem-se que todos os fatos *F* (movimentação bancária acessível pela Secretaria da Receita Federal) ocorridos durante a vigência da norma anterior sofreram os efeitos desta (proibição de utilização). Os fatos *F* ocorridos após a alteração legislativa foram diferentemente normatizados, tendo como conseqüência a possibilidade de uso pela Secretaria da Receita Federal em seus procedimentos de fiscalização.

É também interessante notar que o referido fato *F* é uma situação jurídica, e não

5. *Direito Tributário: Fundamentos Jurídicos da Incidência*, São Paulo, Saraiva, 2000, p. 17.

6. Paulo de Barros Carvalho, *Direito Tributário: ...*, p. 18.

7. Paulo de Barros Carvalho, *Direito Tributário: ...*, p. 26.

uma ação humana. Em outras palavras, o antecedente da norma veiculada (tanto em relação à redação original, quanto após a alteração) é a circunstância de a Secretaria da Receita Federal ter direito de acesso à informação sobre o montante movimentado pelo contribuinte. Isto permite concluir que, mesmo que prestadas a destempo (após a alteração legislativa), informações protegidas (relativas a períodos anteriores à publicação da Lei 10.174/2001) não poderão ser utilizadas por aquele órgão.

Este quadro impõe-nos, ainda, uma análise acerca da vigência e dos efeitos da revogação de normas jurídicas.

4. Sobre a vigência e a revogação das normas jurídicas

Paulo de Barros Carvalho ensina que vigência é a propriedade das normas jurídicas de disciplinar as condutas humanas, impondo as relações jurídicas previstas em seus conseqüentes tão logo ocorram no mundo os fatos descritos em seus antecedentes.[8]

Com a revogação a norma jurídica perde esta propriedade em relação aos fatos futuros. Mesmo que estes fatos venham a ocorrer novamente, a norma não mais imporá a eles as conseqüências previstas. O professor citado lembra, contudo, que mesmo revogada a norma mantém sua vigência em relação aos fatos ocorridos anteriormente à sua revogação.[9]

Estas considerações demonstram que as informações da CPMF relativas aos períodos anteriores à publicação da Lei 10.174/2001, atingidas, portanto, pela vigência da redação original do § 3º do art. 11 da Lei 9.311/1996, foram disciplinadas nos termos da sistemática anterior, a qual vedava sua utilização para a fiscalização de outros tributos.

A posterior autorização concedida pela citada Lei 10.174/2001 não tem o condão de retirar a vigência da lei anterior, disciplinando diversamente os fatos já ocorridos no passado. Esta proteção ao passado é essencial para a estabilidade das relações sociais.[10]

É importante ressaltar que a revogação não implica também a anulação da norma anterior, não podendo ser confundida com a declaração de inconstitucionalidade. A norma revogada teve vigência por determinado período, disciplinando os fatos ocorridos naquele intervalo. Note-se que mesmo a lei declarada inconstitucional em controle difuso pelo STF pode ter sua eficácia suspensa somente a partir da publicação da resolução do Senado Federal (efeito *ex nunc*), nos termos do inciso X do art. 52 da CF.[11] Em outras palavras, até mesmo os fatos regulados por norma inconstitucional têm seus efeitos de certa forma preservados pelo sistema.

As informações da CPMF prestadas pelas instituições financeiras antes da publicação da Lei 10.174/2001 foram atingidas pela proibição de utilização para fins de fiscalização de outros tributos, não sendo afetadas pela autorização posteriormente concedida, a qual somente é aplicável aos fatos ocorridos após a sua edição, ou seja, às informações apresentadas após a publicação da nova lei e relativas a períodos a ela supervenientes.

Como já se pode perceber, nosso estudo aproxima-se do tema da irretroatividade das normas, matéria elevada ao *status* de princípio constitucional. Neste particular, coloca-se ainda a análise das chamadas

8. *Direito Tributário: ...*, p. 53.

9. Paulo de Barros Carvalho, *Direito Tributário: ...*, p. 54.

10. Tércio Sampaio Ferraz Júnior, "Anterioridade e irretroatividade no campo tributário", *Revista Dialética de Direito Tributário* 65/125, fevereiro/2001.

11. José Afonso da Silva, *Curso de Direito Constitucional Positivo*, 16ª ed., São Paulo, Malheiros Editores, 1999, p. 56. Sobre o efeito da declaração de inconstitucionalidade pelo STF em controle concentrado, cf. Lei 9.868/1999, bem como os comentários de Bruno Noura de Moraes Rêgo, "ADIn e ADC – Comentários sobre a Lei 9.868, de 10.11.1999", *Revista Dialética de Direito Tributário* 60/36-37, setembro/2000.

"leis interpretativas" e demais categorias previstas no art. 106 do CTN, tendo em vista estarem estes temas intimamente ligados à questão da irretroatividade.

5. *O princípio da irretroatividade e o art. 106 do CTN*

5.1 Princípio da irretroatividade

A irretroatividade das leis é um princípio geral adotado pela Constituição Federal e elevado à condição de direito fundamental (cláusula pétrea). Nos termos do inciso XXXVI do art. 5º: "a lei não prejudicará o direito adquirido, o ato jurídico perfeito e a coisa julgada". A única exceção admitida vem mencionada logo em seguida, no inciso XL do referido artigo, pelo qual "a lei penal não retroagirá, salvo para beneficiar o réu". Esta exceção vem sendo entendida como aplicável não somente ao direito penal de forma estrita, mas às penalidades de uma forma geral, sendo aceita também em relação às penalidades tributárias.[12]

Entendemos que a cláusula da irretroatividade é uma proteção geral dos fatos ocorridos no passado, aos quais não mais se poderiam imputar conseqüências jurídicas além daquelas já previstas nas normas então vigentes.[13] Tércio Sampaio Ferraz Júnior justifica a proteção ao passado em razão da necessidade de respeito às expectativas legítimas contidas nos eventos já ocorridos, sob pena de conduzir os atos humanos a uma situação de incerteza e insegurança insuportáveis.[14] Como bem observa o citado professor, em outro estudo, "se não se pode fixar o que é justo, ao menos que se determine o que é o jurídico".[15]

A irretroatividade é repetida pela Constituição Federal em relação ao direito tributário em seu art. 150, III, "a" – providência, ademais, considerada dispensável pela doutrina, em razão da previsão geral já contida no inciso XXXVI de seu art. 5º.[16]

5.2 Art. 106, I, do CTN

O tema da retroatividade é também abordado pelo CTN em seu art. 106 – razão pela qual o dispositivo merece algumas reflexões, apesar de não ser aplicável diretamente ao tema central do presente trabalho. Vejamos: "Art. 106. A lei aplica-se ao ato ou fato pretérito: I – em qualquer caso, quando seja expressamente interpretativa, excluída a aplicação de penalidade à infração dos dispositivos interpretados; (...)".

Neste dispositivo o Código aborda matéria regulada em nível constitucional, razão pela qual se impõe a verificação de sua conformidade com as disposições contidas na Constituição Federal.

O inciso I trata das denominadas "leis interpretativas", as quais, segundo o dispositivo, seriam aplicáveis aos fatos pretéritos em qualquer caso. Diz-se que estas leis não modificariam o conteúdo das leis interpretadas, tão-somente declarando seu sentido fiel.[17]

A possibilidade de utilização de leis interpretativas com efeito retroativo é, contudo, fortemente criticada pela doutrina. Vicente Ráo lembra que mesmo os autores que admitem seu efeito retroativo reconhecem a necessidade de proteção dos direitos adquiridos e da coisa julgada.[18] O consa-

12. Celso Ribeiro Bastos e Ives Gandra Martins, *Comentários à Constituição do Brasil*, v. 2, São Paulo, Saraiva, 1990, p. 192.

13. Em sentido contrário: Celso Ribeiro Bastos e Ives Gandra Martins, *Comentários* ..., v. 2, pp. 191-192.

14. "Anterioridade ...", *Revista Dialética de Direito Tributário* 65/125.

15. Tércio Sampaio Ferraz Júnior, "Segurança jurídica e normas gerais tributárias", *RDTributário* 17-18/51, julho-dezembro/1981.

16. Paulo de Barros Carvalho, *Curso de Direito Tributário*, 14ª ed., São Paulo, Saraiva, 2002, p. 155.

17. Vicente Ráo, *O Direito e a Vida dos Direitos*, v. I, t. III, São Paulo, Resenha Tributária, 1977, p. 368; José Washington Coelho, *Código* ..., p. 97; Paulo de Barros Carvalho, *Curso* ..., 14ª ed., p. 91; Hugo de Brito Machado, *Curso de Direito Tributário*, 14ª ed., São Paulo, Malheiros Editores, 1998, p. 72.

18. *O Direito* ..., v. I, t. III, p. 368. V. também José Washington Coelho, *Código* ..., p. 97.

grado autor conclui, entretanto, pela impossibilidade de retroatividade destas leis em países como o Brasil, nos quais a irretroatividade é cláusula constitucional.[19]

Ademais – como bem observa Luciano Amaro –, se as leis interpretativas não alterassem o conteúdo das leis interpretadas, aquelas seriam ociosas e não haveria qualquer tipo de retroação, mas mera sucessão temporal. Se, por outro lado, a lei interpretativa produzisse qualquer alteração no conteúdo da anterior, a vedação à retroatividade seria imposição constitucional.[20]

Especificamente em relação ao direito tributário, a doutrina costuma recusar a possibilidade de retroação de lei interpretativa gravosa ao contribuinte, aceitando-a nas hipóteses em que genericamente é favorável a este.[21]

Posição diferente é defendida por Valdir de Oliveira Rocha, para quem também seria possível a retroatividade da lei interpretativa contrária ao contribuinte. O autor cita como exemplo lei instituidora de tributo que utilize conceito indeterminado na definição da base de cálculo, o qual poderia ser posteriormente definido em lei interpretativa, desde que respeitado o limite do núcleo conceitual.[22]

Paulo de Barros Carvalho aceita as espécies de retroatividade previstas pelo art. 106 do CTN, vendo-as, entretanto, como favoráveis ao contribuinte.[23] Entendemos, porém, que, não obstante a proibição de aplicação de penalidades contra o descumprimento dos dispositivos interpretados contida no inciso I, o disposto no referido artigo não necessariamente beneficiará o contribuinte em todos os casos, tendo em vista que seria possível, em princípio, a exigência do tributo não recolhido (previsto na lei interpretada), ainda que sem penalidade.

Parece-nos, entretanto, que a retroatividade prevista no citado inciso I do art. 106 do CTN não encontra amparo em nossa Constituição Federal, chocando-se frontalmente com o princípio da irretroatividade, quer seja gravosa, quer seja favorável ao contribuinte. Esta conclusão decorre da premissa adotada acima (item "5.1") no sentido de reconhecer o princípio da irretroatividade como uma proteção geral aos fatos ocorridos no passado, inexistindo qualquer exceção constitucional que amparasse o Código Tributário Nacional neste particular.

É importante lembrar, ainda, que a autorização constitucional para a fixação de normas gerais em matéria de legislação tributária (art. 146, III) por lei complementar não inclui a temática da *vigência*, instituto já exaurido em nível constitucional.

Estas considerações são relevantes ao presente estudo no sentido de demonstrar que nem mesmo as chamadas *leis interpretativas* podem ser aplicadas a fatos ocorridos antes de sua publicação, não obstante nem mesmo a expressa previsão contida no Código Tributário Nacional.

5.3 Art. 106, II, do CTN

O inciso II do referido artigo prevê três outras hipóteses de retroatividade da lei. Vejamos: "Art. 106. A lei aplica-se ao ato ou fato pretérito: (...) II – tratando-se de ato não definitivamente julgado: a) quando deixe de defini-lo como infração; b) quando deixe de tratá-lo como contrário a qualquer exigência de ação ou omissão, desde que não tenha sido fraudulento e não tenha implicado em falta de pagamento de tributo; c) quando lhe comine penalidade menos severa que a prevista na lei vigente ao tempo de sua prática".

19. *O Direito* ..., v. I, t. III, p. 369.

20. Luciano Amaro, "As chamadas 'leis interpretativas'", *RDTributário* 45/230, julho-setembro/1988.

21. Luciano Amaro, "As chamadas ...", *RDTributário* 45/231; Aliomar Baleeiro, *Direito* ..., 11ª ed., p. 670; Roque Carrazza, *Curso de Direito Constitucional Tributário*, 12ª ed., São Paulo, Malheiros Editores, 1999, pp. 245-246.

22. Valdir de Oliveira Rocha, in *Comentários ao Código Tributário Nacional*, coord. de Ives Gandra da Silva Martins, v. 2, São Paulo, Saraiva, 1998, p. 56.

23. *Curso* ..., 14ª ed., p. 92.

Paulo de Barros Carvalho[24] e Hugo de Brito Machado[25] não vêem distinção entre as hipóteses referidas nas alíneas "a" e "b", concluindo que o legislador teria sido redundante.

Parece-nos, todavia, que os dispositivos apresentam pequena distinção. A alínea "b" contém um requisito (exigência de ação ou omissão que não tenha implicado falta de pagamento de tributo) que permite destacá-la da hipótese prevista na letra "a". Ora, em matéria tributária as exigências de ação ou omissão não relativas a recolhimento de tributos consistem nas denominadas *obrigações acessórias* ou *deveres instrumentais*. A alínea "b" refere-se, portanto, ao descumprimento de obrigações acessórias, o qual não poderá ser punido na hipótese de lei posterior extinguir sua obrigatoriedade.

A alínea "a", por sua vez, refere-se genericamente a leis posteriores que deixem de definir determinado ato ou fato como infração, sem qualquer outro elemento. Dada sua amplitude, podemos dizer que as hipóteses contempladas na letra "a" contêm as compreendidas na letra "b". A diferença é sutil, mas vale ser observada, como forma didática de destaque da aplicação do dispositivo também às obrigações acessórias.[26]

A letra "c", finalmente, refere-se à atenuação de penalidade, a qual atingirá também o ato ou fato pretérito ainda não definitivamente julgado. A aplicação retroativa refere-se tanto à infração por descumprimento de obrigação principal quanto por descumprimento de obrigação acessória.

24. Idem, ibidem.

25. *Curso* ..., 14ª ed., p. 73.

26. Caso similar ocorre com o instituto da *denúncia espontânea* (art. 138 do CTN). O dispositivo menciona somente a "denúncia espontânea da infração", sem explicitar ou restringir o comando somente à obrigação principal. Não obstante, a doutrina e a jurisprudência enfrentam longas discussões sobre a aplicabilidade do instituto também às obrigações acessórias. Neste sentido, parece-nos recomendável a distinção entre as alíneas "a" e "b" do inciso II do art. 106 como forma de explicitar sua aplicabilidade também a esta última espécie.

As três hipóteses tratadas no inciso II do art. 106 do CTN dizem respeito à exclusão de penalidades, com apenas pequenas particularidades, estando, de uma forma geral, amparadas pela exceção expressa ao princípio da irretroatividade prevista na própria Constituição Federal (art. 5º, XL).

É importante mencionar que as hipóteses previstas pelo art. 106 do CTN não se confundem com os institutos da remissão e da anistia, conquanto estes se refiram de alguma forma a fatos já ocorridos.[27]

Como bem lembra Valdir de Oliveira Rocha, a possibilidade de concessão de anistia e remissão é expressamente reconhecida pela Constituição Federal (art. 150, § 6º), exigindo-se somente sua veiculação por meio de lei específica da respectiva pessoa política.[28]

Poder-se-ia imaginar que a edição de lei interpretativa favorável ao contribuinte teria a mesma natureza da concessão de remissão, argumento que poderia ser utilizado em favor da aceitação naquele instrumento. Os institutos, entretanto, não se confundem.

Não obstante a previsão constitucional, a concessão de remissão somente é autorizada pelo Código Tributário Nacional em determinadas hipóteses (expressamente previstas em seu art. 172 – como, por exemplo, a diminuta importância do crédito). Este requisito, porém, não é exigido em relação às leis interpretativas, as quais poderiam, em tese, ser editadas favoravelmente ao contribuinte mesmo fora daquelas hipóteses.

As leis interpretativas, por outro lado, somente teriam cabimento no caso de a legislação anterior conter obscuridade cuja elucidação seria o principal objetivo de sua edição pelo legislador. Já este fator não é requisito para a concessão de remissão, a qual poderá ter lugar mesmo que os comandos da legislação original sejam claros.

27. Hugo de Brito Machado, *Curso* ..., 14ª ed., p. 73.

28. In *Comentários* ..., v. 2, p. 55.

Com estas considerações queremos apartar as figuras da lei interpretativa e da remissão, entendendo que a Constituição Federal admite somente esta última, não autorizando o efeito retroativo às leis interpretativas.

No tocante à anistia, a distinção em relação ao art. 106, II, do CTN é mais sutil. Ambos possuem o mesmo fundamento constitucional (art. 5º, XL). A anistia, contudo, é norma expressa voltada a fatos já ocorridos, enquanto o inciso II do art. 106 do CTN determina que a posterior redução ou extinção de penalidades é aplicável aos fatos anteriores ainda não definitivamente julgados, mesmo que assim não disponha expressamente a nova lei. Neste caso, as duas hipóteses dispõem de respaldo constitucional.

Do que foi dito, podemos concluir que a irretroatividade das normas jurídicas consiste em regra geral imposta pela Constituição Federal, sendo admitidas somente as exceções já mencionadas, previstas no próprio Texto Constitucional.

6. *Conclusões*

Com estas reflexões, esperamos ter atingido o objetivo estabelecido para o presente trabalho, sendo as seguintes as nossas conclusões:

6.1 A irretroatividade das normas é matéria constitucional, não podendo ser regulada pelo Código Tributário Nacional fora das exceções expressamente previstas na própria Constituição.

6.2 Neste sentido, o art. 106, I, do CTN fere o princípio constitucional da irretroatividade ao estabelecer a aplicação das denominadas "leis interpretativas" a atos e fatos pretéritos, sejam elas favoráveis ou gravosas ao contribuinte. Esta figura não se confunde com o instituto da remissão, a qual é expressamente admitida pela Constituição Federal (art. 150, § 6º).

6.3 O art. 106, II, do CTN está de acordo com a Constituição Federal ao prever a aplicação retroativa das normas redutoras de penalidades, tendo em vista a previsão expressa contida em seu art. 5º, XL.

6.4 O art. 144, § 1º, do CTN não contradiz a Constituição Federal, tendo em vista que mesmo as normas procedimentais somente são aplicáveis aos fatos (procedimentais) ocorridos após a publicação da nova lei, não havendo qualquer espécie de retroatividade.

6.5 A revogação retira a vigência da norma em relação aos fatos futuros, não a atacando em relação aos já ocorridos no passado, os quais permanecem por ela regulados.

6.6 Tendo em vista a proibição contida na redação original do § 3º do art. 11 da Lei 9.311/1996, as informações da CPMF relativas aos fatos ocorridos antes da publicação da Lei 10.174/2001 não poderão ser utilizadas pela Secretaria da Receita Federal para fins de fiscalização de outros tributos.

6.7 A autorização para a utilização daquelas informações concedida pela Lei 10.174/2001 somente é aplicável à movimentação realizada posteriormente à sua publicação.

ESTUDOS
&COMENTÁRIOS

A CONFECÇÃO DE CARTÕES DE CRÉDITO SUJEITA-SE AO IPI?

DANIEL BARROS GUAZZELLI

Pós Graduado em Direito da Empresa e da Economia pela Fundação Getúlio Vargas (FGV) – Mestrando em Direito Empresarial na Faculdade de Direito Milton Campos/MG – Conselheiro de Política Tributária da Federação das Indústrias do Estado de Minas Gerais (FIEMG) – Advogado em Belo Horizonte

1. Introdução. 2. Classificação fiscal dos cartões de crédito. 3. A simples aposição de tarja magnética não caracteriza industrialização. 4. A confecção de cartões de crédito é serviço de composição gráfica. 5. Conclusão.

1. Introdução

A utilização dos cartões de crédito vem aumentando enormemente no Brasil. Constantemente os jornais anunciam recordes e mais recordes tanto no número de adesões como na freqüência do uso. De fato, o cartão de crédito vem popularizando-se e firmando-se como o principal instrumento de compra das pessoas. E se, a cada dia que passa, o "dinheiro de plástico" vem conquistando mais e novos adeptos, é óbvio que a demanda por novas unidades também vem crescendo exponencialmente.

É neste contexto que surge a questão título do presente trabalho: a atividade de confecção de cartões de crédito pode ser tributada pelo IPI? A Secretaria da Receita Federal tem entendido que a aposição de película (tarja) magnética em cartão de plástico PVC caracteriza uma operação de industrialização e, portanto, enseja a incidência do IPI. Já os contribuintes, por diversas razões, têm defendido a tese da não-sujeição ao imposto. No presente texto tentar-se-á trazer alguns esclarecimentos sobre a matéria.

2. Classificação fiscal dos cartões de crédito

O primeiro ponto de discórdia é a classificação fiscal dos cartões de crédito. As empresas gráficas classificam-nos no Capítulo 49 da Tabela de Incidência do IPI (TIPI – aprovada pelo Decreto 4.070/2001), que trata dos "Livros, Jornais, Gravuras e Outros Produtos das Indústrias Gráficas". A posição quase que unanimemente utilizada é a 4911.99.00, que descreve o produto "outros impressos", para o qual está prevista alíquota de IPI igual a zero.

Para o Fisco os cartões de crédito estariam previstos na posição 8523.30.00, destinada aos "cartões magnéticos", com alíquota de IPI equivalente a 15%. No seu entender a existência de *classificação fis-*

cal específica para os cartões magnéticos eliminaria quaisquer dúvidas acerca da sua correta inclusão no Capítulo 85 da TIPI, já que, segundo a Regra Geral para Interpretação do Sistema Harmonizado (RGI) 3, "a", primeira parte: "A posição mais específica prevalece sobre as mais genéricas".

No entanto, esquece-se a Secretaria da Receita Federal de que "(...) quando duas ou mais posições se refiram, cada uma delas, a apenas uma parte das matérias constitutivas de um produto misturado ou de um artigo composto (...), tais posições devem considerar-se, em relação a esses produtos ou artigos, como igualmente específicas, ainda que uma delas apresente uma descrição mais precisa ou completa da mercadoria" (RGI 3, "a", segunda parte).

Destarte, não se pode dizer que a posição "cartão magnético" (8523.30.00) seja mais específica que a posição "outros impressos" (4911.99.00), eis que, apesar da existência da tarja ou película magnética, *os cartões não deixam de ser um tipo de impresso.*

O Despacho Homologatório COSIT (DINOM)-350, de 27.11.1992,[1] ao utilizar o critério da função/destinação para distinguir entre a posição 4911.99.9900 e a 8523.90.9900, ainda que indiretamente, confirma que o critério da especificidade *não* é o mais adequado para a classificação dos cartões de crédito.

Assim, não sendo aplicável a RGI 3, "a", deve-se recorrer à RGI 3, "b" (Anexo da Instrução Normativa SRF-99/2001[2]): "Os produtos misturados, *as obras compostas de matérias diferentes* ou constituídas pela reunião de artigos diferentes e as mercadorias apresentadas em sortidos acondicionados para venda a retalho, cuja classificação não se possa efetuar pela aplicação da Regra 3-'a', *classificam-se pela matéria ou artigo que lhes confira a característica essencial*, quando for possível realizar esta determinação".

Por esta Regra de Interpretação do Sistema Harmonizado, deve-se buscar a característica essencial do bem a ser classificado.

Como visto, segundo a Secretaria da Receita Federal o fator determinante para classificação de cartões é a presença, ou não, de *película (tarja) magnética*. Não é isso, contudo, o que dispõe o já mencionado Despacho Homologatório COSIT-350, de 27.11.1992:

"*Código TIPI* 4911.99.9900 – *Mercadoria* – Cartão de crédito, de plástico (PVC), *impresso*, próprio para identificação do possuidor, utilizado como cartão de compras, de cheque especial e preferencial".

"*Código TIPI* 8523.90.9900 – *Mercadoria* – Cartão de crédito, de plástico (PVC) com película (tarja) magnética virgem para gravação de dados, possibilitando a sua utilização na informática e em controles eletrônicos."

Ora, *não é a presença/ausência de tarja magnética que distingue as duas posições em análise, mas sim o fato de o cartão ser impresso ou não*. Realmente, tendo em vista que todos os cartões de crédito possuem tarja magnética, sejam aqueles utilizados para identificação, compras, cheque especial etc., sejam os usados para gravação de dados eletrônicos e de informática, este não pode ser o critério de individualização.

Neste sentido, vale conferir o Despacho Homologatório COSIT (DINOM)-75, de 24.7.1995,[3] o qual, confirmando a tese exposta acima, inclui os cartões de crédito (com tarja magnética) dentre os impressos do Capítulo 49:

"*Código TIPI* 4909.00.9900 – *Mercadoria* – Cartões de plástico (PVC), impressos com voto ou mensagens pessoais, ilustrados ou não, mesmo com envelopes ou aplicações".

"*Código TIPI* 4911.99.9900 – *Mercadoria* – Cartões de plástico (PVC), *utilizados como cartões de crédito*, plano de saúde etc., mesmo com propaganda impressa."

1. *Boletim IOB – Textos Legais* 4/66, 1993.
2. *DOU* 10.1.2002.
3. *DOU* 22.8.1995.

Tanto é verdade que o critério de distinção não é a presença/ausência de tarja magnética (de caráter meramente acessório, frise-se), que ela representa apenas 2% do custo do cartão magnético. Ora, é crível que algo que pouco representa seja justamente o determinante para efeito da classificação? O acessório passou a ser mais importante do que o principal? A toda evidência, não!

É imperioso verificar, ainda, que as Notas Explicativas relativas ao Capítulo 49 da TIPI não deixam margem para divergências:

"Ressalvadas as raras exceções adiante mencionadas, *este Capítulo compreende a totalidade dos artefatos cuja razão de ser é determinada pela matéria impressa ou ilustrada que contenham*: (...).

"*As impressões de que trata o presente Capítulo são executadas, de um modo geral, em papel, mas podem ser executadas em outras matérias* desde que conservem as características descritas no primeiro parágrafo, acima. (...).

"Excluem-se deste Capítulo:

"a) os negativos e positivos fotográficos em suporte transparente (microfilmes, por exemplo) do Capítulo 37;

"b) os artefatos do Capítulo 97."

Como se vê, se os cartões confeccionados contiverem *dados impressos* (cores, marcas, logotipos, nomes etc.) – o que, com o devido respeito, é incontroverso em relação aos cartões *de crédito* – eles devem ser classificados na posição 4911.99.00 (antiga 4911.99.99.00).

O próprio nome do bem confeccionado já indica a sua característica/função essencial. Ora, se o cartão é "de crédito", evidentemente, seu principal objetivo é dar, conferir ou atestar que o portador possui crédito na praça. Como isso se dá, ou, melhor, por que tais cartões conferem "crédito" a alguém? Ora, o referido "crédito" existe *não* em razão dos dados magnéticos nele contidos (mera assinatura digital), mas em virtude da certeza do comerciante/vendedor de que a administradora ou banco cujo logotipo está estampado na face do cartão honrará o pagamento relativo à compra.

Com a devida vênia, *o que prevalece nos cartões são os caracteres impressos.* São eles que conferem segurança e *status*. Ora, se assim não fosse, qual seria a razão para se perder tempo (e dinheiro) com complicadas pinturas? Se a impressão não é importante, por que simplesmente não existem cartões de crédito não-impressos? Em sentido oposto, por que outros tipos de cartão magnético (como disquetes, por exemplo) não são impressos?

Como se pode perceber, a diferença é bem nítida! Assim, é indispensável distinguir os cartões propriamente magnéticos (usados em informática e controles eletrônicos para ampliar a memória de *lap tops*, por exemplo) dos cartões simplesmente magnetizados, cuja importância advém quase que exclusivamente dos dados neles impressos.

Aliás, com a evolução da informática, que vem se tornando cada vez mais presente, é cabível concluir que um automóvel que possua computador de bordo passe a ser classificado na posição destinada aos computadores? É evidente que não! O mesmo vale para os cartões!

Por tudo o que foi exposto, vê-se que os cartões de crédito confeccionados pelas gráficas e pelas editoras devem ser classificados na posição 4911, e não na posição 8523, como vem entendendo o Fisco Federal.

3. A simples aposição de tarja magnética não caracteriza industrialização

Conforme dito no tópico anterior, a Secretaria da Receita Federal entende que o fator determinante para a classificação fiscal – e, conseqüentemente, para a determinação da incidência do IPI – seria *a presença ou não de película (tarja) magnética*.

Com a devida vênia, a questão não é tão simples assim. Tome-se como exemplo o talão de cheques. Desde há muito a jurisprudência está pacificada no sentido de que a feitura/impressão de talão de cheque, espécie do gênero composição gráfica, sujeita-se apenas ao ISS. Nesse sentido o seguinte precedente do STF: "Serviços de composição gráfica (feitura e impressão de notas fiscais, fichas, *talões*, cartões etc.) – Não estão estes serviços sujeitos ao ICM, mas, apenas, ao ISS – Precedentes de ambas as Turmas do STF (RE ns. 84.387 e 91.562) – Recurso extraordinário não conhecido".[4]

O reiterado entendimento dos Tribunais, aliado a outros fatores, levou a Secretaria de Estado da Fazenda de Minas Gerais a editar a Resolução 2.189, de 13.11.1991:

"O Secretário de Estado da Fazenda de Minas Gerais, no uso de suas atribuições,

"*Considerando a necessidade de disciplinar o procedimento fiscal relativo às operações realizadas por estabelecimento gráfico nas saídas de talão de cheques*;

"Considerando que outros Estados da Federação não têm exigido a tributação pelo ICMS em tais operações;

"Considerando o disposto no art. 225 da Lei n. 6.763, de 26 de dezembro de 1975, na redação dada pela Lei n. 8.511, de 28 de dezembro de 1983, regulamentado pelo art. 868 do Regulamento do Imposto sobre Operações Relativas à Circulação de Mercadorias e sobre Prestações de Serviços de Transporte Interestadual e Intermunicipal e de Comunicação (RICMS), aprovado pelo Decreto n. 32.535, de 18 de fevereiro de 1991;

"Considerando a constatação de fatos que recomendam a aplicação do dispositivo legal para proteção da economia do Estado, resolve:

"Art. 1º. Fica suspensa a exigibilidade do crédito tributário relativo à saída, do estabelecimento gráfico, de talão de cheques confeccionado por encomenda de estabelecimento bancário, para fornecimento a seus clientes."[5]

4. 2ª T., RE 92.161, rel. Min. Moreira Alves, j. 4.3.1980, *DJU* 18.4.1980, p. 2.567.

5. *DOMG* 14.11.1991.

Por que será que a Fazenda Pública do Estado de Minas Gerais resolveu abrir mão desta receita de ICMS? Por mera liberalidade, ou porque verificou que a confecção/impressão de talões de cheques realmente não se sujeita ao imposto estadual? Ora, é evidente que o talão de cheque, por não caracterizar produto ou mercadoria, não pode sofrer a incidência do ICMS. Sensato e correto o entendimento do Fisco Mineiro.

Mas, voltando à questão da aposição da tarja magnética, será que os talões de cheque também a possuem? A Resolução do Banco Central 885, de 22.12.1983, que trata, nos mínimos detalhes, das especificações e padronizações dos cheques, não deixa quaisquer dúvidas a esse respeito: "5. *A impressão de caracteres magnéticos nos campos especificados* no Documento n. 1 deste capítulo – abrangendo a pré-marcação dos campos 1 a 3, a cargo do banco sacado, e a pós-marcação do campo 4, a cargo do banco apresentante – *é obrigatória para os cheques* que transitarem pelas Câmaras de Compensação do Rio de Janeiro (RJ) e de São Paulo (SP), podendo o Banco Central estender a exigência a outras praças ou a outros tipos de documentos liquidáveis através do Serviço de Compensação de Cheques e Outros Papéis".

Os caracteres magnéticos, como se sabe, são colocados na parte inferior da folha de cheque, abaixo do logotipo do banco e do local destinado à assinatura.

Ora, tendo em vista que o talão de cheque e o cartão de crédito são impressos "com tinta magnética", cuja função, nas duas hipóteses, é a leitura mecânica (compensação eletrônica de cheques e cartão múltiplo, respectivamente), qual a razão para a diferença de tratamento? Por que num caso se exige IPI, e no outro não?

Ora, com a devida vênia, a única diferença entre o talão de cheque e o cartão de crédito é o substrato em que ocorre a impressão: papel, no primeiro; e plástico, no segundo. A forma de impressão, as etapas (as duas faces são impressas, há a impressão térmica da fita/tinta magnética e, posteriormente, cortam-se os impressos no tamanho adequado), enfim, rigorosamente tudo é igual!

Tanto não há diferença tributária entre os dois, que a Secretaria de Estado da Fazenda de Minas Gerais, respondendo a consulta de contribuinte, houve por bem aplicar aos cartões de crédito a resolução editada especificamente para os talões de cheque:

"No tocante ao talão de cheques, entretanto, permaneceram dúvidas mesmo após o advento da mencionada resolução, o que fez com que a SEF expedisse a Resolução n. 2.189, de 13.11.1991, decidindo e firmando entendimento no sentido de suspender a exigibilidade do crédito tributário relativo à saída, do estabelecimento gráfico, de talão de cheques confeccionado por encomenda de estabelecimento bancário, para fornecimento a seus clientes.

"Dessa forma, sensível aos argumentos expendidos na inicial, máxime quanto ao fato de o cartão bancário possuir as mesmas características do talão de cheques, pode-se considerá-lo como integrante dessa categoria.

"Assim sendo, e seguindo as razões e a orientação adotadas na referida Resolução n. 2.189/1991, entendemos que a exigibilidade do imposto estadual sobre a confecção do cartão bancário encontra-se, também, suspensa, permanecendo as demais exigências previstas nas retrocitadas resoluções."[6]

Como se vê, o talão de cheque e o cartão de crédito pertencem à mesma categoria, não se podendo adotar em relação a eles dois pesos e duas medidas.

Assim, tendo em vista que a saída de talões de cheques não sofre a incidência do IPI e que estes, tal como os cartões de crédito, não passam de meros impressos dotados de fita magnética passível de leitura eletrônica, é forçoso estender o tratamento fiscal dado aos *talões* aos *cartões de crédito* confeccionados pelas gráficas, excluindo desde logo a incidência do IPI.

É imperioso realçar, por outro lado, que *a insistência na tributação dos impressos gráficos é fruto da incompreensão de sua evolução tecnológica.*

Com efeito, quando surgiram os formulários contínuos exigia-se o IPI. Depois de maciças decisões judiciais e administrativas vedando a tributação, a Secretaria da Receita Federal parou de cobrá-lo. Passados alguns anos, surge o talão de cheques tal como é conhecido hoje. Imediatamente surge a confusão sobre a natureza dos cheques: serviço ou mercadoria? Após mais um tempo a questão é solucionada. Poucos anos depois os cartões de crédito são usados em larga escala, reduzindo o uso e a importância dos cheques. O que acontece, então? Agora é um produto industrializado? Será?

Ora, se não se buscar a verdadeira essência dos impressos gráficos, quais os elementos que os identificam e que os diferenciam dos demais bens elaborados pelo homem, certamente daqui a alguns anos discutir-se-á a mesma coisa em relação aos cartões "chipados" que já começam a ser utilizados,[7] os quais, ao invés de possuírem tarja magnética, contêm *chips* de computador, eternizando, assim, este desgastante embate Secretaria da Receita Federal/gráficas.

Há que se entender, portanto, de uma vez por todas, que a agregação de tecnologia e a penetração da informática em todos os aspectos da vida humana (inclusive em relação aos cartões) não transformam uma coisa em outra, mas apenas acrescentam novas características e aplicações ao bem já existente, que, não obstante a nova roupagem, *continua a ser o mesmo bem.*

6. Consulta de Contribuinte 91, de 14.9.2001, da Diretoria de Orientação e Educação Tributária da Secretaria de Estado da Fazenda de Minas Gerais, *DOMG* 15.9.2001, *Boletim IOB "ICMS, IPI e Outros"* 48/9-10, 2001.

7. Artigo publicado no jornal *Gazeta Mercantil* de 18.2.2002, p. B-3, intitulado "Bancos farão troca maciça do cartão para o *chip*".

4. A confecção de cartões de crédito é serviço de composição gráfica

O primeiro aspecto que merece destaque é o fato de que a Coordenação do Sistema de Tributação da Secretaria da Receita Federal, através do Ato Declaratório Normativo 18, de 27.9.2000, reconhece, expressamente, que: "A atividade gráfica pode configurar-se como industrial, comercial ou de prestação de serviços".

Como diferenciar, entretanto, a atividade gráfica industrial/comercial da atividade gráfica prestação de serviços? Como saber se a confecção/impressão de cartões de crédito é ou não um serviço?

Para enfrentar esta questão impende verificar, primeiramente, a seguinte consulta formulada à Secretaria de Estado da Fazenda de Minas Gerais: "A confecção/impressão de cartões com tarja ou tinta magnética, da maneira pela qual é realizada pela Consulente, ou seja, de forma personalizada e feita exclusivamente sob encomenda, é atividade sujeita ao ICMS ou está enquadrada no item 77 da Lista de Serviços, anexa ao Decreto-lei n. 406/1968?".[8]

Ao que foi perguntado, a SEF/MG respondeu:

"A discussão acerca do presente assunto teve sua gênese no Decreto-lei n. 406, de 31.12.1968, que trouxe na sua Lista de Serviços, na redação dada pela Lei Complementar n. 56, de 15.12.1987, no item 77, o serviço de composição gráfica como sujeito ao imposto sobre serviços de qualquer natureza, de competência municipal. (...).

"A saída, promovida por estabelecimento gráfico, de cartão bancário produzido por encomenda de bancos, para fornecimento a seus clientes, não é alcançada pela incidência do imposto estadual."[9]

Como se pode notar, ainda que implicitamente, a Fazenda Pública do Estado de Minas Gerais reconhece que a confecção de cartões de crédito é uma atividade de composição gráfica, incluída no item 77 da Lista de Serviços anexa ao Decreto-lei 406/1968; ou seja, trata-se de um serviço, e não de uma mercadoria.

Assim – e tendo em vista que "os serviços incluídos na Lista ficam sujeitos apenas ao imposto previsto neste artigo (ISS), ainda que sua prestação envolva fornecimento de mercadorias" (§ 1º do art. 8º do Decreto-lei 406/68) –, a atividade de confecção/impressão de cartões de crédito deve ser tributada apenas pelo ISS, afastandose, pois, a incidência do ICMS e do IPI.

Nesse sentido a jurisprudência do 2º Conselho de Contribuintes do Ministério da Fazenda:

"IPI – Incidência – Serviço de composição gráfica. Estando a operação incluída na Lista de Serviços anexa ao Decretolei n. 406/1968, sobre ela ocorre a incidência, apenas, do ISS, com exclusão, pois, da do IPI".[10]

"O imposto sobre serviços (ISS) incidente na operação exclui, nos termos do art. 8º, § 1º, do Decreto-lei n. 406/1968, o imposto sobre produtos industrializados, consoante jurisprudência reiterada dos Tribunais Superiores do Poder Judiciário."[11]

No mesmo sentido a jurisprudência do STJ:

"ICMS – Atividades de composição gráfica – Etiquetas – Não incidência.

"Os serviços de composição gráfica que estão incluídos na Lista só estão sujeitos ao ISS e não ao ICMS, mesmo quando sua prestação envolva também o fornecimento de mercadorias.

"Não fez o legislador qualquer distinção entre serviços personalizados, feitos por encomenda, de serviços genéricos de composição gráfica destinados ao público em geral. Recurso provido."[12]

8. Consulta de Contribuinte 91/2001, cit.
9. Idem.

10. 3ª C., acórdão 203-02628, rel. Cons. Celso Ângelo Lisboa Gallucci, sessão de 24.4.1996, v.u.
11. 1ª C., acórdão 201-68887, rel. Cons. Lino de Azevedo Mesquita, sessão de 28.4.1993, v.u.
12. 1ª T., REsp 260.254-SP, rel. Min. Garcia Vieira, j. 15.8.2000, *DJU* 18.9.2000, p. 111.

Diante destes contundentes precedentes, fica inteiramente afastada a incidência do IPI.

É imperioso frisar, também, que os cartões de crédito jamais podem ser equiparados a produtos ou mercadorias postos em circulação. É que mesmo na hipótese de eles não serem confeccionados sob a encomenda de clientes, ainda assim, não fica descaracterizada a prestação de serviços. Com efeito, o fato de o adquirente dos cartões de crédito (banco) destruir o cartão, consumi-lo, entregá-lo a seus correntistas, agregá-lo a outros produtos, ou mesmo vendê-lo, muda o serviço prestado pelas gráficas e pelas editoras? É evidente que não!

Sobre o assunto vale conferir o seguinte acórdão do STJ:

"Os serviços de composição gráfica que estão incluídos na Lista só estão sujeitos ao ISS e não ao ICM, mesmo quando a prestação envolva também o fornecimento de mercadorias.

"Não fez o legislador qualquer distinção entre serviços personalizados, feitos por encomenda, de serviços genéricos de composição gráfica destinados ao público em geral.

"Recurso provido."[13]

Vê-se, pois, que a atividade de confecção/impressão de cartões com tarja magnética, mesmo que colocados à venda pelo banco/cliente, sujeita-se apenas ao ISS e não ao ICMS/IPI, até porque, como sabido, a aposição da referida tarja é apenas a última fase de um exaustivo serviço de impressão, ou seja, parte de um todo muito mais complexo. De fato, a colocação/impressão de tarja magnética não deve ser entendida separadamente, fora do contexto em que é feita, mas como etapa de um todo maior (serviço predominante).

Realmente: "A inclusão na lista de serviços anexa ao Decreto-lei n. 406/1968 (com alterações posteriores) exclui a incidência de qualquer outro tributo. *Tendo em vista que a mercadoria fornecida (...) se destina e está vinculada ao serviço em questão, descabe considerá-la, isoladamente*, por força do § 2º do art. 8º do citado diploma, *para sobre ela exigir-se o IPI*".[14]

No mesmo sentido o seguinte acórdão do TFR: "Serviços de composição gráfica – Sujeição apenas ao ISS. Não cabe distinguir fases do processo da composição gráfica, para fazer incidir o IPI".[15]

Há de se observar, ainda, que a questão de a confecção de cartões com tarja magnética estar sujeita ao IPI ou ao ISS já foi enfrentada pelo TFR, que chegou à conclusão de que os cartões de garantia de pagamento, que também possuem tarja magnética, tal como os outros serviços gráficos, sofrem a incidência apenas do ISS:

"*Ementa*: Tributário – Serviços de composição gráfica.

"Em face do art. 24, II, e do art. 8º, § 1º, do Decreto-lei n. 406, de 31.12.1968, com a redação do Decreto-lei n. 834, de 8.9.1969, firmou-se jurisprudência tranqüila no sentido de que os serviços de composição gráfica, nos termos do item 53 da Lista que acompanha os mencionados decretos-lei, estão sujeitos apenas ao imposto sobre serviços (ISS). (...).

"*Relatório* – Trata-se de mandado de segurança impetrado pela apelante contra ato do Ilmo. Sr. Delegado da Receita Federal no Estado do Rio de Janeiro, que, em data de 10.6.1980, através da Agência da Receita Federal Meier, subordinada à 7ª Região Fiscal, veio de lavrar contra a apelante um *auto de infração* no importe de Cr$ 6.365.489,50, sob a fundamentação de que a apelante, no período de janeiro/1978 até junho/1979, teria '*produzido* e *vendido*

13. STJ, 1ª T., REsp 265.367-SP, rel. Min. Garcia Vieira, j. 16.11.2000, *DJU* 11.12.2000.

14. 2º Conselho de Contribuintes, 2ª C., acórdão 202-08651, rel. Cons. Oswaldo Tancredo de Oliveira, sessão de 25.9.1996.

15. 4ª T., AMS 86.716-SP, rel. Min. Carlos Madeira, j. 17.8.1979, *RJTFR* 65/216-218.

[sic] os *produtos*' denominados, *in verbis*: 'produziu e vendeu os produtos denominados cheques, cautelas, certificados de depósito bancário, certificados de ações, recibos de depósitos bancários, cartões de garantia de pagamento e letras de câmbio'.

"Sem emitir as respectivas notas fiscais modelo I, sem escriturar os livros específicos da tributação e sem recolher o IPI, incidente sobre esses produtos. *(sic)*

"*Voto* – (...).

"(...) ante a dificuldade de estabelecer lindes definidos e incontroversos entre o ISS e outros impostos de incidência conflitantes na prática, o legislador federal adotou o critério seguro e específico da listagem de serviços, que, na linguagem do Mestre citado, 'exclui a incidência – sobre as operações contempladas – de qualquer outro imposto'.

"Ora, no caso em espécie, a impetrante declarou, desde a inicial, que, a partir de 14.12.1973, passou a exercer, com especialização, a atividade de composição gráfica, sob encomenda direta de seus clientes, que indicam cor, formato e modelo, o que representa mera atividade de prestação de serviços (fls. 3 e 117). Em abono da natureza dos serviços prestados, juntou, além do contrato social e sua alteração posterior (fls. 12 a 16), vários exemplares de modelos por ela impressos (fls. 19 a 29).

"A apelada, pelos seus representantes, não impugnou essa matéria de fato, apenas entendeu que a apelante estava sujeita também ao IPI. (...).

"Com estas considerações, dou provimento à apelação para conceder o mandado de segurança impetrado."[16]

5. *Conclusão*

Em breve síntese conclusiva, pode-se afirmar que:

5.1 O cartão de crédito deve ser classificado na TIPI em função daquilo que nele é essencial, ou seja, os seus caracteres impressos.

5.2 A simples aposição de tarja magnética não configura industrialização, mas apenas a última etapa de um complexo serviço de impressão gráfica.

5.3 A confecção de cartões de crédito é uma atividade de composição gráfica incluída no item 77 da Lista de Serviços anexa ao Decreto-lei 406/1968, sobre a qual incide, pois, *apenas* o ISS.

5.4 A impressão de cartões de crédito não pode ser um produto (mercadoria) e um serviço ao mesmo tempo, razão pela qual, caracterizada a prestação de serviço (sujeita ao ISS), fica afastada a tributação pelo ICMS e pelo IPI.

16. TFR, 6ª T., AMS 91.237-RJ, rel. Min. Wilson Gonçalves, j. 19.10.1981, *DJU* 12.11.1981.

O SIGILO BANCÁRIO E A LEI COMPLEMENTAR 105/2001

FABIANA LOPES PINTO

Especialista em Direito Tributário pela Pontifícia Universidade Católica de São Paulo (PUC/SP) – Especialista em Planejamento Tributário e Societário pela Fundação Getúlio Vargas (FGV) – Mestranda em Direito Tributário pela PUC/SP – Professora de Direito Tributário da Faculdade de Direito da Fundação Armando Álvares Penteado (FAAP) – Coordenadora da Comissão dos Novos Advogados do Instituto dos Advogados de São Paulo (IASP) – Advogada tributarista

1. Considerações iniciais. 2. Histórico: 2.1 O tratamento dispensado ao sigilo bancário no Direito Comparado – 2.2 O histórico do sigilo bancário no Direito Brasileiro. 3. A legislação da CPMF e sua utilização nos processos de quebra do sigilo de dados bancários. 4. A violação ao sigilo de dados bancários pela autoridade administrativa e aos direitos e garantias individuais do cidadão. 5. Sigilo bancário ou sigilo de dados bancários? Importância da nomenclatura. 6. Violação aos princípios constitucionais: 6.1 O acesso indiscriminado da Administração Tributária às informações bancárias e os princípios da certeza do Direito e da segurança jurídica – 6.2 O sigilo bancário como núcleo essencial do direito à privacidade e à intimidade – 6.3 Livre acesso ao Poder Judiciário. Devido processo legal – 6.4 Presunção de inocência – 6.5 Independência e harmonia dos Poderes: reserva de jurisdição – 6.6 Irretroatividade. Vedação da utilização dos dados da CPMF para fiscalização dos demais tributos antes da Lei 10.174/2001. 7. A equiparação do contribuinte de boa-fé ao sonegador fiscal e violação ao princípio da segurança jurídica. 8. Posição dos Tribunais acerca da Lei Complementar 105/2001 e do sigilo bancário. 9. A Lei Complementar 105/2001: 9.1 A violação ao dever de sigilo de dados bancários por solicitação do Poder Judiciário – 9.2 A violação ao dever de sigilo de dados bancários por solicitação do Poder Legislativo Federal – 9.3 A violação ao dever de sigilo de dados bancários por solicitação do Poder Executivo Federal – 9.4 A solicitação dos dados bancários pelas autoridades administrativas competentes. 10. Considerações finais.

1. Considerações iniciais

O sigilo de dados bancários vem sendo estudado por inúmeros juristas, visando à interpretação da recente legislação atinente à matéria e sua constitucionalidade.

O sigilo bancário, quando posto no ordenamento jurídico pátrio, em meados do século XIX, era absoluto e inquestionável. Vários anos se passaram, tendo a legislação sofrido várias alterações; e atualmente este direito, além de ser considerado relativo pela maioria da doutrina, foi drasticamente violado pela recente Lei Complementar 105, de 10.1.2001, trazendo incontáveis prejuízos à ordem jurídica nacional.

Durante todos esses anos as normas relativas ao sigilo de dados bancários sofreram evoluções, todas na tentativa de retirar o caráter absoluto deste direito, bem como permitir à autoridade tributária o acesso a estes dados para a fiscalização de diversos tributos.

Entretanto, em todas as alterações promovidas na legislação, a jurisprudência pátria foi categórica em garantir a inviolabilidade relativa dos dados bancários, sendo permitida a quebra tão-somente mediante autorização expressa do Poder Judiciário, após a análise pormenorizada dos fatos que justificam tal procedimento, depois da constatação de indício de crime.

A Lei Complementar 105/2001, que será objeto deste estudo, autorizou a solicitação dos dados bancários dos contribuintes às instituições financeiras por parte dos Poderes Legislativo Federal, Executivo, em especial a Administração Tributária, e Judiciário, sem a necessidade de prévia análise de indício de crime e das circunstâncias que deram origem à solicitação.

Outra alteração relevante foi a possibilidade de utilização dos dados da contribuição provisória sobre movimentação financeira – CPMF, para a verificação da existência do crédito tributário de quaisquer tributos. Para viabilizar esta utilização foi publicada a Lei federal 10.174/2001, que alterou o art. 11 da Lei 9.311/1996, que vedava esta utilização.

2. *Histórico*

2.1 *O tratamento dispensado ao sigilo bancário no Direito Comparado*

O sigilo bancário vem sendo tratado, nos países desenvolvidos, de formas variadas.[1] Em princípio a maioria dos países mantém o sigilo, não permitindo, entretanto, o segredo comercial e financeiro, que poderia acobertar a "lavagem de dinheiro" e ilícitos comerciais e tributários, em especial quando há fraude, dolo ou simulação, resultando em crimes financeiros, tributários ou comerciais.

Um princípio econômico adotado pela maioria dos países desenvolvidos é o da segurança aos clientes de bancos e aos aplicadores financeiros quanto à inviolabilidade de seus dados bancários, visando a atrair o capital de investimento, sem que, pela falta de proteção dos dados, estes investimentos acabem em países onde há uma forte política de proteção ao sigilo bancário, tais como Alemanha, Áustria, Suíça e Uruguai.

O tratamento jurídico que é dado ao sigilo de dados bancários difere nos diver-

1. José Augusto Delgado, "O sigilo bancário no ordenamento jurídico brasileiro", *III Colóquio Internacional de Direito Tributário*, 17-18.8.2001, La Ley/IOB, pp. 41-45; "a) Portugal: a doutrina tradicional considera que a tutela do segredo bancário no Direito Português sempre portou-se com um padrão protetor com características mais amplas do que o vigente na Suíça, até então considerado o país que mais oferecia proteção nesse campo de relacionamento financeiro. (...). O objetivo dessa legislação portuguesa sobre sigilo bancário, conforme depreende-se da sua mensagem, era imprimir confiança no funcionamento das instituições de crédito, para que se afirmassem como veículos necessários para a captação da poupança. b) A lei bancária alemã de 19.7.1961, em seu art. 9º, determina que há obrigação de ser preservado o 'direito à privacidade para aqueles que exercem uma função federal de vigilância, por 'seus colaboradores' e pelos controladores dos depósitos' (Arnoldo Wald, em artigo 'Sigilo bancário e os direitos fundamentais', *Cadernos de Direito Tributário e Finanças Públicas* 22/4, Ed. RT, janeiro-março/1998). c) Itália, França, Suíça: Luiz Fernando de Bellinetti, em artigo denominado 'Limitações legais ao sigilo bancário' (*Revista de Direito do Consumidor* 18/141-161, Ed. RT, abril-junho/1996). Itália: 'Assim como na Alemanha, na Itália também não há forma específica disciplinando o sigilo bancário, embora seja ele reconhecido pela doutrina e pela jurisprudência utilizando-se dispositivos variados do sistema para supeditá-lo. No entanto, também na Itália ele não é absoluto, cedendo ante interesse de ordem pública, nos casos previstos em lei. França: 'Também na França o sigilo bancário é protegido pelo ordenamento jurídico, embora inexistente uma norma específica, fundando-se a proteção num conjunto de regras de ordem penal, civil e comercial. Da mesma forma admite-se a quebra do sigilo em face de interesse de ordem pública'. d) Suíça: 'País onde os bancos e sua alardeada discrição são instituições nacionais, há previsão legal específica para a proteção do sigilo. No entanto, também lá o segredo não é, como alguns supõem, absoluto. e) Inglaterra e Estados Unidos: 'O sigilo bancário no Direito Inglês e no sistema norte-americano mereceu de Arnoldo

sos países, levando-se em consideração as circunstâncias políticas e sociais. Sábias são as palavras do professor Sacha Calmon Navarro Coêlho ao concluir que "o tratamento jurídico do sigilo bancário na atualidade pesa questões opostas, interesses contrapostos, todos de profunda relevância social, pública e coletiva. De um lado, são raras as Constituições que o enxergam como direito fundamental do cidadão, que se opõe ao devassamento de sua privacidade por meio da divulgação de dados pessoais, direito socialmente apoiado na perspectiva de crescimento do sistema financeiro, dos créditos e dos investimentos; de outro lado, aparece a necessidade de combater a prática de crimes de todo o gênero, inclusive a sonegação fiscal, levando o legislador a prever exceções, quebras e rupturas do sigilo (...)".[2]

E constata que "mesmo nos anos 90, que se propõem a combater o ilícito fiscal, a grande maioria dos países desenvolvidos mantém a observância rigorosa do sigilo bancário em relação ao Fisco; entretanto, o sistema de proteção é sempre relativo, jamais absoluto, mesmo naqueles países de longa tradição de reserva, em face das requisições das autoridades fazendárias. A quebra do princípio de proteção ao segredo, como toda exceção está condicionada às cautelas e formalidades exigidas pela lei ou pela Constituição".

Resumidamente, podem ser divididos os países, quanto ao tratamento dispensado ao sigilo de dados bancários, em dois grupos, sendo o primeiro formado por países onde o sigilo bancário é tratado como direito fundamental do contribuinte, oriundo do direito à privacidade, intimidade e liberdade do cidadão. Nestes países observa-se que, havendo necessidade de violação a esse direito, para averiguação de crimes, por exemplo, poderá haver a resistência do contribuinte, que deverá ser analisada em juízo; e, mediante decisão judicial, o sigilo bancário será ou não violado.

O segundo grupo é formado por países como a Bélgica, a França e Luxemburgo, onde o sigilo bancário não é posto como um direito fundamental do cidadão mas, mesmo não se tratando de direito fundamental, é um direito extremamente protegido, para se evitar a evasão de capital para os "paraísos fiscais".

Na maioria dos países desenvolvidos o sigilo bancário não é tratado como direito absoluto. Destarte, mesmo sendo relativo, os critérios e condições necessários à violação deste são extremamente rigorosos, tendo, na maioria deles, respaldo judicial ou resguardando ao contribuinte o direito de defesa – o que leva o assunto ao Poder Judiciário.

Já na Argentina – país que atualmente passa por problemas financeiros e econômicos seriíssimos – preferiu-se combater a sonegação fiscal, e para tanto foi autorizada abertamente a violação do sigilo bancário, o que não resultou em redução da evasão fiscal, mas sim na fuga desmedida do capital para outros países, destruindo seu sistema financeiro.

Relevantíssimas são as considerações acerca do tratamento dispensado ao sigilo bancário nos diversos países, em especial

Wald, no trabalho já citado, pp. 24-25, a análise que transcrevo: 'No Direito Inglês não há nenhuma norma escrita que estabelece sanção à violação do segredo bancário, mas qualquer pessoa que queira trabalhar em uma instituição financeira deve assinar um formulário especial pelo qual se compromete a manter sigilo sobre as movimentações bancárias. O dever de segredo na atuação do banco é interpretado rigorosamente pelos Tribunais Ingleses. No sistema norte-americano, depois de discrepâncias nas legislações estaduais e após a lei federal que restringiu o âmbito da obrigatoriedade do sigilo bancário, foi aprovada a *Right to Financial Privacy Act*, que dispõe que a prestação de informações por parte da instituição financeira somente pode ser dada em processos administrativos ou judiciais, quando os dados forem relevantes para solucionar o litígio. Com essa lei a quebra do sigilo bancário ganhou um caráter excepcional, somente podendo ocorrer desde que respeitado o devido processo legal. Assim o Direito Americano buscou conciliar a defesa ao direito de privacidade, o atendimento aos interesses públicos e quanto às informações financeiras e a existência do contraditório'".

2. *Curso de Direito Tributário Brasileiro*, 4ª ed., Rio de Janeiro, Forense, 1999, pp. 763-764.

na Argentina, tendo em vista que na atual legislação brasileira a Lei Complementar 105/2001 decidiu violá-lo, sendo bastante para tanto mera decisão da autoridade administrativa. A intenção inicial do legislador ao permitir o acesso aos dados bancários do contribuinte foi combater a sonegação fiscal. Outrossim, este não se preocupou com a evasão de divisas e, conseqüentemente, com o impacto da perda de investimentos estrangeiros no Brasil, bem como a conseqüente desvalorização da moeda brasileira.

2.2 O histórico do sigilo bancário no Direito Brasileiro

O direito ao sigilo bancário surgiu no ordenamento jurídico brasileiro em 1850, disposto nos arts. 17, 119 e 120 do CComercial, de onde se extrai expressa proibição aos banqueiros de revelarem os dados bancários de seus clientes a qualquer autoridade e sob qualquer fundamento.

Nessa época o direito ao sigilo bancário foi inquestionável, pois a legislação não deixou dupla interpretação que possibilitasse a violação deste por parte da autoridade administrativa.

Já no século seguinte, em 1964, entrou em vigor a Lei 4.595, que alterou a legislação anterior através dos arts. 1º, § 5º, e 38, e abrandou a proibição de revelação dos dados bancários pelas instituições financeiras à Administração Tributária. Tal lei permitiu o acesso às informações bancárias desde que houvesse processo instaurado e que os documentos se fizessem necessários, segundo a autoridade. Esta alteração criou dúvidas quanto ao processo necessário e à autoridade competente, pois a lei não a especificou.

A jurisprudência do STF,[3] no entanto, não se calou quanto ao assunto e, decisivamente, entendeu, em inúmeras decisões proferidas, que as expressões "processo" e "autoridade", constantes do art. 38 da Lei 4.595/1964, referiam-se ao Judiciário,[4] e não ao administrativo-fiscal, ressaltando, ainda, que, não demonstrada a autoria de delito penal, as informações solicitadas acerca dos dados bancários não poderiam ser fornecidas.[5]

Da análise dos votos proferidos pelos Ministros do STF extraiu, com sabedoria, diversas conclusões o professor Sacha Calmon Navarro Coêlho,[6] sendo as mais relevantes:

"O sigilo decorre do direito à privacidade inerente à personalidade das pessoas, consagrado na Constituição Federal em seu art. 5º, X, e protege tanto interesses privados como finalidades de ordem pública, a saber, o sistema de crédito (v. voto do Min. Carlos Velloso); (...).

"O Poder Judiciário pode requisitar, relativamente a pessoas e instituições, informações que implicam quebra do sigilo (Lei 4.595/1964, art. 38, § 1º); entretanto, mesmo havendo inquérito policial instaurado, deverá proceder com a cautela, a prudência e a moderação inerentes à magistratura (v. voto do Min. Carlos Velloso).

"Não é bastante para a quebra do sigilo o mero *status suspicionis*, sem outros

3. "Constitucional – Penal – Processual penal – Sigilo bancário: quebra – Lei n. 4.595/1964, art. 38. I – Inexistentes os elementos de prova mínimos de autoria de delito em inquérito regularmente instaurado, indefere-se o pedido de requisição de informações que implica quebra do sigilo bancário (Lei n. 4.595/1964, art. 38)."

4. Voto do Min. Carlos Velloso: "Repito, entretanto, que estou de acordo em que a Lei n. 4.595 foi recepcionada pela Constituição de 1988. Estou plenamente de acordo no sentido de que tem vigência o art. 38, § 1º, da Lei n. 4.595/1964, que autoriza o Poder Judiciário a requisitar informações que implicam quebra do sigilo bancário".

5. Voto do Min. Carlos Velloso: "Agora, aí é que reside a minha divergência com o Sr. Min. Marco Aurélio: é que sustento que o segredo somente pode ser afastado diante, por exemplo, de um procedimento criminal ou de um inquérito policial formalmente instaurado, em que haja indiciamento do acusado, com a indicação do delito praticado, com, pelo menos, um início de prova relativamente à autoria e à materialidade".

6. *Curso* ..., 4ª ed., pp. 763-764.

dados mais consistentes (v. voto do Min. Celso de Mello)."

Dois anos depois foi editada a Lei 5.172/1966, com força de lei complementar, consubstanciada no Código Tributário Nacional, que abriu nova discussão, em virtude do disposto nos arts. 197 e 198 deste:

"Art. 197. Mediante intimação escrita, *são obrigados a prestar à autoridade administrativa todas as informações de que disponham com relação aos bens, negócios ou atividades de terceiros*:

"I – os tabeliães, escrivães e demais serventuários de ofício;

"II – *os bancos, casas bancárias, Caixas Econômicas e demais instituições financeiras* (...).

"Parágrafo único. A obrigação prevista neste artigo não abrange a prestação de informações quanto a fatos sobre os quais o informante seja legalmente obrigado a observar segredo em razão de cargo, ofício, função, ministério, atividade ou profissão" (grifos nossos).

"Art. 198. Sem prejuízo do disposto na legislação criminal, é vedada a divulgação, para qualquer fim, por parte da Fazenda Pública ou de seus funcionários, de qualquer informação, obtida em razão do ofício, sobre a situação econômica ou financeira dos sujeitos passivos ou de terceiros e sobre a natureza e estado de seus negócios e atividades."

A interpretação literal do arts. 197 e 198 do CTN possibilita que a Administração Tributária solicite informações sobre bens, negócios ou atividades dos contribuintes às instituições financeiras, desde que atendidas as condições da lei. A Ciência do Direito trouxe novas interpretações, considerando todo o ordenamento do sistema de direito positivo, visando a resguardar ao Poder Judiciário a autorização para violação de quaisquer dados bancários.

Esta discussão ganhou força com a promulgação da Constituição Federal em 1988, que dispôs, em seu art. 145, § 1º, que: "Sempre que possível, os impostos terão caráter pessoal e serão graduados segundo a capacidade econômica do contribuinte, facultado à Administração Tributária, especialmente para conferir efetividade a esses objetivos, identificar, *respeitados os direitos individuais e nos termos da lei*, o patrimônio, os *rendimentos* e as atividades econômicas do contribuinte".

A Administração Tributária passou, então, a interpretar o disposto nos arts. 197 e 198 com base no § 1º do art. 145 da Carta Constitucional, o que, em sua interpretação, fortaleceu o poder fiscalizatório e, conseqüentemente, possibilitou a eventual quebra do sigilo de dados bancários de um contribuinte para a identificação de seus rendimentos.

Apesar desse entendimento do Fisco, o antigo TFR, atual STJ, para acabar com as interpretações a favor da quebra do sigilo bancário por autoridade administrativa e barrar a sagacidade fiscalizatória da Administração Tributária, formulou a Súmula 182, reduzindo consideravelmente a força do art. 197, II, do CTN, ao dispor ser "ilegítimo o lançamento do imposto de renda arbitrado com base apenas em extratos ou depósitos bancários".

Visando a afastar o entendimento do STF no sentido de que as expressões "processo" e "autoridade", dispostas no § 5º do art. 38 da Lei 4.595/1964, referiam-se ao processo/autoridade administrativo, e não judicial, foi editada em 1990 a Lei 8.021, que revogou expressamente o art. 38 da Lei 4.595/1964, fixando a necessidade de processo *fiscal* em curso e juízo da autoridade *administrativa* relativamente aos documentos.

Veio, então, a jurisprudência do STJ, em fevereiro/1994, negando o livre acesso da autoridade administrativa fiscal às informações e registros entregues à guarda bancária, interpretando a expressão contida na Lei 4.595/1964 como processo judicial e negando valia ao art. 8º da Lei 8.021/1990.

Ressalte-se, neste sentido, a sábia doutrina do professor Sacha Calmon Navarro Coêlho ao concluir que: "Se, de acordo com o STF, o Poder Judiciário, expressamente autorizado pela Lei 4.595/1964 a requisitar informações às instituições financeiras, está limitado e condicionado, em suas decisões, à observância de certos requisitos mínimos, acautelatórios e moderadores, assecuratórios da garantia constitucional do sigilo bancário, expressão do direito à privacidade, os demais Poderes, quer se trate do Legislativo, quer do Ministério Público em investigação penal ou da Administração Fazendária no lançamento e fiscalização dos tributos, não gozam e nem poderiam gozar de livre acesso, incontrastável, às informações bancárias. *A possibilidade de oposição e resistência do contribuinte – essência e núcleo do direito à privacidade – seria nulificada se não fosse ouvido em juízo, ou se não pudesse opor à pretensão fazendária, ou a eventuais abusos em inquérito penal, defesa oportuna*"[7] (grifos nossos).

A partir de então surgiram vários questionamentos acerca da constitucionalidade da Lei 8.021/1990, inclusive no tocante à necessidade de lei complementar para disciplinar o Sistema Financeiro Nacional; razão pela qual em 10.1.2001 foi publicada, no *Diário Oficial da União*, a Lei Complementar 105, que dispõe em especial sobre o sigilo das operações de instituições financeiras.

3. A legislação da CPMF e sua utilização nos processos de quebra do sigilo de dados bancários

A Lei Complementar 105/2001 trouxe inúmeras inovações ao ordenamento jurídico brasileiro. Outorgou às autoridades fiscais maior poder e abrangência na fiscalização do imposto sobre a renda das pessoas físicas e jurídicas, através do cruzamento de dados da Declaração de Imposto de Renda com os valores recolhidos a título de CPMF, bem como permitiu a estas autoridades a violação aos direitos e garantias individuais do cidadão, dispostos no art. 5º, X e XII, da CF, mediante instauração de procedimento administrativo, nos termos do disposto no art. 6º dessa lei.

A alteração promovida no art. 11, § 3º, da Lei 9.311, de 24.10.1996 (lei que instituiu a CPMF), através da publicação da Lei 10.174/2001, possibilitou a utilização dos valores recolhidos a título de CPMF para verificar a existência de créditos tributários de outros impostos e contribuições, além da própria CPMF.

O texto original do § 3º do art. 11 da Lei 9.311/1996 dispunha sobre a utilização dos dados obtidos com a arrecadação da CPMF pela Receita Federal, permitindo-a para a fiscalização da própria CPMF, vedando, entretanto, a utilização destes mesmos dados para a constituição do crédito tributário dos demais tributos administrados pela Secretaria da Receita Federal:

"Art. 11. Compete à Secretaria da Receita Federal a administração da contribuição, incluídas as atividades de tributação, fiscalização e arrecadação.

"§ 1º. No exercício das atribuições de que trata este artigo, a Secretaria da Receita Federal poderá requisitar ou proceder ao exame de documentos, livros e registros bem como estabelecer obrigações acessórias.

" 2º As instituições responsáveis pela retenção e pelo recolhimento da contribuição prestarão à Secretaria da Receita Federal as informações necessárias à identificação dos contribuintes e os valores globais das respectivas operações, nos termos, nas condições e nos prazos que vierem a ser estabelecidos pelo Ministro de Estado da Fazenda.

"*§ 3º. A Secretaria da Receita Federal resguardará, na forma da legislação aplicada à matéria, o sigilo das informações prestadas,* ***vedada*** *sua utilização para constituição do crédito tributário relativo a outras contribuições ou impostos*" (grifamos).

O legislador ordinário procedeu à alteração no texto original do art. 11 da Lei

7. *Curso* ..., 4ª ed., p. 765.

9.311/1996 visando a possibilitar a utilização dos dados obtidos através do recolhimento da CPMF para a fiscalização do imposto de renda, dentre outros tributos, e viabilizar a aplicação das normas que seriam inseridas oportunamente no ordenamento jurídico brasileiro pela Lei Complementar 105/2001. Observa-se que o § 3º do art. 11 da lei supracitada foi alterado pela Lei 10.174, de 9.1.2001, e *o dispositivo legal que anteriormente vedava* a utilização para a constituição do crédito tributário de quaisquer outros tributos *passou a dispor ser facultada a utilização* dos dados da CPMF para a instauração de procedimento administrativo tendente a verificar a existência de crédito tributário relativos aos impostos e contribuições.

A alteração promovida pela Lei 10.174/2001 (que alterou o art. 11, § 3º, da Lei 9.311/1996, que instituiu a contribuição provisória sobre movimentação ou transmissão de valores, de créditos e direitos de natureza financeira – CPMF) abriu sobremaneira o âmbito de atuação da autoridade administrativa tributária, outorgando-lhe competência não prevista no texto constitucional:

"Art. 11. (...).

"§ 3º. A Secretaria da Receita Federal resguardará, na forma da legislação aplicável à matéria, o sigilo das informações prestadas, *facultada* sua utilização para instaurar procedimento administrativo tendente a verificar a existência de crédito tributário relativo a impostos e contribuições e para lançamento, no âmbito do procedimento fiscal, do crédito tributário porventura existente, observado o disposto no art. 42 da Lei n. 9.430, de 27 de dezembro de 1996, e alterações posteriores" (grifo nosso).

Frise-se que a Lei 10.174/2001 entrou em vigor no dia de sua publicação, ou seja, em 9.1.2001, não podendo, portanto, retroagir a fatos anteriores a essa data.

Juntamente com a alteração promovida na lei da CPMF foi publicada a Lei Complementar 105/2001, que veio regulamentar a forma de utilização destes dados para a fiscalização dos tributos administrados pela Secretaria da Receita Federal, em especial o imposto sobre a renda – IRPJ e IRPF – e as contribuições devidas ao Programa de Integração Social – PIS e contribuição para o financiamento da seguridade social – COFINS, incidentes sobre a totalidade das receitas da empresa, nos temos da Lei 9.718/1998. Isso porque a partir dos valores pagos a título de CPMF (0,38% incidente sobre as movimentações financeiras) é possível estimar o valor das receitas recebidas por uma pessoa física ou jurídica num determinado exercício.

As contribuições destinadas à seguridade social, incidentes sobre o faturamento ou receita bruta das pessoas jurídicas – o PIS e a COFINS –, também poderão ser fiscalizadas através da movimentação financeira do contribuinte obtida pelo valor do recolhimento total da CPMF, tendo em vista a visualização da totalidade das receitas auferidas, ainda que sem respaldo contábil.

4. A violação ao sigilo de dados bancários pela autoridade administrativa e aos direitos e garantias individuais do cidadão

O sigilo bancário há décadas vem sendo analisado pela Ciência do Direito, tendo sido objeto de várias interpretações, todas elas no sentido de garantir ao cidadão brasileiro de boa-fé a inviolabilidade dos seus dados. O Ministro do STJ José Augusto Delgado, em recente artigo publicado, resume de maneira clara e concisa as teorias aplicadas pela doutrina brasileira ao direito ao sigilo bancário:

"A doutrina, em épocas diversas, examinou as seguintes teorias:

"*Teoria contratualista.* O sigilo bancário, de acordo com essa teoria, decorre da relação contratual que, voluntariamente, é formada entre o banco e o cliente, por via da qual mesmo sem cláusula expressa a instituição financeira assume a obrigação de guardar segredo das movimentações de dinheiro que nela são feitas. Essa responsabilidade assumida pelo banco inspira-se, segundo os adeptos da teoria em destaque, nos usos, nos costumes e na boa-fé aplicáveis na interpretação dos contratos comerciais.

"*Teoria do direito à privacidade*. Os adeptos dessa corrente afirmam que o sigilo bancário integra o campo do direito à privacidade, que faz parte dos direitos da personalidade.

"*Teoria consuetudinária*. Segundo os seguidores dessa linha de pensar o sigilo bancário decorre dos compromissos tácitos assumidos entre instituições financeiras e seus clientes, no sentido de não serem levados ao conhecimento de terceiros os valores transacionados. O uso reiterado dessa prática, apoiado no elemento *confiança*, passou a representar costume adotado neste tipo de negócio jurídico.

"*Teoria da boa-fé*. A adoção dessa teoria conduz o intérprete a entender que o sigilo bancário, por sua própria natureza, está vinculado ao caráter fiduciário da atividade bancária, fundando-se, portanto, na boa-fé ou dever de lisura que tanto marca o tipo de negócio jurídico firmado.

"*Teoria do sigilo profissional*. Essa teoria concebe o sigilo bancário como sendo uma espécie do sigilo profissional. Há, portanto, um dever ético do banco em respeitar o sigilo bancário, em decorrência da profissão exercida.

"*Teoria do direito à intimidade dos bancos*. Os integrantes dessa forma de pensar sustentam que a instituição financeira tem legítimo interesse de afastar do conhecimento de terceiros a movimentação financeira dos seus clientes e dos fatos com ela relacionados.

"*Teoria da complexidade do vínculo*. Essa teoria é explicada por Arnoldo Wald, no trabalho já citado, da forma seguinte: 'A doutrina moderna abandonou a noção da relação jurídica contratual, defendendo a complexidade do vínculo. Além dos direitos e das obrigações principais, existem deveres secundários para ambos os contratantes que decorrem da regra geral da boa-fé denominada na doutrina italiana de *correttezza* e na legislação alemã de *Treu und Glauben*. Exige que a atuação de uma parte não cause danos à esfera jurídica da outra. Dentro desta idéia, defende-se que o sigilo bancário é um dever acessório na relação jurídica. Mesmo que não nasça o contrato entre as partes, a boa-fé objetiva impede que a instituição financeira prejudique os interesses do cidadão'."[8]

Neste estudo, algumas destas teorias serão extensamente utilizadas de forma a demonstrar a inconstitucionalidade na violação ao sigilo bancário nos termos permitidos pela Lei Complementar 105/2001.

O sigilo bancário das pessoas físicas e jurídicas está resguardado pela Carta Constitucional Brasileira no Título I – "Dos Princípios Fundamentais", art. 3º, II ("Constituem objetivos fundamentais da República Federativa do Brasil: I – construir uma sociedade livre, justa e solidária"), bem como no Título II, Capítulo I – "Dos Direitos e Deveres Individuais e Coletivos", art. 5º, *caput* e incisos X e XII:

"Art. 5º. Todos são iguais perante a lei, sem distinção de qualquer natureza, garantindo-se aos brasileiros e aos estrangeiros residentes no país a inviolabilidade do direito à vida, *à liberdade*, à segurança e à propriedade, nos seguintes termos: (...);

"X – *são invioláveis a intimidade, a vida privada, a honra e a imagem das pessoas, assegurando o direito à indenização pelo dano material ou moral decorrente de sua violação*; (...);

"XII – *é inviolável o sigilo da correspondência e das comunicações telegráficas, de dados e das comunicações telefônicas, salvo, no último caso, por ordem judicial, nas hipóteses e na forma que a lei estabelecer para fins de investigação criminal ou instrução processual penal*; (...)."

8. In *III Colóquio Internacional de Direito Tributário*, 17-18.8.2001, p. 54.

A Carta Constitucional de 1988 não dispõe expressa e diretamente sobre a inviolabilidade aos dados bancários. A vedação à quebra deste direito é decorrente dos direitos à liberdade, intimidade, vida privada e ao sigilo de dados. Este estudo tem como premissa ser o sigilo bancário espécie do gênero *sigilo de dados*.

Inúmeras discussões já foram oportunamente levantadas acerca do sigilo bancário. Se este estaria ou não protegido pela Constituição Federal de 1988 quando resguarda ao cidadão a inviolabilidade do sigilo de dados. Juristas como Tércio Sampaio Ferraz[9] e Ives Gandra da Silva Martins[10] defendem fervorosamente a inviolabilidade constitucional do sigilo bancário, reconhecendo-o como uma das cláusulas pétreas da Constituição Federal, inserido na inviolabilidade do sigilo de dados, no direito à privacidade, intimidade e liberdade, devendo ser, conseqüentemente, tratado como direito e garantia individual do cidadão, disposto constitucionalmente.

Como direito e garantia individual disposto na Constituição Federal, a inviolabilidade do sigilo bancário não pode ser abolida, agredida nem restringida por qualquer tipo de alteração legal, nem através de emenda constitucional, conforme disposto pela própria Carta Constitucional em seu art. 60, § 4º, IV:

"Art. 60. A Constituição poderá ser emendada mediante proposta: (...).

"§ 4º. *Não será objeto de deliberação a proposta tendente a abolir*: (...);

"IV – os direitos e garantias individuais."

Relevante ressaltar que esta posição é corroborada pela jurisprudência do STF, onde "somente autorização expressa da Constituição legitimaria o Ministério Público a promover, diretamente, sem intervenção da autoridade judiciária, a quebra do sigilo bancário"; neste sentido a decisão unânime proferida nos autos do RE crim. 215301-CE, julgado em 13.4.1999, tendo como Relator o Min. Carlos Velloso, da 2ª Turma, publicada no *DJU* de 28.5.1999, p. 24, *Ement.* 01952-07, p. 1.303.[11]

A jurisprudência de primeira instância possui inúmeros precedentes no senti-

9. In *Cadernos de Direito Tributário e Finanças Públicas* 1/149-150, São Paulo, Ed. RT, 1992: "No tocante, pois, às informações sobre terceiros exigíveis de instituições financeiras, quando protegidas pela inviolabilidade de sigilo de dados (sigilo bancário), podem ter acesso, 'observadas as cautelas e formalidades prescritas pela lei, as autoridades e agentes fiscais'. O art. 38, § 5º, da Lei 4.595/1964 exige, para isso, processo instaurado (art. 196 do CTN) e que os dados requisitados sejam considerados indispensáveis pela autoridade competente. Não se trata de sigilo profissional (art. 5º, XIV, da CF), que, na palavra autorizada de Aliomar Baleeiro, não alcança a profissão de banqueiro (4ª ed., p. 550). Em questão está o sigilo de dados privativos (art. 5º, X e XII, da CF). A nosso ver, com ressalva de dados referentes à intimidade dos sujeitos, os dados da vida privada são acessíveis às autoridades fiscais nas condições e com as cautelas estabelecidas pela lei".

10. In *Revista Dialética de Direito Tributário* 1/19-20, ed. Oliveira Rocha: "Ora, no momento em que o Governo Federal envia proposta de alteração do art. 145 da CF ao Congresso Nacional, em que reconhece que sigilo bancário é sigilo de dados, reconhece, outrossim, que se trata de cláusula pétrea e que toda sua argumentação passada carece de validade, isto é, que o sigilo de dados está preservado, não podendo o fiscal ter acesso a esses dados sem autorização judicial. Em outras palavras, ao tentar alterar 'cláusula pétrea', não só confessou reconhecer a identidade entre os dados bancários e quaisquer outros, como, mais do que isso, afastou toda a defesa que, meticulosamente arquitetara, embora sem sucesso, em todos estes últimos anos, a Fazenda Nacional. (...). Trata-se de cláusula imodificável, de acordo com expressa manifestação da Câmara dos Deputados, ao rejeitar o projeto governamental, e do STF, ao inadmitir que o Ministério Público pudesse ter acesso aos dados bancários sem autorização judicial".

11. "Constitucional – Ministério Público – Sigilo bancário: quebra – CF, art. 129, VIII.

"I – *A norma inscrita no inciso VIII do art. 129 da CF não autoriza ao Ministério Público, sem a interferência da autoridade judiciária, quebrar o sigilo bancário de alguém. Se se tem presente que o sigilo bancário é espécie de direito à privacidade, que a CF consagra, art. 5º, X, somente autorização expressa da Constituição legitimaria o Ministério Público a promover, diretamente e sem intervenção da autoridade judiciária, a quebra do sigilo bancário de qualquer pessoa.*

"II – Recurso extraordinário não conhecido (recte.: Ministério Público Federal)" (grifos nossos).

do de ser inconstitucional a utilização dos dados da CPMF para fiscalização de quaisquer tributos, haja vista configurar violação ao sigilo bancário – um direito fundamental do cidadão, que não pode ser alterado nem por emenda constitucional. Neste sentido, merece destaque a decisão da Juíza Alda Maria Basto Caminha Asanaldi, Titular da 1ª Vara Federal de São Paulo, nos autos do MS 2001.61.00.011218-0:

"2. A questão posta em comento vincula-se primordialmente a mandamento constitucional, cujo teor é de fácil clareza, conforme se constata da CF, art. 5º, incisos X e XII, impondo, o primeiro deles, a inviolabilidade da vida privada e, o segundo, a preservação das informações contidas em bancos de dados, sejam públicos ou particulares, *somente excepcionada a quebra do correspondente sigilo nos casos especialmente indicados (para fins de investigação criminal ou instrução processual penal), assim mesmo e exclusivamente por ordem judicial.*

"*É incompreensível que a Receita Federal venha a instaurar procedimento fiscal contra o impetrante para fins de exigir o crédito tributário devido ao imposto de renda, quando o § 3º do art. 11 da Lei n. 9.311/1996, que disciplina a CPMF, determina à Receita Federal resguardar o sigilo das informações e veda sua utilização para constituir crédito tributário relativo a outras contribuições e impostos.* A fiscalização da Receita Federal, portanto, está a agir contrariamente ao determinado pela lei ao iniciar procedimento administrativo para fins de apurar declaração anual de renda. *[sic]. Tenho posicionamento no sentido de que os indigitados parágrafos do art. 11 da Lei n. 9.311/1996 padecem de constitucionalidade*, à medida que pretendem prestigiar desobediência à Lei n. 4.595/1964, que foi recepcionada na ordem jurídica como lei complementar e veda às instituições financeiras fornecer informações sobre as contas bancárias dos seus correntistas.

"*Ademais, insta consignar que o art. 6º da superveniente Lei Complementar n. 105/2001 nasceu crivado de inconstitucionalidade, pois que viola frontalmente o art. 5º, incisos X e XII, da Carta Constitucional, recusando a ordem judicial como única opção constitucional para a quebra do sigilo de informações ou bancário.*

"Note-se ainda que a doutrina prestigia o entendimento de que *a quebra do sigilo, diante do vigente ordenamento jurídico nacional, somente pode ocorrer por ordem judicial, assim mesmo para atender à finalidade de investigação criminal ou instrução processual penal, na forma prevista em lei.*

"A própria legislação não permitiria interpretação outra, posto que o sigilo bancário é oponível ao Fisco, frente ao que dispõe o texto do art. 38, § 5º, da Lei n. 4.595/1964 e do § 1º do art. 197 do CTN (...).

"Como tem ressaltado o STJ, a questão põe em pólos opostos o interesse do Fisco e o direito à privacidade do indivíduo, devendo esse conflito ser solvido de forma a compatibilizar as garantias do cidadão e os superiores interesses da coletividade. *Neste crivo, será necessária, no mínimo, a prévia autorização da autoridade judicial competente para que sejam franqueadas ao Poder Tributante as informações bancárias atinentes ao contribuinte.* (...).

"4. Defiro a liminar, com base na argumentação expendida e com efeitos até decisão final, para *determinar a imediata suspensão do Mandado de Procedimento Fiscal (...) e do Termo de Início de Fiscalização, suspendendo toda e qualquer medida fiscalizatória.*"

Para desenvolver um estudo mais profundo sobre a quebra do sigilo bancário, nos termos da Lei Complementar 105/2001, serão adotadas as seguintes premissas:

a) O sigilo bancário é cláusula pétrea constitucional, sendo espécie do gênero *sigilo de dados*, disposto no inciso XII do art. 5º da CF de 1988.

b) É requisito essencial para se garantir o direito à liberdade, inserto no *caput* do mesmo artigo, assim como para resguardar os direitos à intimidade e à vida privada, dispostos no inciso XII do mesmo art. 5º – sendo, portanto, um direito e uma garantia individual do cidadão. E:

c) Por se tratar de direito e garantia individual do cidadão, o sigilo bancário não pode ser violado nem por emenda constitucional.

Este estudo tem o propósito de demonstrar que mesmo após a edição da Lei Complementar 105/2001 o sigilo bancário só poderá ser violado pelo Poder Judiciário, por constituir direito individual do cidadão disposto na Constituição Federal de 1988; bem como demonstrar que a interpretação literal desta lei resulta em flagrante afronta ao ordenamento jurídico nacional, trazendo insegurança jurídica, incerteza do Direito, bem como gerando prejuízos incontáveis à ordem jurídica nacional.

5. *Sigilo bancário ou sigilo de dados bancários? Importância da nomenclatura*

A base jurídica constitucional do dever de sigilo bancário deve ser demonstrada de maneira clara e precisa. A Constituição, conforme dito anteriormente, não deixa expresso o direito ao sigilo bancário, sendo expressa tão-somente quanto ao sigilo de dados. Por óbvio que todas as informações obtidas por uma instituição financeira sobre uma pessoa física ou jurídica dão origem a um banco de dados, contendo informações de naturezas diversas.

Ao interpretar a Lei Complementar 105 como se esta autorizasse a quebra do sigilo bancário pela autoridade administrativa fiscal estar-se ia admitindo a violação de dados bancários. O fato de os dados serem bancários não significa que deixam de ser dados. Se são dados, trata-se de direito individual do cidadão e "cláusula pétrea" da Constituição Federal, não sendo permitido qualquer tipo de restrição a este direito, sequer por emenda constitucional, tendo em vista o disposto no inciso XII do art. 5º da CF.

A inviolabilidade dos dados bancários está respaldada constitucionalmente não só pelo fato de os documentos bancários serem dados invioláveis, como também por se tratar de um acesso desautorizado de um terceiro a comunicação alheia.

Neste sentido a doutrina do professor Tércio Sampaio Ferraz Júnior[12] ao afirmar que "o sigilo, no inciso XII do art. 5º, está referido à comunicação, no interesse da defesa da privacidade. Isto é feito, no texto, em dois blocos: a Constituição fala em sigilo 'da correspondência e das comunicações telegráficas, de dados e das comunicações telefônicas'. Note-se, para a caracterização dos blocos, que a conjunção 'e' une correspondência com telegrafia, segue-se uma vírgula e, depois, a conjunção de dados com comunicações telefônicas. Há uma simetria nos dois blocos. Obviamente o que se regula é comunicação por correspondência e telegrafia, comunicação de dados e telefonia. *O que fere a inviolabilidade do sigilo é, pois, entrar na comunicação alheia, fazendo com que o que deve ficar entre sujeitos que se comunicam privadamente passe ilegitimamente ao domínio de um terceiro.* Ou seja, a inviolabilidade do sigilo garante, numa sociedade democrática, o cidadão contra a intromissão clandestina ou não autorizada pelas partes na comunicação entre elas, como, por exemplo, a censura de correspondência ou a figura do *hacker*. Por outro lado, se alguém elabora para si um cadastro sobre certas pessoas com informações marcadas por avaliações negativas, e o torna público, poderá estar cometendo difamação, mas não quebra sigilo de dados. Se estes dados armazenados eletronicamente são transmitidos, privadamente, a um parceiro, em relações mercadológicas, para defesa do mercado (banco de dados), também não estará havendo quebra de sigilo. Mas se alguém entra nessa transmissão, como um terceiro,

12. Parecer no processo IASP-01/279, sobre o sigilo das operações de instituições financeiras, publicado na *Revista do Instituto dos Advogados de São Paulo* 9/162, Ano 5, São Paulo, Ed. RT, 2002.

que nada tem a ver com a relação comunicativa, ou por ato próprio ou porque uma das partes lhe cede o acesso sem consentimento da outra, estará violado o sigilo de dados" (grifos nossos).[13]

O sigilo bancário, por nós chamado de *sigilo de dados bancários*, foi conceituado por Sérgio Carlos Covello como "obrigação que têm os bancos de não revelar, salvo justa causa, as informações que venham a obter em virtude de sua atividade profissional".[14] E para Alberto Luís "consiste na discrição que os bancos, os seus órgãos e empregados, devem observar sobre os dados econômicos e pessoais dos clientes, que tenham chegado ao seu conhecimento através do exercício das funções bancárias. Por 'cliente' tem de entender-se aqui não só aquele que realiza operações no banco, mas também todo aquele que entra com ele em relações pré-negociais não chegadas a bom termo e em resultado das quais o banco ficou a dispor de um conjunto de informações sobre a pessoa, seus bens e negócios – informações que pertencem à esfera da sua vida privada e que ele próprio não deseja ver divulgadas".[15]

Partindo deste pressuposto, conclui-se que os dados bancários dos cidadãos não podem ser fornecidos pelas instituições financeiras por simples requerimento dos agentes do Poder Público, como dispõe a Lei Complementar 105/2001. Trata-se de dados invioláveis, devendo ser permitidas a solicitação de informações bancárias por parte dos agentes públicos às instituições financeiras e eventual quebra do sigilo bancário somente mediante autorização do Poder Judiciário. *Tal fato só se justifica em casos de supremacia do interesse público sobre o particular, em virtude de flagrante indício de ilícito penal ou fiscal*, ainda que esta lei permita, haja vista configurar um direito e garantia individual do cidadão, que não pode ser alterado sequer por emenda constitucional, tampouco lei complementar, como tentou fazer o legislador.

Ao autorizar a violação dos dados bancários dos cidadãos e garantir à autoridade administrativa poder fiscalizatório irrestrito, a Lei Complementar 105/2001 acabou violando inúmeros outros direitos constitucionais de igual ou maior relevância que o próprio sigilo de dados disposto no art.

13. Tércio Sampaio Ferraz Júnior complementa dizendo que: "A discussão é decisiva: o objeto protegido pelo inciso XII do art. 5º da CF, ao assegurar a inviolabilidade do sigilo, não são os dados em si, mas a sua comunicação. A troca de informações (comunicação) é que não pode ser violada por sujeito estranho à comunicação. Doutro modo, se alguém, por razões profissionais, ficasse sabendo legitimamente de dados incriminadores relativos a uma pessoa, ficaria impedido de cumprir o seu dever de denunciá-los! Quando, por outro lado, alguém – um outro – intercepta uma mensagem, por exemplo, abre uma carta que não lhe foi endereçada, ocorre violação de sigilo. Não importa o conteúdo da comunicação epistolar, não importa, pois, que, na carta, apenas esteja a reprodução de um artigo de jornal publicado na véspera. O sigilo terá sido violado de qualquer modo, mesmo se o conteúdo da correspondência é público, pois a proteção não é para o que consta da mensagem (tecnicamente, o chamado relato ou conteúdo comunicado) , mas para a ação de enviá-la e recebê-la. Visto deste ângulo, toma seu correto sentido o disposto no inciso XII do art. 5º da CF, quando ali se admite, apenas para a comunicação telefônica, e assim mesmo só para fins de investigação criminal ou instrução processual penal, por ordem judicial, a quebra do sigilo. Note-se, antes de mais nada, que dos quatro meios de comunicação ali mencionados – correspondência, telegrafia, dados, telefonia – só o último caracteriza-se por sua instantaneidade. Isto é, a comunicação telefônica só é enquanto ocorre. Encerrada, não deixa vestígios no que se refere ao relato das mensagens e aos sujeitos comunicadores. É apenas possível, *a posteriori*, verificar qual unidade telefônica ligou para outra. A gravação de conversas telefônicas por meio do chamado 'grampeamento' é, pois, necessária para que o conteúdo possa ser conservado. Como isso é tecnicamente possível, o constituinte autorizou esta única exceção à inviolabilidade do sigilo de comunicação, mas, com essa única ressalva, não permitiu absolutamente a entrada de terceiros na comunicação alheia, ainda que, em nome do interesse público, um juiz viesse a autorizá-los (a Constituição, na verdade, no seu art. 5º, XII, ressalva a investigação criminal ou instrução processual, mas também, excepcionalmente, em caso de estado de defesa – art. 139, III – admite possíveis restrições ao sigilo da correspondência e das comunicações)."

14. *Sigilo Bancário*, São Paulo, LEUD, 1992, p. 69.

15. *Direito Bancário: Temas Críticos e Legislação Conexa*, Coimbra, Livraria Almedina, p. 88.

5º, XII, da CF de 1988. Neste rol podem ser citados os direitos à privacidade e intimidade (art. 5º, X), ao acesso ao Judiciário (art. 5º, XXXV), ao devido processo legal (art. 5º, LIV), à decisão fundamentada (art. 93, IX), à presunção de inocência (art. 5º, LVII), à livre concorrência, (art. 170, IV), e os princípios constitucionais da tripartição dos Poderes e proporcionalidade, da irretroatividade, federativo, bem como os valores constitucionais máximos da certeza do Direito e da segurança jurídica.

6. Violação aos princípios constitucionais

6.1 O acesso indiscriminado da Administração Tributária às informações bancárias e os princípios da certeza do Direito e da segurança jurídica

O acesso indiscriminado dos agentes públicos às contas bancárias dos contribuintes expõe os dados bancários a terceiros e viola dois dos valores constitucionais máximos: a certeza do Direito e a segurança jurídica. A nova legislação, que desconsiderou o valor recolhido a título de CPMF, permitiu, ao mesmo tempo, a utilização destes dados para constituição do crédito tributário de tributos tais como o imposto sobre a renda – IRPF e IRPJ – e das contribuições sociais devidas sobre a totalidade das receitas, tais como o PIS e a COFINS.

O princípio constitucional da certeza do Direito é um sobreprincípio, e, como tal, está acima de todos os outros. É algo que se situa na própria essência do ordenamento jurídico brasileiro, e sem ele as decisões judiciais e administrativas estariam sempre no âmbito do provável e não seriam dadas ao indivíduo nem a segurança nem a certeza necessárias ao convívio social e à confiança no ordenamento jurídico brasileiro, pois tudo seria provável, possível, e não certo, definido e seguro.

Já o princípio constitucional da segurança jurídica decorre do princípio da certeza do Direito e vem coordenar o fluxo das relações intersubjetivas, buscando a propagação na comunidade social dos efeitos jurídicos das normas previstas no ordenamento. Este sobreprincípio dá origem ainda ao princípio da irretroatividade das leis, garantindo que os fatos serão regidos pela norma que estiver válida, vigente e eficaz no momento da ocorrência do fato, descrito na norma, no mundo social.

Américo Lacombe, em magistral obra, assevera que "o princípio da segurança jurídica não está expresso na Constituição, mas, além de ser decorrência lógica da isonomia, pois só poderá haver igualdade (perante a lei e na lei) onde houver segurança jurídica, ele vem impregnado pelo princípio da legalidade, pela garantia à coisa julgada, ao direito adquirido e ao ato jurídico perfeito, cujo corolário é a irretroatividade das leis. Vem ainda implementado pelo princípio da separação dos Poderes e pela possibilidade de recurso à Justiça, exercida por Magistratura independente".[16]

Tanto o princípio da certeza do Direito quanto o da segurança jurídica estão implícitos no sistema jurídico constitucional. Como resultado destes princípios, a norma aplicável aos fatos ocorridos em anos anteriores ao da edição da Lei Complementar 105/2001 e da Lei 10.174/2001 é a disposta na Lei 9.311/1996, que veda a utilização dos dados da CPMF para a constituição do crédito tributário de quaisquer outros tributos que não a própria CPMF. No caso dos eventos ocorridos posteriormente à publicação da nova legislação, ainda que válida, vigente e eficaz, devem prevalecer as normas de superior hierarquia, dispostas na Constituição Federal, que consideram invioláveis os dados, a vida privada e a intimidade – normas, estas, inalteráveis, sob pena de se admitir a hierarquia da lei complementar sobre a Constituição Federal.

Admitir a violação ao sigilo da dados bancários pela Lei Complementar 105/2001 reduz o ordenamento jurídico brasileiro a nada, retirando-lhe a essência (hierarquia

16. *Princípios Constitucionais Tributários*, São Paulo, Malheiros Editores, 1996, p. 50.

das normas constitucionais), de forma a abolir os dois principais valores constitucionais: a certeza do Direito e a segurança jurídica.

Lembra o Ministro do STJ José Augusto Delgado que "no ordenamento jurídico brasileiro, ao meu pensar, não há lugar para brotar qualquer interpretação que conclua pela possibilidade de qualquer agente do Poder Público acessar de modo generalizado e sem motivação informações bancárias do cidadão, mesmo com autorização judicial".[17]

Esclarece, ainda, que "o acesso indiscriminado do agente fiscal às informações bancárias do cidadão gera uma quebra da segurança das relações jurídicas por um terceiro passar a ter, sem causa justificadora, conhecimento da vida íntima de alguém, submetendo-o, a partir daí, a um regime de submissão. Por outro lado, ninguém poderá garantir, nem o próprio Estado, que o agente público utilize os dados que chegaram ao seu conhecimento para outros intentos que não o exclusivamente fiscal.[18] A segurança jurídica desse tipo de relação envolve, também, a manutenção do segredo das movimentações financeiras do contribuinte". E conclui afirmando que "*a valorização da segurança jurídica da relação existente entre instituição financeira e contribuinte pelo Fisco, não quebrando o seu sigilo fiscal sem autorização judicial, constitui causa de aplicação de justiça fiscal.* O seguimento de seus princípios valoriza o regime democrático do qual ela faz parte" (grifos nossos).

6.2 O sigilo bancário como núcleo essencial do direito à privacidade e à intimidade

O direito ao sigilo bancário, além de ser espécie do gênero *sigilo de dados*, cuja inviolabilidade está garantida pelo art. 5º, XII, da CF, também é um núcleo essencial do direito à privacidade e à intimidade, assegurado no inciso X do mesmo artigo da Carta Constitucional, configurando um dos direitos e garantias fundamentais do cidadão.

A violação do sigilo bancário por solicitação dos agentes do Poder Público nos termos permitidos pela Lei Complementar 105/2001 agride frontalmente o direito à privacidade e à intimidade do cidadão. Seria razoável admitir o fornecimento de informações e conseqüente violação ao sigilo bancário, sim, mas mediante autorização expressa do Poder Judiciário; ainda assim, em casos onde haja flagrante indício de crime.

A inviolabilidade de informações referentes à vida privada e à intimidade é vista por Tércio Sampaio Ferraz Júnior[19] como só tendo pertinência "para aquelas associadas aos elementos identificadores usados nas relações de convivência, as quais só dizem respeito aos que convivem. Dito de outro modo, os elementos de identificação só são protegidos quando compõem relações de convivência privativas: a proteção é para elas, não para eles. Em conseqüên-

17. In *III Colóquio Internacional de Direito Tributário*, 17-18.8.2001, p. 62.

18. José Augusto Delgado cita a doutrina de Arnoldo Wald no artigo "Sigilo bancário e os direitos fundamentais", publicado nos *Cadernos de Direito Tributário e Finanças Públicas* 22/15, Ano 6, São Paulo, Ed. RT, janeiro-março/1998. Lembra Arnoldo Wald que: "O segredo na atividade bancária envolve, concomitantemente, interesses privados e coletivos, que podem ser analisados sob três ângulos: o interesse do cliente na sua relação com a instituição financeira; o interesse do banco em atuar com discrição para ganhar a confiança da população e captar recursos; e o interesse social na existência de um bom e eficiente sistema bancário. Por estarem ligadas ao desenvolvimento da economia e aos interesses da comunidade, as relações que envolvem as instituições financeiras não recebem o mesmo tratamento jurídico despendido a outras relações comerciais. Inviável a aplicação exclusiva das regras de direito privado, as quais têm como princípio norteador a autonomia da vontade, pois esta encontra limites nas normas cogentes próprias do direito bancário e na intervenção do Estado".

19. Parecer no processo IASP-01/279 sobre o sigilo das operações de instituições financeiras, *Revista do Instituto dos Advogados de São Paulo* 9/166.

cia, simples cadastros de elementos identificadores (nome, endereço, RG, filiação etc.) não são protegidos. Mas cadastros que envolvam relações de convivência privadas (por exemplo, nas relações de clientela, desde quando é cliente, se a relação foi interrompida, as razões pelas quais isto ocorreu, quais os interesses peculiares do cliente, sua capacidade de satisfazer aqueles interesses etc.) estão sob proteção. *Afinal, o risco à integridade moral do sujeito, objeto do direito à privacidade, não está no nome, não está nos elementos de identificação que condicionam as relações privada, mas na apropriação dessas relações por terceiros a quem elas não dizem respeito.* Pensar de outro modo seria tornar impossível, no limite, o acesso ao registro de comércio, ao registro de empregados, ao registro de navio etc., em nome de uma absurda proteção da privacidade"[20] (grifos nossos).

Sobre o assunto, mister destacar a acertada e oportuna doutrina de Aliomar Baleeiro, em sua obra intitulada *Direito Tributário Brasileiro*, atualizada pela professora Misabel de Abreu Machado Derzi: "Se, de acordo com o STF, o Poder Judiciário, expressamente autorizado pela Lei 4.595/1964 a requisitar informações às instituições financeiras, está limitado e condicionado, em suas decisões, à observância de certos requisitos mínimos, acautelatórios e moderadores, assecuratórios da garantia constitucional do sigilo bancário, expressão do direito à privacidade, *os demais Poderes, quer se trate do Legislativo, quer do Ministério Público em investigação penal ou da Administração Fazendária no lançamento e fiscalização dos tributos, não gozam nem poderiam gozar de livre acesso, incontrastável, às informações bancárias.* A possibilidade de oposição e resistência do contribuinte – essência e núcleo do direito à privacidade – seria nulificada se não fosse ouvido em juízo, ou se não pudesse opor defesa oportuna à pretensão fazendária ou a eventuais abusos em inquérito penal. Como o núcleo essencial do direito à privacidade e à intimidade de que o sigilo bancário é um mero desdobramento (art. 5º, X e XII, da CF) configura a liberdade de negação, direito de resistência e de oposição do contribuinte à divulgação de dados pessoais, crescem de importância a defesa do contribuinte em juízo e o inteiro conhecimento prévio das pretensões do Fisco ou do Ministério Público, pois imprescindíveis e inerentes à própria garantia constitucional, sob pena de seu total esfacelamento."[21]

Mesmo antes da publicação da Lei Complementar 105/2001 não só a doutrina dominante como também a jurisprudência do STF apontavam reiteradamente sobre a inviolabilidade do sigilo bancário, quer por pertencer ao gênero *sigilo de dados*, quer por ser essencial à garantia do direito à privacidade e à intimidade. Admitir-se-ia, entretanto, sua violação desde que esta fosse determinada pelo Poder Judiciário, competente para analisar os requisitos mínimos e imprescindíveis para tal mister.

Não se pode admitir que qualquer outro órgão tenha acesso a dados bancários de qualquer pessoa sem antes passar pela análise criteriosa do Poder Judiciário, que ainda assim está adstrito aos casos onde haja indício de crime. Da mesma forma se daria a quebra do sigilo bancário solicitado pela autoridade administrativa fiscal. Detectado

20. Tércio Sampaio Ferraz Júnior aduz que, "por essas considerações, pode-se perceber que o âmbito da privacidade (o objeto do direito subjetivo, cujo conteúdo é a faculdade de excluir terceiros) tem a ver com aquilo que é nuclear para a autoconsistência moral da pessoa, ou seja, da pessoa moral ou física, que lhe confere um lugar na convivência e que não pode ser aberto a qualquer um, salvo por sua iniciativa ou por iniciativa conjunta dos participantes e em relação ao quê se garante a faculdade de resistir (de excluir) a indevida intromissão de outros. Este âmbito, cuja existência formal pode ser reconhecida como um universo humano, conhece, porém, variações ditadas pelo tempo, pelo lugar, pelos costumes etc.".

21. Aliomar Baleeiro, *Direito Tributário Brasileiro*, 11ª ed., atualizada por Misabel de Abreu Machado Derzi, Rio de Janeiro, Forense, 1999, p. 1.000.

o indício de crime – e só nesta hipótese –, seria instaurado um processo administrativo e requerida ao Poder Judiciário, após a apresentação das provas necessárias, a solicitação de quebra do sigilo bancário.

O Poder Judiciário – e somente ele –, após a análise criteriosa dos indícios de provas apresentados, analisando todos os direitos e garantias fundamentais do cidadão, expressos na Constituição Federal, tem competência constitucional para decidir pela violação ou não do sigilo bancário, assegurados ainda a apresentação restrita destes dados assim como o segredo de justiça àquele processo.

Novamente oportuna a doutrina de Aliomar Baleeiro, atualizada pela professora Misabel Derzi, em conclusão acerca da possibilidade de quebra do sigilo bancário apenas em juízo e observados os requisitos materiais mínimos e imprescindíveis: "Em conclusão podemos dizer que os requisitos, já esboçados pelo STF, imprescindíveis à quebra do sigilo bancário como direito fundamental à privacidade e à intimidade são, então: o princípio da objetividade material (que exige início de prova quanto à existência de um delito e de sua autoria); o princípio da pertinente adequação (que supõe relação lógica entre o objeto penal investigado e os documentos pretendidos); o princípio da proibição de excesso (que exige a demonstração da imprescindibilidade da prova para o êxito da investigação e a existência de outros meios menos danosos ou limitativos). *O STF, ao direcionar o tema segundo os princípios referidos, posiciona-se ao lado de outras Cortes Constitucionais e da legislação de outros povos, na posição moderada ideal: o direito à proteção à intimidade não é absoluto, não prevalecendo para proteger o crime. Mas residindo sua essência no direito à resistência à devassa e no interesse coletivo de saúde do sistema financeiro e de crédito, é mister que se determine sua quebra apenas em juízo e se observe a presença de requisitos materiais mínimos e imprescindíveis a serem obedecidos, caso a caso*".[22]

No mesmo sentido, o STF já se posicionou diversas vezes sobre a inviolabilidade do sigilo de dados, sendo possível, até por se tratar de extensão do direito à intimidade e à privacidade, que não tem natureza absoluta, a autorização, pelo Poder Judiciário, da quebra após a análise dos indícios de crime. As ementas de acórdãos abaixo transcritos demonstram o entendimento do STF sobre a quebra do sigilo bancário.

"Constitucional – Sigilo bancário: quebra – Administradora de cartões de crédito – CF, art. 5º, X. I – *Se é certo que o sigilo bancário, que é espécie de direito à privacidade, que a Constituição protege, art. 5º, X, não é um direito absoluto*, que deve ceder diante do interesse público, do interesse social e do interesse da Justiça, certo é, *também, que ele há de ceder na forma e com observância de procedimento estabelecido em lei e com respeito ao princípio da razoabilidade*. II – Recurso não conhecido. Votação unânime"[23] (grifos nossos).

"Constitucional – Ministério Público – Sigilo bancário: quebra – CF, art. 129, VIII. I – A norma inscrita no inciso VIII do art. 129 da CF não autoriza ao Ministério Público, sem a interferência da autoridade judiciária, quebrar o sigilo bancário de alguém. *Se se tem presente que o sigilo bancário é espécie de direito à privacidade, que a Constituição Federal consagra, art. 5º, X, somente autorização expressa da Constituição legitimaria o Ministério Público a promover, diretamente, e sem intervenção da autoridade judiciária, a quebra do sigilo bancário de qualquer pessoa*. II – Recurso extraordinário não conhecido"[24] (grifos nossos).

22. *Direito Tributário Brasileiro*, 11ª ed., p. 1.001.

23. 2ª T., RE 219.780-PE, rel. Min. Carlos Velloso, j. 13.4.1999, v.u., *DJU* 10.9.1999, p. 23, *Ement.* 1962-03, p. 473.

24. 2ª T., RE crim. 215.301-CE, rel. Min. Carlos Velloso, j. 13.4.1999, *DJU* 28.5.1999, p. 24, *Ement.* 01952-07, p. 1.303.

Para a professora Diva Malerbi, Livre-Docente pela PUC/SP, "temos que: (a) o direito de sigilo bancário cede diante do interesse público da administração da justiça: quando estão envolvidas atividades criminosas, a quebra do sigilo bancário pode-se revelar o único meio de resguardar o interesse público; (b) a adequação do meio empregado para realizar esse fim constitucionalmente relevante será aferida pelo objeto penal investigado e os documentos pretendidos; (c) a razoabilidade do meio escolhido em relação à finalidade perseguida será aferida não só pela presença da necessidade da medida interventiva para atingir os objetivos pretendidos, como também pela presença da indispensabilidade da medida".[25]

Ressalta, ainda, que "*somente ao Poder Judiciário, que é dotado de imparcialidade para decidir se é o caso ou não de invadir a esfera reservada ao indivíduo, incumbirá a tarefa de identificação e verificação dessas condições no caso concreto.* Verificar se a pretensão de quebra do sigilo no caso concreto é pertinente, razoável e proporcional em face do interesse público envolvido, bem assim da ausência de outros meios idôneos para a revelação dos fatos da investigação criminal ou da instrução processual penal" (grifos nossos).

Na mesma linha de raciocínio, Celso Ribeiro Bastos[26] enfatiza, em seu artigo intitulado "Sigilo bancário e tributário", que:

"Ao se admitir, conforme propõe a Lei Complementar 105/2001, que o sigilo bancário pode ser quebrado por qualquer funcionário graduado da Receita Federal, independentemente de autorização judicial, estar-se-á violando o direito à privacidade que vem assegurado constitucionalmente. *Ademais, o Poder Judiciário é o único que tem condições de decidir, no caso concreto, sobre a necessidade de quebra do sigilo bancário.* Cumpre acrescentar, ainda, que o sigilo bancário, por se tratar de uma espécie do direito à privacidade, portanto um direito individual constitucionalmente assegurado, é inviolável, exceto quando houver relevante interesse público e com autorização do Poder Judiciário.

"Num sistema em que se admita a quebra do sigilo bancário por autoridade fiscal faz-se imprescindível que esta venha acompanhada da responsabilização desta, quando a quebra revelar-se inconsistente e indevida. Esta é a única forma de se evitar a prática abusiva da quebra de sigilo bancário por parte da autoridade fiscal, bem como assegurar a indenização daquele que teve o seu sigilo bancário quebrado e que sofreu uma série de prejuízos."[27]

Conclui-se, em sintonia com a ementa da lavra do eminente Min. Carlos Velloso, que, *sendo o sigilo bancário uma espécie de direito à privacidade, assim como uma espécie do gênero "sigilo de dados"*, direitos fundamentais garantidos na Constituição Federal, *somente a própria Constituição Federal ou autorização expressa do Poder Judiciário poderiam permitir a violação destes direitos, condicionada ainda aos requisitos materiais mínimos e imprescindíveis, no caso de indício de crime que justifique a violação do direito fundamental.*

Fora o Poder Judiciário, nenhum outro ente federativo pode, mesmo após a edição da Lei Complementar 105/2001, autorizar a quebra do sigilo bancário, diretamente, sem autorização do Poder judiciário, seja qual for o fundamento.

Interessante observar que o direito à intimidade e à privacidade em Constituições de outros países também deve prevalecer sobre o dever de prestar informações aos agentes públicos, como bem elucidam o professor Angel Urquizu Cavallé, Titular

25. In *III Colóquio Internacional de Direito Tributário*, 17-18.8.2001, p. 86.

26. Professor de Direito Constitucional e de Direito das Relações Econômicas Internacionais no Curso de Pós-Graduação da PUC/SP; Diretor-Geral da do Instituto Brasileiro de Direito Constitucional.

27. Celso Ribeiro Bastos, in *III Colóquio Internacional de Direito Tributário*, 17-18.8.2001, p. 119.

de Direito Financeiro e Tributário da Universidade Rovira e Virgilli, de Tarrogona, na Espanha, ao tecer comentários sobre este assunto frente à Constituição Espanhola:

"En este sentido, el secreto bancario tiene como fundamento el derecho a la intimidad del cliente reconocido en el art. 18.1 de la Constituición, pues no hay una consagración explícita de este tipo de secreto, como la hay del secreto profesional.

"Lo importante es saber en qué medida el conocimiento de informaciones bancarias por la Administración, a efectos fiscales, debe entenderse comprendido en la zona de la intimidad constitucionalmente protegida.

"La obrigación de proporcionar a la Administración Tributaria datos, informes o antecedentes con trascendencia tributaria constituye una manifestación de los llamados doctrinalmente 'deberes de colaboración', enquadrables en la categoría más amplia de los deberes de prestación a que se refiere el art. 31.3 de la Constituición Española.

"La obrigación de comunicar datos tributarios puede afectar al derecho a la intimidad personal consagrado en el art. 18.1 de la Constituición Española. De ahí que para la salvaguarda del mismo se establezcan límites a dicha obligación del administrado y correlativa facultad administrativa."[28]

6.3 Livre acesso ao Poder Judiciário. Devido processo legal

Não bastasse a violação aos incisos X e XII do art. 5º da CF, a Lei Complementar 105/2001 ainda atenta contra o direito de acesso ao Judiciário, que possui como conseqüência lógica o direito de poder ser apreciada a questão da violação do sigilo através de Poder imparcial e através de decisão juridicamente fundamentada. Tais violações, em verdade, acarretam afronta ao devido processo legal, bem como a todos os meios e recursos a ele inerentes. Direito, este, que, tal como os referidos até então, constitui "cláusula pétrea" constitucional, em especial quando se trata de um Estado Democrático de Direito, que encontra na tripartição dos Poderes uma de suas manifestações.

Suprimir do cidadão o direito de ter a questão analisada de acordo com os trâmites legais por órgão investido nesta competência é colocá-lo à disposição da investigação, acusação, julgamento e condenação pela Receita Federal – diga-se de passagem, o órgão da Administração interessado na quebra do sigilo bancário. Noutras palavras, é dar o poder de julgamento àquele que culpa. É colocar num mesmo patamar o acusador e o julgador.

Tal fato, no presente caso, afigura-se ainda mais grave, tendo em vista que os critérios autorizadores da violação do sigilo bancário pela autoridade fiscal não estão delimitados em lei, pois a lei apenas impôs como *único limite do enorme poder que foi conferido à autoridade fiscal que os exames de tais dados sejam considerados indispensáveis pela autoridade administrativa competente.*

A única restrição legal para a utilização desse mecanismo *é meramente o critério subjetivo da autoridade competente*, acerca da necessidade de verificação de tais dados.

Nesse passo, importante ressalvar que, por não existirem elementos limitadores desse poder excessivo, o próprio Poder Judiciário – se não for considerado inconstitucional o art. 6º da Lei Complementar 105/2001 – ficará de mãos atadas caso venha a ser instigado a manifestar-se sobre a legalidade de ato administrativo que determinar a quebra do sigilo bancário, pois o Poder Judiciário, caso não examine a questão sob a ótica constitucional, não encontrará limitações na lei para avaliar a legalidade do ato discricionário.

A Lei Complementar 105/2001, ao ignorar, entre outros direitos, o direito ao

28. In *III Colóquio Internacional de Direito Tributário*, 17-18.8.2001, p. 267.

livre acesso ao Poder Judiciário, assim como o devido processo legal, demonstrou que o legislador brasileiro não atentou para o sistema adotado pelo Brasil em processo de investigação: parte-se da presunção de inocência, e o que acusa não é o mesmo que julga.

Lembra-nos Fernando da Costa Tourinho Neto que, "estando um conflito entre o Fisco e o contribuinte, evidentemente, não é a autoridade fiscal que vai dizer se os documentos bancários sigilosos são ou não indispensáveis. *Um terceiro, imparcial, é quem pode solucionar o conflito ocorrente entre o interesse do Fisco e o direito de privacidade do indivíduo. Este terceiro é o juiz*".[29]

6.4 *Presunção de inocência*

A Lei Complementar 105/2001 parte da premissa que todos são sonegadores, todos são culpados, atingindo mais uma vez a Constituição da República, que garante a todos o direito à presunção de inocência.

Neste sentido a doutrina do professor Celso Ribeiro Bastos, que, de forma concisa, assevera que "a presunção de inocência é uma constante do Estado de Direito. Ela chega mesmo a tangenciar a obviedade. Seria um fardo pesado para o cidadão o poder ver-se tolhido por uma situação em que fosse tido liminarmente por culpado, cabendo-lhe, se o conseguisse, fazer demonstração da sua inocência. Uma tal ordem de coisas levaria ao império do arbítrio e da injustiça. A regra, pois, da qual todos se beneficiam, é de serem tidos por inocentes até prova em contrário".[30]

Entretanto, a idéia de presunção de inocência não é tônica pelo qual se norteia a Lei Complementar 105/2001. Pelo contrário: todos são sonegadores, até prova em contrário. Através dos procedimentos levados a efeito pela Receita Federal parte-se da concepção de que o silêncio gera a autoincriminação, tendo em vista que a não-apresentação de todos os extratos bancários "solicitados" pela Receita Federal resulta na inevitável quebra do sigilo bancário. Por bem (apresentação "voluntária" dos dados bancários logo após a "solicitação" da Receita Federal) ou por mal (a não-apresentação já autoriza a quebra do sigilo), todos os cidadãos terão suas movimentações bancárias analisadas pela autoridade fiscal.

6.5 *Independência e harmonia dos Poderes: reserva de jurisdição*

Na linha do exposto acerca do devido processo legal, a edição da Lei Complementar 105/2001 vem retirar do Poder Judiciário o poder de apreciação da quebra de um direito constitucional sob a alegação de que a manutenção deste poder com tal órgão atrasa as investigações da Receita Federal.

O atraso não se dá por liberalidade do Judiciário, mas sim pela análise criteriosa dos pré-requisitos para a quebra, que uma vez não cumpridos pelo Fisco ensejam a não-decretação da quebra.

Assim, para "otimizar" o trabalho da Receita Federal, afastou-se a necessidade de prévia análise da questão pelo Poder Judiciário – o Poder que tutela os direitos do homem, que zela pela imparcialidade, moralidade, justiça, que tem no STF o guardião da Constituição, foi atado, de forma a não poder interferir na decisão dos dois outros Poderes: Executivo e Legislativo.

O dispositivo que a lei traz não passa de um totalitarismo, de uma supressão de competências. Dizer que o Judiciário dificulta as investigações da Receita, e por isso a esta cabe agora conduzi-las, no mínimo representa insulto ao ideal almejado pelo princípio da tripartição dos Poderes.

Com a análise desta atitude o temor perante o Fisco cresce ainda mais, pois, se um órgão acha que respeitar direitos e princípios representa atraso, o que não se fará

29. In *Cadernos de Direito Tributário e Finanças Públicas* 18/37, Ano 5, São Paulo, Ed. RT.

30. *Comentários à Constituição do Brasil: Promulgada em 5 de Outubro de 1988*, São Paulo, Saraiva, 1988, p. 277.

em nome da dita moralidade, agora que não existe nem controle sobre o que acessará?

6.6 *Irretroatividade. Vedação da utilização dos dados da CPMF para fiscalização dos demais tributos antes da Lei 10.174/2001*

O princípio da irretroatividade das leis é oriundo do valor máximo da segurança jurídica. A lei que for instituída só pode entrar em vigor a partir de sua publicação, bem como atingir fatos ocorridos após esta data. O art. 5º, XXXVI, da Carta Constitucional Brasileira dispõe que as leis não podem retroagir, alcançando o direito adquirido, o ato jurídico perfeito e a coisa julgada.

Com a entrada em vigor da Lei Complementar 105 e da Lei federal 10.174, ambas publicadas em janeiro/2001, a Secretaria da Receita Federal só poderia ter acesso aos dados bancários dos anos de 2001 e seguintes. Ocorre que, após a entrada em vigor destas, a Administração Tributária vem utilizando os dados da movimentação da CPMF para identificar, inicialmente, os contribuintes que tenham movimentação bancária aproximadamente 10 vezes superior à renda tributável ou não tributável declarada na Declaração de Imposto de Renda.

Dúvida não há quanto à impossibilidade de serem retroagidos os efeitos da nova legislação, tendo em vista a grandeza do primado da irretroatividade. Sobre este lembra o professor Paulo de Barros Carvalho, Titular de Direito Tributário da PUC/SP e da USP, que, "neste princípio, que vem impregnado de grande força, podemos sentir com luminosa clareza seu vetor imediato, qual seja, a realização do primado da segurança jurídica. Qualquer agressão a essa sentença constitucional representará, ao mesmo tempo, uma investida à estabilidade dos subsídios e um ataque direto ao bem da certeza do Direito".

Conforme demonstrado anteriormente, a partir de janeiro/2001 a lei 10.174/2001 alterou o art. 11, § 3º, da Lei 9.311/1996 (lei que instituiu a CPMF), criando a possibilidade de utilização dos dados da CPMF para a aferição dos demais tributos, contrariando e revogando o dispositivo anterior, que proibia expressamente a utilização destes para a constituição do crédito tributário de quaisquer tributos que não a própria CPMF.

Como conseqüência desta alteração surgiu a Lei Complementar 105/2001, que permitiu à autoridade administrativa a violação ao sigilo bancário em razão da movimentação financeira apontada pelo recolhimento da CPMF. Através da análise do valor recolhido a título de CPMF a autoridade tributária chega a um valor estimado de entradas ou receitas auferidas num determinado exercício. Verificado o descompasso entre as receitas auferidas e a renda declarada, os agentes da Administração Tributária solicitam esclarecimentos, acompanhados do extrato bancário do contribuinte, pessoa física ou jurídica. Na falta de pronto atendimento por parte do contribuinte, os agentes fazendários passaram a ter autonomia, nos termos da Lei Complementar 105/2001, a solicitar diretamente às instituições financeiras os documentos necessários à averiguação (extratos bancários).

Apesar de esta legislação ter entrado em vigor a partir de janeiro/2001, a Administração Tributária, que já possui os valores arrecadados a título de CPMF desde 1996, vem notificando os contribuintes a prestar esclarecimentos, bem como apresentar espontaneamente o extrato bancário, de exercícios anteriores a 2001.

Como naquela época a legislação vigente – Lei 9.311/1996 – dispunha que era vedada a utilização destes dados para constituição do crédito tributário de quaisquer outros tributos, e considerando o princípio da irretroatividade das leis, principalmente daquelas que venham a prejudicar o contribuinte ou o réu, pode-se afirmar que a autoridade administrativa não tem competência para utilizar os dados da CPMF anteriores a 2001, tampouco violar o sigilo bancário dos contribuintes, respaldada na Lei Complementar 105/2001.

A partir da publicação da Lei Complementar 105/2001, bem como da alteração daquela lei (n. 9.311/1996) pela Lei 10.174/2001, a Administração Tributária deu início à utilização dos dados bancários dos contribuinte para a fiscalização de vários tributos. Padece de vício de constitucionalidade a competência outorgada aos agentes do Poder Público quanto ao acesso aos dados do contribuinte sem autorização judicial expressa. Destarte, ainda que se admita que com a nova legislação a autoridade administrativa possa constituir o crédito tributário de outros tributos a partir dos dadosbancários do contribuinte cuja irregularidade seja apontada em virtude da CPMF recolhida, não poderia fazê-lo referentemente aos anos anteriores a 2001, apesar de possuir desde 1996 acesso aos valores recolhidos a título de CPMF, que representam a movimentação bancária do contribuinte.

O ponto de reflexão desta questão não se fixa apenas na violação ou não do sigilo de dados bancários do contribuinte, mas também na irretroatividade da Lei Complementar 105/2001 e da Lei 10.174/2001 para fins de constituição do crédito tributário de outros tributos, seja em virtude do próprio princípio da irretroatividade das leis tributárias, seja pela validade, vigência e eficácia do art. 11, § 3º, da Lei 9.311/1996 até janeiro/2001, quando foi alterado pela Lei 10.174/2001.

O estudo deste tema aprofunda-se na análise do disposto no art. 144, *caput*, do CTN, que dispõe que "o lançamento reporta-se à data da ocorrência do fato gerador da obrigação e rege-se pela lei então vigente, ainda que posteriormente modificada ou revogada", criando algumas exceções em seu § 1º, ao dispor que: "Aplica-se ao lançamento a legislação que, posteriormente à ocorrência do fato gerador da obrigação, tenha instituído novos critérios ou processo de fiscalização, ampliando os poderes de investigação das autoridades administrativas, ou outorgado ao crédito maiores garantias ou privilégios, exceto, neste último caso, para o efeito de atribuir responsabilidade tributária a terceiros".

Segundo o comando normativo do § 1º do art. 144 do CTN, a legislação posterior à da ocorrência do fato gerador poderia ser aplicada nos casos de fiscalização, o que resulta em brutal afronta aos princípios constitucionais gerais da segurança jurídica, da certeza do Direito e da irretroatividade das leis, o que resulta em flagrante inconstitucionalidade do art. 144, § 1º, do CTN.

A violação aos primados constitucionais neste caso é patente inclusive em acontecimento do nosso cotidiano. Caso a União Federal possa, a partir da Lei 10.174/2001, notificar todos os contribuintes que tiveram movimentação bancária superior à renda declarada para fins de apuração do imposto de renda devido, poderá injustamente apontar um contribuinte como sonegador, em virtude dos indícios de sonegação fiscal, tendo em vista que, em geral, a CPMF não vai refletir a renda auferida, pois incide sobre toda a movimentação financeira. A receita auferida não pode espelhar, nem de longe, a renda a ser declarada. *Receita* e *renda* têm naturezas jurídicas e conceitos jurídicos e contábeis bem diversos, um do outro.

A título de exemplo, convém ressaltar o caso do contribuinte que procedeu ao lançamento do seu imposto de renda sem intenção de omitir qualquer renda. Este contribuinte pode ter movimentado em sua conta corrente valores de terceiros que não estariam em sua declaração. Se naquela época a CPMF não servia de base para a fiscalização do imposto sobre a renda, este contribuinte provavelmente não arquivou os comprovantes desta transação, e poderá ficar impossibilitado de provar a origem daquele depósito, e acabar sendo considerado como sonegador de tributos. Neste caso, seja porque a Lei 9.311/1996 proibia expressamente a utilização dos dados da CPMF para a constituição do crédito tributário de quaisquer tributos, exceto a CPMF, seja pela imputação de crime não cometido, em virtude da mudança no critério de apuração, seja pela violação ao princípio da segurança jurídica, a Lei Complementar 105/2001 e a Lei 10.174/2001 só poderão atingir fatos ocorridos após o início de sua vigência.

Além dos princípios constitucionais violados pelo art. 144, § 1º, do CTN, o que já seria suficiente para a desconstituição de qualquer crédito tributário constituído em desconformidade com a ordem constitucional, é imprescindível navegar pela ciência do direito tributário, visando à constatação do silogismo aqui exposto.

O art. 11, § 3º, da Lei 9.311/1996 "dispõe sobre a impossibilidade de utilização dos dados da CMPF pelas autoridades administrativas *para a constituição do crédito tributário de quaisquer outros tributos ou contribuições*". Este comando normativo permanece em vigor até janeiro/2001, quando passa a ser permitida a utilização dos dados da CPMF para a *instauração de procedimento administrativo tendente a verificar a existência de crédito tributário relativo a impostos e contribuições e para lançamento, no âmbito do procedimento fiscal, do crédito tributário porventura existente*. Paralelamente aos dois comandos normativos supracitados surge o comando do art. 144 do CTN, que, apesar de afirmar aplicar-se ao lançamento a legislação em vigor na data da ocorrência do fato que deu origem à obrigação tributária, cria uma exceção à regra geral, permitindo, em seu § 1º, que *nos casos de instituição de novos critérios ou processos de fiscalização, ampliando os poderes da autoridade administrativa, pode ser aplicada a legislação posterior à ocorrência do fato imponível para constituir o lançamento.*

Analisando isoladamente as normas jurídicas supratranscritas, pode-se apontar três normas jurídicas deonticamente estruturadas:

1ª. Dado o acesso aos dados da CPMF aos agentes fazendários, *fica proibida a utilização destes dados para a constituição do crédito tributário de quaisquer outros impostos e contribuições* (norma válida, vigente e eficaz de 24.10.1996 a 9.1.2001).

2ª. Dado o acesso aos dados da CPMF aos agentes fazendários, *fica permitida a instauração de procedimento administrativo tendente a verificar a existência de crédito tributário de outros tributos ou contribuições* (norma válida, vigente e eficaz a partir de 10.1.2001).

3ª. *Ocorrendo a instituição de novos procedimentos de fiscalização, fica permitida a utilização da legislação posterior à da ocorrência do fato imponível.*

Para que o crédito tributário seja constituído é necessário que ocorra no mundo social um fato/evento, descrito no antecedente de uma norma geral e abstrata, que irá se subsumir a este comando normativo, resultando numa norma individual e concreta para que seja considerado um fato jurídico tributário. É imprescindível que o fato ocorrido no mundo social seja vertido em linguagem competente através do lançamento tributário para que haja o nascimento do fato jurídico tributário.

O fato jurídico tributário comporá o antecedente da norma individual e concreta e relatará evento passado especificado no tempo e no espaço. Com o nascimento do fato jurídico tributário surge, pela fenomenologia da imputação deôntica, a relação jurídica tributária entre dois sujeitos de direito em torno de uma prestação pecuniária – momento, este, em que surge a obrigação tributária.

Com o surgimento da relação jurídica tributária nascerá para o sujeito passivo o dever jurídico de cumprir a prestação tributária, e para o sujeito ativo o direito subjetivo de exigir do sujeito passivo a prestação. É este o momento em que se constitui o crédito tributário.

A doutrina do professor Paulo de Barros Carvalho[31] expõe com clareza o mo-

31. *Direito Tributário – Fundamentos Jurídicos da Incidência*, São Paulo, Saraiva, 1998, pp. 174, 216 e 217.

mento da constituição do crédito tributário.[32]

Considerando que a Lei 9.311/1996, art. 11, § 3º, proibiu a utilização dos dados da CPMF para a constituição do crédito tributário de outros tributos e contribuições; considerando que a Administração Tributária, hoje, de posse dos valores recolhidos a título de CPMF nos anos anteriores à edição da Lei Complementar 105/2001 e da Lei federal 10.174/2001, vem retificando o lançamento do imposto sobre a renda expedido pelo contribuinte e este sendo autuado com base nos valores recolhidos a título de CPMF, respaldada na eventual retroatividade da legislação atual, por se tratar de norma que institui novos procedimentos de fiscalização, conforme permissão outorgada pelo art. 144 do CTN; considerando que a Lei 10.174/2001, que alterou o art. 11, § 3º, da lei que instituiu a CPMF em 1996 – Lei 9.311 –, permitiu a utilização dos dados da CPMF pela autoridade administrativa para a *instauração de procedimento administrativo tendente a verificar a existência de crédito tributário relativo a impostos e contribuições e para lançamento*; considerando, ainda, que o crédito tributário só é constituído com a expedição do lançamento tributário, ou seja, com o surgimento da norma individual e concreta – pode-se concluir que, mesmo não sendo considerado inconstitucional o § 1º do art. 144 do CTN e sendo verificada a retroatividade da lei que permite a utilização dos dados da CPMF para a instauração de procedimento administrativo tendente a verificar a existência de crédito tributário de outros impostos ou contribuições, ou seja, que permite a fiscalização, o crédito tributário de período anterior à revogação da Lei 9.311/1996 jamais poderá ser constituído, mesmo que identificado, tendo em vista a expressa proibição de constituição do crédito tributário. *A atual legislação permite, apenas e tão-somente, a verificação de existência do crédito tributário, enquanto que a legislação anterior vai mais longe, proíbe a constituição do crédito tributário.*

A constituição do crédito tributário surge em momento de identificação da existência do crédito tributário. Esta só ocorre quando for constituída em linguagem competente através da expedição da norma individual e concreta do lançamento. Desta forma, mesmo que ocorra a identificação do crédito e seja apurado novo valor de imposto devido oriundo dos dados da CPMF, o crédito não poderá ser constituído e o lançamento será considerado nulo.

Resta clara a irretroatividade da Lei Complementar 105/2001, diante dos argumentos jurídicos citados. Neste sentido, é imperioso salientar que na Lei de Introdução ao Código Civil, que alcança não só a lei civil, mas todos os códigos e todas as legislações, está expressamente disposto o

32. Idem, p. 174: "Mantendo coerência com aquilo que já foi dito, o instante em que nasce a obrigação tributária é exatamente aquele em que a norma individual e concreta, produzida pelo particular ou pela Administração, neste último caso por meio do lançamento, ingressar no sistema do direito positivo, o que implica reconhecer que a relação se dá juntamente com a ocorrência do fato jurídico. Daí falar-se em instauração automática e infalível do vínculo obrigacional, ao ensejo do acontecimento do 'fato gerador'. A contar desse ponto na escala do tempo, existirá um enunciado lingüístico, formulado em consonância com os preceitos da ordem jurídica, e que somente poderá ser modificado por outros enunciados especialmente proferidos para esse fim, segundo a orientação do sistema".

Pp. 216-217: "Retomemos a mensagem do art. 142 do CTN, para lembrar que este estatuto faz uma distinção, no meu entender improcedente, entre crédito e obrigação, como se fosse a possível, à luz da Teoria Geral do Direito, separar essas duas entidades. A obrigação nasceria com o acontecimento do 'fato gerador', mas surgiria sem crédito, que somente com o 'procedimento de lançamento' viria a ser 'constituído'. Que obrigação seria essa em que o sujeito ativo nada tem por exigir (crédito) e o sujeito passivo não está compelido a qualquer conduta? O isolamento do crédito em face da obrigação é algo que atenta contra a integridade lógica da relação, condição mesma da sua existência jurídica. Agora, se o legislador pretendeu dizer que havia um direito subjetivo de exigir a prestação (crédito), mas que o implemento desta pretensão ficava na dependência de procedimentos ulteriores, o que se pode afirmar é que não utilizou bem a linguagem, provocando dificuldades perfeitamente dispensáveis".

primado da irretroatividade das leis, que abriga todos os ramos do Direito, inclusive o tributário, ratificando, novamente, a irretroatividade da lei em comento.

O art. 101 do CTN comprova esta tese, dispondo que "a vigência, no espaço e no tempo, da legislação tributária *rege-se pelas disposições legais aplicáveis às normas jurídicas em geral*", ressalvado o disposto no capítulo.

A legislação complementar brasileira – Lei de Introdução ao Código Civil, Código Civil, Código Tributário Nacional – dispõe sobre o princípio da irretroatividade das leis para todos os ramos do Direito em consonância com a ordem constitucional. São normas jurídicas oriundas de outras normas jurídicas previstas no texto da Constituição Federal, tais como aquelas auferidas com a interpretação dos arts. 5º, XXXVI, ao dispor que "a lei não prejudicará o direito adquirido, o ato jurídico perfeito e a coisa julgada", combinado com o art. 145, § 1º, que preceitua o *dever do Fisco de respeitar os direitos individuais sempre que utilizar de meios para identificar o patrimônio, os rendimentos e as atividades econômicas do contribuinte*.

Desta forma conclui-se que, *caso não seja respeitado o primado da irretroatividade das leis tributárias, a nova legislação, ainda que tenha seus efeitos retroagidos a fatos/eventos ocorridos antes de janeiro/2001, só permite a fiscalização de outros tributos e contribuições com os dados da CPMF, não tendo força jurídica para, após a fiscalização dos tributos, constituir o crédito tributário, tendo em vista a expressa proibição da lei vigente à época. Neste caso observa-se a ineficácia técnica da norma*, conforme doutrina do professor Paulo de Barros Carvalho[33] (*a norma é válida, é vigente, mas possui uma ineficácia técnica que a impede de incidir, por falta de um requisito formal ou material*).

7. *A equiparação do contribuinte de boa-fé ao sonegador fiscal e violação ao princípio da segurança jurídica*

Conforme já salientado, a irretroatividade das normas contidas na Lei Complementar 105/2001 e na Lei 10.174/2001 advém não só do princípio da irretroatividade das leis, mas também decorre da vedação expressa que existia no texto da Lei 9.311/1996, que instituiu a CPMF, vi-

33. *Curso de Direito Tributário*, 13ª ed., São Paulo, Saraiva, 2000, p. 81:

"Já a eficácia pode ser estudada sob três ângulos, que denominamos eficácia jurídica, eficácia técnica e eficácia social. Tomamos por *eficácia técnica* o próprio mecanismo lógico da incidência, o processo pelo qual, efetivando-se o fato previsto no antecedente, projetam-se os efeitos previstos no conseqüente. É a chamada *causalidade jurídica*, ou seja, vínculo de implicação segundo o qual, ocorrendo o fato jurídico (relato do evento no antecedente da norma), instala-se a relação jurídica. Dá-se o fenômeno sempre e quando os fatos jurídicos acontecem, traduzindo-se uma autêntica impossibilidade lógico-semântica imaginar-se a realização do fato jurídico, na conformidade de norma vigente, sem que se propaguem os efeitos correspectivos.

"*Eficácia jurídica* é a propriedade de que está investido o fato jurídico de provocar a irradiação dos efeitos que lhe são próprios, ou seja, a relação de causalidade jurídica, no estilo de Lourival Villanova. Não seria, portanto, atributo da norma, mas, sim, do fato nela previsto.

"Sob a rubrica de *eficácia técnica* vemos a condição que a regra de Direito ostenta, no sentido de descrever acontecimentos que, uma vez ocorridos no plano do relacionamento social, tenham o condão de irradiar os efeitos jurídicos, já removidos os obstáculos de ordem material que impediam tal propagação. *Diremos ausente a eficácia técnica de uma norma (ineficácia técnico-sintática) quando o preceito normativo não puder juridicizar o evento, inibindo-se o desencadeamento de seus efeitos, tudo (a) pela falta de outras regras superiores, consoante sua escala hierárquica, ou, (b) pelo contrário, na hipótese de existir no ordenamento outra norma inibidora de sua incidência.* A ineficácia técnica será de caráter semântico quando dificuldades de ordem material impeçam, iterativamente, a configuração em linguagem competente assim do evento previsto quanto dos efeitos para ela estipulados. *Em ambos os casos, ineficácia técnico-sintática ou técnico-semântica, as normas jurídicas são vigentes, os sucessos do mundo social nela descritos se realizam, porém inocorrerá o fenômeno da juridicização do acontecimento, bem como a propagação dos efeitos que lhe são peculiares.*"

gente à época. O art. 11, § 3º, desta lei vedava expressamente a utilização dos dados da CPMF para a fiscalização de quaisquer tributos, com exceção daquela contribuição – o que nos permite concluir que utilizar estes dados para a fiscalização de tributos anteriormente a 2001, além de violar o princípio constitucional tributário da irretroatividade, também agride o valor máximo da Carta Constitucional Brasileira relativo à segurança jurídica.

Existem casos concretos onde se observa claramente que a utilização dos dados da CPMF retroativos aos últimos cinco anos para a apuração e fiscalização do imposto de renda da pessoa física e jurídica pode levar contribuintes de boa-fé a serem enquadrados como sonegadores fiscais. É o caso, por exemplo, das pessoas físicas que movimentaram valores de terceiros em sua conta corrente, para citar este, entre tantos outros exemplos.

Os contribuintes de boa-fé, caso seja possível retroagir os efeitos da Lei Complementar 105/2001 aos fatos geradores pretéritos, encontrar-se-ão em patente estado de insegurança jurídica.

A título exemplificativo, suponhamos que uma pessoa física "A", residente em um dos Estados da Federação, aceite o pedido de sua família, residente em outro Estado, para que hospede um de seus irmãos durante os cinco anos de Faculdade. O pai, "C", arca com todas as despesas deste filho.

Neste caso, "B" foi morar com "A", que recebia de "C", em sua conta corrente, o numerário referente às despesas mensais de "B" referentes a mensalidade da Universidade, transporte, alimentação, roupas e mesada. "A" hospedara "B" e controlava seus gastos, mas "B" era dependente de "C".

Considerando que "B" é dependente de "C", este poderá deduzir em sua Declaração de Imposto de Renda – DIR os valores permitidos, tanto com o dependente quanto com os estudos de "B". No entanto, considerando todas as entradas apontadas no extrato bancário como rendimentos tributáveis pelo imposto de renda, "A" estaria numa situação extremamente complicada, tendo em vista que: a) foram depositados em sua conta corrente todos os valores necessários a cobrir as despesas de "B"; b) "A" não declarou estes valores como receita tributável na declaração de imposto de renda; c) "B" não é dependente de "A", e, portanto, as despesas com "B" não seriam dedutíveis na declaração de "A"; d) como a legislação da época não sinalizava no mesmo sentido da Lei Complementar 105/2001, "A" não viu problemas em deixar que "C" depositasse estes valores em sua conta corrente; e) pelo mesmo motivo, "A" não se preocupou em guardar todos os comprovantes referentes às despesas de "B"; f) considerando uma média de R$ 2.000,00 mensais depositados na conta de "A", o mesmo teria omitido informação relativa a estas receitas em sua DIR, o que totalizaria R$ 24.000,00 ao ano; g) "A" não teria como comprovar os gastos mensais com "B", estando sujeito à tributação do IRPF, à alíquota de 27,5% (considerando este valor como complemento de seus rendimentos), bem como à aplicação da multa de mora e juros de mora sobre o valor devido, ressaltando ainda que "A", nos termos da Lei 4.729/1965, teria cometido o crime de sonegação fiscal, estando sujeito às penalidades relativas.

A Lei 4.729/1965 define o crime de sonegação fiscal:

"Art. 1º. *Constitui crime de sonegação fiscal*:

"I – *prestar declaração falsa ou omitir, total ou parcialmente, informação* que deva ser produzida a agentes das pessoas jurídicas de direito público interno, *com intenção de eximir-se, total ou parcialmente, do pagamento de tributos*, taxas e quaisquer adicionais devidos por lei;

"II – *inserir elementos inexatos ou omitir rendimentos ou operações* de qualquer natureza em documentos ou livros exigidos pelas leis fiscais, *com a intenção de exonerar-se do pagamento de tributos devidos à Fazenda Pública*;

"III – alterar faturas e quaisquer documentos relativos a operações mercantis com o propósito de fraudar a Fazenda Pública;

"IV – fornecer ou emitir documentos graciosos ou alterar despesas, majorando-as, com o objetivo de obter dedução de tributos devidos à Fazenda Pública, sem prejuízo das sanções administrativas cabíveis.

"Pena: *detenção, de 6 (seis) a 2 (dois) anos, e multa de 2 (duas) a 5 (cinco) vezes o valor do tributo.*

"§ 1º. Quando se tratar de criminoso primário, a pena será reduzida à multa de 10 (dez) vezes o valor do tributo.

"§ 2º. Se o agente cometer o crime prevalecendo-se do cargo público que exerce a pena será aumentada da sexta parte.

"§ 3º. O funcionário público com atribuições de verificação, lançamento ou fiscalização de tributos, que concorrer para a prática do crime de sonegação fiscal, será punido com a pena deste artigo aumentada da terça parte, com a abertura obrigatória do competente processo administrativo.

"(...)."

Neste exemplo verifica-se possibilidade de tipificação penal da conduta de "A" no crime de sonegação fiscal, tendo em vista que, não tendo conseguido comprovar o gasto com as despesas de "B", o órgão fiscalizador pode entender que houve omissão de informação com intenção de eximir-se, parcialmente, do recolhimento de imposto. Ressalte-se, ainda, que "A" estaria sujeito a esta penalidade relativamente aos últimos cinco anos.

Por óbvio que, se este contribuinte soubesse antecipadamente que qualquer valor movimentado em sua conta corrente, além de estar sujeito ao recolhimento da CPMF, também deveria ser discriminado na declaração do IRPF, poderia proteger-se através das seguintes opções: a) teria declarado estes valores, que dariam impacto zero em sua declaração, tendo em vista que não representam qualquer ingresso de rendimentos tributáveis; b) teria aberto nova conta corrente em favor de "B"; c) teria retido algum valor a título de imposto de renda; ou d) simplesmente não aceitaria o encargo, haja vista que poderia lhe trazer grandes aborrecimentos futuros.

A lei que define o crime de sonegação fiscal considera como sonegador aquele que omitir, total ou parcialmente, qualquer informação com intenção de eximir-se do pagamento de imposto. Considerando uma movimentação de R$ 24.000,00 anuais na conta corrente, relativa às receitas com "B", ao confrontar a DIR com a CPMF, este contribuinte seria, sem dúvida, notificado, nos termos da Lei Complementar 105/2001, a apresentar seus extratos bancários.

Como se constata, o contribuinte de boa-fé que apenas utilizou sua conta corrente para movimentar valores de terceiros estaria sujeito à violação de seu sigilo, respondendo a um procedimento administrativo fiscal, e necessitaria, por óbvio, da contratação de um profissional de Direito para defendê-lo. Bem, se o contribuinte tiver comprovação da origem das receitas, bem como de todas as despesas que comprovem a movimentação de valores de terceiros, bem como a demonstração contábil do repasse, talvez haja possibilidade de este se livrar da autuação e não ser considerado um sonegador fiscal.

Destarte, a pessoa física não precisa ter escrituração contábil. Os documentos relativos às despesas mensais de "B" não foram guardados; e, neste caso, "A" não conseguirá provar que não houve omissão de receita com intenção de eximir-se do pagamento de imposto. Será considerado um sonegador fiscal, podendo responder com pena de detenção de seis meses e multa de duas a cinco vezes o valor de 27,5% incidente sobre os valores não comprovados, além da multa de mora que será aplicada, podendo chegar a 150%, e juros de mora de 1% ao mês desde o recolhimento indevido, bem como correção monetária incidente sobre estes valores.

8. Posição dos tribunais acerca da Lei Complementar 105/2001 e do sigilo bancário

A posição dominante da jurisprudência do STF e do STJ sobre o tema do sigilo de dados bancários ratifica a tese ora defendida, exigindo a participação do Poder Judiciário para a decretação de quebra do sigilo, devendo tal posicionamento ser mantido mesmo após a publicação da Lei Complementar 105/2001 e da Lei 10.174/2001, tendo em vista as inúmeras incompatibilidades desta permissão legislativa com os valores e princípios máximos da Constituição Federal, conflitando com o ordenamento jurídico vigente no país.[34]

34. "Sigilo bancário – Instituição financeira – Fiscalização – Sujeito passivo.

"ApMS n. 96.01.40888-6-BA – Processo na origem: n. 95001171651 – Rela. Juíza Kátia Balbino de C. Ferreira – apte.: Banco Econômico S/A.

"*Ementa*: Tributário – Sigilo bancário Instituições financeiras – Fiscalização tributária – Sujeito passivo.

"1. Não se confunde o sigilo bancário dos correntistas e aplicadores com os dados bancários necessários à verificação da regularidade dos recolhimentos a cargo da própria instituição financeira, enquanto sujeito passivo/responsável tributário.

"2. Não estão as instituições financeiras isentas dos procedimentos normais de fiscalização tributária, resguardando-se o sigilo bancário dos seus clientes, *que só pode ser violado com a devida autorização judicial*.

"Apelação improvida."

"Sigilo bancário – Quebra – Necessidade de autorização judicial.

"Ap. cível n. 1999.04.01.080983-8-PR – rel. Juiz Eloy Bernst Justo – apte.: União Federal (Fazenda Nacional).

"*Ementa*: Embargos à execução fiscal – Quebra de sigilo bancário pela autoridade administrativa – Ofício requisitório da autoridade administrativa – *Necessidade de autorização judicial – É vedado ao Fisco requisitar informações a instituições financeiras sobre movimentação bancária de contribuintes para investigação fiscal, sem submissão a precedente autorização judicial* – Observância dos preceitos enunciados nos incisos X e XII do art. 5º da CF – Precedentes do STJ – Sentença mantida – Apelação e remessa oficial improvidas."

"Sigilo bancário – Quebra – Procedimento administrativo – Impossibilidade.

"ApMS n. 96.01.05491-0-BA – Processo na origem: n. 9500089602 – rela. Juíza Kátia Balbino de C. Ferreira – apte.: Fazenda Nacional – apdos.: Citibank NA e outros(as).

"*Ementa*: Tributário – Processual civil – Quebra de sigilo bancário – Procedimento administrativo fiscal – Impossibilidade.

"1. *Não é possível a quebra de sigilo bancário de correntista ante o simples procedimento administrativo fiscal*.

"2. *Apenas o Poder Judiciário, por um de seus órgãos, pode eximir as instituições financeiras do dever de segredo em relação às matérias arroladas em lei*.

"3. Apelação e remessa oficial improvidas" (grifos nossos).

9. A Lei Complementar 105/2001

Esse tópico vem traçar uma análise perfunctória da legislação complementar que regula a matéria a partir de 2001. Esta trouxe várias alterações em pilares constitucionais e da própria legislação complementar, em diversas áreas do Direito. As considerações aqui traçadas não têm o condão de exaurir a matéria, tendo em vista sua complexidade; mas apenas levantar outros pontos que podem e devem ser analisados ou, ainda, ressaltar os pontos já debatidos.

O art. 1º da Lei Complementar 105/2001, abaixo transcrito, define taxativamente todas as espécies de instituição financeira que estão sujeitas à prestação das informações sigilosas. Assemelhadas às instituições financeiras estão as empresas de *factoring* e fomento comercial. Na forma do disposto, todas as empresas que movimentam valores ou dinheiro de terceiros são consideradas instituições financeiras, visando, desta forma a facilitar o trabalho de fiscalização e dificultando a elisão e evasão fiscais.

No entanto, a lei é bastante confusa em alguns conceitos, o que dificulta sua interpretação ou, em alguns aspectos, a torna inaplicável, ilegal ou, mesmo, inconstitucional. Observe-se, por exemplo, a regra geral disposta no *caput* do art. 1º, dispondo que as instituições financeiras, incluídas todas aquelas discriminadas no § 1º, deverão conservar o sigilo em suas operações.

Na seqüência, o § 3º do artigo em estudo cria as hipóteses de exceção ao dever de sigilo. Observa-se a disparidade entre os dois comandos legais (o *caput* e o § 3º do art. 1º), sendo que o primeiro manda conservar o sigilo e o segundo cria exceções drásticas, como a norma que dispõe não configurarem dever de sigilo as informações da CPMF. Importante ressaltar que o sigilo bancário, apesar de não ter caráter absoluto, só pode ser violado em casos de indício penal e por autorização do Poder Judiciário. Desta feita, deve ser conservado, excetuando-se quando a quebra for autorizada pelo Poder Judiciário; ou, caso contrário, as instituições financeiras estarão autorizadas a fornecer suas informações, chamadas de sigilosas, a critério da legislação infraconstitucional, abolindo os mais preciosos valores e princípios constitucionais.

"Art. 1º. As instituições financeiras conservarão sigilo em suas operações ativas e passivas e serviços prestados.

"§ 1º. *São consideradas instituições financeiras*, para os efeitos desta Lei Complementar:

"I – *os bancos de qualquer espécie*;

"II – distribuidoras de valores mobiliários;

"III – corretoras de câmbio e valores mobiliários;

"IV – sociedades de crédito, financiamento e investimentos;

"V – sociedades de crédito imobiliário;

"VI – administradoras de cartão de crédito;

"VII – sociedades de arrendamento mercantil;

"VIII – administradoras de mercado de balcão organizado;

"IX – cooperativas de crédito;

"X – associações de poupança e empréstimo;

"XI – Bolsas de Valores e de Mercadorias e Futuros;

"XII – entidades de liquidação e compensação;

"XIII – outras sociedades que, em razão da natureza de suas operações, assim venham a ser consideradas pelo Conselho Monetário Nacional.

"§ 2º. *As empresas de fomento comercial ou* ***factoring***, *para os efeitos desta Lei Complementar, obedecerão às normas aplicáveis às instituições financeiras previstas no § 1º.*

"§ 3º. *Não constitui violação ao dever de sigilo*:

"I – a troca de informações entre instituições financeiras, para fins cadastrais, inclusive por intermédio de centrais de risco, observadas as normas baixadas pelo Conselho Monetário Nacional e pelo Banco Central do Brasil;

"II – o fornecimento de informações constantes de cadastro de emitentes de cheques sem provisão de fundos e de devedores inadimplentes, a entidades de proteção ao crédito, observadas as normas baixadas pelo Conselho Monetário Nacional e pelo Banco Central do Brasil;

"III – *o fornecimento das informações de que trata o § 2º do art. 11 da Lei n. 9.311, de 24 de outubro de 1996*; *[lei que instituiu a CPMF]*

"IV – a comunicação, às autoridades competentes, da prática de ilícitos penais ou administrativos, abrangendo o fornecimento de informações sobre operações que envolvam recursos provenientes de qualquer prática criminosa;

"V – a revelação de informações sigilosas com o consentimento expresso dos interessados;

"VI – *a prestação de informações nos termos e condições estabelecidos nos arts. 2º, 3º, 4º, 5º, 6º, 7º e 9º desta Lei Complementar.*

"§ 4º. *A quebra de sigilo poderá ser decretada, quando necessária para apuração de ocorrência de qualquer ilícito, em qualquer fase do inquérito ou do processo judicial e especialmente nos seguintes crimes*:

"I – terrorismo;

"II – de tráfico ilícito de substâncias entorpecentes ou drogas afins;

"III – de contrabando ou tráfico de armas, e material destinado à sua produção;

"IV – de extorsão mediante seqüestro;

"V – contra o Sistema Financeiro Nacional;

"VI – contra a Administração Pública;

"VII – contra a ordem tributária e a Previdência Social;

"VIII – lavagem de dinheiro ou ocultação de bens, direitos e valores;

"IX – praticado por organização criminosa"(grifos nossos).

Para criar a exceção ao dever de sigilo bancário a lei complementar, como visto, definiu alguns fatos que, ocorridos, não consistiriam na violação deste. Entretanto, a legislação em comento escolheu fatos claramente violadores do dever de sigilo bancário para enquadrá-los como fatos que não constituem este dever. Maior discrepância impossível! Como admitir que não constituem violação ao dever de sigilo bancário as informações dos valores recolhidos a título de CPMF, se esta é contribuição que incide sobre a movimentação financeira do contribuinte, e quando de sua instituição, justamente para preservar o direito constitucional ao sigilo bancário, a Lei federal 9.311/1996 expressamente vedou a utilização dos valores da CPMF para a constituição do crédito tributário dos demais tributos?

O que dizer da "revelação de informações sigilosas com o consentimento expresso dos interessados"? Ora, os direitos constitucionais são irrenunciáveis, não tendo eficácia a norma do inciso V, haja vista o consentimento expresso equivaler à renúncia.

Para completar a disparidade, a lei dispõe, de forma clara, que também não constitui violação do dever de sigilo a prestação de informações nos termos do disposto nos arts. 2º, 3º, 4º, 5º, 6º, 7º e 9º desta, criando uma série de outras possibilidades de violação ao sigilo bancário, inclusive aquelas solicitadas pelo Poder Executivo Federal, Legislativo Federal, bem como pelas autoridades administrativas fiscais, diretamente, sem a autorização prévia do Poder Judiciário. Verdadeira afronta à Carta Constitucional Brasileira!

"Art. 2º. *O dever de sigilo é extensivo ao Banco Central do Brasil*, em relação às operações que realizar e às informações que obtiver no exercício de suas atribuições.

"§ 1º. *O sigilo*, inclusive quanto a contas de depósitos, aplicações e investimentos mantidos em instituições financeiras, *não pode ser oposto ao Banco Central do Brasil*:

"I – no desmembramento de suas funções de fiscalização, compreendendo a apuração, a qualquer tempo, de *ilícitos praticados por controladores, administradores, membros de conselhos estatutários, gerentes, mandatários e prepostos de instituições financeiras*;

"II – *ao proceder a inquérito em instituição financeira submetida a regime especial.*

"§ 2º. As comissões encarregadas dos inquéritos a que se refere o inciso II do § 1º poderão examinar quaisquer documentos relativos a bens, direitos e obrigações das instituições financeiras, de seus controladores, administradores, membros de conselhos estatutários, gerentes, mandatários e prepostos, inclusive contas correntes e operações com outras instituições financeiras.

"§ 3º. O disposto neste artigo aplica-se à Comissão de Valores Mobiliários, quando se tratar de fiscalização de operações e serviços no mercado de valores mobiliários, inclusive nas instituições financeiras que sejam companhias abertas.

"§ 4º. *O Banco Central do Brasil e a Comissão de Valores Mobiliários, em suas áreas de competência, poderão firmar convênios*:

"I – com outros órgãos públicos fiscalizadores de instituições financeiras, objetivando a realização de fiscalizações conjuntas, observadas as respectivas competências;

"II – *com bancos centrais ou entidades fiscalizadoras de outros países, objetivando*:

"a) *a fiscalização de filiais e subsidiárias de instituições financeiras estrangeiras, em funcionamento no Brasil e de filiais e subsidiárias, no Exterior, de instituições financeiras brasileiras*;

"b) a cooperação mútua e o intercâmbio de informações para a investigação de atividades ou operações que impliquem aplicação, negociação, ocultação ou transferência de ativos financeiros e de valores mobiliários relacionados com a prática de condutas ilícitas.

"§ 5º. O dever de sigilo de que trata esta Lei Complementar estende-se aos órgãos fiscalizadores mencionados no § 4º e a seus agentes.

"§ 6º. O Banco Central do Brasil, a Comissão de Valores Mobiliários e os demais órgãos de fiscalização, nas áreas de suas atribuições, fornecerão ao Conselho de Controle de Atividades Financeiras – COAF, de que trata o art. 14 da Lei n. 9.613, de 3 de março de 1998, as informações cadastrais e de movimento de valores relativos às operações previstas no inciso I do art. 11 da referida Lei" (grifos nossos).

O art. 2º disciplina o dever de sigilo, pelo Banco Central do Brasil, pela Comissão de Valores Mobiliários, as formas de fiscalização das instituições financeiras, bem como seus controladores, administradores, membros de conselhos estatutários, gerentes, mandatários, e cria a possibilidade de convênio com bancos centrais do Exterior para fiscalização de instituições financeiras internacionais com sede no país ou as brasileiras localizadas em outros países. Dispõe ainda sobre as situações fáticas sigilosas que não poderiam ser opostas ao Banco Central.

Neste mister, interessante verificar que para o Banco Central do Brasil a regra geral contempla o dever de sigilo em relação às operações que realizar e às informações que obtiver, excetuando do dever de sigilo tão-somente as fiscalizações que venham a apurar ilícitos de controladores, administradores, membros de conselhos estatutários, gerentes, mandatários de instituições financeiras ou nos casos de inquérito.

Outro ponto a ser salientado é a extensão da violação do sigilo bancário pelo Banco Central do Brasil às entidades e órgãos estrangeiros – filiais e subsidiárias de instituições financeiras estrangeiras em funcionamento no Brasil e brasileiras no Exterior – sem qualquer autorização judicial prévia, tampouco do Senado e do Congresso Nacional.

9.1 A violação ao dever de sigilo de dados bancários por solicitação do Poder Judiciário

"Art. 3º. *Serão prestadas pelo Banco Central do Brasil, pela Comissão de Valores Mobiliários e pelas instituições financeiras as informações ordenadas pelo Poder Judiciário, preservando o seu caráter sigiloso mediante acesso restrito às partes*, que delas não poderão servir-se para fins estranhos à lide.

"§ 1º. *Dependem de prévia autorização do Poder Judiciário a prestação de informações e o fornecimento de documentos sigilosos solicitados por comissão de inquérito administrativo destinada a apurar responsabilidade de servidor público por infração praticada no exercício de suas atribuições, ou que tenha relação com as atribuições do cargo em que se encontre investido*.

"§ 2º. Nas hipóteses do § 1º, o requerimento de quebra do sigilo independe da existência de processo judicial em curso.

"§ 3º. Além dos casos previstos neste artigo, *o Banco Central do Brasil e a Comissão de Valores Mobiliários fornecerão à Advocacia-Geral da União as informações e os documentos necessários à defesa da União nas ações em que seja parte*" (grifos nossos).

O art. 3º regula as informações que deverão ser prestadas pelo Banco Central do Brasil, pela Comissão de Valores Mobiliários e pelas instituições financeiras, quando solicitadas pelo Poder Judiciário.

A consideração a ser feita refere-se à solicitação das informações, incondicionalmente, pelo Poder Judiciário, tendo restrição tão-somente quanto à guarda de sigilo entre as partes. A crítica que se faz ao texto da lei é relativa à não-previsão da necessidade de análise de determinados critérios ou circunstâncias para a solicitação das informações, mesmo que pelo poder competente. O Poder Judiciário pode, sim, requerer as informações relativas a dados bancários, observando, no entanto, os requisitos materiais mínimos e essenciais; bem como deverá autorizar a violação tão-somente em casos de flagrante indício de crime. Caso contrário estar-se-ia equiparando os contribuintes honestos aos sonegadores.

Os §§ 1º e 2º tratam das informações a serem prestadas pelos mesmos órgãos relativamente aos servidores públicos, separando em dois os critérios para fornecimento destas. Cumpre verificar que a "prestação de informações e o fornecimento de documentos sigilosos solicitados por comissão de inquérito administrativo, destinada a apurar a responsabilidade de servidor público por infração praticada no exercício de suas atribuições, ou que tenha relação com as atividades do cargo em que se encontre investido", está condicionada a prévia autorização do Poder Judiciário. Já quanto às informações relativas aos dados bancários do servidor público o legislador excluiu a necessidade de autorização. O requerimento da quebra de sigilo bancário, neste caso, independe da existência de processo judicial em curso.

A ressalva do § 2º do art. 3º é oportuna, não restando dúvidas quanto à possibilidade de violação ao sigilo bancário dos servidores públicos. Caso a lei dispusesse de forma diversa estaria violando o princípio constitucional da isonomia, tendo em vista a necessidade de prévia autorização judicial para a violação do sigilo bancário apenas para uma categoria específica de pessoas.

Já o § 3º merece maior reflexão por parte dos cientistas do Direito. O Banco Central do Brasil e a Comissão de Valores Mobiliários deverão fornecer à Advocacia-Geral da União as informações e os documentos necessários à defesa da União nas ações em que seja parte. Esse dispositivo cria uma diferença de tratamento entre o Estado e o contribuinte que só se justifica pela supremacia do interesse público sobre o particular. De qualquer forma, aquele passa a ter acesso aos dados bancários do contribuinte para se defender nas ações em que seja parte. Isso nos demonstra que a identificação dos dados da pessoa física ou jurídica ocorrerá não só pela identificação de valores da CPMF recolhidos desproporcionalmente ao valor dos tributos arrecadados, mas também quando a União entender necessário à sua defesa – o que resulta num critério de violação do sigilo bancário extremamente subjetivo e não previsto na exceção disposta no § 3º do art. 1º desta lei complementar, o que, acontecendo, trará conseqüências irremediáveis à ordem jurídica nacional, prejudicando sobremaneira o contribuinte atingido.

9.2 A violação ao dever de sigilo de dados bancários por solicitação do Poder Legislativo Federal

"Art. 4º. *O Banco Central do Brasil e a Comissão de Valores Mobiliários, nas áreas de suas atribuições, e as instituições financeiras fornecerão ao Poder Legislativo Federal as informações e os documentos sigilosos que, fundamentadamente, se fizerem necessários ao exercício de suas respectivas competências constitucionais e legais.*

"§ 1º. *As comissões parlamentares de inquérito*, no exercício de sua competência constitucional e legal de ampla investigação, *obterão as informações e os documentos necessários sigilosos de que necessitarem, diretamente das instituições financeiras, ou por intermédio do Banco Central do Brasil ou da Comissão de Valores Mobiliários.*

"§ 2º. As solicitações de que trata este artigo *deverão ser previamente aprovadas pelo Plenário da Câmara dos Deputados, do Senado Federal ou o Plenário de suas respectivas Comissões Parlamentares de Inquérito*."

O art. 4º regula as informações que deverão ser prestadas pelo Banco Central do Brasil, pela Comissão de Valores Mobiliários e pelas instituições financeiras, quando solicitadas pelo Poder Legislativo Federal.

A Lei Complementar 105/2001 dispõe, no art. 3º, sobre as informações a serem prestadas quando solicitadas pelo Poder Judiciário, no art. 4º quando solicitadas pelo Poder Legislativo Federal, e no art. 5º pelo Poder Executivo. Pode-se constatar que estas prerrogativas são sempre voltadas aos interesses da União Federal, não sendo estendidas aos Estados, Distrito Federal e Municípios.

A previsão legal que institui para a União Federal este benefício agride o princípio da isonomia das pessoas constitucionais, bem como o princípio federativo (art. 1º da CF de 1988). Nenhuma das pessoas políticas da Federação – União, Estados, Distrito Federal e Municípios – se sobrepõe às demais, apesar de ser do conhecimento de todos que a União Federal foi beneficiada constitucionalmente com um plexo de competências maior que o dos Estados-membros e dos Municípios.

No entanto, a competência outorgada à União Federal pela Lei Complementar 105/2001 não foi conferida pela Constituição Federal. Na linha de raciocínio apresentada neste trabalho, a lei complementar não pode outorgar tais competências exclusivas a um ente da Federação, sem respaldo constitucional. Outrossim, admitindo-se o absurdo desta previsão legal, a competência deveria ser outorgada a todos os entes da Federação.

Esta tese é defendida pelo professor Roque Antônio Carrazza, *verbis*:

"Vimos que o Brasil é um Estado Federal, em que a União e os Estados-membros ocupam, juridicamente, o mesmo plano hierárquico. Daí por que devem receber tratamento jurídico-formal isonômico.

"Esta igualdade jurídica – como bem demonstrou Souto Maior Borges – absolutamente não significa que a União e os Estados se confundem, mas, apenas, que suas atribuições, conquanto diversas, correspondem a feixes de competências postos em atuação mediante princípios e normas estatuídos na *Lex Major*. As diferenças entre eles não estão, repetimos, nos níveis hierárquicos que ocupam; estão, sim, nas competências distintas que receberam da própria Constituição.

"Laboram em erro os que vêem uma relação hierárquica entre o governo central e os governos locais. O que há, na verdade, são, para cada uma destas entidades políticas, campos de ação autônomos e exclusivos, estritamente traçados na Carta Suprema, que lei alguma pode alterar."[35]

Quanto às Comissões Parlamentares de Inquérito (CPIs) o texto legal merece poucas críticas, seja por não especificar se se trata de comissão federal, estadual ou municipal, seja por dar início a este procedimento através da constatação de indício de fraude, crime ou sonegação, que é pressuposto necessário à violação do sigilo bancário por ordem judicial.

Há crítica quanto à desnecessidade de autorização judicial expressa para a quebra do sigilo bancário, direito inviolável disposto no art. 5º, XII, da CF. A simples aprovação pelo *Plenário da Câmara dos Deputados, do Senado Federal ou do Plenário de suas respectivas Comissões Parlamentares de Inquérito*, conforme dispõe o § 2º, não é suficiente para abolir este direito.

9.3 A violação ao dever de sigilo de dados bancários por solicitação do Poder Executivo Federal

"Art. 5º. *O Poder Executivo disciplinará, inclusive quanto à periodicidade e*

35. *Curso de Direito Constitucional Tributário*, 16ª ed., São Paulo, Malheiros Editores, 2001, p. 121.

aos limites de valor, os critérios segundo os quais as instituições financeiras informarão à Administração Tributária da União as operações financeiras efetuadas pelos usuários de seus serviços.

"§ 1º. *Consideram-se operações financeiras*, para efeitos deste artigo:

"I – depósitos à vista e a prazo, inclusive em conta de poupança;

"II – pagamentos efetuados em moeda corrente ou em cheques;

"III – emissão de ordens de crédito ou documentos assemelhados;

"IV – resgates em conta de depósito à vista ou a prazo, inclusive de poupança;

"V – contratos de mútuo;

"VI – descontos de duplicatas, notas promissórias e outros títulos de crédito;

"VII – aquisições e verbas de títulos de renda fixa ou variável;

"VIII – aplicações em fundo de investimento;

"IX – aquisições de moeda estrangeira;

"X – conversões de moeda estrangeira em moeda nacional;

"XI – transferências de moedas e outros valores para o Exterior;

"XII – operações com ouro, ativo financeiro;

"XIII – operações com cartão de crédito;

"XIV – operações de arrendamento mercantil; e

"XV – quaisquer outras operações de natureza semelhante que venham a ser autorizadas pelo Banco Central do Brasil, Comissão de Valores Mobiliários ou outro órgão competente.

"§ 2º. As informações transferidas na forma do *caput* deste artigo restringir-se-ão a informes relacionados com a identificação dos titulares das operações *e os montantes globais mensalmente movimentados, vedada a inserção de qualquer elemento que permita identificar a sua origem ou a natureza dos gastos a partir deles efetuados.*

"§ 3º. *Não se incluem entre as informações de que trata este artigo as operações financeiras efetuadas pelas Administrações direta e indireta da União, dos Estados, do Distrito Federal e dos Municípios.*

"§ 4º. Recebidas as informações de que trata este artigo, *se detectados indícios de falhas, incorreções ou omissões ou de cometimento de ilícito fiscal, a autoridade interessada poderá requisitar informações e os documentos de que necessitar*, bem como realizar fiscalização ou auditoria para a adequada apuração dos fatos.

"§ 5º. As informações a que se refere este artigo serão conservadas sob sigilo fiscal, na forma da legislação em vigor."

O art. 5º regula as informações que deverão ser prestadas pelo Banco Central do Brasil, pela Comissão de Valores Mobiliários e pelas instituições financeiras quando solicitadas pelo Poder Executivo, dirigidas à Administração Tributária da União. Ressalta-se, oportunamente, a necessidade de este direito ser estendido aos demais entes da Federação – Estados, Distrito Federal e Municípios.

O § 1º deste artigo elenca quais são as operações financeiras a que terá acesso a Administração Tributária. A importância deste dispositivo está no fato de o mesmo apontar todos os tipos de operações que estarão sujeitos a averiguação, de forma a restringir totalmente as operações que poderão ser utilizadas pela Administração Tributária na fiscalização dos tributos.

O rol exaustivo de operações elencadas coaduna-se com o disposto no inciso VI do § 3º do art. 1º desta lei e amplia as opções de fiscalização das movimentações financeiras, não se restringindo apenas à movimentação financeira apurada pela CPMF, haja vista que as operações elencadas excedem aquelas alcançadas pela contribuição provisória sobre movimentações financeiras. O inciso VI do § 3º do art. 1º exclui do dever de sigilo bancário a *prestação de informações nos termos e condições estabelecidos nos arts. 2º, 3º, 4º, 5º, 6º, 7º e 9º dessa lei complementar.*

A exclusão do dever de sigilo bancário das operações elencadas em praticamente todos os artigos citados nesta lei, somando-se a elas as movimentações financeiras da CPMF, é abusiva, injusta e inconstitucional.

A lei, ao dispor que não constituem violação ao sigilo de dados as informações referentes às operações financeiras mencionadas neste artigo, leva-nos a concluir que as operações financeiras elencadas não podem ser tratadas como dados bancários. Outrossim, a maioria delas só pode ser feita através de uma instituição financeira, o que dá às informações natureza de dados bancários. Verifica-se, neste caso, uma incompatibilidade do texto da lei com os conceitos do direito privado.

Relevante ressaltar o disposto no art. 110 do CTN, que dispõe que "a lei tributária não pode alterar a definição, o conteúdo e o alcance de institutos, conceitos e formas de direito privado, utilizados expressa ou implicitamente pela Constituição Federal, pelas Constituições dos Estados, ou pelas leis orgânicas do Distrito Federal ou dos Municípios, *para definir* ou limitar *competências tributárias*".

O art. 5º regulamenta o art. 6º relativamente a requisição, acesso e uso, pela Secretaria da Receita Federal, de informações referentes a operações e serviços das instituições financeiras e das entidades a elas equiparadas.

9.4 A solicitação dos dados bancários pelas autoridades administrativas competentes

"Art. 6º. *As autoridades e os agentes fiscais tributários da União, dos Estados, do Distrito Federal e dos Municípios somente poderão examinar documentos, livros e registros de instituições financeiras, inclusive os referentes a contas de depósitos e aplicações financeiras, quando houver processo administrativo instaurado ou procedimento fiscal em curso e tais exames sejam considerados indispensáveis pela autoridade administrativa competente.*

"Parágrafo único. O resultado dos exames, as informações e os documentos a que se refere este artigo serão conservados em sigilo, observada a legislação tributária" (grifos nossos).

O art. 6º outorga competência às autoridades e aos agentes fiscais tributários de todos os entes da Federação para examinar documentos, livros e registros das instituições financeiras, desde que exista processo administrativo instaurado ou procedimento fiscal em curso, desde que estes sejam considerados indispensáveis pela autoridade administrativa competente.

Com o texto deste artigo as dúvidas ainda existentes quanto à autoridade e ao procedimento necessários à violação do sigilo aparentemente se extinguem, tendo em vista ser claro quanto à autoridade administrativa e ao procedimento fiscal. Dizemos "aparentemente" pois a discussão sobre a competência da autoridade administrativa para a violação ao sigilo de dados bancários do contribuinte é juridicamente duvidosa, haja vista que referida competência só pode ser outorgada ao Poder Judiciário.

O artigo elenca a existência de um procedimento específico necessário à requisição das informações. Sem a instauração de processo administrativo ou procedimento fiscal em curso a Administração Tributária não pode ter acesso aos documentos, livros e registros das instituições financeiras. Ao instaurar o procedimento necessário a autoridade administrativa solicitará inicialmente o extrato bancário do contribuinte; e havendo recusa na apresentação dos extrato é que esta solicitará diretamente às instituições financeiras os documentos bancários.

"Art. 7º. *Sem prejuízo do disposto no § 3º do art. 2º, a* ***Comissão de Valores Mobiliários****, instaurado inquérito administrativo,* ***poderá solicitar à autoridade judiciária competente o levantamento do sigilo junto às instituições financeiras de***

informações e documentos relativos a bens, direitos e obrigações de pessoa física ou jurídica *submetida ao seu poder disciplinar.*

"Parágrafo único. O Banco Central do Brasil e a Comissão de Valores Mobiliários manterão permanente intercâmbio de informações acerca dos resultados das inspeções que realizarem, dos inquéritos que instaurarem e das penalidades que aplicarem, sempre que as informações forem necessárias ao desempenho de suas atividades."

O art. 7º reflete a aplicação ideal da sistemática de violação do sigilo bancário. Como descrito no texto positivado da lei, a Comissão de Valores Mobiliários, ainda que entenda relevante a solicitação das informações sigilosas às instituições financeiras, deverá, antes de solicitá-las, instaurar um inquérito administrativo e requerer ao Poder Judiciário o levantamento dos documentos. Tal condição permite a conclusão de que, neste caso, não basta a instauração de processo administrativo, sendo necessário autorização judicial expressa para o levantamento das informações.

"Art. 8º. O cumprimento das exigências e formalidades previstas nos arts. 4º, 6º e 7º será expressamente declarado pelas autoridades competentes nas solicitações dirigidas ao Banco Central do Brasil, à Comissão de Valores Mobiliários ou às instituições financeiras.

"Art. 9º. *Quando, no exercício de suas atribuições, o Banco Central do Brasil e a Comissão de Valores Mobiliários verificarem a ocorrência de crime definido em lei como de ação pública*, ou indícios da prática de tais crimes, *informarão ao Ministério Público, juntando à comunicação os documentos necessários à apuração ou comprovação dos fatos.*

"§ 1º. A comunicação de que trata este artigo será efetuada pelos Presidentes do Banco Central do Brasil e da Comissão de Valores Mobiliários, admitida delegação de competência, no prazo máximo de 15 (quinze) dias, a contar do recebimento do processo, com manifestação dos respectivos serviços jurídicos.

"§ 2º. Independentemente do disposto no *caput* deste artigo, o Banco Central do Brasil e a Comissão de Valores Mobiliários comunicarão aos órgãos públicos competentes as irregularidades e os ilícitos administrativos de que tenham conhecimento, ou indícios de sua prática, anexando os documentos pertinentes" (grifos nossos).

"Art. 10. *A quebra de sigilo, fora das hipóteses autorizadas nesta Lei Complementar, constitui crime e sujeita os responsáveis à pena de reclusão*, de 1 (um) a 4 (quatro) anos, e multa, aplicando-se, no que couber, o Código Penal, sem prejuízo de outras sanções cabíveis.

"Parágrafo único. *Incorre nas mesmas penas quem omitir, retardar injustificadamente ou prestar falsamente as informações requeridas nos termos desta Lei Complementar*" (grifos nossos).

Os arts. 8º e 9º atêm-se às informações de crimes de ação pública, que passam a ser feitas pelos Presidentes do Banco Central do Brasil e da Comissão de Valores Mobiliários ao Ministério Público Federal, anexando as provas documentais necessárias ao inquérito penal.

O art. 10 disciplina as penalidades aplicáveis à violação do sigilo bancário em desconformidade com o disposto nessa lei. Tais penas serão aplicáveis aos agentes do Poder Público responsáveis pela solicitação de informações, bem como àqueles que são responsáveis pelo fornecimento das mesmas.

Apesar de entender ser necessária a autorização do Poder Judiciário para a destruição do direito constitucional da inviolabilidade de dados bancários, é extremamente relevante a colocação do disposto neste artigo, tendo em vista que desta forma se restringem as informações apenas aos agentes responsáveis pela fiscalização e investigação de ilícitos. A intenção do legislador com a redação deste artigo parece ser a de restringir a competência dos agentes públicos àquela disposta neste texto legal, bem como penalizar aqueles que tiverem interesse em omiti-las, restringi-las ou prestá-las falsamente.

Considerando a permissão de violação do sigilo de dados bancários, conferida pela Lei Complementar 105/2001, a previsão deste artigo é essencial.

Art. 11. *O servidor público que utilizar ou viabilizar a utilização de qualquer informação obtida com a quebra do sigilo de que trata esta Lei Complementar responde pessoal e diretamente pelos danos decorrentes, sem prejuízo da responsabilidade objetiva da entidade pública*, quando comprovado que o servidor agiu de acordo com orientação oficial" (grifos nossos).

Em conformidade com o disposto no artigo anterior, o legislador preocupou-se em restringir a utilização das informações sigilosas aos interesses da Administração Pública, penalizando diretamente os servidores públicos que vierem a utilizar as informações obtidas para quaisquer outros fins. Estes respondem, nos termos do disposto no art. 11, direta e pessoalmente pelos danos decorrentes.

O artigo menciona a responsabilidade pelos danos decorrentes da utilização indevida das informações não só para o servidor público, como também para a entidade pública, quando aquele comprovar que agiu de acordo com a orientação oficial.

10. Considerações finais

Em suma, após a demonstração de várias incompatibilidades da Lei Complementar 105/2001 com o ordenamento jurídico brasileiro, em especial com o texto constitucional, conclui-se pela inconstitucionalidade deste comando legal, tendo em vista a violação do sigilo de dados bancários pelos agentes do Poder Público, seja do Poder Legislativo Federal, do Executivo Federal, em especial pelas autoridades administrativas, permitindo o acesso aos dados bancários sem a necessidade de prévia autorização judicial e sem a análise criteriosa dos elementos necessários à decretação da quebra.

A inconstitucionalidade desta lei complementar fundamenta-se, dentre outras, na violação aos direitos e garantias individuais expressos no art. 5º, *caput* (liberdade) e incisos X (direito à privacidade e intimidade) e XII (inviolabilidade do sigilo de dados), bem como ao art. 60, § 4º, IV (nem emenda constitucional poderá abolir direitos e garantias individuais), da Carta Constitucional de 1988, ressaltando ainda os sagrados princípios constitucionais do livre acesso ao Poder Judiciário (art. 5º, XXXV), do devido processo legal (art. 5º, LIV), da presunção de inocência (art. 5º, LVII), bem como os da tripartição dos Poderes e proporcionalidade, irretroatividade das leis, federativo, isonomia das pessoas constitucionais e os valores máximos constitucionais da certeza do Direito e da segurança jurídica.

O princípio constitucional tributário da irretroatividade das leis proíbe a aplicação da Lei Complementar 105/2001 sobre fatos ocorridos em período anterior a janeiro/2001. A Lei 10.174/2001, que permitiu a utilização dos dados da CPMF para a verificação da existência de créditos tributários de outros tributos, só poderá referir-se a créditos decorrentes de fatos ocorridos posteriormente à entrada em vigor da mesma, tendo em vista o disposto no § 2º do art. 11 da Lei 9.311/1996, lei que instituiu a CPMF. Este proibia expressamente a utilização dos dados desta contribuição para constituição do crédito tributário de todos os tributos, exceto a CPMF.

Considerando que o crédito tributário só é constituído com a expedição do lançamento tributário, ou seja, com o surgimento da norma individual e concreta, admitindo-se, por absurdo, a constitucionalidade do § 1º do art.144 do CTN e sendo verificada a retroatividade da Lei 105/2001 – que permite a utilização dos dados da CPMF para a instauração de procedimento administrativo tendente a verificar a existência de crédito tributário de outros impostos ou contribuições –, o crédito tributário de período anterior à alteração do § 3º do art. 11 da Lei 9.311/1996 jamais poderá ser constituído, mesmo que identificado, tendo em vista a expressa proibição prevista nessa lei.

A atual legislação permite apenas e tão-somente a verificação da existência do crédito tributário, ao passo que a legislação anterior proíbe a constituição desse. De nada adianta ao Fisco constatar a existência de créditos tributários se não puder constituí-los.

Em relação aos anos anteriores a 2001 há ineficácia técnica da Lei Complementar 105/2001 para a constituição de crédito tributário oriundo da fiscalização exercida através do cruzamento de dados da CPMF com a renda declarada na Declaração de Imposto de Renda. Tal se dá em virtude de estar vigente de 1996 a janeiro/2001 o comando normativo do § 3º do art. 11 Lei 9.311/1996, que proíbe a constituição do crédito tributário através da utilização dos dados obtidos com a arrecadação da CPMF. A Lei 10.174/2001 faculta, apenas a utilização dos dados da CPMF para a instauração de procedimento administrativo tendente a verificar a existência do crédito tributário, mas não autoriza a constituição deste, anteriormente vedada.

RESENHA

"EL ORDENAMIENTO JURÍDICO FINANCIERO"

HELENO TAVEIRA TORRES

Professor e Livre-Docente do Departamento de Direito Econômico e Financeiro (área de Direito Tributário) da Faculdade de Direito do Largo de São Francisco da Universidade de São Paulo. Professor do Programa de Pós-Graduação (Mestrado e Doutorado) da Pontifícia Universidade Católica de São Paulo

Tenho a grata satisfação e subida honra de apresentar à comunidade jurídica brasileira a tradução colombiana da obra *L'Ordinamento Giuridico Finanziario*, sob o título *El Ordenamiento Jurídico Financiero*, de autoria do Professor Titular de Ciências das Finanças e Direito Financeiro da Universidade *Federico II* de Nápoles, Andrea Amatucci, cuja versão italiana já segue na 10ª edição.

"EL ORDENAMIENTO JURÍDICO FINANCIERO"

Enriquecendo a biblioteca das grandes obras traduzidas na América Latina, chega-nos, da Colômbia, por iniciativa do *Instituto Colombiano de Derecho Tributario* – ICDT, o importante estudo *El Ordenamiento Jurídico Financiero*, de autoria de Andrea Amatucci, Professor Titular de Direito Financeiro da Universidade *Federico II*, de Nápoles, Mestre já conhecido pela nossa comunidade acadêmica, especialmente com a edição dos estudos coordenados que coincidiram no seu grandioso *Trattato di Diritto Tributario*, editado em sete volumes e já traduzido pelo mesmo ICDT.

Andrea Amatucci é uma das maiores autoridades intelectuais em matéria de direito financeiro na atualidade. Com uma ampla visão do fenômeno financeiro, reflete profundamente sobre todos os seus pressupostos, elementos, condições e conseqüências, projetando-se de uma visão limitada à "natureza jurídica" dos conceitos para uma compreensão de conjunto, na melhor tradição do legado que herdou da famosa "Escola de Nápoles". E, como pensador do seu tempo, não despreza as relações entre o Direito Interno e o Direito da União Européia, e entre estes e o Direito Internacional, estudando-os em conjunto e contribuindo para uma visão completa dos modos de financiamento do Estado em tempos de globalização.

Por esse motivo, a tradução do seu tão difundido compêndio de direito financeiro (*L'Ordinamento Giuridico Finanziario*, 3ª ed., Nápoles, Jovene) na América Latina é fato da maior relevância, ainda mais por se tratar de Autor que cumpre importante papel na divulgação dos estudos produzidos na Europa, e principalmente pelo quanto se tem dedicado para intensificar os laços acadêmicos entre Europa e América Latina, ao lado de juristas de similar importância, como Victor Uckmar, Professor Emérito da Universidade de Gênova, e Eusebio González García, Professor Catedrático da Universidade de Salamanca.

A obra ora apresentada tem louvores de boa tradução para o Castelhano, além do conteúdo irretocável, esboçado na densidade dos seus capítulos. Com uma concepção unitária do direito financeiro, denominado em alguns países da Europa e da América Latina como "Direito da Fazenda Pública", permite excepcional acesso cognitivo às principais categorias do direito financeiro, bem como ao pensamento daqueles juristas que marcaram esta disciplina na sua evolução.

Na ordem de apresentação dos temas, de início o Autor concentra-se nos estudos sobre a autonomia relativa do direito financeiro em face do direito tributário, além de oferecer densa análise da experiência constitucional italiana sobre a atividade financeira do Estado, com o objetivo de demarcar o campo de possibilidades e a gama de limites da atividade financeira estatal, mediante esquemas rígidos que norteiam a matéria. Como bem adverte, neste domínio os limites a serem observados pelo legislador, quando da implementação de normas financeiras, devem ser examinados de acordo com o parâmetro material segundo o qual a Economia não se deve limitar a dirigir as atividades dos particulares, cabendo ao Estado o dever de planejamento público da Economia, que o faz mediante ações de intervenções. Para este fim, cumpre verificar a observância de alguns princípios retores do sistema, como a progressividade, a igualdade e a reserva de lei, que auxiliam na condução da atividade econômica pública.

No segundo capítulo o Autor discute o orçamento público na Constituição Italiana, como exigência de uma rígida demarcação da competência orçamentária, considerando as razões de homogeneidade política entre as atividades do Governo e do Parlamento, haja vista tratar-se, o orçamento público, do instrumento de decisão econômica e social de que o Estado dispõe para atender a seus objetivos fundamentais. Assim, são analisadas as particularidades dos planejamentos orçamentários, exigidos para o atendimento dos pressupostos formais para a legítima realização dos gastos públicos, discutindo a natureza da lei orçamentária e das leis a ela vinculadas, de maneira que possam atender aos objetivos econômicos e sociais desejados pela maioria parlamentar, bem como as questões constitucionais relacionadas com o controle praticado pelo Tribunal de Contas, nas suas distintas finalidades.

Amatucci, em seguida, projeta-se para uma análise das relações entre os atos comunitários e o ordenamento financeiro interno, na terceira parte da obra, vertendo-se em minuciosa análise dos seus conceitos. Após discorrer sobre os instrumentos normativos criados pelos Tratados da Comunidade Européia tendentes a atingir seus objetivos comunitários, desdobra-se em torno dos atos comunitários *self executing* sobre o ordenamento estatal, considerando os conflitos havidos entre normas internas – ordenamento estatal –, por meio das suas fontes subordinadas, e o direito da integração. Este capítulo é sobremodo importante, considerando o atual quadro institucional dos Estados-membros da União Européia, bem assim os efeitos que o Direito Europeu exerce sobre as finanças e o sistema jurídico de cada um deles. A necessidade de observância ao princípio da discriminação fiscal em face do Tratado da Comunidade Européia considerando as diferenças contidas em outros Tratados, e sua forma de adaptação ao ordenamento jurídico italiano, por meio de Diretivas, é matéria também explorada amiúde, em toda a sua extensão. É nesse contexto que se apresenta, de modo assaz oportuno, o estudo da neutralidade fiscal, tanto na imposição direta quanto na indireta.

O quarto capítulo é dedicado à legalidade tributária. Analisa os institutos de direito tributário, a partir da Constituição, as regras sobre o procedimento tributário, a legislação sobre a administração financeira e sobre o ordenamento processual tributário. Posteriormente, na segunda seção deste capítulo, centra atenção sobre os efeitos imediatos da adequação dos atos comunitários da CE, acerca do imposto sobre valor agregado (IVA), tratando das operações sujeitas a tal imposto, da natureza tributária e das categorias operacionais que o envolvem; assim como as distinções entre as operações sujeitas à sua incidência e aquelas realizadas em face do consumidor final. Na terceira são apreciados os efeitos mediatos da adequação dos atos comunitários da CE sobre outros tributos. Tema de máxima importância, tendo em vista a necessidade de se garantir tanto a neutralidade fiscal bem como qualquer espécie de discriminação, além da necessidade de se garantir efetiva compatibilidade entre a legalidade interna, aplicável em matéria tributária, e o universo axiológico do Direito Comunitário, na sua maior abrangência, envolvendo inclusive a jurisprudência da Corte de Justiça. Toda a análise pauta-se no dever do ordenamento de respeitar os princípios de legalidade, isonomia e capacidade contributiva, garantindo ao contribuinte justa retirada de parcela de seu patrimônio a título de tributo. Por isso, na mesma seção cuida das garantias do ordenamento ao sistema de tributação, comentando os casos de infração à legislação tributária, especialmente sobre elusão e evasão fiscal, reconhecendo ter o legislador faculdade de permitir, ou não, a prática de situações jurídicas visando a atingir o mesmo fim econômico. Na seqüência, trata ainda das sanções tributárias, na medida em que o ordenamento constitucional autoriza tutela em favor dos interesses do Estado na sua arrecadação.

No quinto e último capítulo o estudo concentra-se sobre a intervenção da norma financeira, isto é, da participação do orçamento e da aplicação das finanças estatais como instrumentos de intervenção na ordem econômica. A riqueza bibliográfica aliada a uma grande precisão conceitual fazem deste livro um dos mais interessantes de se ler sobre tal matéria. A busca de compatibilização entre os valores norteados pelo interesse público e aqueles pautados pelo resultado econômico, por meio dos meios públicos, tais como incentivos financeiros e planejamento de desenvolvimento regional, é apreciada como objetivo que se deve lastrear de acordo com os valores constitucionais vigentes. Daí a importância do conceito de "intervenções interdependentes", usado pelo Autor para justificar a necessidade de coadunar os interesses liberais e sociais envolvidos. É neste contexto maior que as experiências normativas relacionadas às ajudas estatais, bem como aquelas de âmbito comunitário, bem assim os fundos estruturais que muito bem auxiliam no alcance dos objetivos para a coesão econômica e social da Comunidade, são apreciados, pondo-os em compatibilidade com os princípios constantes dos Tratados celebrados pelos Estados-membros da CE, haja vista a política implantada de incentivos fiscais por meio de acordos, praticando intervenções em favor do espírito comunitário. Por fim, na segunda seção discorre acerca da pertinência do interesse público sobre um equilibrado acompanhamento da ordem econômica, relatando os diversos instrumentos financeiros que permitem auxiliar na tutela de disciplina dos interesses pertinentes, com especial aplicação ao domínio da proteção ao meio ambiente. Como recurso de demonstração do alcance dessa oportuna reflexão, analisa as conseqüências do Acordo de Kioto (1992) e da Conferencia das Nações Unidas de Buenos Aires (1998), quanto à utilização das finanças públicas em torno da proteção ambiental, como forma de garantia do cumprimento das normas constitucionais protetoras do meio ambiente.

As breves considerações aqui aduzidas a respeito do primoroso trabalho do professor Andrea Amatucci, que em tão boa hora incorpora-se à doutrina latino-americana, por intermédio dos esforços levados a cabo pelo *Instituto Colombiano de Derecho Tributario*, estão longe de refletir sua amplitude e profundidade – conquanto siga seu destino de obra de referência obrigatória, habitando aquele altiplano das consagrações que se convencionou nomear de clássicos. Este é um clássico da doutrina italiana, que passa, agora, a ser um clássico das traduções em Castelhano.

NOTICIÁRIO

XXI JORNADAS LATINO-AMERICANAS DE DERECHO TRIBUTARIO

TEMA 1

Medidas Fiscales para el Desarrollo Económico

Resoluciones

Visto el relato general del profesor Eusebio González García (España).

Vistas las ponencias nacionales presentadas por Guillermo A. Lalanne (Argentina); Adílson Rodrigues Pires (Brasil); Lucy Cruz de Quiñones (Colombia); Juan Francisco Jaramillo Salgado (Ecuador); Perfecto Yebra Martul-Ortega (España); Andrea Amatucci (Italia); Augusto Fernández Sagardi (México); Julio Cesar Vergara Candia (Paraguay); Raúl D'Alessandro Pereyra (Uruguay); Leonardo Palacios Marquez (Venezuela).

Vistas las comunicaciones técnicas presentadas por Gustavo Naveira de Casanova (Argentina); Lídia Maria Rodrigues Ribas (Brasil); Pablo Chico de la Camara/ M. Amparo Grau Ruiz/Pedro Herrera Molina (España); Antonio López Díaz (España); Cesar García Novoa (España); Luigi Ferlazzo Natoli (Italia); Antonio Uricchio (Italia); Pedro Rivera Guerrero (México); Gabriela Ríos Granados (México); Reynaldo Balladares Saballos (Nicaragua); Addy Mazz (Uruguay); Jesús Sol (Venezuela),

Las ***XXI Jornadas Latino-Americanas de Derecho Tributario***,

Considerando:

1. Que todo tributo cumple preferentemente fines fiscales y, en su caso, extrafiscales, no siempre fácilmente delimitables, por lo qué cualquier conclusión sobre esta materia debe huir de rigidices o apriorismos, ya que estamos ante valoraciones que se mueven en el ámbito de las "cuestiones de grado", tan difíciles de resolver en Derecho;

2. Que los beneficios fiscales son minoraciones incentivadoras basadas en razones ajenas al fundamento del tributo, que producen una dispensa total o parcial de la obligación tributaria. El empleo de beneficios fiscales se fundamenta en la causa final del Estado, es decir, en el bien común, entendido éste como el conjunto de condiciones que favorecen el desarrollo de las personas en sociedad. Por tanto los beneficios fiscales no significan agravio constitucional, siempre que estén fundados en otros principios o derechos de igual rango jurídico;

3. Que el respeto al principio de capacidad contributiva constituye un elemento esencial en la relación jurídica tributaria y opera como límite al poder del Estado, en tanto plasma el principio de igualdad en el campo del derecho tributario, de manera que no constituye violación de dicho principio el que se establezcan normas que otorguen un tratamiento diferente o más beneficioso a determinados sectores o personas, siempre que ello encuentre fundamento en la normativa constitucional y responda a criterios de justicia;

4. Que la utilización de los beneficios fiscales como instrumentos de desarrollo económico está prevista en algunas Constituciones latinoamericanas y en todos los ordenamientos jurídicos contemplados, de suerte que, formando parte el ordenamiento tributario del universo jurídico, es imposible excluir este ordenamiento del cumplimiento de los fines del Estado constitucionalmente previstos. Sin embargo, se ha observado, a través de trabajos realizados en los últimos 15 años, que los beneficios tributarios incentivadores no han sido el camino más idóneo para incidir significativamente en el proceso de desarrollo sostenido;

5. Que en la configuración y aplicación de los beneficios fiscales pueden cometerse excesos y arbitrariedades, que suponen no sólo un abuso en la utilización de esos instrumentos jurídicos, sino el quebranto de los principios de generalidad, igualdad, capacidad contributiva y suficiencia financiera, que en ocasiones han dado lugar a la evasión y fraude fiscales;

6. Que sea cual fuese la opinión que se tenga sobre la bondad y eficiencia de los beneficios fiscales como instrumentos al servicio del desarrollo económico, ello en nada puede disminuir los esfuerzos dirigidos a mejorar la estructura interna de los distintos sistemas tributarios, así como la armonía y no-discriminación de trato exigibles en los ámbitos supranacionales.

En consecuencia, las ***XXI Jornadas Latinoamericanas de Derecho Tributario***

Recomiendan:

1. Que la finalidad esencial del tributo es la recaudatoria, sin perjuicio de que junto con ella puedan perseguirse otros fines que encuentran apoyo en el ordenamiento jurídico. Es indispensable, pero no suficiente, que el fin perseguido encuentre apoyo en el ordenamiento jurídico y que ese fin no perturbe el sentido de justicia presente en todo tributo.

2. Que, en la medida en que los beneficios fiscales pretendan objetivos económico-sociales directamente relacionados con el desarrollo económico o una más equitativa redistribución de la renta, no pueden ser incompatibles con el principio de capacidad contributiva, pues aunque distribución de la renta y distribución de las cargas fiscales son operaciones sustancialmente distintas, una equitativa distribución de las cargas fiscales puede ser el camino utilizado por el legislador para favorecer la equitativa distribución de la riqueza.

3. Que el establecimiento de beneficios fiscales, que en principio debe hacerse por ley, responda a la consecución de fines extrafiscales, de carácter económico o social, con el propósito de incentivar la realización de determinados comportamientos considerados deseables por el legislador.

4. Que, admitido que el tributo puede tener fines fiscales y extrafiscales, la extrafiscalidad debe estar sujeta a los siguientes límites:

a) temporales, en el sentido de limitar su duración, que a su vez constituya una garantía de aplicación;

b) de selectividad rigurosa;

c) cuantitativos, a fin de contribuir a su necesaria presupuestación y transparencia;

d) mediante evaluación y control permanente, con publicación;

e) de coordinación entre los diversos niveles de gobierno.

NOTICIÁRIO

XXI JORNADAS LATINO-AMERICANAS DE DERECHO TRIBUTARIO

Barcelona — Génova, 31.8/6.9.2002

TEMA 2

Aspectos Impositivos de las Empresas de Transporte Aéreo y Marítimo

Resoluciones

Visto el relato general del Prof. Pietro Adonnino (Italia).

Vistas las ponencias nacionales presentadas por Daniel Mario Schwartzman (Argentina); Heleno Taveira Torres (Brasil); Carlo Alfredo Ramírez Guerrero (Colombia); Luis Docavo Alberti y Manuel Docavo Alberti (España); Antonio Lovisolo (Italia); Luis Carballo Balvanera (México); Sindulfo Blanco y Marco Caballero Giret (Paraguay), Andrés Blanco (Uruguay).

Vistas la comunicación técnica presentada por Paola De Martini (Italia).

Las ***XXI Jornadas Latino-Americanas de Derecho Tributario***,

Considerando:

• las argumentaciones discutidas sobre el mismo tema durante el Congreso IFA de Bruselas de 1952 y el Seminario ILADT de S. Margherita Ligure 1992;

• que la actividad de transporte aéreo y marítimo se manifiesta cada vez más relevante en el sector de las comunicaciones, como medio idóneo para cubrir la diferencia entre la oferta y la demanda del transporte caminero (sobre ruedas) y por ferrocarril. Esta situación se produce aún en presencia del fenómeno de la globalización, por cuanto tiene por objeto el transporte de personas y cosas que, de todas maneras, deben ser trasladadas, no obstante la evolución de los instrumentos informáticos;

• que la actividad de transporte aéreo y marítimo presenta una marcada vocación transnacional resaltada por sus características específicas;

• que consecuentemente, en cuanto se refiere al aspecto de la regulación normativa — con especial referencia a la normativa tributaria que aquí nos interesa — las actividades a menudo recaen bajo el imperio de dos o más jurisdicciones;

• que la programación fiscal nacional o internacional, como parte fundamental e integrante de la programación empresaria, debe ser realizada por las empresas en la consideración de normas de clara inteligencia, lo más uniformes y coordinadas posibles.

Ello especialmente en lo que se refiere a la actividad internacional, de manera que la planificación sea compatible con la tutela de los intereses protegidos, tanto por los Estados como por las empresas;

• que en el ámbito de los ordenamientos nacionales, resulta necesario perseguir regímenes de incentivo al desarrollo y competitividad de los transportes en cuestión, inclusive a través de medidas que desalienten el recurso a la protección de banderas diversas a las del País de residencia;

• que en el ámbito del ordenamiento internacional, resulta necesario perseguir el objetivo de la eliminación de la doble imposición, siempre respetando las normas antiabuso;

• que el régimen tributario de las empresas depende también de las normas extra-fiscales, especialmente en lo que se refiere a la subjetividad pasiva y la identificación objetiva de los medios de transporte considerados por las normas tributarias;

• que las exigencias y situaciones puestas de manifiesto han sido confirmadas repetidas y reiteradas veces, tanto por los organismos nacionales e internacionales que se ocupan de la materia bajo distintas aristas, comenzando por la Liga de las Naciones y siguiendo con la ONU y la OCDE, en una larga serie de documentos de estudio y de propuestas operativas, hasta la misma Comunidad Europea donde puede mencionarse particularmente el documento *Towards a New Maritime Strategy* de 1996;

• que los transportes aéreos y marítimos presentan tanto aspectos y técnicas operativas comunes, como también perfiles específicos de cada uno de los sectores donde se desarrolla la actividad;

• que, consecuentemente, los aspectos comunes han sido valorados unitariamente mientras que los aspectos específicos han sido evaluados de manera separada;

• que el *leimotiv* de la Relación General del Prof. Adonnino, confirmado por la presentación de las relaciones nacionales y la posterior discusión llevada a cabo, ha sido el llamado a uniformar lo máximo posible, las normas nacionales rindiéndolas compatibles con el ordenamiento internacional. Asimismo, se resalta la necesidad de clarificar los términos y expresiones que se encuentran en el ordenamiento internacional, así como la referencia específica y expresa de aquellas operaciones y situaciones recurrentes, de notable relevancia en cuanto a la funcionalidad del mismo sistema de transporte, por lo que resultan inescindibles a los efectos de alcanzar la finalidad de eliminar las situaciones de doble imposición internacional.

Teniendo en cuenta las presentes consideraciones, las ***XII Jornadas Latino-Americanas de Derecho Tributario*** han alcanzado la seguientes

Conclusiones

A) El sistema tributario de la actividad de transporte aéreo y marítimo se presenta como un régimen específico y viene a modificar el régimen general del impuesto. El mismo, está justificado por las específicas exigencias del sector.

Se introduce en la óptica de los ordenamientos tributarios más avanzados que — incluyendo los instrumentos de política económica —, deben adecuar las normas a las exigencias de tales actividades particulares, respetando los principios de racionalidad, proporcionalidad y efecto útil.

B) Los regímenes especiales son de diversa naturaleza y a menudo diferencian entre empresas residentes y establecimientos permanentes de empresas no residentes.

La base imponible se determina por medio de porcentajes fijos de los ingresos, o mediante la individualización proporcional de los mismos. Se prevén impuestos sustitutivos.

Resulta positiva y deseable la previsión que permite a las empresas, la posibilidad de optar en ciertos casos.

C) La superación de la disparidad de la normativa tributaria referida a las empresas de transporte marítimo, podría concretarse en la adopción del sistema de la *tonnage tax* ya incluido en los ordenamientos de algunos países europeos y en fase de implementación en otros.

La determinación "forfetaria" de la base imponible como una medida fija a la cual se aplica la alícuota, dando relevancia al rédito normal, se encamina en la dirección de la eficiencia de la exacción, la certeza del *quantum* impositivo y la simplificación de las obligaciones tributarias. Resulta necesario precisar el concepto de "días de operatividad comercial de la nave", delimitar los sujetos que podrán beneficiarse (propietarios o explotadores), las condiciones objetivas del impuesto, el nivel de extensión de las actividades (tráfico internacional o también de cabotaje), las actividades auxiliares comprendidas y, eventualmente, la comprensión de las plusvalías obtenidas por la cesión de la nave.

También resulta positiva y auspiciable la previsión que permite a las empresas la posibilidad de optar por ciertas condiciones (mencionadas posteriormente en estas conclusiones).

D) Cuando se prevén instrumentos impositivos que disponen facilidades para las sociedades, se evidencia que estos también pueden producir efectos en lo que se refiere a la distribución de las utilidades a los socios. Dichos efectos, que se encuentran garantizados por la adopción del sistema de la exención, pueden ser garantizados en el caso de la adopción del crédito de impuesto. Al respecto, existen dudas en el caso de la imposición sustitutiva, ante la falta de reconocimiento de un crédito de impuesto figurativo o sea del impuesto que hubiera tenido que pagar la sociedad.

E) En tanto sea pertinente, la interpretación de las normas de derecho interno debe realizarse utilizando las definiciones del derecho internacional, a los fines de conseguir la mayor uniformidad posible.

F) Las actividades de transporte aéreo y marítimo a menudo se encuentran sujetas a regímenes de concesión autorizados o sujetos a restricciones. Dichas condiciones contrastan con la tendencia a la liberalización, hoy fuertemente consolidada especialmente en la Comunidad Europea.

G) Los criterios para la atribución de la nacionalidad de las naves son múltiples. De todos modos aparece como relevante la inscripción en los registros de cada nación y en el registro internacional, en lo que respecta a este tipo de actividades. En algunos casos, el registro es único y comprende tanto las actividades internacionales, como las de cabotaje. Es deseable la unificación de los registros y, en todo caso, siempre es auspiciable la unificación del régistro tributario.

H) El art. 8 de la OCDE ha adoptado "el lugar de dirección efectiva" como criterio exclusivo de atribución de la potestad impositiva. No obstante, algunas convenciones adoptan otros criterios diversos como el de la residencia, o bien, recurre a criterios combinados. El lugar de dirección efectiva conforma un criterio unitario, distinto aquel que se utiliza en el sentido del art. 4 a los fines de la determinación de la residencia — como el *tie breaker rule*. Sin embargo presenta problemas al momento de su definición precisa.

El Comentario del art. 8 nada agrega, en tanto reenvía al Comentario del art. 4.

Después de la actualización del año 2000 mediante el agregado del nuevo parágrafo 24, hizo más específica la referencia a la dirección estratégica (*key management*), ha aclarado que se puede individualizar un solo lugar de dirección efectiva — pueden existir varios lugares de *day by day management* —, pero ha también mantenido una referencia de carácter personal (*senior persons* o *group of persons*) a los fines de la localización.

Dicha referencia aparece absolutamente inadecuada en la era de las comunicaciones informáticas. El mantenimiento de dicho criterio debería estar condicionado por la presencia en el Comentario del art. 8 de una definición mas idónea o de mayores referencias a situaciones concretas. En caso contrario, se debería recurrir a diferentes criterios de atribución de la potestad impositiva.

I) El "ejercicio" (llevar a cabo la actividad) de naves y aeronaves no se encuentra definido en el MC (Modelo de Convenio de la OCDE) y normalmente tampoco se define en los ordenamientos nacionales. Dicha carencia, crea problemas tanto en lo que se refiere a la calificación de las actividades nacionales (cabotaje) e internacionales, como también en lo referente a los lugares donde es llevada a cabo: espacio aéreo, marítimo, lacustre o fluvial.

J) El concepto de tráfico internacional se define en el art. 3 del MC como "cualquier transporte por nave o aeronave efectuado por una empresa que posee el lugar de su dirección efectiva en alguno de los Estados contratantes". Las modificaciones realizadas al Comentario del año 2000 mediante la introducción de los parágrafos 6.1 y 6.3 han dado relevancia al lugar del comienzo y fin del transporte, independientemente de los intermediarios operantes dentro del otro Estado contratante (criterio de las *inland legs*). Han sido seguidos dos métodos de interpretación: uno que considera el medio en relación al trayecto y otro que considera cada pasajero o las mercaderías, en relación al trayecto recorrido. Otras nuevas interpretaciones se obtienen también de la liberalización del transporte aéreo efectuado por la Comunidad Europea. Los problemas son relevantes a los fines de la posibilidad de invocar la aplicación de las previsiones del art. 8. Se puede concluir que es conveniente atribuir a la expresión "tráfico internacional" un sentido más amplio que el significado que usualmente se le otorga.

K) El presupuesto para la aplicación del criterio de atribución de la potestad impositiva de la cual trata el art. 8 es la residencia de los sujetos que ejercen la actividad empresaria en los países con los cuales existe convenio. La residencia se encuentra ligada a requisitos diversos y solo residualmente se vincula al requisito de la dirección efectiva de la empresa.

Así entonces, se crean situaciones de conflicto entre el criterio atributivo de residencia y el criterio de atribución de la potestad impositiva que en algunos casos convierten inaplicables las previsiones del art. 8. En tal sentido, es necesario prever la mayor convergencia posible entre los criterios mencionados.

L) La actividad principal es el transporte de personas y cosas. En particular para el transporte aéreo, se agrega el correo postal. A los efectos de individualizar las actividades cuyos ingresos deben ser comprendidos en el ámbito de los sistemas especiales de imposición, o bien, dentro de la previsión del art. 8 del MC, cobran gran relevancia, en razón de su incertidumbre, las actividades auxiliares (*ancillary*) para las cuales se verifica la reconducción a los regímenes de fiscalidad especial, en algunos casos en razón del principio de la prioridad o *prevalenza* de la actividad principal. Con posterioridad a las modificaciones aportadas al Comentario del 2000, se ha previsto que en el concepto de actividad auxiliar deben quedar comprendidas aquellas actividades que por su naturaleza o conexión se identifican con las actividades de transporte. Si bien se sostiene que no es el caso de realizar una lista (exhaustiva) de las actividades auxiliares, se enumeran algunos ejemplos de actividades conexas o consecuenciales a las actividades de transporte, o bien, destinadas a hacerlas posible. En parágrafos separados se evalúan casos especiales referidos a bienes transportados (contenedores cuyo rédito ha sido comprendido dentro de la categoría de rédito de empresa) o bien, al ejercicio separado de la actividad hotelera, no por el solo fin de de dar alojamiento a los pasajeros en caso de necesidad. Tal caracterización no es satisfactoria. De cuanto surge del Comentario se obtiene que la valoración de las actividades auxiliares debe realizarse tanto con respecto al elemento objetivo de la naturaleza o de la conexión con la actividad principal como al elemento subjetivo, referido a quien realiza las actividades auxiliares que se identifica con quien realiza la actividad de transporte.

Se observa que el Comentario, el cual posee un notable valor interpretativo siendo aprobado por los representantes de los países (salvo que se hayan formulado reservas específicas), a menudo sufre la presión de las necesidades operativas del sujeto interesado, expresándose con referencia a "casos" que no siempre resultan útiles a los fines de la elaboración de principios más precisos a los cuales referirse.

M) Un problema particular surge de las actividades denominadas *handling*, referidas a las prestaciones de servicios o a la producción de bienes efectuados por empresas de transporte al servicio de los medios en tránsito, pertenecientes a otras empresas que realizan las actividades de transporte. El parágrafo 10.1 del Comentario, advirtiendo que las prestaciones no estarían vinculadas con las actividades de la misma empresa, afirma que "normalmente" dichas actividades no quedarían comprendidas en las previsiones del art. 8. Pero posteriormente se precisa uno de los casos que generalmente se da en la práctica y donde la disposición sería aplicable. El caso hace referencia a aquellas situaciones donde la actividad de transporte es efectuada por las empresas comitentes o cesionarias. Debe preguntarse qué significado tiene la afirmación de que "normalmente" el art. 8 no podría ser invocado por el mismo hecho de que en la actividad de *handling* se presenta "normalmente" una escisión subjetiva entre el prestador del servicio o el cedente de bienes, y el comitente o cesionario que realiza la actividad de transporte en relación a la cual la conexión o vínculo es evaluado. En este orden podrían generarse dudas por lo que sería recomendable su pertinente aclaración.

Continuando con las *handling activities*, el Comentario en la última parte del parágrafo 10.1, luego de haber reconocido la extensión de las precedentes conclusiones al caso de las empresas asociadas, requiere que se investigue acerca de la conexión de los servicios prestados o los bienes cedidos con la actividad de transporte internacional de la asociación, considerando separadamente la actividad de las empresas participantes. Parecería que si la asociación misma no ejerciese la actividad de transporte, el art. 8 no podría invocarse, llegándose así a una solución privada de toda lógica.

N) Es de práctica común entre la compañías que realizan transporte aéreo, el denominado *code sharing*, es decir, la atribución del código de identificación de una compañía a un vuelo realizado por otra compañía diversa. Consecuentemente, de esto surge la atribución negociada de las distintas porciones de rédito. Tratándose de tráficos internacionales, no deberían estar ausentes las características para el reconocimiento del ejercicio de la actividad de transporte, incluso para aquellas compañías que han agregado su propio código. En tal caso, ambas empresas deberían poder usufructuar los beneficios del art. 8.

O) Generalmente en el sector del transporte aéreo internacional, se recurre a la formalización de alianzas entre diversos productores para la provisión de servicios recíprocos donde se acuerda además la atribución de los beneficios. No hay dudas de que se dan las condiciones del art. 8 y que, consecuentemente, sus extremos pueden ser invocados por el proveedor que realiza el transporte. A iguales conclusiones debería llegarse para el caso de las compañías asociadas, por cuanto las actividades realizadas por éstas se encuentran vinculadas con actividades de transporte, ya sean propias o de las otras compañías asociadas.

P) Es frecuente que en el sector de las empresas que realizan las actividades de transporte aéreo o marítimo, éstas se organicen con sociedades controladas o vinculadas situadas en países de fiscalidad privilegiada. Generalmente, tal localización tiene por objeto motivos de organización de las actividades que requiere bases de apoyo en diversas áreas territoriales y no se realiza preferentemente por razones fiscales. Se trata de aspectos organizativos que pueden confrontarse total o parcialmente con disposiciones antielusivas de los ordenamientos nacionales o internacionales. Pueden estar involucradas las normas relativas al *transfer pricing*, así como las normas referidas a la imposibilidad de deducción de los costos en relación a sujetos domiciliados en países de fiscalidad privilegiada o la normativa CFC.

Debe recordarse además que en el informe OCDE 2000, *Towards Global Tax Cooperation*, se han identificado entre los regímenes potencialmente dañosos en el sector marítimo a los de Canadá, Alemania, Grecia, Italia, Países Bajos, Noruega y Portugal.

En lo que refiere al *transfer pricing*, aparece dificultosa la utilización de los métodos tradicionales para la determinación del valor normal de las actividades aquí consideradas, por lo que sería necesario determinar el uso de instrumentos de *Ruling*, APAS, o bien de procedimientos específicos o de mecanismos arbitrales a los efectos de dirimir las controversias.

Respecto de la normativa *transfer pricing* así como la normativa CFC o la referida a los costos pagados a sujetos domiciliados en países de fiscalidad privilegiada, es necesario simplificar y convertir en cierta, la posibilidad de superar las presunciones cuando las normas así lo permitan, o bien, de establecer presunciones que prevean la prueba en contrario; predisponiendo documentación y criterios demostrativos a los cuales se le atribuya valor probatorio.

Q) Además de los tributos nacionales, las empresas se encuentran sujetas a los pertinentes tributos locales. Especialmente en los estados federales, es necesario que la exacción tributaria de las empresas que realizan el transporte aéreo y marítimo sea coordinada con las normas estatales y sea compatible con la incidencia de la exacción global, considerando las reducciones y exenciones impositivas. El art. 8 del MC, siendo que se limita a atribuir el poder impositivo, para cualquier otra cuestión, reenvía a las Convenciones particulares, siempre refiriéndose a los tributos comprendidos por las mismas. En este ámbito, no siempre surge con claridad si los tributos locales se encuentran comprendidos, sobre todo en aquellos casos donde las administraciones centrales no tienen el poder de celebrar acuerdos para evitar la doble imposición en nombre de los entes locales. Es recomendable compatibilizar los criterios aplicables para evitar la doble imposición, a fin de que las empresas puedan conocer con claridad la carga tributaria que deben afrontar.

R) La imposición indirecta sobre el costo del transporte de bienes, del pasaje de los pasajeros o de los bienes cedidos a estos últimos (que no sean bienes para consumo inmediato a bordo) es, en su gran mayoría, la del IVA, adoptado por la Comunidad Europea — en lugar de la adopción de una tasa general o tributos especiales sobre las ventas — y a la cual se han ido amoldando los otros tributos establecidos por los países extra-europeos. No existen a la fecha convenios internacionales sobre la materia.

Siendo que este tributo se funda en el criterio de la territorialidad, resulta indispensable la distinción entre operaciones nacionales e internacionales (e intracomunitarias para aquellas relizadas dentro de la CE).

La imposición indirecta, en algunos casos, es también competencia exclusiva de las instituciones representativas de las subdivisiones territoriales del Estado. Por dicha razón es necesaria una exigencia de coordinación.

También es esencial la distinción entre servicio de transporte de bienes o personas y operaciones similares (*ancillary*). Las primeras constituyen las operaciones principales mientras que las segundas son caracterizadas como secundarias.

En el transporte internacional es relevante definir con claridad y sencillez los criterios aplicativos del principio de la territorialidad. El criterio de la distancia recorrida no siempre resulta de fácil aplicación. Una predeterminación porcentual del total de las operaciones efectuadas por las empresas que realizan transporte internacional, como ya se encuentra en uso en algunos países, podría ser un criterio oportuno.

En lo que se refiere a la cesión de bienes para consumo no inmediato, a los pasajeros de los transportes entre países extra-CE, o bien entre países miembros de la CE y terceros países extra-comunitarios, es necesario que se mantenga el principio de la no imponibilidad.

* * *

Impressão e acabamento:
GRÁFICA PAYM
Tel. (011) 4392-3344

RDT 86

CADERNOS DE DIREITO TRIBUTÁRIO: DO CASO "SAINT-GOBAIN" AO CASO "METALLGESELLSCHAFT": O ÂMBITO DO PRINCÍPIO DA NÃO-DISCRIMINAÇÃO DO ESTABELECIMENTO ESTÁVEL NO TRATADO DA COMUNIDADE EUROPEIA E A CLÁUSULA DA NAÇÃO MAIS FAVORECIDA – ANA PAULA DOURADO • IL PRINCIPIO COMUNITARIO DI NON-DISCRIMINAZIONE NELL'IMPOSIZIONE SUL REDDITO – AUGUSTO FANTOZZI • TRANSAÇÃO, ARBITRAGEM E CONCILIAÇÃO JUDICIAL COMO MEDIDAS ALTERNATIVAS PARA RESOLUÇÃO DE CONFLITOS ENTRE ADMINISTRAÇÃO E CONTRIBUINTES – SIMPLIFICAÇÃO E EFICIÊNCIA ADMINISTRATIVA – HELENO TAVEIRA TORRES • GLOBALIZACIÓN Y JUSTICIA TRIBUTARIA – JOSÉ OSVALDO CASÁS • A CONCEPÇÃO DE FRAUDE FISCAL E SUA SANÇÃO – AURÉLIO PITANGA SEIXAS FILHO • CLÁUSULA GENERAL ANTIELUSIÓN – EXPERIENCIA ESPAÑOLA Y EUROPEA – ÚLTIMAS TENDENCIAS JURISPRUDENCIALES – LUIS MANUEL ALONSO GONZÁLEZ • A CONSTITUIÇÃO BRASILEIRA E A IMPOSIÇÃO DAS ENTIDADES SEM FINALIDADES LUCRATIVAS – RICARDO LOBO TORRES • LOS NUEVOS INSTRUMENTOS ECONÓMICOS PARA EL FOMENTO DE ENERGÍAS RENOVABLES DESDE LA PERSPECTIVA DEL DERECHO FINANCIERO COMUNITARIO – YANNA G. FRANCO e PEDRO M. HERRERA • ANÁLISE JURÍDICA DA PROGRESSIVIDADE FISCAL DO IPTU – VALÉRIA FURLAN • LA REVISIÓN E IMPUGNACIÓN DE LOS ACTOS TRIBUTARIOS EN DERECHO ALEMAN – TORSTEN EHMCKE e DIEGO MARÍN-BARNUEVO • LA APLICACIÓN DEL ARBITRAJE A LAS CAUSAS TRIBUTARIAS – MARTA VILLAR EZCURRA • O IMPERATIVO CONSTITUCIONAL DA CULPABILIDADE NO DIREITO TRIBUTÁRIO SANCIONADOR – EDUARDO FORTUNATO BIM • ***ESTUDOS E COMENTÁRIOS***: TRATADOS INTERNACIONAIS EM MATÉRIA TRIBUTÁRIA E AS ISENÇÕES DE TRIBUTOS ESTADUAIS E MUNICIPAIS – PAULO SÉRGIO DE MOURA FRANCO • IMPOSSIBILIDADE DE USO RETROATIVO DAS INFORMAÇÕES DA CPMF PARA FISCALIZAÇÃO DE OUTROS TRIBUTOS (LEI 10.174/2001) – DANIEL VITOR BELLAN • A CONFECÇÃO DE CARTÕES DE CRÉDITO SUJEITA-SE AO IPI? – DANIEL BARROS GUAZZELLI • O SIGILO BANCÁRIO E A LEI COMPLEMENTAR 105/2001 – FABIANA LOPES PINTO • ***RESENHA***: "El Ordenamiento Jurídico Financiero" – HELENO TAVEIRA TORRES • ***NOTICIÁRIO***: XXI JORNADAS LATINO-AMERICANAS DE DERECHO TRIBUTARIO: *Tema 1:* Medidas Fiscales para el Desarrollo Económico; *Tema 2:* Aspectos Impositivos de las Empresas de Transporte Aéreo y Marítimo

MALHEIROS EDITORES

Revista de Direito Tributário

109/110

M